**COLLECTION DIRIGÉE
PAR GUY LAFOREST**

L'épanouissement de la liberté et de la démocratie passe par la promotion du caractère pluraliste de l'espace public. Lorsque les majorités dialoguent entre elles sans négliger les minorités, quand la voix des générations montantes n'est pas étouffée et que les points de vue dissidents trouvent des espaces pour s'exprimer, les conditions sont réunies pour qu'une société puisse se considérer riche d'un espace public pluraliste. Toutefois, sur ce terrain comme sur d'autres en démocratie libérale, le triomphe définitif est un fol espoir. Rien ne saurait remplacer la pratique renouvelée du pluralisme. Une lucidité, une vigilance de tous les instants demeurent nécessaires.

La collection « Prisme » se définit comme l'un des lieux de cette vigilance dans la société québécoise contemporaine. On y accueillera des perspectives critiques face aux idées dominantes, des approches novatrices dans l'étude des réalités politiques. Des efforts particuliers seront déployés pour promouvoir la relève intellectuelle. On réservera aussi une place de choix dans cette collection à des traductions d'essais importants écrits par des auteurs anglophones du Québec et du Canada. Cette collection aura atteint ses objectifs si elle parvient à surprendre le public éclairé, à le déranger, à lui faire entendre des voix ignorées ou oubliées.

LES NATIONALISMES

AU QUÉBEC
DU XIXᵉ AU XXIᵉ SIÈCLE

LES NATIONALISMES

AU QUÉBEC
DU XIXᵉ AU XXIᵉ SIÈCLE

Sous la direction de
MICHEL SARRA-BOURNET

avec la collaboration de
JOCELYN SAINT-PIERRE

Les Presses de l'Université Laval

Les Presses de l'Université Laval reçoivent chaque année du Conseil des Arts du Canada et de la Société de développement des entreprises culturelles du Québec une aide financière pour l'ensemble de leur programme de publication.

Nous reconnaissons l'aide financière du gouvernement du Canada par l'entremise de son Programme d'aide au développement de l'industrie de l'édition (PADIÉ) pour nos activités d'édition.

Mise en pages : Francine Brisson
Maquette de couverture : Chantal Santerre

© LES PRESSES DE L'UNIVERSITÉ LAVAL 2001
Tous droits réservés. Imprimé au Canada

Dépôt légal 1er trimestre 2001
ISBN 2-7637-7794-5

Distribution de livres Univers
845, rue Marie-Victorin
Saint-Nicolas (Québec)
Canada G7A 3S8
Tél. (418) 831-7474 ou 1 800 859-7474
Téléc. (418) 831-4021
http://www.ulaval.ca/pul

*À la mémoire de Léon Dion
qui a su épouser les espoirs
et les hésitations de son peuple*

TABLE DES MATIÈRES

TROISIÈME PARTIE
Les nationalismes de 1960 à 1990

QUATRIÈME PARTIE
Les nationalismes aujourdhui

CINQUIÈME PARTIE
Le nationalisme et l'histoire du Québec

AVANT-PROPOS

MICHEL SARRA-BOURNET

Au cours des dernières années, on a beaucoup écrit sur le nationalisme, mais très peu sur le nationalisme québécois. Pourtant, ce phénomène est intimement lié à l'évolution du Québec. Cet ouvrage multidisciplinaire propose de combler en partie cette lacune en présentant quelques regards, non pas sur la nation comme concept abstrait, mais sur certaines manifestations du nationalisme dans l'histoire du Québec. Comme l'écrivait Léon Dion :

> Le passé [...] ne se présente pas comme une totalité perçue d'un même regard mais plutôt comme multiplicité de points de repères disposés sur un canevas donc chacun représente le produit d'expériences heureuses ou malheureuses. C'est ainsi qu'il n'y a pas un seul mais plusieurs nationalismes canadiens-français[1].

Vingt ans plus tard, les 18 et 19 mai 1995, l'Association québécoise d'histoire politique tenait, en alternance à l'Université du Québec à Montréal et au Petit Séminaire de Québec, le colloque *Le nationalisme et les idéologies dans l'histoire du Québec*. La plupart des textes présentés ici en sont issus[2]. À ces treize chapitres qui se penchent sur une période particulière du nationalisme au Québec, s'ajoutent dans ce livre sept nouvelles contributions dont quelques-unes proposent des réflexions sur la relation entre l'histoire comme discipline et le nationalisme québécois. Au fil des pages, on se rendra compte que leurs auteurs proviennent d'horizons forts variés, et il va sans dire qu'ils n'engagent qu'eux-mêmes par leurs propos. Enfin, pour prendre toute la mesure de l'évolution de l'idée de nation, on trouvera en annexe la conférence qu'a prononcée Ernest Renan à la Sorbonne en 1882, « Qu'est-ce qu'une nation ? »

De nos jours, on associe souvent le nationalisme à l'intolérance, à l'exclusion, aux idéologies de droite. Pourtant, l'histoire a démontré

---

1. *Nationalismes et politique au Québec*, Montréal, Hurtubise HMH, 1975, p.11.
2. Voir l'article de Stéphane Stapinsky consacré à ce colloque : « Le nationalisme et les idéologies dans l'histoire du Québec », *Cahiers d'histoire du Québec* 4 (été 1995) p.136-141.

que cette parenté n'est que circonstancielle. À preuve, l'idée de nation est née en même temps que les batailles pour la démocratie au Québec. Et elle a connu une résurgence lorsque les idées socialistes ont vécu leurs plus belles heures. Pourtant, on a toujours fait un mauvais parti au nationalisme québécois, qu'il soit de gauche ou de droite. Vrai, il fut un temps qu'il était la manifestation d'un repli sur soi. Mais en pleine Révolution tranquille, il traduisait plutôt l'affirmation. Est-il trop tôt pour affirmer qu'aujourd'hui il est entré dans une phase de maturité ? Que les nationalistes québécois sont en train de formuler un discours de « majoritaires » ? Cela est-il possible dans un pays qui n'est pas souverain ?

Les questions soulevées par les auteurs de cet ouvrage sont nombreuses et souvent brûlantes. Sous quelles formes le nationalisme québécois s'est-il exprimé depuis le début du XIXe siècle ? Quels sont ses rapports avec l'ethnicisme, le libéralisme, l'américanité, le féminisme, les mouvements sociaux, la mémoire collective ? Comme on le verra, le nationalisme change au rythme des mutations idéologiques de la société québécoise. Il s'est allié tantôt au conservatisme, tantôt au socialisme et au libéralisme, et il est encore appelé à changer, peut-être même à disparaître ! En plein effervescence tranquille, Paul Chamberland écrivait dans *Parti Pris* : « Le seul nationalisme acceptable est celui qui vise progressivement à sa propre *éradication*, et cette action n'est possible qu'en s'imposant comme *lutte de libération nationale*[3]. »

Je remercie les directeur de la collection *Prismes*, Guy Laforest, et les Presses de l'Université Laval pour leur appui, de même que le président de l'Association québécoise d'histoire politique, Robert Comeau, pour ses suggestions constructives, ainsi que Jocelyn Saint-Pierre de la bibliothèque de l'Assemblée nationale pour son aide précieuse dans la préparation du colloque et la relecture des textes qui en sont issus. J'aimerais en outre souligner l'aide inestimable de Valérie Bélanger et de (…) dans la révision du manuscrit.

Michel Sarra-Bournet

Le 17 octobre 2000

---

3. *Parti Pris*, « Les contradictions de la révolution tranquille », février 1964, p.11.

Introduction

Regards sur le nationalisme au Québec

Jocelyn Saint-Pierre

Dans certains milieux, le mot nationalisme a une connotation un peu rétrograde. On l'associe parfois à un nationalisme étroit, exclusif, intolérant à l'égard des autres. Chez nous, on utilise des expressions bien typiques pour le discréditer ; on parle des « pure-laine », des « tricotés-serré », etc. Des gens le considèrent comme un mouvement de droite associé au chauvinisme. Pourtant, le sentiment national revêt bien d'autres sens sur cette planète : il suffit de songer au nationalisme légitime des grands États, le patriotisme, comme le nationalisme des Américains, des Britanniques ou des Français. Le nationalisme fait parfois peur, comme celui des Allemands ou des Japonais d'une triste époque. Dans d'autres cas, il est sympathique, comme celui des États baltes, de la Tchétchénie, de la Suisse ou du Canada, né en réaction à la menace américaine. Sans parler de l'ultra-nationalisme des peuples autochtones. Mais il y a, hélas, des nationalismes excessifs qui tuent, comme en Bosnie ou en Afrique. Où se situe le nationalisme québécois ? D'où vient-il ?

Pour répondre à cette question, il faut d'abord savoir comment désigner ce regroupement d'individus qui vivent au Québec et dont la majorité s'est successivement identifiée comme canadienne, canadienne-française, puis québécoise. La quête identitaire de ces descendants d'un petit groupe d'Européens et d'autochtones a quelque chose de pathétique. La rectitude politique impose une difficulté encore plus grande, parce que certains mots sont tabous. Le terrain est miné. Les hommes politiques eux-mêmes s'y aventurent à leurs risques et périls. On n'a qu'à se rappeler les propos de Jacques Parizeau sur les groupes ethniques lors du dernier référendum, ceux de Lucien Bouchard sur la race québécoise et ceux de Jean Chrétien sur la culture québécoise. D'aucuns entretiennent la confusion entre les notions de race, de peuple, de nation, d'ethnie et de groupe linguistique. Pour éclairer le débat, il convient de clarifier quelques notions. Il faut être un peu téméraire pour s'aventurer dans cette périlleuse entreprise qui a été tentée par d'autres[1].

Première question : les Québécois forment-ils une race ? La race est une réalité biologique, une rubrique de classification zoologique. C'est un regroupement assez large à l'intérieur d'une espèce qui présente un ensemble de caractéristiques physiques communes. Mais cette notion reste extrêmement imprécise — dangereuse même — et, avec le métissage des individus, elle ne veut à peu près plus rien dire. Qu'est-ce que c'est que la race blanche ? Qu'est-ce que c'est que la race noire ? Au reste, cette notion qui a tant fait souffrir l'humanité est à proscrire. Les Québécois ne forment certainement pas une race, c'est évident. Forment-ils un peuple ? La notion de peuple est une réalité historique. Le sens commun définit un peuple comme un ensemble d'hommes et de femmes habitant un même territoire et constituant une communauté sociale et culturelle. Visiblement, les Québécois forment un peuple. Mais forment-ils pour autant une nation ? Le dictionnaire définit la nation comme une communauté humaine, le plus souvent installée sur un même territoire, et qui possède une unité historique, linguistique, culturelle, économique plus ou moins forte. Les Québécois sont-ils une ethnie ? Le mot ethnie, qui vient du grec *ethnos*, veut dire « peuple ». Notre *Larousse* parle de famille au sens large, qui possède une structure familiale, économique et sociale homogène et dont l'unité repose sur une langue, une culture et une conscience de groupe communes. Certainement que les Québécois francophones forment une ethnie. Quant à la notion de groupe linguistique, bon, c'est assez clair, on parle ici d'un groupe de personnes qui parlent la même langue ; le Québec est donc constitué d'au moins deux groupes linguistiques.

En réalité, le problème de définition qui nous intéresse vient du statut politique du Québec, qui, pour plusieurs, est loin d'être arrêté. Ce territoire qui a été d'abord une colonie française, la Nouvelle-France, puis une colonie britannique, « the province of Quebec », puis une province britannique, la province du Bas-Canada, puis une section de la

---

1. Dans *Genèse de la société québécoise*, Boréal, 1993, Fernand Dumont explore douze termes différents pour essayer de définir la communauté québécoise. Voir aussi Jean-Paul Desbiens et François Caron, « Il faut commencer par déterminer le terrain des mots », *La Presse*, 9 décembre 1995, p. B-9 et B-10.

province du Canada sous l'Union, puis de nouveau la province de Québec avec la Confédération, comment le désigner? On a commencé à parler de l'État du Québec dans les années soixante. Vingt ans plus tard, le Québec était devenu une « société distincte ». Récemment, on a proposé « foyer principal de la langue, de la culture et de la tradition juridique française en Amérique ». Cette entité politique, est-elle une patrie, un pays ou un État? Le mot patrie réfère au lieu de naissance : ce peut être un pays, une province, une ville où l'on est né. C'est une communauté d'individus vivant sur un même sol, qui sont unis, en vertu d'un attachement culturel pour la défense des mêmes valeurs. Patrie vient du latin *patria*, pays du père. Cette notion a quelque chose de sentimental, elle réfère au père, à l'attachement, c'est donc une notion qui vient du cœur. D'ailleurs, le soldat ne défend-il pas sa patrie? Souvenons-nous des Patriotes américains ou des Patriotes de 1837-1838. On parle d'union, de valeurs. Pour plusieurs, le Québec est donc leur patrie. Le Québec forme-t-il un pays? Voilà qui est plus délicat. Un pays, c'est le territoire d'une nation. C'est l'ensemble des habitants, des forces économiques et sociales d'une nation. Pour certains, le Québec est un pays. Un État, alors? Le *Larousse* définit l'État comme une entité politique constituée d'institutions, qui préside aux destinées collectives d'une société et qui exerce à ce titre le pouvoir. Le Québec formerait donc un État. Mais la notion d'État suppose aussi la reconnaissance formelle ou tacite des autres États. Le Québec ne serait alors qu'un demi-État, puisqu'il n'est pas pleinement souverain.

On se rend bien compte que toutes ces notions ne sont pas faciles à manier. Le présent ouvrage regroupe à ce sujet les réflexions de chercheurs et de chercheuses de toutes les disciplines en provenance de plusieurs universités du Québec et du reste du Canada. Il couvre la période de 1830 à nos jours.

Louis-Georges Harvey, professeur à l'Université Bishop, nous propose une nouvelle interprétation du nationalisme des Patriotes qui, loin d'être intolérant, xénophobe, rétrograde et fermé sur lui-même, comme on l'a souvent qualifié, serait plutôt typiquement américain, donc très de son temps. Le point de vue est novateur. Le nationalisme des Patriotes, plutôt intégrateur, inclut tous les habitants du Bas-Canada et s'inscrit dans un courant continental. Le professeur Harvey démontre que la Révolution américaine occupe une grande place dans le discours des Patriotes ; le référent n'est pas européen, mais américain. La collectivité est définie par le territoire. Face à l'intransigeance britannique, pour justifier le recours aux armes, les chefs Patriotes trouveront dans la Révolution américaine un exemple de résistances constitutionnelles et économiques. Selon Harvey, pour contrer les résolutions Russell, les Patriotes ont évoqué entre autres la mémoire de George Washington et celle des héros de la Révolution américaine.

Gérald Bernier, professeur à l'Université de Montréal, et Daniel Salée, professeur à l'Université Concordia, abordent la même période, mais ils ont voulu dépasser la tendance dominante de l'historiographie qui voit la rébellion des Patriotes comme une manifestation du nationalisme en occultant la dimension socio-économique. Leur analyse est plutôt axée sur le processus de transition vers le capitalisme, sur la persistance de l'Ancien Régime, sur les luttes sociales et les rapports de pouvoir. Selon eux, l'idée de la nation québécoise articulée dans les rébellions de 1837-1838 a peu à voir avec celle qui sera développée plus tard, au XXe siècle.

J.-Yvon Thériault, sociologue à l'Université d'Ottawa, veut comprendre la dialectique entre nation et démocratie au sein de la modernité. Le rapport qui existe entre démocratie et nationalisme a profondément marqué les rébellions de 1837-1838 et le rapport Durham qui s'ensuivit. Selon Thériault, c'est à ce moment que se confirme une opposition entre le nationalisme et le libéralisme. L'attitude d'Étienne Parent face au nationalisme en est l'illustration. Jusqu'en 1840, son libéralisme politique est inséparable de l'affirmation de la nationalité canadienne. Par la suite, il fait une distinction entre les exigences de la liberté politique et la défense de sa nationalité. L'arrivée du gouvernement responsable aurait, d'après Parent, mis fin à la légitimité des revendications politiques du nationalisme canadien. Thériault fait un parallèle audacieux, mais néanmoins fort intéressant, entre Parent et Francis Fukuyama qui, à un siècle d'intervalle, arrivent au même constat : le nationalisme québécois remet en cause le postulat qui veut que les populations préfèrent vivre dans des sociétés libérales plutôt que dans des entités politiques définies par la nationalité. Le destin du Québec sera un test pour la démocratie libérale moderne. Parent pensait, conclut Thériault, que le prix à payer pour réintroduire le principe communautaire de la nationalité sans rompre avec le libéralisme était sa neutralité politique.

Dans un tout autre registre, Gilles Janson, de la bibliothèque de l'UQAM, aborde la question du nationalisme dans le sport. On pouvait penser que le nationalisme trouverait un terreau fertile dans le sport. Janson a le mérite de nous le démontrer. Son étude couvre les années 1890 à 1920, période de la pendaison de Riel, de la question scolaire au Manitoba et en Ontario et de la crise de la conscription, et montre comment la volonté canadienne-française d'occuper le champ culturel du sport s'est exprimée. Dans sa démonstration, Janson décrit les tentatives de structuration des associations et clubs sportifs francophones, en particulier l'Association athlétique d'amateurs Le National, et les revendications des Canadiens français dans le sport, surtout dans le hockey. Il découvre que l'on a valorisé la force physique et l'usage du français dans les activités physiques et sportives. Il montre surtout comment les francophones se sont approprié une culture sportive longtemps structurée et développée par les anglophones. Le sport devient alors pour certains d'entre eux un moyen d'affirmation et de valorisation. Même si le sport favorise l'action individuelle et l'exaltation de l'esprit d'entreprise, il contribue, dans l'esprit des promoteurs de l'époque, au développement d'une nation plus forte, plus dynamique et plus sûre d'elle-même.

Nelson Michaud, qui enseigne à l'ENAP, nous ramène sur le terrain politique. Son analyse porte sur le nationalisme québécois et le Parti conservateur d'Arthur Meighen. Selon lui, le Parti conservateur fédéral a accueilli au début du siècle des représentants québécois qui défendaient le nationalisme. Le nationalisme canadien, sentiment partagé surtout par les francophones du Québec, était perçu par les dirigeants conservateurs fédéraux comme un élément fondamental de la reprise du pouvoir détenu par les libéraux de Mackenzie King et d'Ernest Lapointe. L'alternative au tandem King-Lapointe repose sur un seul homme, Ésioff-Léon Patenaude. Le texte de Michaud analyse son nationalisme en insistant sur son expression politique. Il décrit les démarches de Meighen auprès de Patenaude pour l'attirer dans son parti afin d'en refaire l'image, ternie par la crise de la conscription.

On le sait, l'indépendantisme québécois est né dans les milieux intellectuels catholiques. Jean-Claude Dupuis, qui a complété un doctorat en histoire à l'Université Laval, fait le lien entre le nationalisme, le séparatisme et la philosophie catholique de l'entre-deux-guerres. Il décrit la naissance de l'indépendantisme québécois chez Lionel Groulx dans *L'Action française*. Les nationalistes catholiques qui prêchaient le séparatisme — manifestation d'un vieux principe libéral condamné par l'Église et qui prônait le droit des peuples à disposer d'eux-mêmes mais allait à l'encontre du respect de l'ordre établi, soit le devoir de piété envers la patrie et le devoir d'obéissance envers les autorités légitimes — ont justifié leur idéal d'indépendance à partir de la philosophie politique de l'Église. Ils ont réussi à concilier leur idéal séparatiste avec les principes du droit chrétien. L'indépendance politique découlerait d'un séparatisme passif, c'est-à-dire d'une situation que les Canadiens français n'auraient pas provoquée eux-mêmes.

L'historien et éditeur Jean-François Nadeau retrace une tranche de vie de l'historien Robert Rumilly : son installation à Montréal en 1928. Le futur historien du Canada français, qui était membre de l'Action française de Charles Maurras, quitte la France pour le Canada, attiré par l'essor économique américain et surtout par l'espoir trouver une société conforme à son idéal politique. Rumilly est émerveillé à son arrivée à Montréal ; il trouve une collectivité qui correspond presque entièrement à l'image doctrinaire qu'il se faisait d'une société ayant su préserver la vieille France. Les impressions exprimées par Rumilly fournissent une bonne indication de la nature des idées qui ont cours au Canada français à cette époque.

Avec Jacques Beauchemin, sociologue à l'UQAM, c'est le natio-nalisme duplessiste qui nous est décrit. Beauchemin remet en cause le jugement rétrospectif sévère porté sur Duplessis par l'historiographie traditionnelle. Son régime a été jugé antidémocratique, ethniciste, con-servateur et même fascisant. La thèse d'André-J. Bélanger sur l'apoli-tisme du nationalisme duplessiste est également contestée. En établissant les origines de ce conservatisme et les conséquences de l'immobilisme dans lequel il aurait confiné la société québécoise, l'auteur montre le caractère politique de ce clérico-nationalisme qui dépasse largement la défense simple et obstinée de l'autonomisme provincial. Le nationalisme duplessiste contient en germe une part de la redéfinition politiste du nationalisme des années soixante. Le discours duplessiste politise la réfé-rence à la tradition et aux coutumes canadiennes-françaises à l'intérieur d'une attitude de résistance au providentialisme soutenu par le gouver-nement fédéral. Cet ethnicisme est le résultat des luttes politiques du siècle dernier ; la race comme désignation identitaire, et l'ethnicisme qui en a découlé, était la seule forme que pouvait adopter le nationa-lisme canadien-français au sortir du XIXe siècle.

François Rocher, professeur à Carleton University d'Ottawa, compare quant à lui deux périodes : celle du rêve d'égalité de Daniel Johnson père, et celle de la résignation de son fils. La façon dont Daniel Johnson père appréhendait la place du Québec dans le système politique canadien est au centre de l'analyse. Le nationalisme de Daniel Johnson s'est graduellement modifié, passant du nationalisme canadien-français au nationalisme québécois. Ce discours ambigu marque une rupture dans la perception que l'on se faisait du Québec et pose les balises du nationalisme québécois moderne. Selon le professeur Rocher, le discours du fils rompt avec le questionnement qui inspirait la démarche du père. Johnson fils renvoie à une vision du Québec antérieure à celle de la Révolution tranquille. Dommage, conclut Rocher, que Daniel Johnson père ne soit plus là pour opérer un retour vers le futur.

L'historiographie a pratiquement oublié le rôle des femmes dans la question nationale québécoise. Chantal Maillé, professeure à l'Université Concordia, essaie de pallier cette lacune en décrivant les liens entre le mouvement des femmes et le projet identitaire québécois. Son hypothèse : l'action des féministes du Québec se situe en continuité avec le rôle de productrices d'ethnicité que les Québécoises ont joué dans l'histoire. Les dernières décennies ont permis l'expression d'une vision féministe des enjeux nationaux, même si les femmes sont loin de constituer un groupe homogène face au nationalisme québécois. Les prises de position des groupes de femmes vont de l'abstentionnisme au soutien inconditionnel à l'option souverainiste.

Ralph P. Güntzel, du Franklin College of Indiana, traite d'un autre aspect souvent ignoré par les chercheurs : le rôle des travailleurs québécois dans la définition du nationalisme. Il s'intéresse surtout à l'aile socialiste du mouvement syndical, en particulier face à l'indépendantisme, dans la décennie 1972-1982. Selon lui, les socialistes ont alors pris le contrôle des trois centrales syndicales québécoises importantes (CSN, FTQ et CEQ). Partisans d'un Québec indépendant et socialiste, ils se sont vus pris entre les souverainistes péquistes et les communistes antiséparatistes. Leur tentative de faire adopter leur orientation par leur centrale a été un échec. Cependant, leur analyse constitue une contribution importante au nationalisme socialiste québécois de la période post-Révolution tranquille. Le pragmatisme a eu raison du dogmatisme, puisque les défenseurs de l'indépendance et du socialisme se sont prononcés dans un sens étapiste et ont accepté l'hégémonie péquiste.

La philosophe de l'UQAM, Jocelyne Couture, explique comment s'est estompé depuis le milieu du XXe siècle le sentiment d'appartenance nationale que la population canadienne d'origine française s'était forgé au cours de sa longue histoire. La provincialisation de l'État-providence, le nationalisme québécois et la Constitution de 1982 ont décimé le cadre de vie commun qui aurait pu assurer le maintien d'une nation canadienne-française. Aujourd'hui, l'intégration sociétale des francophones canadiens favorise leur assimilation et l'isolement des communautés rend leur survie culturelle encore plus difficile. Elle en appelle à la bonne foi et à la sensibilité de la majorité anglaise pour un réalignement des politiques fédérales. Enfin, selon la professeure Couture, le leadership qu'exerce le Québec dans la protection du français a des effets au Canada, et cela continuerait d'être vrai même s'il devenait souverain.

Dans une analyse en profondeur des thèmes qui charpentent les derniers ouvrages de Fernand Dumont, Max Nemni, qui enseigne à l'Université Laval, pose la thèse suivante : au lieu de disparaître, le nationalisme québécois contemporain — qui se dit civique ou territorial en raison du culturalisme inhérent au nationalisme ethnique — se politise en prenant la forme d'une vision historiciste de l'émergence naturelle d'un État-nation non ethnique. Le nationalisme de type identitaire demeure donc une des forces vives du Québec. Max Nemni se propose également de clarifier la notion de communauté politique. Le nationalisme québécois, soutient-il, reste marqué par l'organicisme, l'historicisme et le culturalisme.

Pour sa part, Louis Balthazar, professeur de science politique à l'Université Laval qui a publié un fort intéressant bilan du nationalisme québécois en 1986, démontre que le nationalisme de la majorité des Québécois est résolument autonomiste. Ce nationalisme est un phénomène plus large que l'aspiration à la souveraineté : on peut être nationaliste sans être souverainiste. Selon le professeur Balthazar, plusieurs Québécois se contenteraient d'une large zone d'autonomie pour leur province, qui rendrait possible l'affirmation sans équivoque de leur identité à l'intérieur d'une union canadienne. La grande ouverture sur le monde et le pluralisme croissant de la société québécoise sont de puissants antidotes aux effets pervers du nationalisme. Ce nationalisme autonomiste permet donc l'expression d'une identité et d'une ouverture à l'intégration. Par conséquent, les Québécois qui veulent affirmer leur spécificité tout en maintenant une union canadienne ne devraient pas être accusés de pratiquer l'exclusion et d'entretenir l'hostilité.

Autre exemple de la difficile coexistence de différents projets nationaux sur un même territoire : les relations entre les nationalistes québécois et autochtones. Analyste assidu de ces questions et professeur au Cégep du Vieux-Montréal, Pierre Trudel les renvoie dos à dos. En examinant leurs discours respectifs, il a constaté que, lorsqu'ils ne s'ignorent pas totalement, ils projettent l'un de l'autre une image négative, parfois déformée et même caricaturale.

Dans un plaidoyer pré-référendaire, le philosophe Kai Nielsen (un des membres fondateurs des Intellectuels pour la souveraineté) sépare la question de l'indépendance politique du Québec de celle de l'existence d'une nation, d'une culture ou d'un peuple québécois distincts, dans le but de justifier l'appui à la souveraineté du Québec à partir de l'intérêt général. Bref, il entend faire la démonstration qu'on peut être souverainiste sans être nationaliste. Pour ce faire, il évite d'inclure dans son argumentation principale les questions qui divisent francophones et non-francophones, et prend plutôt parti pour une morale altruiste et désintéressée où tous devraient prendre en compte les intérêts individuels et collectifs de chacun. Toutefois, pour faire bonne mesure, il ajoute que le nationalisme n'est pas un mal en soi et même qu'aujourd'hui il est nécessaire à la vie en société et va de pair avec l'ouverture sur le monde. Enfin, il récuse toute notion essentialiste de la nation, expliquant qu'elle est un construit social et qu'elle peut, par conséquent, être ouverte au pluralisme culturel.

Spécialiste new-yorkaise du nationalisme québécois, Anne Griffin nous rappelle l'importance de la mémoire collective. Selon elle, c'est la reconstruction de la mémoire au cours des années 1950 et 1960 — c'est-à-dire le passage d'un paradigme conservateur à un paradigme libéral — qui a modifié les perceptions du régime fédéral canadien et entraîné une nouvelle formulation des revendications nationalistes au Québec.

L'historien Ronald Rudin de l'Université Concordia s'est penché sur l'œuvre que ses collègues québécois ont publiée au cours des années 1970 et 1980. Il constate qu'elle partage, avec celle des Irlandais, une tendance à privilégier les aspects structurels et rationnels du passé, de manière à faire apparaître le Québec comme une nation moderne, « normale ». Ce faisant, ces historiens « révisionnistes » ont exagéré les points de convergences entre le Québec et les sociétés voisines, aux détriments des aspects singuliers de son histoire, notamment les conflits nationaux. Il prône une histoire « postrévisionniste » où l'on retrouverait un juste équilibre entre ces éléments.

Pour l'historien et sociologue Gérard Bouchard de l'UQAC, l'apport de nouveaux arrivants a entraîné la diversification de la population. En conséquence, le nationalisme québécois a dû se réformer afin de conserver sa fonction intégrative. Au cours des dernières décennies, l'ancien rapport d'exclusion s'est muté en rapport d'inclusion. Tout en misant sur une langue commune, il s'est ouvert aux autres cultures, sans pour autant se noyer dans une conception purement civique de la nation, qui aurait fait l'économie d'une culture nationale. Mais pour aller au bout de sa transformation, le nationalisme québécois doit aussi se doter d'une mémoire et d'un projet communs à tous.

Dans sa contribution à la compréhension du nationalisme au Québec, l'historien Michel Sarra-Bournet fait un plaidoyer pour l'histoire. Chaque nation est un cas d'espèce, elle est capable du pire et du meilleur, et la mauvaise réputation qu'on a fait au nationalisme québécois est le fait de nationalistes canadiens qui refusent de reconnaître le caractère national du Québec parce qu'ils craignent pour l'intégrité de leur nation. Pourtant, l'évolution du nationalisme québécois entre les pôles ethnique et civique a été fort semblable à celle du Canada. Toutefois, il demeure nécessaire de faire une distinction entre projet national québécois (qui embrasse la totalité de la population du Québec) et le nationalisme québécois (qui demeure surtout l'apanage des francophones). L'auteur conclut en affirmant que, si la question nationale ne se règle pas, on ne peut pas exclure une régression vers l'ethnicisme.

Cet effort de réflexion sur le nationalisme québécois peut ouvrir des voies de recherche fort prometteuses. Je n'en mentionnerai qu'une en terminant. Dans une conférence prononcée au Centro de Investigaciones Sobre America del Norte de l'Université de Mexico, le 3 mars 1995[2], Lise Bissonnette, directrice du *Devoir*, situe le nationalisme québécois dans le continentalisme américain, un peu comme l'a fait un de nos collaborateurs. Elle soutient qu'avec la désintégration de la fédération canadienne le nationalisme québécois loin d'être anachronique se situera pleinement dans les grands courants nord-américains. Un point de vue séduisant et stimulant, comme l'est cet ouvrage, du moins nous l'espérons.

---

2. Lise Bissonnette, « Le Québec, ou la fausse contradiction », *Occasional Papers*, nº 4, juillet 1995, Center for the Study of Canada, State University of New York, Plattsburgh, p. 1-6.

PREMIÈRE PARTIE

Les nationalismes
de 1830 à 1920

1

LA RÉVOLUTION AMÉRICAINE ET LES PATRIOTES, 1830-1837

LOUIS-GEORGES HARVEY

L'histoire du discours politique ne se limite pas à une simple démarche cherchant à déterminer l'influence des idées étrangères dans l'évolution des idéologies. L'historien socioculturel cherche plutôt à décortiquer le discours par l'analyse de ses éléments. La représentation des événements historiques dans un discours politique peut permettre de saisir les subtilités de sa logique interne. La place importante de la Révolution américaine dans le discours politique du mouvement patriote représente un bel exemple. D'une part, la Révolution évoque les thèmes de la liberté politique et de l'autonomie coloniale. Mais sa signification historique dans le discours des Patriotes va beaucoup plus loin : la Révolution est le plus puissant symbole de la nature égalitaire et démocratique des peuples américains. En ce sens, elle s'inscrit dans une logique patriote qui s'appuie sur l'idée d'une évolution irréversible menant à la démocratisation des régimes politiques à l'échelle continentale. La valorisation de la Révolution américaine témoigne aussi d'un décrochage important par rapport aux référents européens. Le discours des Patriotes souligne l'américanité des Canadiens, et sa définition de la collectivité est fortement inspirée d'une dimension territoriale[1].

Au début du XIXᵉ siècle, la république américaine est le plus prospère et le plus stable des régimes républicains. Admirée par les démocrates des deux côtés de l'Atlantique, sa révolution inspira les mouvements de libération qui se multiplieront en Amérique latine. Sur

---

1. Louis-Georges Harvey, « Le mouvement patriote comme projet de rupture (1805-1837) », dans Gérard Bouchard et Yvan Lamonde (dir.), *Québécois et Américains. La culture québécoise aux XIXᵉ et XXᵉ siècles*, Montréal, Fides, 1995, p. 87-112.

le territoire des États-Unis, les nouveaux États adoptent une Constitution républicaine par le moyen d'une convention avant de se joindre à la fédération. L'époque des républiques américaines semble succéder à celle des empires européens, et cela sous le protectorat bienveillant du « Congrès national des républiques américaines[2] ».

C'est dans ce contexte historique bien précis que l'image de la Révolution américaine en vient à occuper une place importante dans le discours des Patriotes. Elle sert d'abord à montrer l'incapacité d'adaptation du régime impérial devant l'évolution des sociétés américaines. Car il semble que les ministres britanniques des années 1830 n'aient guère compris le sens de la Révolution américaine : ils défendent toujours l'hégémonie politique de la métropole et s'opposent à tout projet de réforme de la Constitution bas-canadienne. Devant l'échec des tentatives de conciliation, l'histoire de la Révolution américaine propose le recours à des stratégies de résistance constitutionnelles et économiques. En outre, quant à la répression politique, l'exemple des milices américaines de 1776 donne raison à ceux qui préconisent des solutions radicales.

La Révolution américaine et
La réforme des institutions coloniales

Dès 1830, les Patriotes revendiquent une réforme des institutions politiques afin qu'elles reflètent mieux la société bas-canadienne. Cette réforme a déjà été réalisée aux États-Unis, et cela par la Révolution. Si l'option révolutionnaire n'est pas encore au programme du Parti patriote, les antécédents du mouvement révolutionnaire de 1776 inspirent la stratégie politique du mouvement canadien. Entre 1834 et 1837, les Patriotes y puisent des exemples et des modèles de résistance aux politiques impériales. Un article dans *La Minerve* de 1834, par exemple, se penche sur la résistance économique des colons américains face à l'impôt du timbre et à la loi Townshend. La solidarité des Américains avait alors provoqué le rappel de la loi du timbre et de plusieurs des taxes subséquentes. « On ne perçut pas un denier de taxe sur ces marchandises..., l'auteur expliqua, parce que les colons ne tolérèrent pas qu'ils soient taxés sans leur consentement[3] ». Au début de 1835, le journal revient sur l'histoire de la Révolution dans un éditorial du jour de l'an intitulé « Affaires de la Province ». Cet article compare la situa-

---

2. *La Minerve*, 16 décembre 1830.
3. *La Minerve*, 10 juillet 1834.

tion du Bas-Canada à celle des colonies américaines. Les colonies américaines ont souffert longtemps, écrit l'auteur « nous souffrons depuis longtemps — avons-nous encore longtemps à souffrir[4] ? »

Cette mise en perspective inaugure une longue série d'articles consacrés à l'histoire de l'époque révolutionnaire et publiés dans plusieurs journaux patriotes. *La Minerve* entreprend une analyse ambitieuse qui s'étend sur cinq numéros entre le 28 septembre et le 15 octobre 1835. Cette série revoit l'histoire des colonies américaines de 1763 à 1775 afin de mettre en parallèle leur situation et celle des Canadiens de 1835. La similitude des deux mouvements prouve, aux yeux de l'auteur, que la résistance des Canadiens n'est pas motivée simplement par la dimension ethnique. Les articles s'attardent particulièrement sur le succès de la stratégie américaine du boycottage des produits britanniques, mais ils finissent par conclure que l'ingérence britannique a provoqué la Révolution[5].

S'ils ne prônent pas l'insurrection, ces articles soulèvent quand même des questions controversées. Ils s'interrogent sur le prix de la loyauté que les Canadiens ont démontrée en 1775 et 1812, et ils remettent en question leur fidélité devant l'éventualité d'une nouvelle menace américaine. Des lettres publiées dans *La Minerve* à la même époque sont encore moins équivoques. S'adressant au gouverneur Gosford, « Un Canadien » avertit que les Américains ont montré en 1776 « qu'un peuple pouvait être libre quand il le voulait ! Ce peuple, Milord, est voisin du Canada. Nous l'avons combattu, il est vrai, en '75 et en 1812, mais un peuple ne combat pas toujours contre la liberté[6]. »

L'hypothèse selon laquelle les conflits bas-canadiens pourraient finir comme ceux des colonies américaines s'impose dès que les Patriotes réclament le contrôle des affaires internes de la province. À leur sens, seul ce degré d'autonomie politique permettrait de libérer les forces créatrices de la société bas-canadienne et de faire prospérer son économie. Selon leur interprétation de l'histoire américaine, la prospérité économique des États-Unis est attribuable à la rupture du lien colonial et à l'établissement des institutions démocratiques. *La Minerve* explique l'essor de l'économie américaine en ces termes :

> colonies [elles] étaient ce que sont partout ces dernières, inertes, sans commerce et sans considération, végétant sous un système malade, dépérissant

---

4. *La Minerve*, 1er janvier 1835.

5. *La Minerve*, 28 septembre, 5, 8, 12 et 15 octobre 1835.

6. « Lettre à Lord Gosford », *La Minerve*, 10 septembre 1835.

sous le régime colonial... les colons coururent à l'insurrection, et arrachèrent au peuple Anglais la plus belle de ses possessions ! Une nouvelle ère commence pour l'Amérique ; dans un moment tout change, tout grandit, tout s'avance à pas de géant. L'industrie libre d'entraves et de monopoles devient générale ; la hache recule la barbarie, des villes superbes couvrent des lieux qu'attristaient naguère les huttes grotesques des sauvages[7].

Pourtant, le discours politique du mouvement insiste toujours sur les moyens constitutionnels et économiques. Avant 1837, les articles traitant de la Révolution comme telle sont très rares. Les Patriotes citent plutôt l'exemple du premier Congrès continental, des comités de correspondance et des stratégies de pétitions et de boycottage.

À ce titre, l'histoire des colonies américaines offre également des exemples d'organisation politique que la direction du mouvement patriote juge dignes d'être imités. En 1834 et 1835, alors que les Patriotes cherchent à créer des organismes permettant d'étendre leur portée en faisant circuler des pétitions et en organisant des assemblées populaires, le mouvement mettra sur pied son propre réseau de comités de correspondance[8]. Ces comités suivent l'exemple américain dans leur choix de stratégie politique. En 1834, le Comité central de Montréal est très clair à cet égard :

> Quel bel exemple vous donnent les anciens Bostonnais, lorsque se renfermant encore dans les bornes d'une résistance constitutionnelle, avant d'avoir été poussés et forcés à une résistance armée, des milliers d'entre eux eurent le courage et le bon esprit de renoncer à l'usage du thé qui y était universel, plutôt que de souffrir le même genre d'injustice dont on vous menace..., celle de disposer de vos propriétés dans le parlement britannique[9].

Comme les Américains, les Patriotes empruntent les voies légales et présentent leurs griefs sous forme de pétitions au Parlement de Londres. Mais l'histoire américaine montre aussi que les colons ont dû se soulever afin de préserver leur liberté. Ce thème, qui refait surface périodiquement dans le discours des Patriotes avant 1837, suggère que le

---

7. *La Minerve*, 19 mai 1834.
8. Le plus célèbre de ces comités est le Comité central de Montréal. Ses documents internes l'identifient comme «Comité de correspondance de Montréal». Il y avait aussi un «Comité de correspondance de Québec». Les documents sont conservés aux Archives nationales du Canada (ANC) : ANC, Fonds Famille Papineau, MG 24 B 2, vol. 2, p. 1867-1869 (novembre 1834) ; ANC, Fonds Comité de correspondance de Montréal, MG 24 B 129 (1834-1835) ; ANC, Fonds Comité de correspondance de Québec, MG 24 B 128 (1834-1836).
9. Comité central de Montréal, *Observations sur la réponse de Mathieu Lord Aylmer* [...], Montréal, 1834, p. 31.

peuple doive être vigilant et s'opposer à toute nouvelle tentative menaçant ses libertés politiques.

Résistance ou Révolution ?

Au printemps de 1837, les Patriotes apprennent que le Parlement
impérial a rejeté leurs revendications. Il a autorisé, par les résolutions
Russell, l'appropriation des fonds publics par le gouverneur sans le
consentement de l'Assemblée. Cette nouvelle politique britannique
semble indiquer l'échec de la résistance constitutionnelle et, selon les
leçons de la révolution américaine, elle représente le début d'une nouvelle étape dans la résistance du mouvement. Comme les fameuses
« lois intolérables » de 1774, les résolutions Russell s'attaquent aux
droits fondamentaux de tout sujet britannique en ravissant à l'Assemblée son seul contrôle sur l'exécutif. Impuissants, les représentants du
peuple n'ont plus le pouvoir de s'opposer aux desseins corrupteurs du
gouverneur et de l'oligarchie qui l'entoure. L'histoire de la Révolution
américaine a démontré que, devant de tels abus, les colons ont dû prendre
les armes pour défendre leur liberté. La situation bas-canadienne en
est-elle arrivée là ?

Dans ses déclarations officielles, le mouvement se cramponne à
la stratégie du boycottage. Au printemps et à l'été de 1837, les journaux d'allégeance patriote intensifient leur campagne et, ce faisant, ils
évoquent plus souvent l'exemple américain. Il devient difficile toutefois de masquer le sens révolutionnaire des appels à la mémoire des
Patriots américains. La lettre que « D. P. L. » adresse à *La Minerve* en
mai 1837 fait preuve de cette nouvelle ambiguïté. Dans un premier
temps, elle incite le peuple à se rallier à un boycottage des produits britanniques. À l'exemple des colons américains, les Canadiens devraient
se vêtir de « l'étoffe du pays », substituer la consommation du café à
celle du thé, préférer le sucre d'érable à celui des îles et abandonner le
rhum à la faveur de la bière et du whisky. Mais ce texte se distingue
surtout par la violence de ses propos. Selon l'auteur, le Parlement britannique considère que les Canadiens ne sont plus que des esclaves
politiques. « Aujourd'hui on ne nous craint pas, on se rit de nos maux,
on nous traite comme des nègres ; il faut que cela change[10] », écrit-il.

La campagne du boycottage prend une nouvelle ampleur avec le
déclenchement des grandes assemblées publiques au printemps de

---

10. « D. P. L. », *La Minerve*, 1er mai 1837.

1837. Chacune des assemblées tenues au cours du printemps et de l'été 1837 adopte une résolution en faveur du boycottage des produits britanniques. Certaines résolutions proposent même la substitution de la contrebande américaine aux importations britanniques. Plusieurs de ces déclarations se doublent d'un appel à l'exemple de la campagne économique des Américains[11]. Cependant, il y a, encore là, ambiguïté importante. Car, si on invoque la Révolution à l'appui d'une stratégie modérée, il devient difficile de masquer son sens plus radical. Le premier grand discours de Papineau lors de la campagne témoigne aussi de l'ambiguïté du sens de la Révolution. Le 15 mai, devant l'assemblée de Saint-Laurent, Papineau fait appel à l'histoire américaine afin de justifier la stratégie du boycottage. Remontant à 1774, Papineau cite l'exemple des délégués au premier Congrès continental qui avaient adopté une stratégie de résistance économique. Par contre, la Révolution américaine invoquée, il devient difficile de ne pas en tirer des conclusions beaucoup plus radicales. Les prétentions aristocratiques du Parlement impérial de 1837 sont identiques à celles de 1776, explique Papineau, qui souligne que ces dernières ont été réfutées. Elles furent alors réfutées par « les immortels auteurs de la Déclaration d'indépendance ». Le tribun évoque ensuite « l'épée de Washington » et « la juste et glorieuse Révolution des États-Unis ». Il laisse entendre que les politiques actuelles du Parlement impérial pourraient provoquer une nouvelle révolution américaine. Papineau prédit même qu'un nouveau conflit entre les sociétés américaines et européennes donnerait le même résultat :

> La plus belle et la plus forte armée que l'Europe eut encore vomie sur l'Amérique venait de mettre bas les armes devant de simples milices américaines, sans organisation, sans discipline, devant de bons cultivateurs, comme il y en a encore, qui savaient aimer leur pays et tirer aux tourtes, qui n'étaient forts que de la justice de leur cause, mais qui ignoraient les premiers éléments de toute tactique militaire[12].

La stratégie patriote se limite toujours à la résistance légale, mais le discours se radicalise. Dans ce contexte, l'image de la Révolution américaine prend tout son sens. Au cours de l'été, tant dans les assemblées que dans les journaux, on fait appel aux symboles révolutionnaires et républicains. Lors de l'assemblée du comté de Deux-Montagnes, les manifestants affichent des bannières portant la devise « la mort avant

---

11. Félix Leclerc, « 1837-1838, Dates et événements », dans Jean-Paul Bernard dir., *Les Rébellions de 1837-1838*, Montréal, Boréal Express, 1983, p. 91-135.
12. Comité central de Montréal, *Procédés de l'Assemblée des électeurs du comté de Montréal : tenue à St-Laurent le 15 mai 1837*, Montréal, 1837, p. 11, 15.

l'esclavage[13] ». Quelques semaines plus tard, l'assemblée du comté de Berthier cite dans ses résolutions la « juste résistance » des Américains en 1776. Cette résistance « a donné naissance à ces libres et heureuses institutions politiques qui ont si rapidement porté au plus haut point de puissance et de liberté nos proches voisins des États-Unis[14]. » Les symboles révolutionnaires et les appels à la mémoire des *Patriots* de 1776 sont également en évidence dans Missisquoi et dans Acadie[15].

Les journaux reprennent les mêmes thèmes. *La Minerve*, en célébration de l'anniversaire de l'indépendance des États-Unis, consacre articles et poèmes à la mémoire des héros de la Révolution américaine[16]. À Québec, *Le Libéral* s'attarde sur l'exemple de la Révolution et sur sa signification pour la situation bas-canadienne. Le 10 octobre, le journal publie une analyse de la Révolution qui montre la justice de la cause américaine et lance un appel à la résistance des Canadiens devant des abus semblables. « Au milieu de ces attentats à la liberté resterons-nous dans l'inaction ? demande l'éditorialiste, ...nous osons dire au nom de nos compatriotes, non ! la mort avant l'*Esclavage*[17]. »

À la veille des insurrections, l'image de la Révolution américaine semble maintenant justifier le recours aux armes. Les comités de correspondance mis sur pied en 1834 encouragent maintenant la formation de nouveaux comités de vigilance au niveau des paroisses. Ces nouveaux comités prennent la forme des *Committees of safety* mis sur pied en 1774 et 1775 par les *Patriots* américains, afin de faire respecter le boycottage des produits britanniques. Dans l'histoire du mouvement américain, la création de ces comités a mené à sa radicalisation aux mains des chefs locaux. Au Bas-Canada, on observe une tendance semblable. Dans Deux-Montagnes les chefs locaux destituent les bureaucrates et mettent en place leurs propres candidats dès le mois de septembre. Au début d'octobre, les Patriotes du même comté organisent une milice indépendante. Les meneurs locaux, rejetant la politique modérée de la direction patriote, commencent à jeter les bases d'un gouvernement provisoire[18]. À Montréal, le 4 octobre, les radicaux organisent une milice patriote : les Fils de la liberté. Le nom ne laisse

---

13. « Assemblée du comté des Deux-Montagnes », *La Minerve*, 5 juin 1837.
14. « Assemblée du comté de Berthier », *La Minerve*, 22 juin 1837.
15. *La Minerve*, 10 juillet 1837 ; « Assemblée du comté de l'Acadie », *La Minerve*, 20 juillet 1837.
16. *La Minerve*, 13, 17 et 24 juillet 1837.
17. *Le Libéral*, 10 octobre 1837.
18. Fernand Ouellet, *Le Bas-Canada 1791-1840*, Ottawa, Éditions de l'Université d'Ottawa, 1980, p. 438 ; Félix Leclerc, « 1837-1838, Dates et événements », p. 101.

aucun doute sur l'inspiration américaine de cette organisation et son manifeste reprend mot à mot la Déclaration d'indépendance sans toutefois préconiser le recours aux armes[19]. Il est toutefois très clair que les Fils s'y préparent. Encore là, on suit l'exemple de la Révolution américaine.

La logique révolutionnaire

Lors de l'Assemblée des six comtés, le 23 octobre, l'ambiguïté qui avait marqué l'image de la Révolution américaine disparaît. À Saint-Charles, la résistance patriote adopte ouvertement une politique à saveur révolutionnaire ; l'exemple américain se prête maintenant à justifier la création d'un gouvernement provisoire et il indique au peuple la nécessité de recourir à la résistance armée. Dès sa première résolution, l'assemblée en appelle aux héros de 1776 et se rallie à la définition des droits « inaliénables » énumérés dans la fameuse Déclaration de Jefferson. Les résolutions subséquentes suivent le modèle de la Déclaration en énumérant les griefs de la colonie et en affirmant que le peuple dispose du droit de modifier ses institutions politiques. « L'Adresse de la confédération des six comtés », émise le lendemain de l'assemblée, reprend elle aussi les fameuses phrases de la Déclaration. Elle affirme que les citoyens du Bas-Canada, devant les atteintes à leurs libertés politiques, ont le droit de faire « les arrangements nécessaires pour conserver leurs droits de citoyens et leur dignité d'hommes libres. » La majorité du texte est consacrée, encore une fois, à faire état des abus dont souffre la province et postule que ce ne sont là que les premiers jalons de l'esclavage politique que l'on cherche à imposer au Bas-Canada. À ce titre, l'Adresse qualifie l'état politique de la province « d'exception disgracieuse aux autres parties du continent[20] ».

L'Adresse des six comtés rend explicite le sens historique de la Révolution américaine. Dans un premier temps, la Révolution a montré que la domination européenne des peuples nord-américains n'était qu'éphémère. Le succès de la Révolution et de la république américaines a été la preuve que seuls les gouvernements démocratiques et républicains peuvent se maintenir en Amérique du Nord. En 1837, le mouvement patriote cherche à s'inscrire dans la lignée d'une évolution historique amorcée en 1776. La révolution canadienne n'est qu'une des

---

19. « Adresse des Fils de la liberté de Montréal aux jeunes gens des colonies de l'Amérique du Nord », *La Minerve*, 9 octobre 1837.

20. « Adresse de la confédération des six comtés au peuple du Canada », *La Minerve*, 2 novembre 1837.

révolutions américaines destinées à secouer le joug européen et la cause des Patriotes devient donc celle de tous les habitants des Amériques. C'est dans cette perspective que l'Adresse fait appel à la solidarité des peuples des Amériques et, plus précisément, à l'appui des premiers républicains, les voisins des États-Unis.

La Révolution américaine a permis de préciser les enjeux sociaux et politiques de la révolution canadienne en l'inscrivant dans le cadre d'un déterminisme à la fois historique et géographique. Le mouvement patriote est devenu la suite logique et nécessaire de l'élan révolutionnaire amorcé par les *Patriots* de 1776. Tant qu'il existerait des vestiges du despotisme européen sur le sol de l'Amérique, tous les peuples américains en seraient menacés. Le succès de la Révolution américaine, et celui des autres peuples qui l'ont imitée, a indiqué la voie à suivre. Il fallait établir un gouvernement républicain au Canada, soit par la réforme peu probable du système colonial, soit par la révolution.

CONCLUSION

La Révolution américaine a été, en ce sens, le point tournant de l'histoire des peuples américains, car elle a marqué le début de leur libération. Au milieu des années 1830, le mouvement patriote proclame ouvertement son adhérence à cette interprétation de l'histoire. Il réclame des institutions républicaines et prédit l'indépendance du Bas-Canada, et peut-être même sa participation à une grande fédération de républiques américaines.

Cette analyse du discours des Patriotes remet en question plusieurs aspects des interprétations traditionnelles de leur nationalisme. Comme tous les nationalismes québécois, il a souvent été associé à l'intolérance, au traditionalisme et à la xénophobie. En ce sens, il aurait caché un véritable mépris pour le peuple et aurait été un projet de société à la fois conservateur et rétrograde, un manque de réalisme qui expliquerait en grande partie l'échec du mouvement. Qui plus est, ce conservatisme aurait été dissimulé derrière une façade idéologique aux allures démocrates et libérales[21].

---

21. Louis-Georges Harvey, « Le mouvement patriote comme projet de rupture (1805-1837) », p. 88-89 ; Louis-Georges Harvey, « Importing the Revolution : The Image of America in French-Canadian Political Discourse, 1805-1837 », thèse de doctorat (histoire), Université d'Ottawa, 1990, p. 17-27.

Cette interprétation, pourtant très répandue, dissocie le discours politique du mouvement patriote de son fondement social. Si le nationalisme commence par la définition de la collectivité, ce discours nous permet de déceler deux tendances importantes. La première nous est déjà bien familière : les Canadiens sont français, ils ont des lois et des institutions particulières. La deuxième est plus subtile, mais elle est également omniprésente dans le discours du mouvement : les Canadiens sont Nord-Américains. Or, cette composante de l'identité québécoise est à la base de toutes les revendications politiques du mouvement. L'américanité permet aux Patriotes d'intégrer tous les habitants du Bas-Canada à une identité politique fondée sur une réalité territoriale et historique. Si le mouvement s'inspire de la Révolution américaine, c'est qu'elle est l'héritage commun de tous les Bas-Canadiens par le fait même de leur appartenance nord-américaine.

2

LES PATRIOTES, LA QUESTION NATIONALE ET LES RÉBELLIONS DE 1837-1838 AU BAS-CANADA

GÉRALD BERNIER ET DANIEL SALÉE

> Nationalism is not what it seems,
> and above all not what it seems to itself.
>
> Ernest Gellner (1983 : 56).

La mémoire collective des Québécois considère généralement les rébellions de 1837-1838 comme un grand moment d'affirmation nationale dans l'histoire du Québec. De Garneau jusqu'à nos jours, on trouve une pléthore d'historiens et d'analystes de l'histoire politique qui voient dans les rébellions et la lutte des Patriotes le combat courageux de la nation canadienne-française contre l'oppression d'un groupe ethnique conquérant. Longtemps, le mouvement insurrectionnel de 1837-1838 a alimenté l'imagination sociologique et historiographique nationalitaire ; il servira de point d'ancrage principal et implicite du discours politique nationaliste québécois pendant presque tout le XXᵉ siècle.

L'historien Allan Greer, qui est l'auteur d'un important ouvrage sur les rébellions de 1837-1838 (Greer, 1993), enjoignait récemment ses collègues à repenser les schémas traditionnels d'interprétation de cet événement central de notre histoire nationale. À son avis, le contexte général et les circonstances politiques particulières qui menèrent aux insurrections doivent être mieux compris. Les rébellions représentent une crise révolutionnaire beaucoup plus complexe que ce que la vision durhamienne, reprise de manière non critique par la presque totalité de l'historiographie, a généralement porté à croire (Greer, 1995). C'est ce que nous avons toujours implicitement soutenu, avant même que Greer en fasse la remarque (Bernier et Salée, 1992, 1995).

Jean-Paul Bernard a reconnu dans un article récent à propos de l'historiographie et de l'histoire des peuples du Canada : « Un bon pas serait fait si, comme on sait bien que tout ce qui se passe dans la ville n'est pas urbain, on voulait bien admettre que tout ce qui se passe sur le territoire national n'est pas national » (Bernard, 1995 : 352). C'est dans cet état d'esprit que nous croyons devoir aborder les rébellions de 1837-1838. Notre propre lecture de toute l'époque précédant et entourant les rébellions nous amène à penser qu'il faille relativiser le poids de la question nationale et l'expression supposée du nationalisme patriote, non seulement dans le déroulement des événements, mais aussi dans la réalité politique de la période qui va de la Conquête à l'Acte d'Union.

La présence de deux groupes nationaux et culturels différents sur un même territoire, la blessure de la Conquête ainsi que la dominante arrogance sociopolitique du conquérant ont toujours paru à presque tous ceux qui se sont penchés sur la question comme des indicateurs trop évidents pour ne pas conclure que le mouvement insurrectionnel de 1837-1838 n'était autre chose que le résultat d'un conflit ethnolinguistique. Les Patriotes pouvaient-ils représenter autre chose que l'avant-garde nationaliste d'un peuple culturellement homogène, en mal de rétribution contre des exactions sociopolitiques nourries de l'animosité culturaliste du conquérant ? Qu'elle soit sympathique ou non à la cause patriote, c'est, pour l'essentiel, l'image que l'historiographie a toujours véhiculée, toute imbue qu'elle est du regard limité qu'elle a trop souvent porté sur la question.

Nous offrons une autre interprétation des événements de 1837-1838. Il s'agit d'une lutte, dont les enjeux sont d'abord et avant tout de nature sociale, qui s'actualise à travers une volonté d'émancipation coloniale. Ces deux aspects se distinguent de l'image de conflit ethnolinguistique généralement retenue pour caractériser la question nationale sous-jacente aux insurrections. Les affrontements de 1837-1838 traduisent un profond malaise du rapport de force social et économique qui marque alors la société bas-canadienne[1]. Nous ne nions pas qu'une

---

1. Nous n'avons pas la prétention d'être les premiers à voir dans les insurrections de 1837-1838 autre chose qu'un conflit ethno-linguistique. Jean-Paul Bernard (1983) et ses étudiants (Lessard-Blanchette et Daigneault-Saint-Denis, 1975) ont souvent fait mention des aspects sociaux sous-jacents à la lutte des Patriotes, notamment la question foncière. Stanley Ryerson (1972) pour sa part, fidèle à l'orthodoxie marxiste qui l'animait, voyait dans 1837-1838 les premiers soubresauts de la révolution ouvrière. Malgré ces travaux, l'image du conflit ethnolinguistique reste tenace. Notre propre démarche a essentiellement tendu à relativiser cette image.

problématique nationalitaire ait pu se profiler en filigrane de la mouvance insurrectionnelle ; elle ne nous apparaît pas cependant comme le moteur de la démarche des Patriotes. En fait, loin d'avoir modulé la résistance patriote, la question nationale et le nationalisme présumé des Patriotes nous semblent avoir été marqués par la conjoncture sociale et la configuration des rapports sociaux propres à l'époque. En d'autres mots, ce n'est pas parce qu'ils auraient été d'abord animés d'un projet nationaliste que les Patriotes se sont lancés dans l'aventure insurrectionnelle, mais bien parce qu'ils auraient été motivés par un ensemble de raisons liées au contexte l'entourant. Le discours nationaliste, si tant est qu'on veuille bien admettre qu'il ait pu y en avoir un, apparaît beaucoup plus comme un épiphénomène qu'un déterminant fondamental des rébellions.

Notre lecture approfondie des journaux et des documents gouvernementaux de l'époque, de documents d'archives ainsi que des travaux historiques récents sur les facettes les plus diverses de la vie sociale, culturelle et économique du temps, nous a amené à croire qu'il y avait plus derrière les rébellions de 1837-1838 que ce que les apparences donnent à penser. Nous avons d'abord été mis sur la piste d'un pareil raisonnement à partir d'indices qui contredisent l'image rigide peinte par l'historiographie d'un clivage ethnolinguistique supposément à l'origine de l'action patriote. L'engagement direct et non équivoque de membres en vue de la communauté anglophone dans la cause patriote en est un premier. Que l'on pense seulement aux John Neilson, Edmund Bailey O'Callaghan, Thomas Storrow Brown, Robert et Wolfred Nelson, Daniel Tracey et William Scott dont l'histoire se souvient. L'existence de journaux et de publications de langue anglaise appuyant les Patriotes en est un autre ; *The Vindicator*, à Montréal, le *British Colonist*, le *Missiskoui Post* et le *Township Reformer* dans les Cantons-de-l'Est propageaient au sein de la communauté anglophone le programme sociopolitique patriote. Toutefois, l'indice le plus probant reste encore l'absence virtuelle d'une problématique ethnolinguistique au sein du discours véhiculé par les ténors du mouvement patriote. En fait, l'idée même de nation, au sens d'une communauté imaginée, composée essentiellement de francophones, semble pratiquement absente du corpus langagier et politique des Patriotes (Bernier et Salée, 1995 : 177 *et sq.*).

Pour bien comprendre le mouvement insurrectionnel de 1837-1838 et la logique sociopolitique qui l'anime, il faut porter plus loin le regard analytique, au-delà même des apparences formelles et des idées reçues sur la question. L'étude du cadre sociétal global révèle en effet la prégnance d'une configuration lourde à la fois d'un système particulier de relations sociales et d'un écheveau correspondant de pratiques légales et politico-administratives qui, lorsqu'ils sont décodés, expliquent avec une plus grande justesse le sens profond de l'action des Patriotes.

Nous avons effectué ailleurs ce décodage (Bernier et Salée, 1995). Nous ne le reprendrons pas ici. Qu'on rappelle simplement que, dans la première moitié du XIXᵉ siècle, le Québec demeure essentiellement une société d'Ancien Régime :

1. Au plan économique, l'agriculture domine et donne lieu à des rapports sociaux de nature féodale, et ce, quel que soit le mode de tenure foncière (seigneurial et franc et commun soccage) à l'intérieur duquel évoluent les agents sociaux ;

2. Au plan politique, l'occupation des postes administratifs, juridiques et politiques, est liée directement à la grande propriété foncière. Le type de gouverne auquel cela donne lieu rappelle à plusieurs égards l'absolutisme européen ;

3. Au plan social et idéologique, la vision de la société généralement promue et défendue par des grands propriétaires fonciers et des marchands domine. Elle reprend pour l'essentiel les grands thèmes des sociétés absolutistes européennes : hiérarchisation des rapports sociaux, conception organiciste du social, société d'ordres.

À la lecture des doléances rapportées par les journaux de l'époque et des problèmes traités par les documents parlementaires et gouvernementaux, il apparaît clairement que les insurrections de 1837-1838 participaient beaucoup plus de la volonté de renverser cet ordre socio-économique que de la problématique nationalitaire au sens propre. Le mouvement de contestation socio-politique amorcé vers la fin des années 1820 et dont les rébellions constituent l'apogée était en fait une critique en règle des institutions, des rapports sociaux, des structures politiques, des rapports de pouvoir et des pratiques de contrôle social d'Ancien Régime qui, de tout temps, avaient dominé la société bas-canadienne et continuaient de le faire.

L'Angleterre, en tant que puissance coloniale, et ses représentants locaux sont visés par cette critique, car ils incarnent et maintiennent un ordre social jugé de plus en plus inacceptable. Ce n'est pas la population anglophone du Bas-Canada qui est prise à partie ; c'est le joug colonial et l'exploitation concomitante et indue de la paysannerie qui posent problème aux yeux des Patriotes. Lorsque le discours patriote et la colère populaire interpellent l'anglophone, ce n'est pas à cause de son appartenance au groupe ethnolinguistique anglais, mais bien à cause de son rôle d'agent d'un ordre socio-économique décrié. C'est le grand propriétaire terrien qui est montré du doigt : le spéculateur, le monopolisateur foncier et le seigneur qui n'a que faire de la coutume de Paris régissant le régime seigneurial. Un francophone logeant à cette enseigne fait tout autant l'objet des foudres patriotes et révolutionnaires.

Pour l'essentiel, le discours patriote a en fait peu à voir avec la question nationale, au sens conventionnel du terme. Il s'agit dans l'ensemble d'un discours *d'émancipation* qui couvre une foule de revendications sociopolitiques au sein desquelles la question nationale occupe, somme toute, une place marginale.

Parmi les revendications sur lesquelles les Patriotes insistent de manière plus particulière, on note :

1. La démocratisation des institutions politiques : frustrés par la tendance fâcheuse du Conseil législatif à bloquer systématiquement les projets de loi émanant de la Chambre d'Assemblée, les Patriotes veulent le rendre électif ;

2. L'imputabilité de l'Exécutif ;

3. L'instauration du vote secret pour l'élection des membres de la Chambre d'Assemblée ;

4. La décentralisation administrative et la création d'institutions locales ;

5. La démocratisation de l'accès aux postes de la fonction publique coloniale ;

6. La question foncière et plus particulièrement l'abolition (ou minimalement la réforme) du régime seigneurial ;

7. L'abrogation du système de monopoles fonciers et l'élargissement de l'accès à la propriété foncière ;

8. L'abrogation du monopole commercial exercé par la Grande-Bretagne et l'instauration du libre-échange avec les États-Unis ;

9. La réforme de l'enseignement primaire.

Le discours patriote est, en définitive, beaucoup plus remarquable pour ses aspirations démocratiques et ses ambitions de changement social et politique que pour ses visées nationalistes. L'espoir de procéder à l'avènement d'un nouvel ordre socio-économique constitue le motif principal qui amènera les insurgés à prendre les armes.

Les insurrections de 1837-1838 traduisent, à proprement parler, une volonté révolutionnaire[2]. Elles s'inscrivent globalement dans le processus de transformation civilisationnelle qui caractérise alors l'Occident. Ce processus est lui-même alimenté par une dynamique de transition qui s'échelonnera sur l'ensemble du XIXe siècle et qui est marquée à la fois par l'obsolescence progressive des pratiques sociales et économiques d'Ancien Régime et la mise en place d'une culture sociopolitique propre au capitalisme. Le mouvement insurrectionnel constitue dans le contexte du Bas-Canada un premier coup de bélier contre l'Ancien Régime. En cela réside le sens profond des rébellions. Un premier coup de bélier infructueux, certes, mais qui n'ébranla pas moins l'ordre social précapitaliste et prédémocratique sur lequel repose alors le Québec. Bien que les tenants de l'Ancien Régime eussent gagné la guerre, il ne leur était plus possible de gérer les destinées de la

---

2. La déclaration d'indépendance de 1838 est à cet égard fort éloquente. Elle exprime claire- ment une profonde volonté de changement social qui appelle au bouleversement des struc- tures existantes de même qu'un désir non équivoque de libération nationale. En voici des extraits qui parlent d'eux-mêmes :

« ...NOUS, au nom du Peuple du Bas-Canada, adorant les décrets de la Divine Providence qui nous permet de renverser un Gouvernement, qui a méconnu l'objet et l'intention, pour lequel il était créé, et de faire choix de la forme de gouvernement la plus propre à établir la justice, assurer la tranquillité domestique, pourvoir à la défense commune, promouvoir le bien général, et garantir à nous et à notre postérité les bienfaits de la Liberté civile et religieuse ; DÉCLARONS SOLENNELLEMENT

1) Qu'à compter de ce jour, le Peuple du Bas-Canada est ABSOUS de toute allégeance à la Grande-Bretagne et que toute connexion politique entre cette puissance et le Bas-Canada CESSE dès ce jour.

4) Que toute union entre l'Église et l'État est déclarée abolie, et toute personne a le droit d'exercer librement la religion et la croyance que lui dicte sa conscience ;

5) Que la Tenure Féodale ou Seigneuriale, est, de fait, abolie, comme si elle n'eût jamais existé dans ce pays ;

11) Qu'il y aura liberté pleine et entière de la liberté de Presse dans toutes les matières et affaires publiques ;

17) Que toutes les terres dites de la Couronne, ainsi que celles appelées réserves du Clergé et celles qui sont nominalement en possession d'une certaine compagnie de spéculateurs en Angleterre, appelée *Compagnie des terres de l'Amérique britannique du Nord*, deviennent de plein droit la propriété de l'État du Canada, sauf telles portions des dites terres qui peuvent être en possession de cultivateurs qui les tiennent de bonne foi, pour lesquelles nous garantissons des titres en vertu d'une loi qui sera passée afin de légaliser la possession de tels lots de terre situés dans les Townships, qui sont maintenant en cultures. » (Latouche, 1977 : 79-80).

colonie selon les paramètres qui avaient été les leurs jusqu'à la fin des années 1830. La suite de l'histoire, au moins jusqu'à la Confédération, ne sera qu'une longue tentative d'ajustements plus ou moins heureux menée par les élites en réponse à la frustration populaire de 1837 et 1838.

Faut-il conclure que l'épaisseur de la problématique sociale et la volonté d'émancipation coloniale éclipsent en quelque sorte la problématisation de 1837-1838 au sens d'une question nationale aux relents ethnolinguistiques ? La question ne se pose pas nécessairement en ces termes. La chose est plus complexe. À la limite, c'est s'engager dans un faux débat que d'essayer de poser la primauté du social sur le national, ou vice versa. Il semble plus juste de parler du maillage, de l'imbrication de l'un et de l'autre.

Les rébellions de 1837-1838 ainsi que tout le mouvement de contestation patriote participent d'une dynamique sociale globale dont les procès contradictoires de domination et de résistance se conjuguent de pair avec un vif désir de libération du joug colonial ; désir qui, en raison de la configuration ethnoculturelle propre au Bas-Canada, n'est pas sans laisser croire parfois à l'expression de velléités ethnicistes. La réalité coloniale que subissent les Patriotes les amène nécessairement à se définir par rapport à un « Autre » et un « ailleurs » qui sont sources d'oppression, d'où l'impression rétrospective que leur projet fut une intention d'affirmation d'un groupe ethnolinguistique particulier. Mais il faut bien comprendre aussi que cette réalité coloniale est porteuse d'une réalité sociopolitique, d'une configuration interne de rapports sociaux et de pouvoirs que refusaient les Patriotes. Du fait du colonialisme donc, leur lutte sociale s'abouche du même souffle à un projet de construction de la nation. En effet, l'émancipation sociale ne pouvait se faire sans remettre en cause les structures coloniales. Or, à terme, cette remise en cause ne pouvait qu'impliquer la création d'un espace politique souverain propre aux habitants du Bas-Canada et donc propre au développement d'une nouvelle nationalité.

La question nationale ne vient donc ni avant ni après la question sociale ; toute hiérarchisation déterministe à cet égard porte à faux. Elle est sous-jacente à l'entreprise plus large et plus fondamentale de reconfiguration de l'espace public et politique bas-canadien que tentent d'amorcer les Patriotes, notamment la libération de la tutelle coloniale.

Cette nuance analytique est importante. Attentive à la réalité du cadre sociétal avec lequel ces derniers composent, elle saisit avec plus de justesse le sens réel de la réponse patriote à l'égard de la question nationale. On néglige trop souvent que, malgré l'expérience de la Conquête, le Bas-Canada reste à bien des égards une formation sociale encore largement proto-nationalitaire. Sans être totalement absents, la conscience d'un vécu partagé, le désir renanien d'un « vouloir vivre ensemble » une certaine communauté de culture, de coutumes et de langue y sont moins développés par comparaison à la situation qui s'instaurera à partir de la deuxième moitié du XIXe siècle.

C'est ce qui explique que les appels des Patriotes à la solidarité collective transcendent les frontières ethnolinguistiques et n'ont rien de ce nationalisme qui n'interpellerait que les membres d'un même groupe partageant des traits culturels et linguistiques communs. À nouveau, il faut se rappeler que la démarche des Patriotes est une démarche d'émancipation et de libération. La nation qu'elle articule ressemble peu à celle que les diverses variantes du nationalisme québécois traduiront à partir de la deuxième moitié du XIXe siècle et au cours du XXe siècle, très souvent fondées sur l'exclusion de l'« Autre ». Contrairement à ce que l'on suppose généralement, le discours patriote ne s'adresse pas *a priori* aux seuls descendants des conquis de 1760. Il s'adresse à tous les citoyens, quelle que soit leur origine ethnique, linguistique ou culturelle, désireux de participer à la construction de pratiques socio-économiques et d'institutions politico-administratives nouvelles. Si tant est qu'il soit possible de qualifier ce discours de nationaliste, il n'est pas encore imprégné des termes de référence isolationnistes et revanchards qui caractérisèrent le nationalisme québécois après 1840, alors que les élites francophones imposèrent le repli culturel comme seule stratégie d'action collective.

Le rapport à la nation qu'entretiennent les Patriotes peut être difficile à cerner avec précision du fond de notre XXe siècle, tout marqués que nous sommes par les évocations ethnicistes tantôt implicites, tantôt explicites, tantôt délibérées, tantôt démenties du nationalisme québécois contemporain. Soumis aux aléas d'une conjoncture politique polarisante qui pose trop souvent les débats publics en termes de binarité ethnolinguistique, nous concevons difficilement qu'il ait pu en être autrement à d'autres époques de notre histoire nationale. La tendance à interpréter le passé avec les yeux du présent est un réflexe naturel auquel nous résistons avec d'autant plus de difficulté que ce même passé peut sembler offrir quelque justification — parfois abusive — au présent.

L'intelligibilité du nationalisme patriote et du sens que l'on donnait à la nation au Bas-Canada ne peut s'énoncer à la lumière de l'expérience contemporaine du nationalisme québécois. Dans la mesure où l'on admet que la contestation patriote exprimait d'abord un refus de l'ordre socio-économique dominant et procédait d'un mouvement d'émancipation coloniale, le nationalisme que l'historiographie et la mémoire collective ont accolé aux Patriotes prend un tout autre relief. Ces derniers cherchent d'abord et surtout à construire un espace civique nouveau, à susciter une culture sociopolitique qui s'inscrit aux antipodes de la culture alors dominante. En vertu de ce projet, la nation dont rêvent les Patriotes diffère du sens où la parole publique contemporaine l'entend ; elle émane d'une rationalité citoyenne, éminemment pluraliste, c'est-à-dire d'un peuple d'égaux, volontaires et libres. Un extrait d'un texte éditorial paru le 21 mai 1831 dans *Le Canadien*, l'organe idéologique du Parti patriote à Québec, est à cet égard fort éloquent :

> Il n'y a pas que nous sachions, de peuple français en cette province, mais bien un peuple canadien, un peuple religieux et moral, un peuple loyal et amoureux de la liberté en même temps (sic) et capable d'en jouir ; ce peuple n'est ni Français, ni Anglais, ni Écossais, ni Irlandais, ni Yanké, il est Canadien... Le peuple du Canada ne sera jamais un peuple ni Français ni Anglais ; le Canada embrassant une vaste partie de l'hémisphère américain a bien une autre destinée devant lui.

Cette vision des choses n'a rien d'unique ou de marginal. Elle émaille les textes éditoriaux des journaux patriotes et se reflète dans les résolutions votées lors d'assemblées publiques au cours des mois précédant les insurrections (Bernier et Salée, 1995 : 180-81). La nation des Patriotes, c'est le peuple ; les deux termes sont synonymes et interchangeables

L'impression tenace de Lord Durham, qui voyait dans les affrontements civils de 1837 et 1838 une lutte à finir entre deux groupes nationaux, n'est pas tout à fait sans fondement. Paradoxalement, s'il faut parler d'un discours ethniciste et étroitement nationaliste au cours de la période menant à l'Union, c'est beaucoup plus du côté anglophone qu'il faut se tourner pour en trouver la manifestation. En effet, évoluent au sein de la population anglophone plusieurs éléments liés à l'administration coloniale et qui se posent en défenseurs acharnés de l'ordre social établi. La peur qu'inspirent chez eux les positions patriotes se traduit le plus souvent par une hargne typiquement ethniciste et raciste. Pour eux, la démarche patriote n'est que le fruit d'une élite canadienne-française assoiffée de pouvoir, cherchant à perpétuer en Amérique les institutions de l'Europe féodale. Leur opposition aux positions des Patriotes s'exprime essentiellement par un mépris évident pour tout ce qui est canadien-français.

La hargne des conservateurs anglophones à l'égard des Canadiens français s'exprime en des termes souvent extrémistes qui n'ont pas d'équivalent au sein de la presse patriote. Ce sont eux qui, en dernière analyse, polariseront la dynamique politique des années 1830 en un conflit interethnique. Leur action, beaucoup plus que celle des Patriotes, contribuera à alimenter l'impression indélébile que retiendront Lord Durham et les historiens des générations suivantes[3].

L'échec des rébellions laisse le champ libre à la domination de l'espace politique québécois par des forces sociales essentiellement conservatrices. Bien que le mouvement insurrectionnel force les élites coloniales et leurs alliés au sein du bloc au pouvoir (marchands, seigneurs, propriétaires fonciers, Église catholique) à adapter la nature de leur gouverne aux nouvelles réalités sociales et politiques qu'incarnent en quelque sorte les Patriotes, ces derniers n'en ont pas moins perdu la bataille.

---

3. Dans un ouvrage méconnu sur le journal *The Montreal Gazette* entre 1835 et 1842, André Lefebvre a bien analysé cette réalité. La presse et certains groupes parapolitiques anglophones conservateurs entretenaient à l'égard des Patriotes des sentiments emplis d'une animosité et d'une méfiance qui prenaient ancrage dans la différence ethno-culturelle qu'affichaient la majorité des Patriotes. *The Montreal Gazette* ne manque pas de souligner « the total incapacity of the majority of the inhabitants to exercise the powers of a free representative system of government, the incapacity and the incapability of the French Canadians governing themselves or others on the principles of the British Constitution ». Pour *The Montreal Gazette*, la république du Bas-Canada instaurerait la dictature de démagogues mandataires d'une masse ignorante (Lefebvre, 1970 : 56). Dans le même esprit, la Montreal Constitution Association soutenait que c'était « with the view of bowing down the neck of every Briton that the Patriots clamour for purely elective institutions ». Ses sympathisants craignaient que les Patriotes, « under the specious guise of popular institutions, would sever wisdom from power, and respect from intelligence, and consign us to unendurable bondage ». Ceux-ci sont saisis d'horreur à la pensée d'une république canadienne fondée sur « an illiterate people, opposed to improvements, and uninformed population striving for domination, and seeking to perpetuate in America the institutions of feudal Europe ». Ils soutiennent que le peuple est animé d'une « deep rooted hostility excited by the French leaders against those of different origin » et que le Conseil législatif ne doit pas devenir électif — une revendication fondamentale des Patriotes — parce qu'il constitue « a check on popular violence and precipitation where, unhappily, ignorance and prejudice characterize the majority,... the barriers that defend us against French tyranny » (Lefebvre, 1970 : 70-71).

Le primat des forces socio-économiques d'Ancien Régime s'atténue progressivement avant la fin du XIXe siècle, mais le système particulier de normes et de valeurs qui permettait leur domination perdure devant le vide postinsurrectionnel créé au sein des forces progressistes. Cette persistance module en des termes qui resteront foncièrement conservateurs et mitigés les avancées de la démocratie au Québec et au Canada au cours de la seconde moitié du XIXe siècle.

Dans la foulée, le caractère émancipateur du discours patriote disparaîtra du paysage idéologique québécois. Après les soubresauts réformistes et libéraux des rouges, le nationalisme d'émancipation qui s'était imposé depuis la fin des années 1820 cède la place à un nationalisme de conservation aux antipodes de la vision plus globale du devenir de la société québécoise qu'entretenaient les Patriotes. On passe désormais à un discours étroit, axé sur la défensive, sur la survivance ethnoculturelle. Il n'y a plus de projet de société, mais une vision désarticulée qui repose sur la préservation de la langue, des institutions et de la religion catholique. Les idéaux démocratiques et pluralistes des Patriotes font place à une conception rétrécie des possibles qui servira à alimenter jusqu'aux années 1950 une mentalité d'état de siège. Après 1840, l'idée de nation au sein du lexique politique québécois se désimprègne de la rationalité citoyenne qu'envisageaient les Patriotes pour se confondre de plus en plus avec le groupe ethnolinguistique francophone. La question nationale et le nationalisme qui en résultent deviennent intimement et irrémédiablement associés à la dimension ethnoculturelle de la problématique nationalitaire. Ce biais conceptuel continue, encore de nos jours, de marquer la définition de la nation québécoise, au grand dam bien souvent des tenants modernes du nationalisme québécois.

Les Patriotes proposaient une conception territoriale, civique, voire républicaine de la nation québécoise, une conception que de nombreux nationalistes d'aujourd'hui voudraient voir triompher (Legaré, 1994). L'histoire, à travers la faillite des insurrections de 1837-1838, en a décidé autrement. L'insuccès des Patriotes aura enferré le Québec dans une ontologie binaire de la nation (« Nous » contre « Eux ») dont il est devenu aujourd'hui extrêmement difficile de se libérer (Létourneau et Ruel, 1994). La mesquinerie des propos malheureux sur la (non) appartenance à la « Nation » proférés dans l'amertume de la défaite référendaire de 1995 nous le rappelle péniblement.

L'échec des rébellions est un drame. Non pas tant parce qu'il aura rouvert la blessure, jamais pansée, de la Conquête, mais parce qu'il aura empêché que s'enracine chez nous une image riche, large et généreuse de la nation.

Bibliographie

BERNARD, Jean-Paul, 1983, *Les rébellions de 1837-1838*, Montréal, Boréal Express.

BERNARD, Jean-Paul, 1995, « L'historiographie canadienne récente (1964-94) et l'histoire des peuples du Canada », *The Canadian Historical Review*, 76, 3, p. 321-353.

BERNIER, Gérald et Daniel SALÉE, 1992, *The Shaping of Quebec Politics and Society. Colonialism, Power, and the Transition to Capitalism in the Nineteenth Century*, Washington, D.C., Crane Russak.

BERNIER, Gérald et Daniel SALÉE, 1995, *Entre l'ordre et la liberté. Colonialisme, pouvoir et transition vers le capitalisme dans le Québec du XIXe siècle*, Montréal, Boréal.

BLANCHETTE-LESSARD, Lucie et Nicole DAIGNEAULT-SAINT-DENIS, 1975, *Groupes sociaux, patriotes et rébellions 1837-1838. Idéologies et participation*, mémoire de maîtrise, Histoire, UQAM.

GELLNER, Ernest, 1983, *Nations and Nationalisms*, Oxford, Basil Blackwell.

GREER, Allan, 1993, *The Patriots and the People. The Rebellion of 1837 in Rural Lower Canada*, Montreal, McGill-Queen's University Press.

GREER, Allan, 1995, « 1837-38 : Rebellion Reconsidered », *Canadian Historical Review*, 76, 1, p. 3-18.

LATOUCHE, Daniel, 1977, *Le manuel de la parole*, vol. 1, Montréal, Boréal Express.

LEFEBVRE, André, 1970, *La Montreal Gazette et le nationalisme canadien (1835-1842)*, Montréal, Guérin.

LEGARÉ, Anne, 1994, « La souveraineté : nation ou raison ? », dans Alain G. Gagnon (dir.), *Québec : État et société*, Montréal, Québec/Amérique.

LÉTOURNEAU, Jocelyn et Jacinthe RUEL, 1994, « Nous Autres les Québécois. Topiques du discours franco-québécois sur Soi et sur l'Autre dans les mémoires déposés devant la Commission Bélanger-Campeau », dans K. Fall, D. Simeoni et G. Vignaux (dir.), *Mots représentations. Enjeux dans les contacts ethniques et interculturels*, Ottawa, Presses de l'Université d'Ottawa.

RYERSON, Stanley B., 1972, *Le capitalisme et la Confédération*, Montréal, Parti pris.

3

Étienne Parent : les deux nations et la fin de l'histoire[1]

J.-Yvon Thériault

Ce texte s'inscrit dans la tentative d'opérer une histoire intellectuelle du rapport entre démocratie et nationalisme au Québec. Il s'agit bien d'une histoire intellectuelle (le domaine de l'idéologie) en autant qu'elle s'intéresse à l'histoire des idées et non, à proprement parler, à l'histoire des faits (le domaine de la *praxis*).

Certes, il y a nécessairement un lien entre l'idéologie et la pratique. Ce lien toutefois est fort complexe, car l'idéologie n'est ni le simple reflet d'une pratique ni simplement la matrice qui donne forme à cette pratique ; elle est tantôt reflet, tantôt matrice, tantôt utopie qui vise à conjurer le réel. Malgré l'écart qui existe entre l'idéologie et la pratique, nous pensons que l'histoire d'une idée ou d'un débat est un puissant révélateur des enjeux sociaux propres à une époque, à une société.

On pourrait, par exemple, démontrer que la société québécoise a une vieille pratique de la démocratie — elle est l'une des plus vieilles démocraties parlementaires — alors que la réflexion intellectuelle qui en émane est soit indifférente, soit hostile à celle-ci. Cet écart, entre la pratique démocratique et l'idée qui en rend compte, n'est pas propre au Québec. Marcel Gauchet (1980, 1985) a maintes fois insisté pour rappeler comment la démocratie que nous connaissons s'est construite en restant largement inconsciente d'elle-même. La logique démocratique s'est imposée à des acteurs qui de façon générale n'en faisaient pas une

1. Ce texte fait partie d'une recherche subventionnée par le CRSHC, *Raison, histoire et modernité démocratique*. Nous remercions particulièrement Bernard Gagnon qui a préparé la recherche bibliographique sur Étienne Parent, préliminaire à ce texte.

profession de foi profonde. Une telle tension, entre la pratique démocratique et sa représentation, est à la source même, pense-t-il, de l'aventure des démocraties modernes. Au Québec, c'est principalement à travers l'opposition entre les institutions démocratiques libérales et la défense de sa nationalité que cette tension s'est révélée. Du moins, le débat intellectuel qui en rend compte fait partie intégrante de l'histoire de la démocratie québécoise.

La dynamique entre l'idée de la démocratie libérale et celle de la défense de sa nationalité est effectivement née, au Québec, avec la construction d'un espace public moderne à la suite de l'octroi, en 1791, d'une assemblée représentative et, dans son sillage, du développement des instruments propres à une sphère publique discursive (journaux, collèges classiques, classe politique et intellectuelle, etc.). C'est dans l'espace démocratique ainsi constitué que s'élaborera la référence à une nationalité distincte. Le nationalisme est donc né de la démocratie libérale malgré que dès le départ il entretient avec celle-ci une relation ambiguë. Autour de l'échec de la rébellion de 1837-1838 et de la publication du Rapport Durham, cette ambiguïté se révélera de façon toute particulière. Elle prendra au milieu du XIXe siècle une configuration spécifique qui semblera opposer, pour près d'un siècle, les institutions démocratiques libérales à la défense de la nationalité canadienne-française.

En effet, Durham opposera dans son rapport, comme deux réalités incompatibles, la nationalité que défendent les leaders politiques canadiens-français et le déploiement, au Bas-Canada, des institutions libérales démocratiques. Pour lui, les Canadiens français mettent de l'avant, à travers leur nationalité, un principe civilisationnel rétrograde. Ils sont, dira-t-il, des Français d'Ancien Régime. Le déploiement de leur principe civilisationnel, leur nationalité, va à l'encontre de l'épanouissement de la logique libérale démocratique qui est le principe civilisationnel que Durham associe à la partie anglaise de la population du Bas-Canada et qui est, pour lui, à n'en point douter, le principe d'avenir qu'il faut favoriser dans la colonie. C'est pourquoi, par l'union des deux Canadas, il soumettra l'octroi d'un gouvernement responsable à l'assimilation, tout au moins à la minorisation, des Canadiens français[2].

---

2. Nous avons procédé à l'analyse du *Rapport Durham* en regard de la question démocratique dans « Nationalisme et démocratie au Québec : l'affaire Durham » (Thériault, 1994a).

Cette opposition tranchée est, à notre avis, une fausse opposition, en autant qu'elle ne rend pas bien compte de la dynamique réelle qui s'opère entre la défense de sa nationalité et la démocratie. Elle sera néanmoins reprise, autant par les libéraux antinationalistes (Durham, les rouges, Trudeau, etc.,) que par les nationalistes eux-mêmes (le vieux Parent, Groulx, etc.). L'interprétation lancée par Durham marque encore bien souvent, après 1960, une lecture réductrice des exigences de l'identité québécoise et de son inscription sous l'égide de l'individualisme démocratique moderne[3].

L'œuvre d'Étienne Parent nous apparaît, dans le débat que nous voulons éclairer, à la fois exemplaire et singulière. Il est, comme nous l'a rappelé récemment Gérard Bergeron (1994), « notre premier intellectuel » et, à ce titre, un personnage incontournable pour comprendre, au XIXe siècle, l'élaboration de la dynamique entre la démocratie et le nationalisme. En effet, il est de la génération des leaders canadiens-français qui sont venus à la politique en même temps que se déployaient les institutions démocratiques modernes et l'exigence de défense de la nationalité des Canadiens français. En tant que rédacteur du *Canadien,* de 1822 à 1825 et lors de sa reprise de 1830 à 1843, il est au cœur de l'émergence au Québec d'une prise de parole au sein d'un espace public[4]. Il reconnaît lui-même, à de multiples occasions, tout au long d'une carrière qui durera plus de quarante ans, l'importance des institutions démocratiques libérales et de la presse dans l'émergence d'une nationalité canadienne et plus tard canadienne-française (nous y reviendrons).

Enfant du XIXe siècle québécois, Parent sera intellectuellement près du mouvement du radicalisme libéral qui conduira ultimement à la formation du premier véritable parti politique au Bas-Canada, le Parti des Patriotes. Il s'en éloignera toutefois à mesure qu'approchera l'inéluctable affrontement entre les revendications d'autonomie politique des Patriotes et les exigences, qu'il identifie au réalisme politique, du maintien du Bas-Canada dans la logique de l'Empire britannique. Il vivra avec angoisse la rébellion de 1837-1838, allant jusqu'à accepter,

---

3. Voir, par exemple, Jean-Paul Derriennic (1995), *Nationalisme et démocratie.* Cette lecture réductionniste n'est toutefois pas le propre de la lecture antinationaliste (Thériault, 1994a ; 1994b).

4. Sur l'idéologie du journal *Le Canadien,* voir Reid (1980).

à la suite de la défaite, les conclusions assimilatrices de Durham, tout comme l'Union des deux Canadas, comme inévitables.

Ayant accepté l'Union, en participant à ces institutions à la fois comme député et comme haut fonctionnaire, il reviendra toutefois, après 1840, à des sentiments plus optimistes sur l'avenir de la nationalité canadienne-française. Dans la série des neuf conférences qu'il prononce devant l'Institut canadien et différents cercles professionnels entre 1846 et 1852, il trace alors de nouvelles exigences au déploiement de la nationalité canadienne-française. Le nationalisme qu'il défend alors apparaît toutefois fort différent de celui qui se dessine à travers ses écrits journalistiques de la période après 1840.

En effet, le jeune Parent, le journaliste, associait dans un même combat la marche inévitable du peuple canadien vers la liberté politique, « ce que les Anglais appellent, écrit-il, *self-government,* c'est-à-dire gouvernement de soi » et la défense de sa nationalité, « son existence comme peuple ». Cette double exigence était conforme, croyait Parent, à la fois à la réalité politique de l'Amérique, une société où la liberté est pour ainsi dire indigène, à l'esprit du régime constitutionnel anglais qui avait été transféré dans la colonie, et à la marche de l'histoire du XIXe siècle, tels qu'en témoignent les exemples de la Belgique et de la Pologne[5]. En fait, pour le jeune Parent, la nationalité apparaît avant tout comme une allégeance politique.

Le vieux Parent, le conférencier, percevra au contraire une nette distinction entre les exigences politiques et les exigences nationales. Il décrira alors la nationalité comme un principe spirituel reçu en héritage par les Canadiens français avec mission de le propager en Amérique. Il opposera la nationalité canadienne-française à la nationalité canadienne-anglaise, y voyant, tout comme Durham, deux principes civilisationnels, l'un lié à la modernité libérale (matérialiste) et l'autre, à la tradition franco-catholique (spiritualiste). Pour les Canadiens français, croit-il alors, l'important n'est plus le politique mais bien la défense de la nationalité ainsi redéfinie.

Entre le jeune et le vieux Parent, il y eut, comme nous l'avons dit, l'échec de 1837-1838, le Rapport Durham et l'union des deux Canadas.

---

5. Voir article du 7 mai 1831 - « Adresse au Public canadien » : éditorial manifeste à l'occasion de la republication du *Canadien* (Falardeau, 1975, p. 69). L'ouvrage de Falardeau reste la compilation la plus exhaustive des œuvres de Parent. La plupart des citations de Parent se référeront à ce texte. Les citations non incluses dans cet ouvrage proviennent directement des manuscrits du *Canadien*. Nous avons alors simplement indiqué la référence au journal.

Entre le jeune et le vieux Parent, il y a donc l'histoire du basculement d'une référence principalement politique à la nation, à une référence éminemment culturelle. Pour parler comme Fernand Dumont, entre les deux Parent, il y a le repli de la nationalité canadienne-française hors du politique et « son confinement dans une réserve culturelle ». Pour Parent, comme nous le verrons, il s'agira d'une réserve plus sociale qu'exclusivement culturelle.

Pour Fernand Dumont (1993) d'ailleurs, le cheminement d'Étienne Parent est exemplaire du déploiement de la référence nationale au XIXe siècle. Cheminement exemplaire certes, dirions-nous, mais singulier aussi, en autant que le repli de la nationalité vers un principe spirituel et vers la réserve canadienne-française qu'effectue Étienne Parent, à la différence de la plupart de ses contemporains, ne se fera pas contre le libéralisme, mais avec lui. La démarche d'Étienne Parent apparaît même, à cet égard, singulière en regard de l'essentiel de la pensée nationaliste jusqu'aux années 1960. C'est cette originalité de la pensée de Parent qui en fait un révélateur particulièrement important pour comprendre ce qui se joue dans le rapport entre le libéralisme politique et la défense de sa nationalité. Car c'est, comme nous le verrons, l'idée même du libéralisme politique, défendue par Parent, qui le conduira ultimement à évacuer le politique de la référence nationale.

De façon à bien comprendre les raisons invoquées par Parent pour justifier le basculement d'une représentation nationale éminemment politique à une représentation axée sur l'idée spirituelle de la nationalité, nous présenterons, dans un premier temps, de façon idéale-typique, les deux visions de la nation chez Parent : celle de l'avant-1840, la nation politique, et celle de l'après-1840, la nation spirituelle. Seulement après une telle reconstitution nous sera-t-il possible de comprendre comment, pour lui, ce basculement est une nécessité inscrite dans la logique même du déploiement de la démocratie libérale. Et, comme on le verra en conclusion, un tel raisonnement nous ramène directement au débat actuel sur le statut des revendications identitaires au sein de la modernité démocratique.

LE JEUNE PARENT ET L'IDÉE DE LA NATION POLITIQUE

Parent est venu à la politique, avons-nous dit, avec la génération à qui l'Acte constitutionnel de 1791 a octroyé une assemblée représentative. Son libéralisme politique en sera profondément marqué. C'est d'ailleurs comme « sujet britannique » et dans les termes du libéralisme empirique anglais qu'il commence à réfléchir à la situation politique du Bas-Canada. Certes, comme les autres membres de sa génération, il est sensible au mouvement européen du « droit des peuples » à disposer d'eux-mêmes et aux grands idéaux de l'individualisme démocratique des Lumières qui se sont incarnés dans la Révolution française[6]. Mais Parent est démocrate avant tout parce qu'il est libéral à l'anglaise, et non libéral parce qu'il est démocrate. Il critique, par exemple, les excès démocratiques de la Révolution française et considère supérieur le régime de liberté à l'anglaise. La démocratie ou le républicanisme à l'américaine ne seront jamais pour lui une affirmation première, il s'en méfiera même à plusieurs occasions. La démocratie découle avant tout des exigences de la liberté politique telles que la Révolution anglaise de 1688 les a premièrement formulées.

Même si Parent est fort timide sur ses sources intellectuelles, c'est à Edmund Burke que l'on pense lorsque l'on tente de situer la conception qu'il se fait alors des droits politiques. Comme pour Burke, en effet, les droits politiques n'apparaissent pas au départ pour Parent comme des constructions métaphysiques qu'il s'agirait d'appliquer à une population comme des vérités mathématiques. On ne peut imposer au peuple n'importe quelle constitution ou arrangement politique. Le lien politique, croyait Burke, est un arrangement subtil qui exprime l'histoire particulière d'une société. Ainsi en est-il, croyons-nous, de la pensée politique du jeune Parent.

Pour les Canadiens, cette histoire particulière est avant tout anglaise, c'est-à-dire l'histoire de l'allégeance des Canadiens à la tradition politique britannique. Cette allégeance[7] commence, dira Parent, avec le traité de Paris, qui n'est pas une conquête mais un traité transférant l'allégeance des Canadiens, du roi de France au roi d'Angleterre : « il a été stipulé (alors) pour eux qu'ils deviendroient sujets anglois, et par conséquent qu'ils en auroient les droits ». C'est pourquoi, poursuivra-t-il dans ce premier écrit qui lui est attribué : « Si le Roi et le Parlement absolvaient les Canadiens de leur fidélité, ce ne seroit pas assurément à la France qu'ils s'adresseroient. Il sont descendants de François, mais ils sont natifs et habitants de l'Amérique [...]. Ils ont goûté d'un gou-

---

6. Voir « Critique de la Révolution française », *Le Canadien*, le 18 février 1824 (Falardeau, 1975, p. 76).

7. Sur l'idée de l'allégeance au sein du nationalisme canadien du début du XIXᵉ siècle, voir Larue (1991). Selon lui, alors que les « Canadiens » d'origine française accèdent à l'existence politique par « allégeance » à l'Angleterre, donc par volonté politique, les colons anglais, au contraire, se définissent essentiellement par l'origine, donc par filiation.

vernement libre, où tous les hommes, n'importe de qui ils soient les descendants, ont une égalité de droits[8] ».

Ce sont des actes politiques qui ont conduit les Canadiens sur la voie de la revendication de leur nationalité. Ainsi, après le traité de Paris qui reconnaissait les Canadiens comme sujets britanniques, l'Acte de Québec de 1774, « cet acte de justice royale [...] leur garantissait leur nationalité (usages, coutumes, lois) et leur promettait sous peu la jouissance de la liberté civile[9] ». Enfin, 1791 apparaîtra comme le véritable moment fondateur de la vie nationale des Canadiens. En 1859, alors que Parent aura une autre conception de ce qui fait naître les peuples, il décrira dans son hommage au fondateur du *Canadien* (1806), Pierre Bédard, à l'époque de l'entrée de celui-ci dans la vie publique, comment la société canadienne s'était forgée par l'effet même de l'Acte constitutionnel de 1791. « Lors de son entrée dans le monde, dira-t-il alors de Pierre Bédard, l'esprit public s'éveillait dans notre pays, le besoin d'institutions libres commençait à se faire sentir, et l'ère constitutionnelle s'annonçait[10] ».

C'est dans la logique d'une émergence et du déploiement essentiellement politiques de la nationalité canadienne que Parent écrit son « Adresse au public canadien » au moment de la relance en 1831 du journal *Le Canadien*. Il est dit alors, dans ce texte manifeste, que la défense du peuple canadien, à laquelle est voué ce journal, passe nécessairement par la tentative de répandre chez « un peuple nouveau » des « notions de pratiques et de droits constitutionnels » anglais. « Notre politique, notre but, nos sentiments, nos vœux et nos désirs, c'est de maintenir tout ce qui parmi nous constitue notre existence comme peuple, et comme moyen d'obtenir cette fin de maintenir tous les droits civils et politiques qui sont l'apanage d'un pays Anglais[11] ». Bref, comme il le disait dès 1824, « l'Angleterre en accordant une Constitution au Canada a voulu nous donner une imitation de sa Constitution, imitation aussi parfaite qu'auraient pu le permettre les circonstances du pays[12] ».

Ce qu'il s'agit de faire, autrement dit, c'est de poursuivre et de réaliser l'idéal de la citoyenneté britannique. Pour Parent, en termes politiques, les Canadiens ne demandent rien d'autre que de devenir de

---

8. *Le Canadien*, le 1er janvier 1823 (Falardeau, 1975, p. 48).
9. *Le Canadien*, le 17 juillet 1833.
10. « Pierre Bédard et ses deux fils », *Le Canadien*, février 1859 (Falardeau, 1975, p. 36).
11. *Le Canadien*, le 7 mai 1831 (Falardeau, 1975, p. 72).
12. *Le Canadien*, le 30 juin 1824 (Falardeau, 1975, p. 66).

véritables sujets britanniques, « comme on nous l'avait promis », dira-t-il, c'est-à-dire de véritables sujets libres. Les Canadiens ne revendiquent pas leur nationalité comme des victimes de l'histoire, mais comme des sujets qui ont des droits historiques : « N'aurait-ce pas été d'ailleurs une honteuse faiblesse, pour nous, que de prendre le ton de la supplication lorsqu'il s'agissait de réclamer des droits, nous sujets britanniques, participant en cette qualité aux bénéfices de la glorieuse révolution de 1688 ; nous fils de l'Amérique, cette terre de liberté, où les droits imprescriptibles des peuples ont été d'une extrémité à l'autre reconnus...[13] »

C'est en considérant les Canadiens comme sujets britanniques, en participant ainsi aux « bénéfices de la glorieuse révolution de 1688 », que Parent peut souder, à ce moment, la revendication pour la liberté politique et la défense de la nationalité. Ce que la tradition libérale anglaise reconnaît, en effet, dans le droit du peuple à se gouverner c'est, avons-nous dit, le peuple concret, le peuple comme arrangement historique, avec ses « préjugés », dira-t-il tout comme Burke. Ce que l'Angleterre a reconnu en constituant les Canadiens comme sujets britanniques, ce n'est donc pas une notion abstraite de la liberté mais, comme le souligne l'épigraphe du *Canadien*, des « coutumes » des « institutions », des « lois ».

La Constitution anglaise, étendue au Bas-Canada, est un contrat politique, un pacte social conclu entre l'autorité politique et un peuple concret de façon à assurer une représentativité de ce dernier auprès de l'autorité. Ce qui est ainsi représenté, reconnu comme légitime, par l'autorité politique, ce sont, comme il aimera à le dire, empruntant la formule à Lord Gosford, des « arrangements sociaux ». Ceux-ci, politiquement reconnus, constituent la nationalité. Par l'effet de la mise en forme politique, les éléments constitutifs du peuple, les « arrangements sociaux » prennent un caractère national.

La nationalité a ici une dimension politique, par opposition à romantique ou historique. Ce que l'Angleterre a reconnu, ce n'est pas un droit historique d'une nationalité. D'ailleurs, Parent ne conçoit pas encore que les nationalités sont des biens que nous devons chérir avant tout. Ce sont plutôt, précise-t-il, « tous les éléments canadiens, usages, mœurs, institutions et corps canadiens[14] ». Ces éléments canadiens comprennent d'ailleurs les caractéristiques de la partie anglaise du

---

13. *Le Canadien*, le 15 septembre 1834.
14. *Le Canadien*, entre le 8 février et le 6 septembre 1833.

pays et, comme nous l'avons vu, des traditions politiques britanniques : « Il n'y a pas que nous sachions, de peuple Français en cette province, mais bien un peuple Canadien, un peuple religieux et moral, un peuple loyal et amoureux de la liberté en même temps, et capable d'en jouir ; ce peuple n'est ni Français, ni Anglais, ni Écossais, ni Irlandais, ni Yanké, il est Canadien[15] ». C'est la loi du nombre, autrement dit, qui fera que l'octroi du gouvernement responsable, le *self-government*, sera en même temps la reconnaissance légale de la nationalité canadienne, de ses coutumes, de ses institutions et de ses lois.

On comprend mieux ainsi comment Parent peut à la fois nier qu'il y ait au Bas-Canada une guerre entre deux nationalités et revendiquer en même temps la défense de la nationalité canadienne. En effet, Parent revient souvent, jusqu'en 1840, pour pourfendre ceux qui interprètent les revendications des Canadiens à partir du prisme national. « La lutte politique qui existe en ce pays n'est pas une lutte de peuple contre peuple, d'origine contre origine, mais une lutte entre libéraux et *tories*, entre réformistes et anti-réformistes, entre le grand nombre qui veut un gouvernement responsable et le petit nombre qui veut un gouvernement irresponsable[16] ». Ou encore « que toutes les classes, toutes les origines qui composent notre population soient mises sur le pied d'égalité ; que l'une n'ait pas plus de privilèges que l'autre[17] ». Autrement dit régler le problème de la démocratie politique et nos arrangements sociaux » s'affirmeront spontanément comme nationaux.

On comprend aussi pourquoi la défense de la nationalité s'accompagne du maintien d'un lien politique avec la Grande-Bretagne. Autant l'indépendance du Bas-Canada, l'union avec le Haut-Canada et les colonies anglaises du golfe, que l'annexion avec la république américaine lui apparaissent des voies dangereuses. L'Union modifierait fondamentalement la consistance du peuple canadien sans assurance, pour l'instant, de la liberté politique. L'indépendance est prématurée et forcerait soit l'Angleterre à réagir et à nier le « pacte social » qui reconnaissait les « arrangements sociaux » des Canadiens, soit les Canadiens à s'annexer aux États-Unis changeant ainsi sur l'autel de la démocratie la nature du peuple canadien. « Qu'on y fasse bien attention, du moment que la nationalité canadienne n'existera plus, le peuple canadien n'aura rien à craindre de ses voisins ; il aura au contraire tout à gagner à [une] union à tout prix avec eux[18] ». Il faut donc acquérir, selon lui, une

---

15. *Le Canadien*, le 21 mai 1831.
16. *Le Canadien*, le 11 septembre 1835 (Bergeron, 1994, p. 38).
17. *Le Canadien*, le 4 avril 1834 (Bergeron, 1994, p. 37).
18. *Le Canadien*, le 30 septembre, 1835.

«large liberté avec notre nationalité» sans rompre si l'on veut éviter les «ravages qu'une puissante influence étrangère produirait dans nos «arrangements sociaux[19]». Pour leur liberté et leur nationalité combinées, les Canadiens n'ont que des avantages à demeurer sujets britanniques.

Si la nation naît d'une mise en forme politique, c'est-à-dire que si elle tire son origine d'un pacte social qui permet au peuple d'être représenté auprès de l'autorité, à partir de sa réalité empirique, de ses «arrangements sociaux», il apparaît en effet logique que toute redéfinition des frontières politiques remettra en question la définition du «peuple», de la nation. C'est ce qui se produira d'ailleurs à la suite du Rapport Durham et de l'Acte d'Union, obligeant ainsi Étienne Parent à réviser fortement sa conception de la nation de façon à pouvoir continuer à soutenir la défense de la nationalité des Canadiens français. Avant toutefois d'examiner plus attentivement les raisons invoquées par Parent pour justifier ce basculement, il nous faut construire l'image de la nation que le vieux Parent élabore après 1840.

LE VIEUX PARENT ET LA NATION SPIRITUELLE

La deuxième représentation de la nation chez Parent, celle que l'on peut extraire des conférences qu'il prononcera après 1842, se construit autour d'un double retrait du politique.

D'abord, il y a le retrait physique de Parent du combat politique par l'abandon de son travail de journaliste et de son poste éphémère de député sous l'Union (1841-1842). Ces activités publiques se résumeront à celles, épisodiques, de conférencier public après 1842.

Ce retrait est aussi, et surtout, philosophique. Il est celui d'un homme qui croit dorénavant que les tâches principales à accomplir ne sont plus politiques mais nationales. Cette affirmation est explicite dans l'un de ses derniers écrits dans *Le Canadien*, en 1842, au moment où il annonce son départ de la politique. «Chacun a dû sentir déjà, affirme-t-il alors, que pour nous la question nationale est la grande, la première question, la question politique ne vient qu'après[20]». Ce constat, il le reprendra avec force lors de sa première grande conférence publique prononcée en janvier 1846, à l'Institut canadien de Montréal, et intitulée «L'industrie considérée comme moyen de conserver notre nationalité». Il dit alors: «Notre nationalité, pour nous, c'est la maison;

---

19. *Le Canadien,* le 28 avril 1837 (Bergeron, 1994, p. 65).
20. *Le Canadien,* le 1er août 1842 (Bergeron, 1994, p. 129).

tout le reste n'est que l'accessoire, qui devra nécessairement suivre le principal[21] ».

Ce thème est récurrent. Dans sa dernière de neuf grandes conférences publiques, « Considération sur le sort des classes ouvrières », prononcée à Québec en 1852, il revient sur le caractère central de la question nationale, tout en précisant ce qu'il entend par celle-ci. « Notre chère et honorable nationalité, dit-il […], dépôt sacré qu'il est de notre devoir, de notre intérêt et de notre honneur à tous de transmettre à nos enfants ». Il présente alors l'épigraphe du *Canadien*, « Nos institutions, notre langue et nos lois », comme une affirmation essentiellement patriotique sans aucune référence politique. La nationalité, poursuit-il,

> pour moi, et pour vous aussi, j'en suis sûr, c'est une religion, c'est le culte national, c'est le respect dû à la mémoire de nos pères, c'est la considération de notre prospérité, c'est l'accomplissement d'un décret providentiel, de la volonté de Dieu, qui crée les nationalités pour qu'elles vivent.

Le pacte social de 1774, qui auparavant était le moment fondateur du peuple canadien par la reconnaissance politique de ses « arrangements sociaux », est dorénavant interprété comme « la consécration de notre droit naturel » à l'existence[22].

La nation n'est dès lors plus un principe d'allégeance politique. Les Canadiens français ne constituent plus un peuple à partir de leur qualité de sujets britanniques. La nationalité est dorénavant perçue comme une « maison » que l'on a reçue en héritage, comme un « décret providentiel » qui façonne le passé, le présent, le futur, comme un « droit naturel » qui existe préalablement à toute consécration politique. Parent n'expulse donc pas uniquement le politique de la nation, mais aussi, étrangement, le social, du moins comme fondement. En effet, la nationalité qu'il propose dorénavant est un principe spirituel, atemporel, comme les romantiques l'ont conçu au début du XIXe siècle.

L'abandon de la référence aux « arrangements sociaux » pour exprimer la réalité sociale du peuple canadien est significative à cet égard. Après 1842, Parent définit la dimension sociale du peuple non pas à travers ses « arrangements sociaux », la notion d'arrangement étant éminemment politique, mais comme des « puissances sociales »

---

21. Conférence prononcée le 22 janvier 1846 à l'Institut canadien de Montréal (Falardeau, 1975, p. 116).
22. Conférence prononcée le 15 avril 1852 devant la Chambre de lecture de Saint-Roch (Falardeau, 1975, p. 306-307).

ou des « moyens sociaux » (notion plus sociologique). Ces « puissances sociales » ne sont toutefois pas la nation, mais des forces, des potentialités au sein de la société civile qu'il faut mettre au service de la nation. C'est ainsi que ces conférences porteront sur le commerce, l'industrie, l'intelligence et l'éducation, le clergé et le spiritualisme, tous des thèmes qui sont appréhendés comme des « puissances » où des « moyens » sociaux qui doivent s'arc-bouter à la nationalité. C'est en ce sens d'ailleurs que le repli de Parent vers la nation spirituelle n'est pas un confinement, comme le pense Dumont (1993), vers la réserve canadienne-française. La nation spirituelle peut se poser comme une mise en forme de la totalité sociale, elle a prise sur le réel.

En fait, chez le vieux Parent, la conception de la société ne change pas fondamentalement. Avant 1840, son libéralisme empirique le conduisait à percevoir l'organisation sociale comme un pacte politique entre les « arrangements sociaux » et l'autorité gouvernementale, entre la société et l'autorité politique. Par ce pacte, il y avait mise en forme politique des réalités sociales. Après 1840, l'autorité n'est plus, ne peut plus être exclusivement politique. La nationalité est aussi une « autorité », la principale d'ailleurs, celle à laquelle on revient dans les moments essentiels. Une mise en forme des réalités sociales par le référent national est dorénavant possible. Ainsi, les « puissances sociales » peuvent être tantôt au service du politique, tantôt au service de la nationalité. C'est ce passage que révèle l'utilisation du terme « puissances sociales » au lieu d'« arrangements sociaux ». Le politique et le national qui étaient associés de manière indissoluble chez le jeune Parent à travers l'idée d'arrangements sociaux apparaissent dorénavant sous deux formes distinctes de mise en forme de la réalité sociale. Les deux concepts sont des réalités non immédiatement sociales qui aspirent à mettre en forme les puissances sociales. Et, nous l'avons déjà souligné, « pour nous, dit Parent, la question nationale est la grande, la première question, la question politique ne vient qu'après ».

Si Étienne Parent exige, avant 1840, que l'autorité politique fasse place aux arrangements sociaux des Canadiens, il exigera après 1840 que la nationalité s'ouvre aux forces de la société civile, de façon à « nous assurer, dit-il, une puissance sociale égale » à l'autre nationalité[23]. Mais, même s'il conçoit dorénavant la nationalité hors du politique, Parent n'aboutit pas à une lecture anti-politique ou anti-étatique. C'est d'ailleurs ainsi, en percevant la nationalité comme un principe

---

23. « L'industrie considérée comme moyen de conserver notre nationalité », le 22 janvier 1846, Institut canadien de Montréal (Falardeau, 1975, p. 117).

spiritualiste, à la fois hors du politique et hors du social, que Parent peut continuer à se raccrocher à une idéologie libérale.

Le principe politique et le principe national apparaissent donc comme deux principes essentiels, mais distincts, à la mise en forme du social. En effet, Parent perçoit dans l'exigence politique moderne la victoire du principe matérialiste. Il esquisse même dans certaines de ses conférences les grands traits d'une fresque historique de la dialectique entre le matérialisme et spiritualisme[24]. À travers la marche de la liberté politique et de la liberté économique, les principes matérialistes en sont venus à être à la source de la mise en forme politique de nos sociétés. Cette réalité, particulièrement présente chez l'élément anglo-saxon, est source de progrès et est éminemment louable, considère Parent. Les Canadiens français sont d'ailleurs en retard en regard de la culture matérialiste et chanceux de pouvoir être associés, par l'union politique, à la nationalité matérialiste par excellence, la nationalité anglo-saxonne. Parent reprend ainsi les arguments qu'il avait longtemps combattus et qui se trouvent au cœur du Rapport Durham, soit que la lutte des Canadiens n'est pas une lutte politique entre un gouvernement et le peuple, mais une lutte de nationalités, dont l'une est associée aux valeurs du progrès, l'autre à des valeurs du passé.

Si le matérialisme est progrès, le spiritualisme ne représente toutefois pas uniquement les valeurs du passé. En effet, le matérialisme lui apparaît un principe insuffisant au bon fonctionnement des sociétés ; il lui manque, dira-t-il, le sentiment de la « bienveillance ». Ce sentiment, dont il emprunte la formulation à la tradition du catholicisme social français, est présent particulièrement dans la religion et est historiquement à la source, avant l'élément politique, de la formation des sociétés[25]. Il faut aujourd'hui arriver, pense-t-il, à une « alliance » entre le spiritualisme et le matérialisme. Ainsi, si le spiritualisme seul limite le progrès et la liberté politique en créant « un état social où l'individu sera livré en holocauste à l'idée dominante[26] », le matérialisme seul conduit à l'égoïsme et à la déchéance de la société. « Aussi, voyez la puissance, l'extension de la civilisation européenne depuis qu'elle a tempéré l'ascétisme, le sentiment religieux trop exclusif du Moyen Âge, par le culte des intérêts matériels, sous la direction d'une intelligence cultivée[27] ».

---

24. Voir particulièrement « Du travail chez l'homme », p. 145-170, et « Du prêtre et du spiritualisme dans leurs rapports avec la Société », p. 201-226 (Falardeau, 1975).
25. Sur l'influence du catholicisme social sur la pensée de Parent, voir Ouellet (1955).
26. « Du prêtre et du spiritualisme... », *op. cit.* p. 209.
27. *Ibid.*, p.185.

Cette distinction, chez Parent, est entre l'Église et l'État, entre le prêtre et le marchand. Ainsi, dans « Du prêtre et du spiritualisme dans leurs rapports avec la Société » assignera-t-il au prêtre cette mission éminemment noble de maintenir le principe spirituel, « aristocratique », dans un monde matérialiste. Le prêtre, dit-il, « ne doit pas usurper la place, le rôle du pouvoir civil, chargé, lui, spécialement du soin des affaires temporelles, des intérêts matériels de la société[28] ». Le prêtre a un rôle public, mais non politique. C'est le rôle de maintenir vivant le principe à la source de la société, le principe spirituel de la « bienveillance ».

Ce principe spirituel est principalement religieux, mais il est aussi présent, comme héritage, dans la nationalité canadienne-française. C'est ainsi, d'ailleurs, que les deux principes civilisationnels, le principe matérialiste dont la mise en forme se réalise par l'État, et le principe spiritualiste dont la mise en forme se réalise historiquement par la religion, en arrivent au Canada à recouper la distinction des nationalités.

> Nous surtout, Canadiens-français, issus d'une race éminemment chevaleresque, qui sait, si nous ne sommes pas destinés à installer dans la politique de ce continent cet esprit de bienveillance et de générosité, sans lequel la société humaine ne saurait attendre la plus noble de ses fins, le progrès moral et intellectuel de notre espèce[29].

Ainsi, celui qui avait commencé sa carrière en exaltant la condition politique des sujets britanniques dans la mise en forme de la nationalité canadienne en arrive à définir celle-ci, devenue entre-temps canadienne-française, sous l'angle de la mission providentielle du Canada français à étendre, à l'Amérique, un principe civilisationnel que le progrès a brisé. Écoutons-le lors de sa dernière allocution publique, en 1868, à l'occasion de la Saint-Jean-Baptiste.

> Même dans nos temps d'épreuves et de malheurs, elle [la Providence] nous préparait à remplir dignement le rôle qu'elle nous destinait sur la terre d'Amérique [...] cette mission, c'est évidemment de fonder et propager la civilisation franco-catholique sur ce continent » (cité par, Bergeron, 1994, p. 291).

---

28. *Ibid.*, p. 205.
29. « Du travail chez l'homme » (Falardeau, 1975, p. 168).

LA FIN DE L'HISTOIRE

Comment, nous sommes-nous demandé dès le départ, expliquer ce basculement ? Celui-ci, comme nous l'avons dit, est historiquement marqué : il se réalise autour de la période 1837-1838. C'est la période charnière dans la pensée de Parent, le moment où il fait glisser lentement le politique hors de la nationalité et la nationalité hors du social.

Nous voyons trois explications qui conduisent Parent à passer de la nation politique à la nation spirituelle. La première est redevable avant tout à sa personnalité. Parent est un pessimiste et sa première réaction aux événements de la période sera fataliste. La deuxième explication est liée à sa pratique politique. Parent est un modéré, un partisan du réalisme politique, et sa deuxième réaction sera celle, pragmatique, de « faire de la nécessité vertu ». La troisième explication nous apparaît moins conjoncturelle, elle est liée au fondement philosophique du libéralisme de Parent. Sous quelle condition, s'interroge-t-il alors, peut-on revendiquer sa nationalité dans une société où la liberté politique est un fait acquis ?

Commençons par son fatalisme. Plus l'affrontement entre les Canadiens et la partie anglaise de la colonie approche, plus l'état de la nationalité des Canadiens apparaît précaire à Parent. L'anglicisation (Parent dit *l'anglification*), comme réalité sociale face aux politiques d'immigration et comme projet politique à la fois, devient une préoccupation dans les textes de la fin des années 1830. Parent n'est plus certain alors que le *self-government* soit aussi étroitement lié à l'épanouissement de la nationalité. L'exemple de la Louisiane, où l'anglicisation se réalise malgré les institutions républicaines, alimente alors le pessimisme de Parent. D'où son texte célèbre dans *Le Canadien* du 13 mai 1839, où un Parent abattu qui vient juste d'être libéré de prison pour « menées séditieuses » réagit au Rapport Durham et au projet d'union en appelant à la résignation :

> Nous invitons nos compatriotes à faire de nécessité vertu, à ne point lutter follement contre le cours inflexible des événements, dans l'espérance que les peuples voisins ne rendront ni trop durs, ni trop précipités les sacrifices que nous aurons à faire dans le cas d'une union avec un ou aucun d'eux. [...] Situés comme le sont les Canadiens français, il ne leur reste d'autre alternative que celle de se résigner avec la meilleure grâce possible[30].

---

30. *Le Canadien,* le 13 mai 1839 (Bergeron, 1994, p.108). C'est d'ailleurs significativement dans les textes de cette période que Parent utilise le terme « Canadien français » au lieu de « Canadien ». La nationalité ne coïncidant plus avec la réalité politique, une distinction entre les deux s'impose dorénavant.

« Le destin a parlé », croit alors Parent, l'Angleterre a tranché, il n'y aura pas dans le Bas-Canada « une nationalité différente de celle des États voisins ». Les Canadiens français n'ont ainsi plus rien à attendre pour leur nationalité. En travaillant eux-mêmes à leur assimilation ils faciliteront la transition à la nouvelle réalité politique, ils contribueront à « poser les fondements d'un grand édifice social sur les bords du Saint-Laurent ; à composer avec tous les éléments sociaux épars sur les rives de grand fleuve une grande et puissante nation[31] ».

La perte de la nationalité étant assurée, il ne reste que la question politique, celle de réaliser avec l'ensemble des « éléments sociaux » une démocratie libérale et une nouvelle nation politique. Comme nous le verrons, Parent inverse bien vite ce raisonnement : c'est la question politique qui sera réglée, la question nationale demeurera. Néanmoins, on doit retenir de cette étape pessimiste de la pensée de Parent que la décision d'unir les deux Canadas met définitivement fin à la soudure entre la lutte politique et la lutte nationale des Canadiens français. Les « arrangements sociaux » des Canadiens n'étant plus majoritaires dans la nouvelle union, plus de liberté politique ne signifie plus automatiquement la prédominance politique de ces « arrangements sociaux ». Il faut alors soit abandonner toute velléité nationale, soit redéfinir celle-ci. La première réponse de Parent est celle de l'abandon.

La deuxième réaction de Parent au Rapport Durham est liée à sa modération et à son réalisme politiques. Nous avons vu comment il en était venu à voir dans le radicalisme politique une voie qui conduisait ultimement les Canadiens à rompre le pacte social qui avait fait d'eux un peuple à travers le statut de sujets britanniques. Le peuple canadien étant trop jeune et trop faible pour faire face à l'indépendance politique, son meilleur rempart restait les promesses libérales de la Constitution de 1791. La défaite des Patriotes et la mauvaise humeur de Londres confirment à cet égard ses plus sombres pronostics. « Voilà ce que nous avons gagné en voulant obstinément ne pas nous soumettre à la nécessité pour un temps ; nous perdrons plus d'un demi-siècle de travaux et de combats[32] » « Avec l'Union, dira-t-il en 1839, au moins on aura le gouvernement représentatif, on pourra réparer les injustices et défendre la cause libérale...[33] » C'est une telle confiance dans les institutions libérales qui lui fera rapidement réviser son jugement sur la fin de la nationalité canadienne-française. Les promesses d'un « gouverne-

---

31. *Le Canadien*, le 23 octobre 1839 (Falardeau, 1975, p. 102).
32. *Le Canadien*, le 22 mai 1837.
33. *Le Canadien*, le 23 décembre 1839.

ment responsable » qui accompagnent l'union politique lui font miroiter l'espoir qu'il serait possible d'utiliser les institutions politiques pour « sortir de l'état d'infériorité et de dégradation sociale et politique, auquel nous a réduit l'Acte d'union[34] ». Utiliser les institutions politiques de l'Union pour reconquérir l'espace politique perdu. Voilà le projet qui effleure l'esprit de Parent au cours de sa participation éphémère à la vie parlementaire sous l'Union.

Ce combat politique lui apparaît toutefois rapidement vain. L'Acte d'union, en arrive-t-il à penser, en mettant fin aux questions de principes qui fondent l'espace politique a déplacé le terrain du combat. Avec la nouvelle donne politique, poser la nationalité en termes politiques serait nier la nationalité canadienne-française qui ne forme plus une majorité politique. Écoutons-le nous expliquer ce déplacement qui sera sa conclusion définitive sur l'Union :

> Le temps n'est plus en outre où par notre masse seule, nous pouvions tenir en échec les éléments sociaux et politiques qui nous étaient opposés, dans une lutte qui avait pour objet les principes mêmes du gouvernement. Notre machine gouvernementale est maintenant régulièrement organisée, c'est-à-dire, que les principes qui doivent en régler le fonctionnement sont arrêtés et reconnus, ce qui ne veut pas dire cependant que tout est pour le mieux dans l'arrangement politique. Mais quant au gouvernement en lui-même, il ne peut plus guère s'élever de questions théoriques, ou touchant son organisation ; il doit avec son organisation actuelle, fonctionner en harmonie avec la volonté populaire, exprimée par la voie des mandataires du peuple[35].

La question des principes du gouvernement étant réglée, il ne serait plus possible dorénavant de s'élever en politique aux questions fondamentales, aux questions théoriques (sur la nature du peuple, par exemple). La victoire des institutions libérales a fait perdre la légitimité au combat politique associé à la nationalité. Dorénavant, la lutte a changé de terrain. « Des hautes théories gouvernementales, elle est descendue aux questions d'intérêt matériel. » Et c'est ainsi, pense Parent, que « les mille et un intérêts divers qui remplissent la société vont se mettre à l'œuvre pour rendre à chacun sa position de plus en plus meilleure, de moins en moins mauvaise[36] ». Parent réalise qu'il lui est impossible de redéfinir un nationalisme politique sans remettre en question les principes libéraux sur lesquels la démocratie naissante de

---

34. *Le Canadien*, le 9 avril 1841.
35. « Importance de l'étude de l'économie politique » (Falardeau, 1975, p. 133).
36. *Ibid.*

l'Union est assise. Il choisira pour sauver son libéralisme et son nationalisme de faire sortir le politique de la nation.

Afin de commenter les conclusions de Parent au sujet de la victoire des institutions libérales sur la revendication politique de la nationalité, je ferai un saut chez un penseur contemporain. Francis Fukuyama (1989 ; 1992a), dans sa célèbre thèse sur « la fin de l'histoire », commente en effet dans des termes étrangement similaires à ceux que nous venons d'évoquer les enjeux politiques de l'après-communisme. Ce que Fukuyama appelle « la fin de l'histoire », c'est la fin des débats fondamentaux sur l'organisation politique de nos sociétés. En éliminant tour à tour le conservatisme, le fascisme et le communisme, la démocratie libérale a vaincu ses ennemis. Dorénavant, annonce-t-il, les hommes délaisseront les grandes causes pour s'adonner aux multiples petits plaisirs de la jouissance matérielle. C'est aussi la conclusion à laquelle en était arrivé Parent en exhortant les Canadiens français à délaisser le combat politique pour assurer le sort de leur nationalité par le bien-être matériel.

Fukuyama arrive à cette conclusion après une lecture de la philosophie de l'histoire hégélienne. La démocratie libérale est pour lui la fin de l'histoire en autant qu'elle réalise le principe universel de la reconnaissance. Si l'histoire, dit-il, est lutte pour la reconnaissance entre les inégaux, la victoire sur l'ensemble de la planète d'un régime qui fonde en droit l'égalité de tous (la démocratie libérale) met fin au combat proprement politique. C'est pourquoi, en outre, pense Fukuyama, les mouvements identitaires (nationalistes ou autres) sont voués à s'amenuiser. Les hommes de « la fin de l'histoire » ne mettront pas en jeu leur égalité de citoyen pour une reconnaissance fondée sur la différence. Encore ici, les conclusions de Parent sont assez apparentées. Pour ce dernier, le combat pour la liberté politique est terminé. Poser en termes politiques la question de la nationalité reviendrait à réintroduire un principe non libéral (ancien) au fondement du politique. Ce serait définir le peuple autrement que par l'allégeance politique, ce qui est contraire au libéralisme politique tel que le conçoivent le jeune et le vieux Parent.

Fukuyama (1992a), dans les derniers chapitres de *La fin de l'histoire et le dernier homme,* s'interroge aussi sur la satisfaction que procurera la fin de l'histoire fondée sur les satisfactions matérielles et l'uniformisante égalité. Serait-ce suffisant, se demande-t-il, pour combler le désir historique de reconnaissance ? Les hommes de la fin de l'histoire ne seraient-ils pas tentés de réintroduire un nouveau principe de différence pour combler un *thymos* insatiable ? Ceci, pense Fukuyama, est l'ultime test posé à la validité de la théorie de la fin de l'histoire.

Plus récemment, Fukuyama (1992b) réagissait à une communication de Ghia Nodia sur le matérialisme et la démocratie dans les pays de l'ex-URSS :

> Existe-t-il des raisons de penser avec certitude que, la stabilité et la prospérité sont assurées, les populations seront plus satisfaites de vivre dans des entités politiques définies par la nationalité que dans les sociétés libérales, où seule est reconnue l'humanité formelle, abstraite.[...] Le meilleur cas de validation dans le monde aujourd'hui, est le Québec et non l'ancienne Union soviétique. Le Québec est une subdivision à l'intérieur d'une prospère et stable démocratie libérale, et pourtant pour certains Québécois, l'identité universelle libérale que leur confère leur citoyenneté canadienne, dans une province comme les autres [en français dans le texte] apparaît quelque chose d'insuffisant. La cassure du Canada selon les frontières de la nationalité sera une intéressante pièce d'évidence au sujet de la validité de la démocratie libérale moderne » (notre traduction).

Parent en est venu à croire que le désir identitaire devait survivre à la fin de l'histoire, car le principe libéral était insuffisant pour satisfaire l'humanité. Il pensait toutefois que le prix à payer pour réintroduire le principe communautaire de la nationalité, sans rompre avec le libéralisme, était sa neutralisation politique. Tout comme celui de Fukuyama, le libéralisme de Parent était insuffisant pour lui permettre de concevoir la complexité dans l'histoire de la démocratie et de la nation. C'est pourtant encore ce qu'exige le projet souverainiste aujourd'hui.

BIBLIOGRAPHIE

BERGERON, Gérard (1994), *Lire Étienne Parent : Notre premier intellectuel (1802-1874)*, Sainte-Foy, PUQ.

DERRIENNIC, Jean-Pierre (1995), *Nationalisme et démocratie : réflexion sur les illusions des indépendantistes québécois*, Montréal, Boréal.

DUMONT, Fernand (1993), *Genèse de la société québécoise,* Montréal, Boréal.

FALARDEAU, Jean-Charles (1975) *Étienne Parent, 1802-1874,* Montréal, La Presse, 1975.

FUKUYAMA, Francis (1989), «The End of History», *The National Interest,* vol.16, été, p. 3-18.

FUKUYAMA, Francis (1992a), *La fin de l'histoire et le dernier homme,* Paris, Flammarion.

FUKUYAMA, Francis (1992b), «Comments», *Journal of Democracy,* vol. 3, n° 4, p. 23-28.

GAUCHET, Marcel (1980), «Tocqueville, l'Amérique et nous», *Libre,* n° 7, p. 43-120.

GAUCHET, Marcel (1985), *Le désenchantement du monde, une histoire politique de la religion,* Paris, Gallimard.

LARUE, Richard (1991), «Allégeance et origine: contribution à l'analyse de la crise politique au Bas-Canada», *Revue d'histoire de l'Amérique française,* vol. XLIV, n° 4, printemps, p. 529-548

OUELLET, Fernand (1955), «Étienne Parent et le mouvement du catholicisme social (1848)», *Bulletin des recherches historiques,* vol. LXI, n° 3, juillet-septembre, p. 39-118.

PARENT, Étienne (1822-1825) (1831-1837), *Le Canadien,* manuscrits non publiés.

REID, Philippe (1980), «L'émergence du nationalisme canadien-français: l'idéologie du Canadien (1806-1842)», *Recherches sociographiques,* vol. XXI, n°s 1-2, janvier-août 1980, p. 11-53.

THÉRIAULT, J. Yvon (1994a), «Nation et démocratie au Québec: l'affaire Durham», *International Journal of Canadian Studies,* n° 10, p. 15-29.

THÉRIAULT, J. Yvon (1994b), «L'individualisme démocratique et le projet souverainiste», *Sociologie et sociétés,* vol. XXVI, n° 2, automne, p. 19-323.

4

LE SPORT COMME ENJEU NATIONAL CHEZ LES CANADIENS FRANÇAIS, 1890-1920

GILLES JANSON

LE CONTEXTE GÉNÉRAL

Au Canada français, la Confédération de 1867 fait naître certains espoirs. Pour la première fois de leur histoire, les francophones contrôlent leur propre gouvernement. De plus, le nouveau régime fédéral accorde des droits à leur langue et à leur religion sur l'ensemble du territoire canadien. Aussi croient-ils à la dualité culturelle, linguistique et politique de ce nouveau pays. Mais cette illusion d'un pays où ils auraient des droits égaux à ceux des Canadiens anglais s'estompe assez rapidement. Comme le dit l'historien Jean-Claude Robert :

> Le fonctionnement de la Confédération tend très tôt à restreindre les privilèges des Canadiens français au Québec. […] Le blocage des Canadiens français au Québec est lié à la peur des autres provinces de voir s'installer chez elles une forte minorité française. Tout se passe comme si, devant vivre avec le Québec, on cherche à limiter autant que possible son expansion[1]. Pour les Anglo-Canadiens, le Canada, à l'extérieur du Québec, doit être britannique et de langue anglaise[2].

Un premier avertissement provient du Nouveau-Brunswick qui, malgré l'Acte de l'Amérique du Nord britannique adopté quatre ans plus tôt et reconnaissant le droit des Acadiens à des écoles catholiques,

---

1. Jean-Claude Robert, *Du Canada au Québec libre*, Paris, Flamarion, 1975, p.156.
2. Paul-André Linteau, Jean-Claude Robert et René Durocher, *Histoire du Québec contemporain*, Montréal, Boréal, 1979, vol. 1, p. 362.

vote l'abolition de celles-ci en 1871. Le premier ministre Macdonald refuse de désavouer la loi, comme la Constitution le lui permet[3]. Mais c'est à partir de la pendaison de Louis Riel, en 1885, « que les Canadiens français comprennent de plus en plus que le gouvernement fédéral n'est pas toujours et peut-être de moins en moins prêt à les protéger dans la Confédération. [...] De là, aussi, une amorce d'un repli sur le Québec, mais surtout la conviction renforcée que le Québec est vraiment le foyer national des Canadiens français[4] ». La suppression du caractère bilingue des écoles du Manitoba, en 1890, vient renforcer cette conviction. Plusieurs autres événements et, en particulier, le règlement XVII présenté à l'Assemblée législative ontarienne, qui limite d'une façon draconienne l'enseignement du français dans les écoles bilingues de la province voisine, suscitent pendant de nombreuses années énormément d'émotion au Québec. Dans ce contexte, la crise de la conscription, en 1917, exacerbe les tensions entre le Canada anglais et le Québec francophone.

Cette intolérance envers le fait français au Canada favorise l'émergence puis la consolidation des différentes formes du nationalisme canadien-français. C'est dans ce contexte que nous situons notre étude.

PREMIÈRES TENTATIVES D'ORGANISATIONS SPORTIVES CHEZ LES FRANCOPHONES

Le sport est un phénomène culturel transplanté ici par les Britanniques qui débarquent sur les rives du Saint-Laurent après la Conquête. Pendant plus de cent ans, malgré quelques exceptions, ce champ culturel est occupé et structuré par les Anglais et les Écossais, rejoints à compter de 1867 par les Irlandais. Une présence significative des Canadiens français se fait sentir dans la dernière décennie du XIXe siècle. À cette époque, une fraction de la bourgeoisie, mieux intégrée à l'univers urbain et qui recrute ses membres parmi les professions libérales, les journalistes, les hôteliers et restaurateurs, les courtiers d'assurances et d'immeubles, les comptables, les entrepreneurs en construction, les petits industriels et les commerçants de gros et de détail, « revendique plus de pouvoir au nom d'une majorité en pleine expansion démogra-

---

3. Susan Trofimenkoff, *Visions nationales : une histoire du Québec*, Saint-Laurent, Trécarré, 1986, p. 212 ; Jean-Claude Robert, *op. cit.*, p. 150.
4. Gilles Gougeon, *Histoire du nationalisme québécois : entrevues avec sept spécialistes*, Montréal, VLB Éditeur, 1993, p. 61.

phique et économique[5] ». Cette bourgeoisie, d'esprit plutôt libéral, invoque la nécessité d'asseoir la présence francophone dans le monde du sport d'une façon permanente.

En 1892, Joseph-Xavier Perrault fonde la Société nationale de gymnastique de Montréal, première tentative sérieuse pour fédérer les associations et clubs sportifs francophones. Cet homme dynamique, l'un des fondateurs, en 1887, de la Chambre de commerce du district de Montréal, est un nationaliste convaincu. Très actif au sein de l'Association Saint-Jean-Baptiste, il défend avec vigueur l'idée de construire sur la rue Saint-Laurent un « Monument national » prolongé d'un « boulevard national[6] ». Ces deux projets devaient symboliser le dynamisme de la communauté francophone de Montréal. Il ne craint pas d'affirmer : « Il faut faire comprendre aux autres nationalités que nous sommes quelque chose et quelqu'un. Il faut montrer aux autres que comme peuple industrieux et intelligent nous sommes non leurs égaux mais leur supérieur[7]. » Il revendique « dans les ateliers anglais les places de commandants » pour les Canadiens français[8]. Francophile, il souhaite lier sa société de gymnastique à l'Union générale des sociétés de gymnastique de France. Il voit déjà « les Français d'Amérique » à Paris, « capitale du monde civilisé », prouvant « à la France entière, qu'après plus d'un siècle de séparation, nous n'avons pas dégénéré[9] ». Dans le même esprit il organise, avec Laurent-Olivier David, une soirée en l'honneur de Louis Cyr, « l'homme le plus fort du monde ». Il profite de l'occasion pour exprimer sa fierté « de voir notre race fournir à la fois les spécimens de force intellectuelle comme nous avons des exemples [...] et la force physique comme celle dont Cyr fait preuve[10] ».

Après l'échec de son projet de société de gymnastique, Perrault, en collaboration avec des officiers du 65e bataillon, mieux connu sous le nom des Fusiliers Mont-Royal, tente de mettre sur pied une école de gymnastique et d'art militaire. À cette école, on pratiquera « une gymnastique intensive[11] », la boxe, le maniement du sabre, de l'épée et du fleuret[12]. Elle sera flanquée l'hiver d'une patinoire et l'été d'un terrain

---

5. Gilles Janson, *Emparons-nous du sport. Les Canadiens français et le sport au XIXe siècle*, Montréal, Guérin, 1995, p. 198.

6. *La Presse*, le 27 mai 1899, p. 1.

7. *La Presse*, le 10 avril 1899, p. 1.

8. *La Presse*, le 15 octobre 1897, p. 3.

9. *La Presse*, le 19 janvier 1892, p. 4 et le 26 janvier 1892, p. 1.

10. *La Presse*, le 27 janvier 1891, p. 3.

11. *La Presse*, le 28 avril 1894, p. 1.

12. *La Minerve*, le 11 mai 1894, p. 1.

de croquet et de courts de tennis[13]. Cette nouvelle initiative de Perrault origine d'un rapport du ministre de la Guerre qui place le 65e bataillon au dernier rang des bataillons de Montréal. « Comment, s'écrie-t-il, nous les Français d'origine, inférieurs aux Anglais comme soldats ? Mais c'est tout simplement absurde[14]. » Malheureusement, cette nouvelle incursion dans le champ sportif n'a pas plus de succès que la précédente.

À la même époque, un groupe « de jeunes gens de la partie est » de Montréal met sur pied l'Association athlétique d'amateurs canadiens-français[15]. Elle demande aux journaux francophones d'ouvrir leurs colonnes « à tous ceux qui désirent voir se développer des institutions athlétiques pouvant rivaliser avec celles de la partie ouest de la ville[16] », c'est-à-dire celles des Anglo-Montréalais.

L'Association athlétique d'amateurs Le National

Parmi les organisations qui naissent à la fin du XIXe siècle et qui se veulent les promotrices de l'activité physique et du sport chez les francophones, seule l'Association athlétique d'amateurs Le National (AAAN) survivra et s'épanouira par la suite sous le nom de Palestre nationale[17]. Elle naît le 2 avril 1894, dans le sud-ouest de Montréal, à proximité des associations et installations sportives montréalaises d'origine anglaise concentrées dans le quartier Saint-Antoine et des clubs sportifs irlandais de Griffintown. Elle se développe autour d'un club de crosse. Cependant, dès ses débuts, ses directeurs ambitionnent d'ouvrir aux Canadiens français plusieurs champs de l'activité physique : gymnastique, baseball, ballon, jeu de paume, croquet « et autres divertissements athlétiques[18] ». Selon les journaux de l'époque, le premier but de l'AAAN est patriotique. Les initiateurs du projet veulent prouver que leurs compatriotes peuvent rivaliser avec les clubs sportifs anglais de Montréal et même de l'ensemble du Canada. Laurent-Olivier David invite la jeunesse canadienne-française à joindre les rangs de la nouvelle association. « Il faut, dit-il, développer par la gymnastique, par les exercices athlétiques, etc., la vigueur des générations qui poussent. Les Anglais se livrent presque tous aux sports et les

---

13. *La Patrie*, le 28 avril 1894.
14. *La Presse*, le 5 février 1894, p. 2.
15. *La Presse*, le 20 mars 1894, p. 5.
16. *La Patrie*, le 14 mars 1894.
17. Pour une histoire des débuts de cette association voir Gilles Janson, *op. cit.*, p. 126-196.
18. *La Patrie*, le 12 mai 1894 et *La Presse*, le 12 mai 1894, p. 12.

Canadiens français restent indifférents. Il faut qu'ils entrent dans le mouvement[19]. »

Dans sa campagne pour séduire les francophones, l'AAAN reçoit un appui de taille. Le journal *La Presse* se joint aux promoteurs du National pour soutenir les efforts de cette association dans le développement de l'athlétisme et du sport chez les Canadiens français. Constamment, elle exhorte « nos compatriotes » à encourager « par tous les moyens à leur disposition cette jeune association canadienne-française[20] ».

La mise sur pied de clubs de crosse, de clubs de baseball, d'un club cycliste, d'un club de hockey, d'un club de football, d'une équipe de souque à la corde par l'AAAN suscite énormément de fierté chez de nombreux francophones et concourt à leur intégration à la culture sportive. Ils assistent par milliers aux parties de crosse mettant aux prises le club Le National et le club irlandais le Shamrock ou le club Montreal de la puissante Montreal Amateur Athletic Association (MAAA). Lors de parties de baseball jouées aux États-Unis, Le National draine même les spectateurs franco-américains. Ainsi, lorsque le club se rend à Plattsburgh,

> [...] la partie [est] jouée en présence de plusieurs milliers de personnes. Les Canadiens [français] demeurant aux États-Unis s'étaient rendus en foule voir leurs compatriotes jouer une partie de Base-Ball contre les Américains [...]. Quand ils les eurent vu [sic] à l'œuvre, et surtout, quand ils eurent constaté que la victoire penchait de leur côté, il fallait voir leur joie pour se convaincre parfaitement comment est toujours vivace chez eux, le souvenir de la patrie[21].

Pour toute la période que nous étudions, c'est-à-dire de 1890 à 1920, l'AAAN personnifie, de façon exemplaire, la présence et les aspirations des Canadiens français dans le monde du sport. Elle a valeur d'exemple et devient un modèle pour les organisations sportives francophones. Les victoires de son club de crosse senior provoquent la joie, l'enthousiasme et la fierté. Ainsi, huit mille personnes assistent à sa victoire sur le Montreal (MAAA), club composé d'anglo-protestants et considéré comme le plus fort adversaire de la Ligue. *La Presse* du 17 septembre 1906 fait sa une de cet exploit avec un long texte illustré des photographies des héros, les joueurs du National, et coiffé du titre :

---

19. *La Patrie*, le 3 avril 1895.
20. *La Presse*, le 4 juin 1895, p. 5.
21. *La Presse*, le 31 mai 1895, p. 5.

« Coup de théâtre sensationnel ». La ferveur qui suit le coup de sifflet annonçant la fin de la joute est indescriptible selon le chroniqueur sportif.

> Une immense acclamation s'éleva, et comme un torrent qui déborde, brise toutes les digues et se répand partout, la foule [...] se précipita sur le terrain. En un instant le vaste champ se trouva couvert par une noire multitude, animée d'une [sic] enthousiasme frénétique. C'était une mer houleuse qui menaçait d'engloutir les joueurs. Chacun voulait en effet dans sa joie, féliciter les héros de cette lutte homérique. Dominant la foule, comme un drapeau, comme un trophée, le faisceau des crosses portées par l'un des entraîneurs du club, ajoutant à la grandeur du spectacle. Pressés, bousculés, embrassés et félicités par la foule, les joueurs purent avec le secours des constables, se frayer un chemin jusqu'à l'intérieur du club[22].

Accompagnant cet article de nombreuses notes racontent les suites de cette lutte mémorable. On y rapporte que tous les joueurs « ont été fêtés par des patriotes enthousiastes ». Léo-Ernest Ouimet, qui vient d'inaugurer le Ouimetoscope, invite quelques-uns des héros à souper au Grand Café Parisien. Trois jours après cette éclatante victoire, le docteur Joseph-Pierre Gadbois, connu dans tous les cercles sportifs, explique les raisons de ce triomphe. « La victoire lui resta [au National] parce que l'équipe canadienne-française était incontestablement la meilleure équipe. C'est ce qui réjouit tant les Canadiens aujourd'hui. Ils revinrent ivres de joie. L'adversaire enfin partait en baissant la tête[23]. »

Quatre ans plus tard, le club de crosse Le National remporte le championnat de la National Lacrosse Union. Tancrède Marsil, chroniqueur sportif au *Devoir*, saisit ce prétexte et signe en première page du quotidien de Henri Bourassa un éditorial à forte saveur nationaliste.

> On dirait, que ce succès est celui de toute une race ! [...] Ce que les nôtres viennent de remporter, ce titre de supériorité qui nous rend si orgueilleux aujourd'hui et nous fait vibrer si délicieusement, il n'y a pas que dans le sport que nous pouvons le conquérir. Partout, dans le commerce, dans l'industrie, dans l'exploitation de notre territoire national, partout où il y a des Canadiens français nous devrions nous réjouir de succès semblables à celui que vient de décrocher la petite mais bouillante équipe du National. Sur le parquet de la chambre, à Ottawa comme à Québec, les nôtres devraient s'imposer à l'attention et au respect public par leur amour de tout ce qui doit développer chez nous un patriotisme plus ardent, une foi plus vive en nos destinées glorieuses[24].

---

22. *La Presse*, le 7 septembre 1906, p. 1.
23. *La Presse*, le 18 septembre 1906, p. 3.
24. *Le Devoir*, le 29 août 1910, p. 1.

Tout au long des mois de juillet et d'août, alors que le club de crosse Le National se dirige allègrement vers le championnat de l'Est du Canada, ses victoires sur les clubs anglophones de Montréal, de Cornwall, d'Ottawa et de Toronto alimentent une immense ferveur et une grande fierté chez les Canadiens français, heureux de s'identifier à une équipe victorieuse. On aime rappeler que, lors du championnat de 1898, l'équipe « était composée de joueurs anglais et canadiens-français. Aujourd'hui, ce n'est plus la même chose. Ce ne sont que nos compatriotes, des Canadiens français qui figurent maintenant sur ce club, devenu pour nous, et dans toute l'acceptation du mot "National"[25] ». Pour nous convaincre de cette ferveur qui s'empare de nombreux Canadiens français, jettons un regard sur la presse francophone de l'époque. Ainsi une photographie montre-t-elle une foule de plusieurs milliers de personnes rassemblées devant les bureaux de *La Presse* et suivant, grâce au télégraphe, une partie jouée par Le National à Toronto. Après la victoire de son club, cette foule en délire s'empare du drapeau de la France qu'elle promène sur les rues Saint-Laurent et Sainte-Catherine[26]. Le lendemain de la victoire, plus de 2 000 personnes se rendent à la gare Windsor accueillir les nouveaux héros. « On voyait dans cette foule des gens de toutes les classes ; de simples journaliers et des avocats éminents de notre barreau se coudoyaient et se communiquaient leurs impressions, se disaient leur joie avec une familiarité que l'on rencontre qu'en ces moments de grande effervescence populaire[27]. »

Un an plus tard, en 1911, il est question d'une fusion entre l'AAAN et le Club athlétique canadien du promoteur sportif George Kendall, mieux connu sous le nom de George Kennedy. Un amateur qui signe « Un vrai national » exhorte l'Association à refuser la fusion avec ce club prétendument canadien-français qui recrute ses membres « parmi les Anglais, les Irlandais, les Syriens et même les Youpins[28] ». Mais cette peur de l'autre n'est pas partagée par tous. Ainsi, les directeurs de l'AAAN se réjouissent du recrutement de « trois de nos concitoyens israélites » comme membres à vie[29]. Une assemblée de l'Union locale des raquetteurs nous fournit un exemple supplémentaire d'ouverture. Le journaliste du *Devoir* qui couvre l'événement se félicite d'y

25. *Le Devoir*, le 21 juillet 1910, p. 3.
26. *La Presse*, le 2 juillet 1910, p. 9.
27. *La Presse*, le 4 juillet 1910, p. 1. La photo de la foule prend toute la première page.
28. *Le Devoir*, le 2 novembre 1911, p. 6.
29. *Le Devoir*, le 18 juin 1918, p. 6.

rencontrer des «Canadiens, Français, Écossais, Anglais, Irlandais et Hébreux[30]».

L'AAAN se veut une «œuvre entièrement nationale et patriotique[31]». On souligne abondamment qu'elle représente la race française dans les compétitions sportives[32]. Tous les athlètes canadiens-français de renom doivent joindre ses rangs et travailler à augmenter son prestige[33]. Par ses actions, elle œuvre au bien-être «moral, intellectuel et physique de notre race[34]». Elle est «un flambeau et un guide vers lequel tous les regards doivent converger[35]». Dès le début de la Première Guerre mondiale, on sollicite son appui en faveur de «notre mère patrie» la France. «L'Association athlétique d'amateurs nationale, la seule représentante des athlètes de langue française en Amérique ne saurait rester indifférente [...]. Ses membres et tous ceux qui lui octroient leur chaleureux support sont de sang gaulois [...]. Soyons généreux et surtout soyons pour une bonne fois des Français dans toute la force du terme[36].»

En encourageant la pratique du sport et de l'éducation physique, l'AAAN contribue largement au développement d'une race forte et démontre l'endurance, la vigueur, la robustesse et l'esprit d'initiative des Canadiens français. Elle leur fournit des armes «pour entreprendre les combats de la vie[37]». L'attention toute nouvelle qu'elle porte au développement physique de la race canadienne-française contribue à «la sauvegarde de la race[38]». «Si nous voulons que la revanche des berceaux soit véritablement permanente et efficace», il faut donner aux femmes «les moyens de vivre en force et en santé[39]». Le notaire Raoul Dumouchel, secrétaire de l'AAAN, dans un appel au développement d'une race forte, fait directement référence aux attaques de monseigneur Michael Francis Fallon contre la langue française en Ontario. Il écrit:

---

30. *Le Devoir*, le 15 novembre 1913, p. 6.
31. *Le Devoir*, le 21 décembre 1911.
32. Voir, entre autres, *Le Devoir*, le 8 juillet 1912, p. 4.
33. *Le Devoir*, le 4 février 1915, p. 6.
34. *Le Devoir*, le 23 juin 1915, p. 4.
35. *Le Devoir*, le 15 février 1916, p. 4.
36. *L'Autorité*, le 9 août 1915, p. 6.
37. *Le Devoir*, le 4 janvier 1919, p. 8.
38. Voir, entre autres, les articles intitulés «Canadiennes-françaises, écoutez l'appel du national», *Le Devoir*, 20 septembre 1918, p. 6. et «De grands avantages pour la race», *Le Devoir*, 17 octobre 1981, p. 6.
39. *Le Devoir*, le 15 octobre 1918, p. 6.

Nous qui aimons les sports, les amusements sains et honnêtes, la gymnastique raisonnée qui fait des muscles d'acier, nous voulons des athlètes robustes, des Canadiens qui acquièreront [sic] par la pratique des sports l'esprit de discipline, l'audace et la ténacité indispensables pour triompher des obstacles de la vie. Nos champions du football, du hockey et de la crosse vont mettre en déroute les adversaires de la langue française[40].

LE HOCKEY ET LA QUESTION DES ARBITRES

Dans le domaine du hockey, sport qui apparaît à Montréal dans les années 1870[41], la création de clubs composés majoritairement de Canadiens français et assez forts pour faire partie d'une ligue est très lente. L'AAAN met sur pied une équipe pour la saison 1894-1895 ; mais devant les difficultés à recruter de bons joueurs, elle se retire de la compétition pour de nombreuses années. L'année suivante, *La Presse* constate que Montréal « compte plus de clubs [de hockey] que n'importe quel autre centre canadien ». Malheureusement, constate-t-elle, « tout indique que nous serons privés du plaisir d'annoncer la formation d'un seul club canadien-français qui pourrait faire partie d'une ligue quelconque[42]. » Pourtant, plusieurs Canadiens français intéressés par ce sport appellent de tous leurs vœux la création d'une équipe composée de leurs compatriotes et déplorent que ceux-ci soient « obligés de se joindre à des clubs anglais[43] ». Leurs désirs seront réalisés en 1897, par l'Association athlétique d'amateurs Le Montagnard[44]. Cependant, jusqu'en 1910, la présence d'équipes de hockey francophones jouant dans des ligues et plus particulièrement dans des ligues majeures est plutôt épisodique. Il faut attendre l'arrivée du club Canadien dans la National Hockey Association (NHA) pour voir la situation se modifier. Alors commence un autre débat. Ce club doit-il être exclusivement réservé aux joueurs canadiens-français ou ouvert aux autres nationalités ? Les propriétaires pour qui le club est une entreprise devant générer des profits penchent pour la deuxième solution. Une équipe gagnante est gage de succès financiers et si l'ajout de joueurs anglophones permet une meilleure rentabilité, pourquoi pas ! La plupart des chroniqueurs sportifs francophones rejettent cette opinion. À la fin de la saison 1909-1910, Tancrède Marsil, du *Devoir*, écrit que les Canadiens

---

40. *L'Autorité*, le 4 janvier 1914, p. 5.
41. Donald Guay, *L'histoire du hockey au Québec. Origine et développement d'un phénomène culturel*, Chicoutimi, Éditions JCL, 1990, p. 34-35.
42. *La Presse*, le 2 décembre 1895, p. 3.
43. *La Presse*, le 21 janvier 1896, p. 3.
44. *La Presse*, le 20 octobre 1897, p. 2.

doivent être fiers du championnat des compteurs remporté par Édouard (Newsie) Lalonde du Canadien qui récolte 38 points en 14 parties. Il déplore cependant que ce club ne représente pas « les couleurs des Canadiens-français, mais les intérêts de M. O'Brien » son proprié-taire[45]. Pourtant la NHA avait accepté le principe de céder au club Canadien « le premier choix des joueurs Canadiens-français[46] ». L'engagement de Rocket Power par le Canadien déclenche une avalan-che de protestations dans les journaux francophones et chez plusieurs partisans de l'équipe. « Ce n'est pas que Power ne soit pas un bon joueur de hockey […] c'est parce que le Canadien est censé représenter sur la glace les couleurs canadiennes-françaises uniquement. C'est du reste, ce qui lui donne son cachet et lui garde l'intérêt des nôtres[47]. » J.W. Clément, un amateur de hockey, trouve impardonnable qu'on ait « résolu de briser avec toutes nos traditions sportives, de polluer le caractère distinctif du Canadien, et de créer le précédent fâcheux et mal avisé, d'infiltrer du sang anglo-saxon dans ce club que nous nous enor-gueuillissions d'appeler "Nôtre" ». Il en impute la faute à George Ken-nedy qui, à force de côtoyer « des athlètes russes, suisses, polonais, turcs et américains » comme promoteur de boxe et de lutte, « ne peut apprécier comme nous cette fierté nationale que nous ont léguée nos aïeux[48] ». Trois ans après son début, la polémique fait toujours rage. Une lettre signée « Un amateur », dans *Le Devoir*, s'insurge contre l'engagement par Kennedy d'un dénommé Gerard. On peut bien le baptiser du nom de Girard, le déguiser « en St-Jean-Baptiste », ce Eddie Gerard n'en est pas moins un « Écossais pur sang[49] ». Cette question du caractère francophone du club de hockey Canadien demeure récurrente durant toute la deuxième décennie du XXe siècle. Encore en 1916, un long texte publié dans *Le Devoir* s'élève contre la nomination d'un gérant anglais et réclame une équipe exclusivement canadienne-française. Le journaliste se défend de vouloir « soulever le cri de race ». Il n'agit, dit-il, que dans l'intérêt du sport : « Enlevez les Canadiens de la liste professionnelle et vous verrez l'enthousiasme diminuer : le public de la partie est de Montréal, comme celui de Hull et de la Basse-Ville d'Ottawa encourage le Canadien parce qu'il peut crier en français ses encouragements et applaudissements. » De plus, la nomination d'un gérant anglophone introduit au sein de l'équipe « un

---

45. *Le Devoir*, le 21 mars 1910, p. 3.
46. *Le Devoir*, le 22 décembre 1910, p. 5.
47. *Le Devoir*, le 13 février 1911, p. 4.
48. *Le Devoir*, le 14 février 1911, p. 5.
49. *Le Devoir*, le 16 février 1912, p. 4.

élément qui n'a pas plus de sympathie pour nous que le soleil en a pour le temple de Saturne[50] ».

Au débat sur le caractère francophone du club Canadien se greffe celui de la présence d'arbitres de langue française lors des joutes des ligues majeures. Cette question est soulevée dès 1905, mais elle acquiert toute son acuité à compter des années 1910. Les Canadiens français ont-ils la compétence pour arbitrer une joute professionnelle ? Les articles se multiplient réclamant la présence « d'officiers » francophones sur la patinoire. On s'insurge contre les préjugés d'Emmet Quinn, assistant secrétaire de la NHA, qui affirme qu'il n'y a pas de Canadiens français assez qualifiés pour occuper la fonction d'arbitre dans une ligue professionnelle[51]. Par son attitude, Emmet Quinn « montre à l'évidence son étroitesse de vue, son fanatisme [...]. Pourquoi blesser et humilier les nôtres sans raison[52] ? » On se sent obligé de vanter l'expérience de « nos canayens » sur la glace et de prouver leur habileté et leurs connaissances techniques du jeu qui en font d'excellents arbitres[53].

L'exigence d'officiels francophones déborde les cadres du hockey. Elle s'étend à la crosse[54]. À l'assemblée annuelle de l'AAAN, les directeurs sont heureux d'annoncer que la Dominion Lacrosse Association rend justice aux francophones. « Parmi les juges des points, treize Canadiens français ont été nommés contre huit de langue anglaise ; nous avons eu onze chronométreurs de notre nationalité contre sept de nos compatriotes de langue anglaise. Nous avons aussi eu l'avantage de voir deux Canadiens français arbitres[55]. » En 1914, une lettre signée « Un Pea Soup » exige des arbitres canadiens-français « à la crosse, au hockey, à la balle au camp [baseball], partout [...]. Nous voulons notre part et nous l'aurons, "don't forget it"[56] ». Ces revendications pour des officiels francophones atteignent les pistes de courses de chevaux. *Le Devoir* applaudit l'initiative du Jockey Club Dorval qui nomme le notaire Décary juge de ses prochaines courses[57]. Il constate cependant que, pour la majorité des pistes, « les officiers et les employés aux livres sont des gens qui ne parlent que la langue de Shakespeare ».

---

50. *Le Devoir*, le 22 novembre 1916, p. 4.
51. *Le Devoir*, le 8 février 1910, p. 3.
52. *L'Autorité*, le 4 janvier 1914, p. 4.
53. *L'Autorité*, le 8 février 1914, p. 5.
54. *L'Autorité*, le 7 juin 1914, p. 6.
55. *Le Devoir*, le 14 novembre 1912, p. 4.
56. *Le Devoir*, le 31 juillet 1914, p. 6.
57. *Le Devoir*, le 18 août 1915, p. 4.

« Donnez-nous justice », clame-t-il[58]. En 1917, l'organisation par l'association La Casquette des championnats de lutte et de boxe amateures confirme la compétence des officiels canadiens-français dans le monde du sport. Pour la première fois de son histoire, l'Athletic Amateur Union of Canada confie l'organisation d'un tournoi sportif important à des francophones. On souligne avec fierté que l'organisation mise sur pied par La Casquette pour ce tournoi est supérieure à celles de la MAAA, responsable des championnats par les années passées[59].

Les autres disciplines sportives

Comme le hockey devient, à partir des années 1890, le sport d'hiver le plus populaire et que la crosse demeure, pour la période 1890-1914, un sport d'été très couru, il n'est pas surprenant de voir de nombreux commentateurs s'interroger sur la place réservée aux francophones dans ces disciplines. Cependant, la défense et l'illustration du fait français s'étendent à d'autres disciplines sportives.

Ainsi se réjouit-on de voir des Canadiens français pratiquer la course à pied. Le journaliste et promoteur sportif Édouard-Charles St-Père nous dit que « l'histoire de la course à pied chez les Canadiens français remonte véritablement en 1908[60] ». Lionel Sylvestre remarque en 1910 : « Il y a quelques années, les Canadiens français s'abstenaient de participer aux courses à pied parce qu'ils se croyaient inférieurs à leurs compatriotes de langue anglaise[61]. » Cette situation change. Le coureur Édouard Fabre devient, à cette époque, un objet de fierté et fait des émules. Né en 1885, orphelin à huit ans, Fabre est placé dans un orphelinat à Saint-Henri. Il s'échappe et est recueilli par une famille iroquoise de Caughnawaga (Kahnawake). Il grandit dans cette réserve, devient travailleur de la construction « et se prit à aimer passionnément les courses de fonds, activité caractéristique des Iroquois[62] ». En 1906, à 21 ans, il participe au marathon d'Athènes. Deux ans plus tard, le voilà aux Jeux olympiques de Londres. Il représente le Canada aux Jeux olympiques de Stockholm en 1912. Dès 1911, il court le fameux marathon de Boston, auquel il terminera premier après cinq tentatives en 1915. Les quotidiens francophones de Montréal le désignent comme

---

58. *Le Devoir*, le 1er juillet 1916, p. 8.
59. *Le Devoir*, le 19 janvier 1917, p. 4 ; le 27 mars 1917, p. 4 ; le 12 avril 1917, p. 4.
60. *Le Nationaliste*, le 27 mars 1910, p. 4.
61. *Le Devoir*, le 27 juin 1910, p. 3.
62. S.F. Wise et Douglas Fisher, *Les grands athlètes canadiens*, Ontario, General Publishing Co. pour le Temple de la renommée, 1976, p. 237-238.

« le plus grand athlète de la race canadienne-française[63] ». La même année, il triomphe au marathon organisé lors de l'exposition Panama-Pacifique à San Francisco. À son retour, ses admirateurs lui organisent une fête. Des milliers de personnes l'ovationnent à sa descente du train à la gare Bonaventure. Une parade, fanfare en tête, défile dans les rues de Montréal. *La Patrie* écrit : « Un héros. Édouard Fabre, notre champion national est rendu parmi les siens [...]. Le fameux athlète canadien-français qui n'a fait que se couvrir de gloire à l'étranger, en supplantant à tour de rôle [...] toutes les célébrités mondiales de la course à pied nous est en effet revenu de San Francisco[64]. »

Les succès de Fabre attirent de jeunes francophones dans le monde de la course à pied. Par exemple, lors de la course annuelle du *Star*, en 1914, vingt-trois Canadiens français « portant les couleurs de nos associations athlétiques locales sont au nombre des concurrents[65] ».

Dans le domaine de la lutte et de la boxe, quelques athlètes font vibrer la fibre patriotique. Le lutteur Eugène Tremblay est de ceux-là. En 1905, il reçoit la ceinture de champion du monde de lutte libre, catégorie des poids légers. Cette ceinture en or est l'œuvre du sculpteur Philippe Hébert. Pour le docteur Joseph-Pierre Gadbois, spécialiste de la lutte, Eugène Tremblay représente « les qualités physiques qui distinguent la race canadienne-française, car Eugène Tremblay s'est acquis une grande célébrité, et il a promené sur tout le continent le nom Canadien français[66] ». Lorsqu'il est question d'accepter la « lutte libre » aux Jeux olympiques de Berlin, en 1916, un amateur de sport qui signe « Hammerlock » dans *L'Autorité* croit que « le Canada français devrait fournir les champions mondiaux [...] de ce sport antique [...]. Le genre libre est inné chez nous », conclut-il[67].

Les boxeurs Patsy Drouillard, Georges Rivet et Eugène Brosseau suscitent l'admiration de leurs compatriotes. On compare Drouillard, « l'orgueil des Canadiens français[68] », au Français Georges Carpentier alors au faîte de sa gloire. C'est un Franco-Ontarien « qui parle admirablement bien sa langue maternelle », précise-t-on[69]. En 1917, le championnat

---

63. *Le Canada*, le 7 septembre 1915, p. 2 ; *Le Devoir*, le 7 septembre 1915, p. 6.
64. *La Patrie*, le 7 septembre 1915, p. 6.
65. *Le Devoir*, le 13 avril 1914, p. 6.
66. É.-Z. Massicotte, *Athlètes canadiens-français : recueil des exploits de force, d'endurance, d'agilité des athlètes et des sportsmen de notre race depuis le XVIIIe siècle*, Montréal, Beauchemin, 1909, p. 256.
67. *L'Autorité*, le 28 juin 1914, p. 4.
68. *Le Devoir*, le 10 juillet 1914, p. 6.
69. *Le Devoir*, le 14 juillet 1914, p. 6.

des poids moyens remporté à Boston par Eugène Brosseau est l'occasion de réjouissances chez les francophones[70]. La ténacité de Georges Rivet, qui gravit un à un les échelons menant au championnat, comble d'aise ses partisans. Tous espèrent qu'il triomphera de Red Allan, le champion en titre. Cette victoire sera « à proprement parler une fête nationale[71] ».

Au baseball, les succès de plusieurs Franco-Américains dans les ligues majeures sont commentés avec passion au Québec. Napoléon Lajoie, entre autres, fait figure de héros. Né à Woonsocket, au Rhode Island, il remporte quatre années de suite, soit de 1900 à 1904, le championnat des frappeurs de la Ligue américaine. En 1902, il signe un contrat de quatre ans avec le club Cleveland pour une somme de 80 000 $, somme fabuleuse à l'époque. En 1914, le lanceur Arthur Duchesnil, qui a déjà joué dans des ligues montréalaises, rejoint le club Boston, de la Ligue nationale. Le journal *L'Autorité* se dit assuré qu'il fera « honneur à la race canadienne-française illustrée par les Lajoie, les Dubuc, les Parent, etc.[72] » Le jeune séminariste Lionel Groulx cite en exemple les prouesses de ces joueurs de baseball pour pousser la jeunesse canadienne-française à faire du sport.

> Aujourd'hui que partout, écrit-il, dans tous les pays où il y a une jeunesse vigoureuse le vent est presque complètement tourné au sport athlétique, il ne vous est point permis de vous croiser les bras et d'assister en contemplateurs indifférents aux avancements de nos rivaux. Les jeunes Canadiens français ont trop d'aptitudes pour le sport et spécialement pour le sport athlétique pour ne point s'y conquérir et s'y réserver une place d'honneur. Oh ! Je sais bien que je n'ai pas à parler ici des progrès que déjà nous y avons faits. Vous connaissez ceux du pays et par delà la ligne 45e, dans la première ligue de base-ball des États-Unis, de nos jeunes compatriotes portent glorieusement des titres de champion[73].

En 1917, *Le Devoir* présente à ses lecteurs « un héros » au « succès phénoménal », le lanceur Édouard Cicotte « d'extraction française » qui grâce à « sa balle lumineuse » donne le championnat mondial au White Sox de Chicago[74].

Il faut occuper tout le terrain et prouver aux « Anglais » que nous sommes leurs égaux. La nouvelle que de jeunes francophones veulent

---

70. *Le Devoir*, le 31 mars 1917, p. 8, le 4 avril 1917, p. 4 et le 10 avril 1917, p. 4.
71. *Le Devoir*, le 4 mai 1917, p. 4.
72. *L'Autorité*, le 8 février 1914, p. 5.
73. Lionel Groulx, *Journal, 1895-1911*, Montréal, Presses de l'Université de Montréal, 1984, p. 530-531.
74. *Le Devoir*, le 18 octobre 1917, p. 6.

créer un club de polo aquatique « fait honneur à la race canadienne-française[75] ». On se réjouit de voir Le National remporter le championnat de la Montreal Bowling Association. « C'est la première fois [...] qu'un club canadien-français décroche [cet] honneur[76]. » La réussite des régates du club Champêtre prouve hors de tout doute « que le domaine du sport est à tous, aux Canadiens comme aux Anglais et que les deux peuples » peuvent se disputer à force égale prix et trophées[77]. L'introduction du soccer au Collège Sainte-Marie « laisse espérer que bientôt les Canadiens français brilleront avec avantage dans une nouvelle branche du sport[78] ». Cette présence des Canadiens français concourt à la promotion du français. Ainsi, s'ils étaient plus nombreux à participer aux championnats de natation de l'île Sainte-Hélène, ils auraient « l'occasion de réclamer les droits de leur langue, droits trop fréquemment méprisés[79] ». En ce sens, on reproche au Comité olympique canadien d'être composé uniquement d'anglophones de Toronto. Il devrait comprendre des Canadiens français. Mais à l'époque où le règlement XVII exclut le français des écoles publiques de l'Ontario, « où tout homme bilingue fait horreur », ce souhait semble bien futile[80]. À Ottawa, où l'attraction de l'anglais menace la langue française, J. Clément met ses espérances dans la fondation de l'Association athlétique amateur du Monument national d'Ottawa. Cette association sera « le lot exclusif des Canadiens français désireux de s'adonner à la culture physique ou de prendre une part active aux sports plus virils, tels le hockey, le baseball et le jeu de crosse. Il serait presque superflu de dire que le cœur de tout Canadien français énamouré du sport, a dû battre en apprenant que ses aspirations les plus chères se réalisaient[81] ». Pour Clément, l'ajout de joueurs de nationalités étrangères à des équipes canadiennes-françaises brise l'esprit d'équipe et, à la longue, ces clubs deviennent des instruments d'assimilation. Il cite l'exemple des clubs de crosse et de hockey Le National de la capitale fédérale. Ce dernier club ne comptait plus que trois joueurs canadiens-français en 1911. Les autres avaient été recrutés « dans la bourgade allemande de Eastview, banlieue d'Ottawa. Une saveur toute canadienne ne nous vient-elle pas à la bouche en prononçant ces noms de Pasch, Panche, Shultz et McStrawick ! » Devant tant de maladresse, « l'athlète canadien-français

---

75. *Le Devoir*, le 22 juillet 1914, p. 6.
76. *Le Devoir*, le 20 mars 1915, p. 4.
77. *Le Devoir*, le 2 août 1915, p. 4.
78. *Le Devoir*, le 23 octobre 1917, p. 10.
79. *Le Devoir*, le 14 août 1916, p. 5.
80. *L'Autorité*, le 2 août 1914, p. 6.
81. *Le Devoir*, le 23 novembre 1911, p. 6.

ne voit plus dans le sport une occasion d'affirmer la supériorité de sa race ». Il en vient à faire du sport uniquement pour l'argent[82]. À Montréal l'association sportive La Casquette, qui pendant quelques années surpasse le dynamisme de l'AAAN, se proclame « exclusivement canadienne-française ». Selon les témoins de l'époque, cette association de sport amateur « aura contribué pour beaucoup à détruire la légende qui voulait que les Canadiens français manquent d'esprit d'initiative[83] ».

LA LANGUE

Nous avons vu au fil des pages précédentes la question de la langue affleurée à plusieurs reprises. Dès ses débuts le journal *Le Devoir* dénonce les anglicismes dans le sport et rapporte inconditionnellement la campagne de l'abbé Étienne Blanchard et de la Société du bon parler français. Le cher abbé se scandalise. « Nous assassinons notre langue, dit-il, tout en nous amusant et c'est dans des débats joyeux, le sourire aux lèvres que nous lui portons les coups les plus meurtriers[84]. » Tancrède Marsil propose, le 17 mars 1910, la francisation du vocabulaire du baseball qui devient la balle au camp[85]. Plusieurs articles de l'abbé Blanchard réclament la francisation des termes de sport. On évoque l'origine française du hockey sous le nom de gouret, pour imposer ce dernier terme[86]. Les francophones devraient, dit-on, défendre avec plus de vigueur leur langue trop souvent méprisée sur les terrains de sports[87]. Par exemple, le club de baseball Sainte-Cécile composé uniquement de joueurs canadiens-français qui « s'obstinent à parler uniquement à toute occasion la langue anglaise […]. Est-ce que le fait de bien jouer le jeu national américain est une raison pour les Canadiens français de mettre de côté la douce langue française[88] ? » Ces campagnes s'inscrivent dans la préoccupation des élites de conserver la langue, gardienne de la foi, des traditions et de la nationalité, dont Thomas Chapais sent le besoin de redéfinir les termes au premier congrès de la langue française en 1912[89]. Lorsque l'Athletic Amateur Union of Canada (AAUC) délègue un anglophone unilingue au « Congrès olym-

---

82. *Idem.*
83. *Le Devoir*, le 10 octobre 1912, p. 6.
84. *Le Devoir*, le 4 mai 1912, p. 10.
85. *Le Devoir*, le 17 mars 1910, p. 5.
86. *Le Devoir*, le 22 décembre 1915, p. 4.
87. *Le Devoir*, le 14 août 1916, p. 5.
88. *Le Devoir*, le 4 mai 1917, p. 4.
89. *Le Devoir*, le 2 juillet 1912, p. 5.

pique de Paris », *L'Autorité* souhaite « qu'il revienne de la Ville Lumière un peu plus éclairé sur l'utilité de la langue de Corneille dans les grandes fêtes sportives et ailleurs[90] ». Presque chaque année des protestations s'élèvent contre la « petite place » faite au français dans les grands tournois athlétiques annuels organisés par le Mont-Saint-Louis[91]. On cite en exemple « l'élite de notre population française d'Outremont » qui sait se récréer en français. « Ce n'est pas au *bowling-green* que l'on joue sur le terrain gazonné du club, angle Villeneuve et chemin Ste-Catherine, mais bien au boulingrin[92]. »

LES HOMMES FORTS

Chez les Canadiens français, les tours de force ont toujours joui d'une grande popularité. Certains hommes forts sont entrés dans la légende. Ils ont valeur de symbole. L'élite lettrée, qui répugne ordinairement à parler de sport, n'a pas hésité à glorifier ceux qui se sont illustrés par leur vigueur musculaire. En 1884, le journaliste, critique littéraire et conteur André-Napoléon Montpetit publie *Nos hommes forts*, où il « rappelle la longue tradition de force physique qui illustre la race canadienne-française[93] ». La même année, Benjamin Sulte fait paraître son *Joseph Montferrand*[94], ce colosse qui pouvait mettre en fuite des dizaines d'« Anglais ». En 1903, Louis Guyon créait au National le « drame canadien » *Jos Montferrand*[95]. Il n'est donc pas étonnant de voir les médias francophones des années 1890 accorder une attention soutenue à Louis Cyr, « l'homme le plus fort du monde » alors au faîte de sa gloire, et à travers lui, glorifier « la vitalité qui est le propre du sang canadien-français[96] ». Cet homme symbolise la vigueur, la robustesse et la puissance d'un peuple qui, à bien des égards, doute de sa propre valeur. Il devient la réponse d'une communauté qui se sent inférieure. À l'été de 1892, « les citoyens de Montréal » lui présentent une médaille en « or solide ». S'excusant presque de faire appel « aux instincts sportifs » on se réfère aux « républiques de l'antiquité » qui vouaient « un culte égal et à la force physique et à la force

90. *L'Autorité*, le 24 mai 1917, p. 5.

91. *Le Devoir*, le 14 mars 1910, p. 3, le 24 février 1912, p. 6 et le 25 février 1918, p. 5.

92. *Le Devoir*, le 11 juillet 1916, p. 4.

93. Kenneth Landry, « Nos hommes forts, d'André-Napoléon Montpetit », dans *Dictionnaire des œuvres littéraires du Québec*, Montréal, Fides, 1978, vol. 1, p. 526-527.

94. Benjamin Sulte, *Joseph Montferrand* (Montréal, Camyré et Braseaux, 1884), 48 p. Ce livre connaîtra une deuxième édition revue et corrigée en 1899.

95. *Dictionnaire des œuvres littéraires du Québec* (Montréal, Fides, 1978), 2 : p. 732-733.

96. *La Patrie*, le 27 janvier 1891, p. 3.

intellectuelle[97] ». Et comme si cette caution n'était pas suffisante, on invoque la « tradition judaïque [qui] a fait de Samson un homme fort suscité par Dieu pour protéger le peuple juif contre la tyrannie des Philistins[98] ». De là à faire de nos hommes forts les protecteurs du peuple canadien-français, le pas est allègrement franchi. Pour Benjamin Sulte, Jos Montferrand « personnifiait notre race, alors attaquée et maltraitée chaque jour par les étrangers qui voulaient nous réduire au rang des parias de l'Inde[99] ». Dans les années 1890, les exploits de Louis Cyr au Canada, en Grande-Bretagne, en France et aux États-Unis suscitent une immense fierté chez ses compatriotes. La reconnaissance de sa valeur par des étrangers rehausse son prestige auprès des siens.

En 1894, le docteur Lanctôt, médecin du bureau de santé de Saint-Henri, ardent sportif et membre du club de chasse et de pêche Le Canadien, considère la force physique comme insuffisante. « Il faudrait, déclare-t-il, que nous fussions tous des chasseurs comme l'étaient nos pères. Qui sait si les Canadiens français ne seront pas appelés à faire le coup de feu pour la conservation de leurs droits[100]. »

Avant la dernière décennie du XIXᵉ siècle, les Canadiens français participent peu à la culture sportive, culture avant tout urbaine. Durant presque tout le XIXᵉ siècle, ce phénomène est structuré et développé par les anglophones qui codifient les pratiques, écrivent les règlements et construisent les premiers équipements sportifs. À la fin du XIXᵉ siècle, les francophones investissent le domaine sportif. L'un des pionniers, Joseph-Xavier Perrault, y voit un moyen de prouver que, comme peuple, nous sommes supérieurs. Il n'est pas loin de considérer ses compatriotes comme des Français améliorés. Pour lui, le sport nous permettra de le prouver.

L'AAAN se montre moins présomptueuse que Perrault. Créée en 1894, elle entend rivaliser avec les associations sportives anglophones et montrer que nous pouvons faire aussi bien qu'elles. Les victoires de son club de crosse senior sur des équipes composées d'anglo-protestants ou d'Irlandais catholiques suscitent énormément de fierté. Pour plusieurs, ces victoires deviennent celles de tout un peuple et

97. *La Presse*, le 6 août 1892, p. 2 et le 8 août 1892, p. 4.
98. *La Presse*, le 1ᵉʳ avril 1893, p. 1.
99. *La Presse*, le 3 août 1892, p. 4.
100. *La Presse*, le 7 février 1894, p. 5.

prouvent que les Canadiens français peuvent rivaliser avec succès avec leurs compatriotes de langue anglaise non seulement dans l'arène sportive mais dans tous les secteurs de l'activité humaine. Le sport est considéré comme un moyen d'affirmation, de valorisation. Les exploits des Louis Cyr, des Jos Montferrand vont dans le même sens et symbolisent un peuple fort, robuste, vigoureux, gagnant. Cependant, il ne faut pas gratter longtemps pour trouver sous ce vernis un sentiment d'infériorité d'individus qui se sentent niés, oubliés, inexistants. L'obsession de faire aussi bien que les «Anglais» y puise son origine. Il faut montrer constamment que nous ne sommes «pas des lâcheurs», des «peureux[101]», «des porteurs d'eau[102]». Ce sentiment d'insécurité mène parfois à la xénophobie. Cette croyance en la supériorité de l'autre conduit à réclamer des associations et des clubs sportifs exclusivement réservés aux Canadiens français. Par ailleurs, certains imaginent le sport comme un moyen de connaître l'autre. Le sport véhicule aussi l'idéologie universaliste de la fin du XIXᵉ siècle. Il favorise le rapprochement entre «les races». Il transcende les langues, les religions, les ethnies, bref les cultures.

Le sport pose également le problème de la langue. Comme il est introduit ici par des Anglais et des Américains, les termes pour le décrire sont de langue anglaise. Au début du XXᵉ siècle, des campagnes s'organisent parmi les élites pour imposer, avec plus ou moins de succès, un vocabulaire français sur les terrains de jeux.

Contrairement à ce qui se passe en France et en Allemagne, le sport et la gymnastique ne servent pas, au Québec francophone, de soutien à un nationalisme militariste et revanchard. Il faut attendre la guerre de 1914-1918 pour découvrir de timides rapprochements entre sport et formation militaire, et des appels à l'État pour qu'il investisse dans le sport présenté comme moyen de préparer le soldat au combat. Dans cette optique, les préoccupations eugénistes apparaissent à la même époque. Le thème de la revanche des berceaux rejoint l'univers sportif[103]. Il est aussi évident que même si, chez ses promoteurs les plus convaincus, le sport favorise l'action individuelle et l'exaltation de l'esprit d'entreprise, il a également une fonction plus collective, et en l'encourageant, on contribue au développement d'une nation plus forte,

---

101. *Le Devoir*, le 27 septembre 1915, p. 4.
102. *L'Autorité*, le 11 janvier 1914, p. 5.
103. *Le Devoir*, le 15 octobre 1918, p. 6.

plus dynamique, plus sûre de ses capacités. Comme l'écrit J.-Arthur
Langlois, le sport prépare « l'avenir d'une race[104] ». Lionel Groulx
exhorte ses compatriotes à :

> encourager le sport athlétique et louer hautement ceux qui travaillent à sa
> propagation. Car s'il y a une chose évidente, c'est bien que nous sommes
> appelés [...] à ne pouvoir jamais constituer autre chose qu'une race forte et
> vigoureuse [...], force et vigueur qu'il nous faut conserver [...] parce que
> c'est un des privilèges de notre race et que c'est devenu comme une espèce
> d'héritage national[105].

---

104. *L'Autorité*, le 4 janvier 1914, p. 5.
105. Lionel Groulx, *op. cit.*, p. 532.

DEUXIÈME PARTIE

LES NATIONALISMES
DE 1920 À 1960

5

L'ALLIANCE CONSERVATRICE-NATIONALISTE : MARIAGE DE RAISON OU NÉCESSITÉ POLITIQUE ?

Nelson Michaud

En cette année où l'on célèbre *Le Devoir* et son fondateur, Henri Bourassa, il peut être intéressant d'aller au-delà du personnage pour se pencher sur l'un des legs idéologiques du petit-fils de Papineau, soit le nationalisme canadien tel qu'il a été conçu et véhiculé dans le premier quart de notre siècle. Tant par ses éditoriaux que par ses brochures ou ses ouvrages, Bourassa aura marqué toute une génération de penseurs et de politiciens en prônant l'affirmation canadienne à l'égard de l'Empire britannique. À cet égard, son écrit le plus marquant sera sans aucun doute son *Que devons-nous à l'Angleterre ?* publié en 1915[1].

Cette remise en question des liens impériaux — le Canada dépendait encore grandement, à cette époque, des décisions impériales anglaises — n'a pas connu son expression que par le discours : elle est aussi descendue dans l'arène politique. Outre Bourassa qui y allait autant de ses propos éditoriaux que de son action politique, d'autres politiciens ont campé leur profil à partir de cette notion d'autonomie

---

1. Publié à Montréal sans mention d'éditeur, 420 p. Bourassa y traite d'abord de l'historique, de la Conquête à 1915, des liens unissant le Canada à l'Angleterre, soulignant au passage les désavantages encourus par le Canada. Sa seconde partie démontre l'enracinement du sentiment impérialiste au Canada et sa contrepartie, le mouvement nationaliste. Enfin, dans un troisième temps, il circonscrit son propos autour de la Loi navale de Laurier pour en arriver à la participation canadienne dans la Grande Guerre. Ces trois étapes servent à démontrer que le Canada n'a pas à être en guerre dès que l'Angleterre est en guerre et que l'autonomie du Canada doit être la valeur au coin de laquelle devraient être marquées les décisions gouvernementales, particulièrement en matière de politique extérieure.

canadienne. La plus forte expression de leur présence s'est traduite par l'opposition que plusieurs candidats ont réservée au projet de marine proposé par le premier ministre libéral, Wilfrid Laurier. Canadienne en temps de paix, cette marine deviendrait britannique en temps de guerre. Nous sommes alors aux lendemains de la guerre des Boers et à la veille de la Première Guerre mondiale. Les politiciens s'opposant à ce projet se trouvent sous la bannière conservatrice, au Québec[2]. Ces conservateurs québécois sont reconnus par *Le Devoir* comme des «conservateurs nationalistes[3]».

Leur action est d'autant bien menée que, lors d'une élection partielle tenue en 1910 dans la circonscription de la résidence de Laurier, c'est Arthur Gilbert, le candidat conservateur-nationaliste, qui l'emporte.

Loin d'être intimidé par ces collègues plus revendicateurs, le chef conservateur de l'époque, Robert L. Borden, se les allie et l'union des forces tories aux forces nationalistes confère le pouvoir aux conservateurs lors de l'élection générale de l'année suivante[4]. Toutefois, les «nécessités» du pouvoir et surtout la guerre et sa conscription disloquent l'alliance qui avait permis aux nationalistes du Québec d'avoir voix au chapitre en matière de politique fédérale[5].

Lorsqu'Arthur Meighen succède à Borden à la tête du Parti conservateur, la tâche de reconstruction à laquelle il doit faire face est gigantesque. Le défi qui se présente à lui est particulièrement grand au Québec. Comment y arrivera-t-il ? C'est la question à laquelle nous tenterons de répondre au cours de cet exposé. Le fruit de nos recherches

---

2. Au sujet des conservateurs-nationalistes, on peut consulter avec profit l'ouvrage de Réal Bélanger *L'impossible défi. Albert Sévigny et les Conservateurs fédéraux (1902-1918)*, Sainte-Foy, Presses de l'Université Laval, 1983, 365 p., de même que les mémoires de maîtrise de François Béland, Michèle Jean, Danièle Goulet et Nelson Michaud, tous déposés à l'École des gradués de l'Université Laval.

3. *Le Devoir*, le 19 août 1913, p.1.

4. Même si Borden peut gouverner sans eux, il aurait quand même une majorité de treize voix en Chambre. La campagne menée par les conservateurs-nationalistes au Québec a eu une influence qu'il ne peut négliger. Voir à cet effet Richard Jones, *Vers une hégémonie libérale. Aperçu de la politique canadienne de Laurier à King*, Québec, Presses de l'Université Laval, 1980, p. 97-117, de même que Paul Stevens, *The 1911 General Election : A Study in Canadian Politics*, Toronto, Copp-Clark Publishing Co., 1970, 220 p.

5. Certains acteurs jouent un rôle important à cet égard. Les décès de Monk et de Casgrain, l'accession au Sénat de Blondin et son engagement sous les drapeaux et la présidence des Communes qui échoit à Sévigny tempèrent les ardeurs nationalistes. Quant à Patenaude, c'est en démissionnant sur le projet de loi conscriptionniste qu'il quittera le cabinet Borden.

nous a permis de conclure que Meighen a perçu comme une nécessité le besoin de s'allier au sentiment nationaliste qui animait alors le Québec.

Cette hypothèse peut surprendre car on a souvent perçu Meighen comme un politique peu près des intérêts québécois : n'avait-il pas été le rédacteur de l'Acte de conscription en 1917 ? Les résultats électoraux n'avaient-ils pas par la suite démontré une totale indifférence du Québec francophone à son égard ?

Après avoir brièvement présenté les principaux artisans de la tentative de retour du Parti conservateur au Québec des années 1920, nous verrons comment cette stratégie de séduction de l'électorat québécois s'est déroulée et pourquoi elle a échoué.

LES ACTEURS

Lorsque Meighen sort son dossier « Québec », après son accession au leadership conservateur en 1920, la première tâche à laquelle il se consacre est de se trouver un lieutenant qui puisse rapporter des dividendes à sa formation politique. Un des candidats potentiels est Ésioff-Léon Patenaude. Avocat et homme d'affaires crédible et apprécié, il avait su donner un nouveau souffle à l'aile provinciale conservatrice lors de son passage à la législature de Québec. Son engagement auprès des conservateurs nationalistes, que ce soit lors de la grande réunion de la patinoire Ontario en 1910[6] ou comme organisateur de l'élection partielle de Drummond-Arthabaska, l'avait fait remarquer de Borden qui lui avait donné un siège au Cabinet en 1915, à titre de ministre du Revenu de l'intérieur, alors que Meighen y siégeait en tant que solliciteur général. Tout au long de cette présence à Ottawa, Patenaude n'avait qu'un *credo* : faire du Canada un pays « bi-ethnique », uni, émancipé des liens impériaux, « selon l'esprit de Cartier et de Macdonald » disait-il souvent. Ce *credo*, c'était le credo nationaliste qui avait guidé son action et l'avait amené jusqu'à démissionner du Cabinet en 1917, lors

---

6. Patenaude préside en effet ce rassemblement du 20 janvier où une résolution est adoptée et envoyée au gouverneur général, au premier ministre Laurier, au chef de l'opposition, Borden, et au leader conservateur-nationaliste en Chambre, Monk. La résolution affirme que « le Parlement n'a pas le droit d'engager le Canada dans une politique navale entièrement nouvelle, sans avoir, au préalable, obtenu le consentement du peuple ». On demande alors de différer l'adoption du projet de loi jusqu'à ce qu'un plébiscite ait tranché la question, réclamation tonnant le *credo* nationaliste. Voir Archives publiques du Canada (APC), Fonds Laurier, Patenaude à Laurier, le 26 janvier 1910.

du passage de la loi sur le service militaire obligatoire. En songeant à Patenaude, Meighen savait à qui il adressait sa demande.

LES FAITS

Que nous apprennent les écrits d'historiens à propos de cette reconstruction du Parti conservateur au Québec ? Fort peu, puisque bien que l'on ait déjà étudié tant la période Borden que la période Bennett[7], outre grâce aux écrits de Roger Graham[8], on ne connaît que très peu la période Meighen. Et, même à cela, Graham n'approfondit guère cet épisode de la vie politique de l'avocat torontois. Il mentionne certes qu'à la fin de l'été 1920 Meighen demande à Patenaude de lui consigner par écrit « les principes essentiels [...] à partir desquels il serait possible de rétablir l'amitié entre citoyens anglophones et francophones du pays. Ce qu'il fit[9] ». Il s'agit d'un noble but duquel la dimension partisane, bien qu'elle soit reléguée à l'entre-ligne, n'en est pas moins présente.

En d'autres termes, Meighen demande au nationaliste Patenaude de lui indiquer la meilleure voie à suivre afin de reconstruire son parti sur des assises solides, sur une base nationale. Il ne faut pas oublier qu'en plus d'un Québec qui « se souvient » de la conscription — et aussi peut-être de Riel —, dans l'Ouest, on sent bouillir la marmite progressiste, un parti rural qui fera son apparition sur la scène fédérale aux prochaines élections[10]. On peut conclure que Meighen conçoit de

---

7. Voir à ce sujet Marc Laterreur, *Les tribulations des Conservateurs au Québec de Bennett à Diefenbaker*, Québec, Presses de l'Université Laval, 1973, 265 p.

8. Notamment sa biographie de Meighen, *Arthur Meighen, A Biography*, publiée en trois volumes à Toronto chez Clarke-Irwin entre 1960 et 1965.

9. *Idem.*, vol. II : *And Fortune Fled*, p. 15. (Traduction de l'auteur)

10. Le Parti progressiste fait en effet une percée importante aux élections de 1921, se hissant même devant les conservateurs quant au nombre de sièges remportés. L'idéologie des progressistes les pousse cependant à ne « pas jouer le jeu » du parlementarisme dont ils contestent les règles et ils laissent conséquemment aux conservateurs le rôle d'opposition officielle. En 1925, King compte sur leur appui pour former une alliance parlementaire qui ne subsistera que quelques semaines. Alliés ensuite aux conservateurs pendant quelques jours, ils les répudieront vite, forçant le gouverneur général, Byng de Vimy, à dissoudre le Parlement et à en appeler au peuple quelques mois seulement après le scrutin de 1925. Au sujet du Parti progressiste et notamment de son rôle dans la formation du ministère King, on peut consulter W.L. Morton, *The Progressive Party in Canada*, Toronto, University of Toronto Press, 1967, p. 149-153. Quant à l'imbroglio gouvernemental de 1925-1926, outre tous les ouvrages consacrés à King qui y font référence, on peut aussi lire l'ouvrage publié sous la direction de Roger Graham et intitulé *The King-Byng Affair, 1926 : A Question of Responsible Government* et publié à Toronto chez Copp-Clarke (1967, 140 p.). Comme le titre l'indique, l'étude situe la crise politique dans sa dimension de responsabilité gouvernementale et d'autonomie du Canada face à la Grande-Bretagne : en faisant appel à Byng pour trancher la question, on s'adressait en fait à un Britannique mandaté par Londres pour résoudre un problème politique purement canadien...

manière d'autant plus importante la nécessité de gains au Québec qu'il faudra compenser des pertes éventuelles dans les Prairies et que cette nécessité vaut tous les efforts puisqu'il faut s'opposer au tandem formé du chef libéral King et de son influent lieutenant québécois, Ernest Lapointe[11].

Donc, le professeur Graham nous met la puce à l'oreille mais, faute d'informations supplémentaires à ce qu'il trouve dans les papiers de Meighen déposés à Ottawa, il n'élabore pas davantage. Le principal intéressé, Patenaude, peut lui-même nous lancer sur une piste ambiguë. Répondant à une demande d'information de Graham qui était à terminer sa biographie de Meighen, Patenaude affirme :

> Je n'ai pas participé aux élections fédérales de 1917 et de 1921, mais j'ai participé à celles de 1925 et 1926. La campagne que j'avais faite dans la province [en 1923] avait éveillé l'attention du public, et par la suite, on insista de toutes parts pour que je plonge dans cette campagne en participant à l'élection de 1925. J'y ai consenti en définitive[12]. »

Ces pressions avaient débuté dès l'accession de Meighen à la tête du gouvernement : le refus de Patenaude d'accepter un nouveau portefeuille fédéral lui cause bien des regrets[13]. Cette tentative infructueuse de ramener Patenaude au Cabinet n'est pas constituée d'une simple invitation déclinée par Patenaude : une véritable entreprise de relations

---

11. Le rôle de Lapointe a été étudié notamment par Paul Bernier dans son *Ernest Lapointe, député de Kamouraska 1904-1919*, La Pocatière, Société historique de la Côte-du-Sud, 1979, 187 p. et plus récemment et de façon plus complète dans une thèse de doctorat en préparation par John McFarlane au département d'histoire de l'Université Laval. De manière plus générale, le rôle du « lieutenant français » des chefs politiques anglophones du Canada a fait l'objet de réflexions qui nous sont livrées par W.A. Matheson, *The Prime Minister and the Cabinet*, Toronto, Methuen, 1976, p. 36 ou par John English, « The French Lieutenant in Ottawa », *in* R. Kenneth Carty et W. Peter Ward, *National Politics and Community in Canada*, Vancouver, University of British Columbia Press, 1986, p. 184-200.

12. Archives privées de L'Industrielle-Alliance (APA), Fonds Patenaude, Boîte II, filière D, « Mémoire et lettre à M. Roger Graham au sujet de son projet d'histoire de la vie du Très Honorable Arthur Meighen », le 24 mars 1952, p. 26-28. Nos recherches nous ont permis de retracer les papiers personnels de Patenaude qui sont déposés aux archives des bureaux de la compagnie L'Industrielle-Alliance à Montréal. Ce fonds est constitué de correspondance politique et de notes de travail qui nous ont révélé des pans entièrement inconnus de l'histoire politique du Québec. Nous tenons à remercier de leur excellente collaboration MM. Hervé Belzile et Marcel Boyer de même que Mme Danièle Brunelle qui nous ont permis de consulter le fonds.

13. Roger Graham, *op. cit.*, p. 290.

publiques et de marchandage politique nous est révélée par des documents inédits que nous avons découverts dans les papiers privés de l'ancien ministre de Borden[14]; ils témoignent de la production minutieuse d'un mémoire dans lequel Patenaude reprend son credo nationaliste et auquel il demande à Meighen de joindre sa voix.

Le ton du mémoire, dans sa version finale, peut laisser croire à une certaine spontanéité. Toutefois, il a pris forme après de longues discussions que Patenaude a eues notamment avec le ministre de la Justice de l'époque, Charles Doherty. Le but de ces conciliabules est de faire connaître au premier ministre les réclamations des francophones pour qu'il leur donne une réponse. C'est sans aucun doute avec l'idée de rendre un jour ces déclarations publiques que tant de précautions sont prises. Et la meilleure occasion pour publier un tel document ne serait-elle pas celle où le politicien, ayant démissionné lors de la conscription, retournerait auprès d'un chef politique responsable de cette même conscription, mais seulement après l'avoir convaincu d'accorder une plus grande importance aux francophones au sein du pays et de partager entièrement les valeurs nationalistes qui les animent? Nous n'avons pas de confirmation de cette hypothèse par les auteurs; il s'agit cependant de la conclusion la plus plausible à laquelle nous pouvons arriver, guidés par les indices que nous fournit la suite des événements.

C'est donc à Portage-la-Prairie puis à Québec[15], dès le début de septembre, que Meighen laisse poindre ses intentions en donnant un premier écho favorable aux discussions qui ont secrètement cours. Quarante-huit heures plus tard, il reçoit Patenaude à son bureau d'Ottawa et discute longuement avec lui de la question. De retour à Montréal, Patenaude commence l'élaboration du mémoire proprement dit, toujours épaulé par Doherty[16]. Avant la fin de l'été, la version définitive[17] du mémoire est sur le bureau de premier ministre. Un mois

---

14. APA, Fonds Patenaude, Boîte II, Chemise « Politique : Élections de 1920 », « Notes concernant la naissance du mémoire sur les francophones », Montréal, le 22 septembre 1920, p. 1.

15. « À la gloire de Sir G.-E. Cartier », dans *L'Événement*, le 7 septembre 1920, p. 7 et 11.

16. APA, Fonds Patenaude, *loc. cit.*, p. 5-6.

17. La chronologie tout autant que les brouillons que nous a laissés Patenaude nous révèlent qu'il y a eu d'abord échange de notes, nouvelle « conférence » entre Meighen et Patenaude puis production d'une première version du mémoire. La version définitive a suivi les commentaires que Meighen a émis et avec lesquels Patenaude s'est dit en accord. Les modifications apportées ne touchent en rien le fond des demandes nationalistes et visent davantage à les rendre acceptables au plus grand nombre possible.

plus tard et après maintes attentions de part et d'autres[18], sa réponse officielle parvient à Patenaude[19].

LE DISCOURS

D'entrée de jeu, le préambule du mémoire dévoile le type d'État qui semble convenir au Canada ; c'est celui envisagé par les nationalistes auxquels Patenaude n'hésite pas à associer son chef :

> Rien de solide ne pourra être construit tant que les deux grandes races qui constituent principalement la nation canadienne ne se seront pas enfin rencontrées sur le terrain de l'entente et de la conciliation, et c'est à ce rapprochement nécessaire que vous consacrez vos premiers efforts. L'entreprise est d'une sage politique [20].

Pour mener à bien cette « tâche noble », Patenaude présente des revendications selon un plan rigoureux, traitant chaque élément du point de vue du Canadien français dont il se veut le porte-parole. Il énonce d'abord trois principes qui enchâssent cinq interventions concrètes que Meighen commentera.

Le premier principe qu'il aborde donne une définition du Canada dans l'Empire. Il affirme en effet qu'« en dépit de certains errements individuels, le peuple canadien-français est loyal. Il a depuis longtemps accepté l'allégeance britannique et il ne songe nullement à la secouer. À défaut d'affection, l'intérêt le lui commanderait. Mais le Canadien français, ainsi qu'il est naturel, est avant tout canadien[21] ». Plutôt qu'un asservissement, Patenaude cherche ici à utiliser l'appartenance à l'Empire au profit du Canada et des Canadiens. Contrairement à Bourassa dont il se sépare ici[22], (Que devons-nous à l'Angleterre ?, demandait celui-ci) il

---

18. APA, Fonds Patenaude, *loc. cit.*. Voir aussi *idem.*, Meighen à Patenaude, le 22 octobre 1920 ; Patenaude à Doherty, le 26 octobre 1920 ; Doherty à Patenaude, le 28 octobre 1920 ; de même que APC, Fonds Meighen, Doherty à Meighen, le 27 octobre 1920 ; et Meighen à Doherty, le 27 octobre 1920.

19. Si la réponse a tant tardé, c'est que, officiellement, Meighen a reçu la lettre de Patenaude « too late for attention prior to [his] visit to the Eastern Townships and since that time [he has] been delayed in replying by pressure of work ». (APA, Fonds Patenaude, Boîte II, Filière B, Dossier 2 ; Meighen à Patenaude, le 20 octobre 1920) À moins que ce retard ait permis à Meighen de consulter certains autres collaborateurs du Canada anglais avant de répondre définitivement à Patenaude. Pour plausible en ces temps où les télécopieurs n'abondaient pas, l'excuse n'en est pas moins très diplomatique...

20. APC, Fonds Meighen, Patenaude à Meighen, le 16 septembre 1920. Une copie du même document se trouve dans le Fonds Patenaude.

21. *Idem.*

22. C'est d'ailleurs vraisemblablement à Bourassa que songe Patenaude lorsqu'il fait référence à « certains errements individuels »...

recherche ce que peut nous apporter l'Angleterre. L'intérêt qui nous commande et l'affirmation sans équivoque de la primauté du sentiment canadien nous le font voir. Cet intérêt ne s'est-il pas d'ailleurs traduit par une relance économique au pays par l'entremise de l'industrie de guerre et de l'approvisionnement alimentaire des troupes ? Cet intérêt ne s'est-il pas aussi manifesté par une plus grande reconnaissance du Canada sur le plan international en tant que gouvernement de plus en plus autonome ?

Le second principe évoqué par Patenaude définit l'entité territoriale de sa nation : c'est le Canada en entier puisque, dit-il, le Canadien français « se sent intéressé au progrès non seulement du coin qu'il habite, mais au Canada tout entier [...] il ne demande qu'à travailler de concert avec ses concitoyens d'autres races pour le plus grand avancement du pays[23] ». Cette entité territoriale constitue le cadre dans lequel Patenaude définit son troisième principe, soit les revendications des francophones sur le plan culturel, élément clé du nationalisme ici exprimé. Patenaude rassure à cet égard le premier ministre que le Canadien français :

> prétend dans ce pays dont il est le premier occupant, avoir le droit de se développer suivant ses traditions. Ce droit primordial dont le Conseil des Nations vient de reconnaître la légitimité, il le prise par-dessus tout et il le réclame non seulement dans tel coin du pays qu'on croira lui avoir assigné, mais dans le Canada tout entier[24].

Et pour s'assurer que le message qu'il vient de lancer soit pleinement compris et ait tout l'effet voulu, Patenaude le synthétise en une phrase-choc : « Voilà tout ce que demande le peuple canadien-français : la liberté de se développer suivant ses traditions et une participation équitable tant aux charges qu'aux avantages d'un bon gouvernement[25]. » La revendication ne peut être plus précise : partenaires à part entière dans un Canada uni.

Afin que sa revendication reçoive, en guise de réponse, plus que des vœux pieux, Patenaude préconise cinq mesures qui se veulent plus que de simples spécifications ajoutées à l'énoncé de principes. Elles constituent les assises même de ses revendications. « En dehors de toutes contingences politiques, c'est là notre unique programme[26] » prend-il la

---

23. APC, Fonds Meighen, *loc. cit.*
24. *Idem.*
25. *Idem.*
26. *Idem.*

peine de préciser. Les moyens proposés couvrent chacun des principes et répondent à la revendication double de développement culturel et de participation politique, dans le sens le plus classique du terme[27].

En premier lieu, Patenaude jette trois jalons concernant la reconnaissance des droits et traditions francophones. Il parle d'abord de « vie et développement des deux races — à travers le pays — dans la concorde — mais sans fusion ni assimilation[28] ». On y retrouve une fois de plus l'affirmation d'un Canada fédéral biculturel, rejetant du coup à la fois le multiculturalisme et l'État unitaire. Dans sa réponse, Meighen n'hésite pas à donner son entier appui à cette première demande concrète[29].

La deuxième mesure énoncée vise la « sauvegarde des droits de la minorité soit catholique, soit française[30] ». À noter qu'il distingue ici langue et religion. Est-ce par simple esprit dialectique ? Nous y voyons davantage d'esprit politique : l'hypothèse de s'allier, par cette proposition, les catholiques anglophones irlandais, souvent aussi antifrancophones que les plus purs orangistes, semble beaucoup plus acceptable. La manœuvre serait habile. Patenaude démontre toutefois, en argumentant de la sorte, qu'il tend à se dissocier de l'idéologie sociale du clergé qui veut que la langue soit gardienne de la foi. Ici, Meighen se fait encore plus direct dans sa réponse : ces droits des minorités, déjà inscrits dans la Constitution, « must be held sacredly inviolable[31] », écrit-il.

Par son troisième élément, Patenaude livre l'esprit même sur lequel repose ce désir de reconnaissance des francophones dans le pays. Il s'agit de l'« interprétation de l'Acte de la Confédération et des lois qui concernent les minorités dans un sens généreux suivant l'esprit des Pères de la Confédération[32] », élément duquel Meighen affirme que l'« importance of such generous interpretation on the part of both the great races cannot be over-stated. A mutual desire not to contest the last inch of ground or the farthest meaning of each phrase and sentence but instead a liberal reading of the spirit of the Constitution would dissolve virtually all the causes of discord [33] » conclut-il.

---

27. On retrouvera en fin d'article un tableau mettant en exergue les revendications formulées par Patenaude au nom des siens et les réponses que Meighen y apporte.
28. APC Fonds Meighen, *loc. cit.*
29. APA, Fonds Patenaude, Boîte II, Filière B, Dossier 2 ; Meighen à Patenaude, le 20 octobre 1920.
30. APC, Fonds Meighen, *loc. cit.*
31. APA, Fonds Patenaude, *loc. cit.*
32. APC, Fonds Meighen, *loc. cit.*
33. APA, Fonds Patenaude, *loc. cit.*

L'ex-ministre continue son plaidoyer en présentant un quatrième point qui tient lieu d'argument transitoire entre les deux niveaux de préoccupation visés par sa revendication. En agissant de la sorte, il établit habilement la preuve que reconnaissance des droits et bon gouvernement vont de pair. Il suggère en effet l'«orientation de la politique vers la reconnaissance des deux langues dans tous les actes qui émanent, soit du Parlement, soit du gouvernement fédéral, de manière à faciliter l'intelligence des lois et la bonne administration des affaires[34]». «Cela va de soi[35]», lui répond Meighen.

Arrive enfin le cinquième point qui présente les avenues à emprunter pour atteindre une participation équitable (voire minimale) des francophones à la vie publique, que ce soit au Cabinet (quatre francophones du Québec, un de l'extérieur du Québec); au Sénat (représentation de l'élément francophone de chaque province là où le nombre le justifie); dans la magistrature; dans les divers emplois publics[36]. La relation entre l'application de ces mesures et la reconnaissance du principe d'égalité est vraiment la clef de voûte de toute l'entreprise. Patenaude le précise à son chef tout en lui rappelant les dividendes politiques que cela peut rapporter. Il insiste en effet pour lui redire la volonté canadienne-française de faire partie de la grande famille pancanadienne et de participer à la conduite des destinées de la nation, éléments moteur du sentiment d'appartenance nationale. Selon lui, il est évident que le Canadien français:

> ne demande pas mieux que de s'associer au bon gouvernement du pays, mais il croira le faire utilement qu'à ces conditions. Le parti politique qui s'engagera à lui rendre une mesure de justice raisonnable et qui offrira de réelles garanties de sincérité peut être assuré de son concours et l'histoire canadienne a déjà démontré ce que vaut ce concours, tant au point de vue fidélité qu'au point de vue efficacité[37].

D'ailleurs, s'empresse-t-il d'ajouter, «pour tout esprit impartial, il me semble qu'il y a dans tout cela rien que de juste et de parfaitement légitime[38].» Meighen, bien qu'il souligne l'importance du mérite et de la compétence dans les nominations gouvernementales, se dit tout

---

34. APC, Fonds Meighen, *loc. cit.*
35. APA, Fonds Patenaude, *loc. cit.* Notre traduction du texte original: «Such a policy [...] commends itself.»
36. APC, Fonds Meighen, *loc. cit.*
37. *Idem.*
38. *Idem.*

de même d'accord puisque « The principle, however, of proportional representation is sound[39] ».

Les deux politiciens en arrivent ainsi à un terrain d'entente, l'atmosphère recherchée est obtenue : l'accord auquel ils en viennent semble survenir naturellement et spontanément, fruit de la maturation politique de chacun d'eux[40]. Élément encore plus important, on sent combien le nationalisme canadien, valeur alors essentiellement québécoise, était important aux yeux de Meighen qui amorce sa réponse[41].

LES RÉSULTATS

Concrètement, malgré toute l'attention portée au mémoire, à sa préparation et à la réponse qu'on lui offre, malgré le fait que tout semble avoir été planifié pour une publication, rien n'est ressorti. On le sait, Patenaude n'a pas accepté de portefeuille. Sont-ce les pressions du Canada anglais qui ont forcé Meighen à faire marche arrière ? On pourrait le croire... mais les ouvertures que Meighen laisse béantes nous forcent à nier cette éventualité. Son accueil favorable à la désignation,

---

39. APA, Fonds Patenaude, *loc. cit.*

40. Comme toute l'affaire a été tramée à l'avance, on n'a certes pas, dans la réponse apportée par Meighen, toutes les objections qu'il aurait pu apporter au projet, notamment celles inspirées par les *tories* ontariens trouvant trop radicales ces demandes en comparaison avec leur intransigeant *credo* d'unicité ethnique, religieuse et linguistique. La très grande majorité des réticences ont du être exprimées verbalement d'autant plus que, par les corrections que Patenaude a demandées pour la première version de la réponse, élément qui nous est révélé dans les papiers Patenaude, on peut affirmer que Meighen était conscient de l'opposition que pouvait susciter sa prise de position. Est-ce donc pour ne plaire qu'à Patenaude, pour amadouer le politicien inflexible et l'amener à réintégrer les rangs du Cabinet (et du même coup améliorer ses chances électorales au Québec) que Meighen signe le document ? Le risque serait trop grand ailleurs au pays si Meighen n'avait pas la conviction nécessaire pour défendre cette politique.

41. Le préambule de cette réponse est fortement imprégné du sentiment nationaliste « des Pères de la Confédération ». Il s'agit en fait d'un plaidoyer franc pour la reconnaissance des francophones, appelant à « a full and vivid recognition on the part of both French and English speaking people of the paramount need of concord [...] The more general and impressive recognition of this, our peculiar and vital necessity, should be the aim of every man and woman who loves Canada ». Il ajoute que « I have stated this general principle [de la participation équitable aux affaires du pays] not as one to be regarded as a mere ideal or vision but as an active principle to be carefully regarded in practice and to be interpreted in a liberal spirit ». (APA, Fonds Patenaude, *loc. cit.*)

par l'aile montréalaise du parti, de Patenaude comme interlocuteur privilégié[42], les pourparlers continus relativement au mémoire[43] ou la reprise de celui-ci, sous forme de correspondance, à la veille de l'élection de 1925[44], sont autant d'indices qui nous laissent croire à une attitude d'ouverture de Meighen à l'égard du credo nationaliste.

Les raisons qui ont poussé Patenaude à ne pas réagir davantage sont tout aussi obscures que celles qui l'ont poussé à faire une campagne électorale indépendante de Meighen en 1925. Des intérêts de financiers proches des conservateurs mais opposés à Meighen auraient-ils été en cause ? La rumeur a couru à cet effet[45].

Meighen ne lâche pas prise pour autant. Devant un équilibre très précaire du pouvoir que King s'est arrogé à la suite du scrutin de 1925[46], le chef conservateur va de l'avant et, en trois occasions, harangue la foule de propos inspirés directement du mémoire de 1920 : à Hamilton

---

42. APA, Fonds Patenaude, Boîte II, Chemise « Politique - Élections 1920 », Arthur Lalonde et F.J. Bisaillon à Patenaude, le 10 janvier 1921. Le président et le secrétaire du Comité exécutif de l'organisation du Parti national libéral-conservateur de Montréal lui font tenir une copie de la résolution destinée à Meighen et dans laquelle ils disent « estimer que l'hon. E.L. Patenaude paraît le mieux informé sur les sentiments des Canadiens français au point de vue politique dans le pays et le plus autorisé à conférer avec l'honorable premier ministre », ce à quoi Meighen répond à Patenaude « At your earliest convenience, I would like to see you ». (APA, *loc. cit.*, Meighen à Patenaude, le 13 janvier 1921) Aucune suite directe n'a été donnée à cette initiative.

43. Voir APC, Fonds Meighen, « Mémorandum au ministère de la Justice », le 31 octobre 1920 ; aussi dans APA, *loc. cit.*, Doherty à Patenaude, le 30 novembre 1920 ; et *idem.*, L.-P. Pelletier à Patenaude, le 2 décembre 1920.

44. APA, Fonds Patenaude, Boîte II, Filière B, Dossier 3, Meighen à Patenaude, le 27 avril 1925.

45. Ces intérêts auraient été ceux de Hugh Graham, fait baronnet lord Atholstan « for extraordinary initiative in a zeal in promoting and supporting measures for safeguarding imperial interests » (« Six Canadians Honored in New Year List », dans *Montreal Daily Star*, le 13 février 1917, p. 4), curieux associé pour un nationaliste, s'il en est un. Ce lord montréalais était propriétaire-éditeur du *Montreal Daily Star* et lié de près aux intérêts financiers du Canadien Pacifique. Conservateur dans l'âme, on le reconnaissait toutefois comme viscéralement opposé à Meighen. Il aurait été celui qui aurait poussé Patenaude à faire une campagne indépendante. *Le Devoir* est le principal organe de propagande à cet effet. Lors de l'annonce officielle que Patenaude fait de sa campagne, Atholstan est croqué par le photographe de *La Patrie*, tapi dans le coin de sa voiture, écoutant avec intérêt le discours du candidat dans Jacques-Cartier ; ce qui n'a rien pour atténuer les rumeurs. La seule étude que nous ayons pu retracer sur cet aspect spécifique des relations entre Meighen et les gens du rail date de près de quarante ans et touche plutôt la campagne de 1921 : Roger Graham, « Meighen and the Montreal Tycoons : Railway Policy and the Elections of 1921 », in Société historique du Canada, *Rapport de l'Assemblée annuelle*, Ottawa, Société historique du Canada, 1957, p. 71-85.

46. Voir note 10.

où ses paroles ont un effet choc[47], dans le comté de Bagot à la faveur d'une élection complémentaire[48], et enfin à Montréal, lors d'une grande assemblée partisane, Meighen tend ouvertement la main à Patenaude et aux valeurs nationalistes[49]. Que fera alors Patenaude, celui que ses contemporains surnommaient « le Sphinx », le « Maître du silence » ?

Il faut attendre six longues journées après l'assemblée de Montréal avant de lire sa réaction à la une du *Devoir*. Saluant les propos de son chef, Patenaude confirme qu'il est de retour aux côtés de celui-ci, notamment parce que les valeurs nationalistes font désormais partie du credo conservateur : « Rappelant le passé et s'inspirant de la pensée des

---

47. Dans ce discours, Meighen place le premier jalon de la réconciliation souhaitée en redéfinissant les relations impériales. Désormais, affirme-t-il, le Canada n'entrera dans une guerre impériale qu'après la tenue d'une consultation populaire. Plutôt que de resserrer les liens au Canada, le discours a l'effet d'un pavé dans la mare : les *tories* impérialistes voient en Meighen un apostat, les libéraux mettent cette déclaration en contradiction avec le fameux « Ready ! Aye ! Ready ! » qu'il avait lancé lors de la crise du Chanak et Henri Bourassa ne manque pas de souligner qu'un tel vote déchirerait le pays en deux en fonction de l'appartenance linguistique. Seuls quelques politiciens dont Patenaude (APC, Fonds Meighen, Patenaude à Meighen, le 24 novembre 1925) et Borden (APC Fonds Borden, Journal personnel, le 17 novembre 1925) semblent s'en réjouir... Même Meighen ne peut que constater le cratère qu'il a laissé derrière lui : « There has been a lot of misunderstanding about the Hamilton Speech » confie-t-il à un sénateur (APC, Fonds Meighen, Meighen à P. H. Pope, le 16 janvier 1926) alors qu'il précise à Armand Lavergne que « These difficulties have been much greater than I had anticipated » (APC, Fonds Lavergne, Meighen à Lavergne, le 12 décembre 1925).
48. Rendue nécessaire à la suite du décès du député libéral tout juste élu, J. E. Marcile. Dans le contexte politique de l'automne 1925, cette élection prend une importance extraordinaire : une victoire conservatrice signifierait davantage qu'un député de plus dans le camp Meighen ; elle serait vraisemblablement interprétée comme le rejet de King et de sa prise du pouvoir. Tout le Canada a hâte de connaître le verdict. Meighen profite donc de cette tribune bien en vue pour « renouer » avec le Québec. Réitérant ses propos d'Hamilton, il les encadre des autres éléments chers à Patenaude et aux nationalistes : autonomie, respect des races, participation équitable dans l'esprit de Cartier et de Macdonald. L'organisateur en chef du parti, le sénateur L'Espérance, fait même publier le discours auquel il ajoute des notes intitulées « La vérité sur la loi du service militaire de 1917 » et des « appréciations du chef conservateur » dont une d'Henri Bourassa, d'après un discours livré par celui-ci aux Communes (s.l.n.d., 36 p.). On veut littéralement « vendre » Meighen au Québec et paver le mieux possible la voie de la réconciliation avec Patenaude. Le résultat électoral sera favorable, malgré tout, aux libéraux qui conservent le siège, bien que les conservateurs aient marqué des points d'abord aux urnes mais surtout sur le plan de l'organisation et de la planification de leurs actions au Québec.
49. Cette assemblée est aussi l'œuvre de L'Espérance. Une abondante correspondance de même que plusieurs articles de journaux, fruits de journalistes ayant flairé le stratagème, nous permettent de bien connaître tant les nombreux et minutieux préparatifs que la réaction enthousiaste (enthousiasme spontané ou suscité ?) qui est réservée aux propos de Meighen qui vient « tendre un rameau d'olivier » — image reprise par *La Patrie* et *Le Devoir* — à Patenaude, cet « homme d'État distingué », selon les propos mêmes du chef *tory*.

Pères de la Confédération, déclare-t-il, M. Meighen recherche à la fois l'unité de son parti et l'unité canadienne. [...] Je désire m'associer à ces sentiments[50]. »

Malgré l'enthousiasme du moment et les conséquences qu'on estime qu'un tel retour pourrait avoir sur l'électorat des autres provinces[51], les conservateurs ne peuvent reprendre le pouvoir. L'échec relatif des progressistes[52] qui ont tant brouillé les cartes en 1921 et en 1925, le rôle joué par l'électorat féminin au Québec[53], tout autant que les trop nombreuses tergiversations de Patenaude, y compris le choix de sa propre circonscription, coûtent la victoire aux troupiers de Meighen. Cette valse-hésitation a, à elle seule, anéanti les bénéfices qu'une ouverture nationaliste avait procurés aux bleus.

Lorsque Arthur Meighen succède à Borden au début de juillet 1920, il désire non seulement rebâtir un parti, mais surtout en refondre l'image en l'identifiant de nouveau à l'ensemble du pays. Son but est clair : faire oublier le gouvernement d'Union et son enfant porteur de zizanie, l'Acte de conscription. Les démarches seront d'autant plus importantes que c'est à lui, Meighen, que l'on attribue cette loi consacrant le déchirement du pays en deux, le long d'une césure ethnique.

Meighen doit donc, au-delà de l'image reconstruite, donner des preuves tangibles d'une véritable réconciliation nationale. Dans cette ligne de pensée, le geste le plus important à poser est de réconcilier le Québec et la francophonie canadienne, groupe que l'impopulaire loi a le plus meurtri. Il doit aussi faire oublier le piètre rendement du gou-

50. « M. Patenaude et M. Meighen », dans *Le Devoir*, le 10 juin 1926, p. 1.

51. APC, Fonds Meighen, Meighen à D. O. L'Espérance, le 11 juin 1926 et APA, Fonds Patenaude, Boîte II, Chemise « Campagne 1926 », Meighen à Patenaude, le 12 juin 1926.

52. Bien qu'ayant conservé 20 des 24 sièges qui étaient leurs à la dissolution du Parlement à l'été 1926, ils n'ont recueilli que 5,3 % des votes exprimés en 1926 comparativement à 9,0 % l'année précédente et à 23,1 % en 1921. Les quelque 110 000 voix qu'ils ont recueillies en moins en 1926 ont vraisemblablement fait la différence entre un élu conservateur et un élu libéral dans plusieurs circonscriptions, la règle de la pluralité des votes exprimés se chargeant de faire cette différence.

53. C'est l'évaluation faite alors par les organisateurs conservateurs : ils étaient confiants tant en 1925 qu'en 1926 en la victoire puisque les assemblées publiques, auxquelles assistaient surtout des hommes, leur étaient très favorables. « Les femmes restées chez elles allaient voter autrement » nous confiait, lors d'une entrevue, Mme Rose Prévost, fille de Patenaude et secrétaire de campagne de son père. Des propos semblables se retrouvent dans les témoignages conservés dans le Fonds Meighen (H. Boulay à Meighen, le 13 septembre 1925) et dans le Fonds Patenaude (M. Faribault à Patenaude, le 6 mars 1953).

vernement d'Union[54] en ce qui concerne ses politiques à l'égard de la minorité francophone, particulièrement celle hors Québec, mais dont le Québec a aussi profondément ressenti la blessure. Inspiré par cette lourde responsabilité, Meighen voit dans les valeurs nationalistes et en Ésioff-Léon Patenaude une cause à défendre et un porte-parole crédible.

Malgré un scénario maintes fois retravaillé, poli et affiné, les résultats escomptés ne se produisent pas. Non que la politique adoptée ne soit adéquate, ce sont les circonstances purement partisanes qui semblent avoir torpillé cet effort. Loin d'assombrir l'ouverture d'Arthur Meighen envers les valeurs nationalistes propres aux Québécois des années 1920, cet échec, par contraste, nous la fait que mieux percevoir.

C'est, souhaitons-nous, ce que cette courte réflexion nous aura permis de saisir : elle aura présenté l'importance de la question nationaliste au Québec dans le cheminement d'un chef et d'un parti national canadien, mais ce faisant elle ouvre davantage de pistes à explorer qu'elle ne laisse de chemins balisés. Ainsi, il pourrait être intéressant d'étudier entre autres, de manière diachronique, l'influence des forces nationalistes du Québec sur les politiques conservatrices, que ce soit sous le leadership des chefs et premiers ministres Borden, Meighen ou Mulroney. Y a-t-il des constantes ? Ce phénomène est-il propre au Parti conservateur ? Pourquoi ? Et pour qui désire demeurer dans une dimension synchronique, comment peut-on expliquer l'arrêt quasi total de coopération entre les conservateurs francophones du Québec et le parti fédéral entre 1920 et 1926 ? Avaient-ils, en choisissant Patenaude comme leader local, misé sur le mauvais homme[55] ? D'autres influences ont-elles eu un poids prépondérant ? Pourquoi les Québécois n'ont-ils pas su saisir une réponse aussi ouverte à des demandes qu'à l'époque ils osaient encore à peine exprimer, si ce n'est que dans certains cercles ? Voilà bien des pistes pour qui voudrait poser une nouvelle pierre dans l'édifice des connaissances que nous avons d'un nationalisme propre aux Québécois des années 1920.

---

54. R.C. Brown et Ramsay Cook dressent un excellent bilan de la perception du gouvernement d'Union au Québec dans leur ouvrage *Canada 1896-1921 : A Nation Transformed*, Toronto, McLelland and Stewart, 1974, p. 328-329.

55. Des politiques tels Armand Lavergne, nationaliste notoire et de renommée, Rodolphe Monty ou G. André Fauteux, tous deux ministres de Meighen en 1920, auraient-ils eu plus de poids ?

Demandes de Patenaude au nom des Canadiens français et réponse du premier ministre d'après les lettres du 16 septembre et du 22 octobre 1920.

1. Évolution des deux races côte à côte, sans fusion ni assimilation.
   « *What precedes makes abundantly clear my concurrence to that principle.* »

2. Respect des droits des minorités francophones et catholiques.
   « *The constitutional rights of minorities must be held sacredly inviolable.* »

3. Interprétation de la Confédération et des lois sur les minorités dans l'esprit des Pères de la Confédération.
   « *The importance of such a generous interpretation on the part of both the great races cannot be overstated. A mutual desire not to contest the last inch of ground or the farthest meaning of each phrase and sentence but instead a liberal reading of the spirit of the Constitution would dissolve virtually all the causes of discord.* »

4. Orientation de la politique vers la reconnaissance des deux langues pour faciliter la compréhension des lois et la bonne administration des affaires.
   « *Such a policy looking to the use of both languages wherever such use may be necessary or contribute to the fullest understanding of our laws and the better administration of public affairs commends itself.* »

5. Représentation proportionnelle suivant la population
   a) au Cabinet
   « *To this general principle, I agree.* »
   b) au Sénat
   « *The principle of faire proportionalo representation should apply of cours to the Senate.* »
   c) dans la magistrature
   d) dans la fonction publique
   « *In all public services other considerations of course must give place to the dominant necessity of securing persons with qualifications that enable them to serve best. This applies equally to both races. It applies to the judiciary with greater force than elsewhere. The principle, however, of proportional representation is sound.* »

6

NATIONALISME, SÉPARATISME ET CATHOLICISME DANS L'ENTRE-DEUX-GUERRES

JEAN-CLAUDE DUPUIS[1]

En 1922, *L'Action française* de Montréal publiait une enquête qui envisageait la possibilité de l'indépendance politique du Canada français[2]. Mais le séparatisme que prônait cette revue était timide. Le directeur, Lionel Groulx, se défendait bien de vouloir bouleverser le *statu quo* constitutionnel[3]. Selon lui, la confédération risquait de se disloquer à cause de l'effondrement de l'Empire britannique et du désir des provinces de l'Ouest de s'annexer aux États-Unis. Les Canadiens français devaient donc se préparer au jour où ils accéderaient à l'indépendance. Mais *L'Action française* ne préconisait pas activement la rupture du lien fédéral. Dans son esprit, l'émergence d'un État français serait plutôt le fruit de la volonté des Anglais. L'indépendance politique découlerait en quelque sorte d'une situation que les Canadiens français n'auraient pas provoquée eux-mêmes.

Drôle de séparatisme que ce séparatisme passif. Le discours de *L'Action française* peut sembler pusillanime. Selon Jean-Pierre Gaboury, c'est le conservatisme social propre au milieu clérical qui

---

1. L'auteur prépare une thèse de doctorat sur le cardinal Taschereau et le catholicisme libéral au Canada français (1871-1891).

2. Jean-Claude Dupuis, *Nationalisme et catholicisme. L'Action française de Montréal (1917-1928)*, M.A. (histoire), Université de Montréal, 1992, 329 p. Voir également les articles de l'auteur sur la pensée économique (*Revue d'histoire de l'Amérique française*, automne 1993), politique (*Cahiers d'histoire du Québec au XXe siècle*, automne 1994), religieuse (*Études d'histoire religieuse*, 1993) et pédagogique (*Cahiers d'histoire*, hiver 1993) de *L'Action française*.

3. La Direction, « Notre avenir politique », *L'Action française*, janvier 1922, p. 4-25.

aurait retenu l'indépendantisme de l'abbé Groulx[4]. Gaboury a raison en partie. Mais il n'a pas expliqué le fondement intellectuel du caractère passif du séparatisme de *L'Action française*, soit la nécessité de concilier sur le plan philosophique l'indépendantisme et le principe catholique du respect de l'ordre établi. L'indépendantisme canadien-français du XXe siècle est issu des milieux catholiques. Pourtant, l'Église condamnait le principe des nationalités qui avait justifié la création de plusieurs nouveaux pays en Europe[5].

Suivant le principe des nationalités, un groupe ethnique ou linguistique, que l'on appelle « nation », peut se constituer en État souverain par sa seule volonté en vertu de la maxime démocratique du droit des peuples à disposer d'eux-mêmes[6]. Or cette maxime repose logiquement sur le principe libéral de la souveraineté populaire, qui est contraire au principe catholique de la royauté sociale de Jésus-Christ. Selon le premier, tout pouvoir émane du peuple, tandis que pour le second tout pouvoir vient de Dieu. Ainsi, l'Église ne condamnait pas l'idée d'indépendance nationale en tant que telle, mais plutôt l'idéologie libérale qui servait de fondement philosophique au principe des nationalités.

L'Action française voulait démontrer que son séparatisme ne reposait pas sur le principe des nationalités condamné par l'Église. C'est ce qui explique le caractère passif de son projet d'État français. Mais avant de situer cette question philosophique dans le contexte québécois, présentons la doctrine générale de l'Église sur le nationalisme et le séparatisme.

L'ÉGLISE ET LE NATIONALISME

L'Église enseigne que l'amour de la patrie est un devoir qui se rattache au quatrième commandement : « Honore ton père et ta mère afin d'avoir une longue vie sur la terre[7] ». Les livres des Macchabées racontent l'histoire d'une sainte résistance patriotique. Le Christ lui-même montra un attachement particulier pour le peuple d'Israël. Saint

---

4. Jean-Pierre Gaboury, *Le nationalisme de Lionel Groulx : aspects idéologiques*, Ottawa, Éditions de l'Université d'Ottawa, 1970, 226 p.

5. Christine Alix, *Le Saint-Siège et les nationalismes en Europe (1870-1960)*, Paris, Sirey, 1962, 367 p.

6. René Johannet, *Le principe des nationalités*, Paris, Nouvelle Librairie nationale, 1923, 454 p.

7. Ex 20, 12. *Catéchisme du Concile de Trente* (1566), chap. 32, par. 4 ; *Catéchisme de l'Église catholique* (1992), n° 2239. Notons que le catéchisme de 1566 ne mentionne pas le mot « patrie ». L'amour de la patrie se rattachait à l'honneur dû aux rois.

Thomas d'Aquin disait que l'homme était tenu de professer pour sa patrie une piété civique comparable à la piété filiale[8]. Mais il ne s'agissait pas du culte de la cité qui prévalait au temps de l'Antiquité païenne. Placer une créature (la patrie) au-dessus du Créateur (Dieu), c'est de l'idolâtrie. Toutefois, la morale chrétienne exige d'accorder à la patrie un amour de prédilection. Le catholique est donc tenu de préférer son pays à l'humanité en vertu du principe de la hiérarchie des devoirs de charité. Ainsi, l'homme doit d'abord aimer Dieu plus que tout ; il doit ensuite s'aimer lui-même plus que sa famille, aimer sa famille plus que ses voisins, ses voisins plus que ses compatriotes, et ses compatriotes plus que les étrangers. Ces devoirs de charité ne s'excluent pas mutuellement mais se superposent. Idéalement, il faut tous les remplir. Mais, en cas d'incompatibilité entre deux devoirs, il faut privilégier celui qui est supérieur.

La doctrine sociale de l'Église lie le devoir de piété envers la patrie au devoir d'obéissance envers les autorités légitimes. Puisque la patrie s'incarne dans des institutions politiques, le catholique doit respecter les détenteurs de l'autorité publique de la même façon que sa patrie. Selon les scolastiques (Thomas d'Aquin, Cajetan, Bellarmin, Suarez), la volonté divine est à la source de l'autorité civile puisque la loi naturelle implique qu'aucune société ne peut se concevoir sans autorité[9]. « Que toute âme soit soumise aux puissances supérieures, disait saint Paul, car il n'y a point de puissance qui ne vienne de Dieu ; [...] qui résiste à la puissance résiste à l'ordre de Dieu » (Rm 13, 1-2).

Mais, si Dieu constitue le principe d'autorité, Il n'en désigne pas directement le détenteur. Pour ce faire, la Providence procède par des causes d'ordre naturel. L'élection démocratique peut être une de ces causes secondes comme l'écrivait Léon XIII dans l'encyclique *Diuturnum illud* (1881) : « Ce choix (l'élection), en effet, détermine la personne du souverain, il ne confère pas les droits de la souveraineté ; ce n'est pas l'autorité que l'on constitue, on décide par qui elle devra être exercée[10] ».

Les auteurs catholiques établissent fréquemment une distinction entre le patriotisme et le nationalisme[11]. Le premier est un sentiment d'affection envers le pays, la race et la culture qui nous ont vus naître ;

---

8. C. Ruch, « Patrie », *Dictionnaire de théologie catholique*, tome 11, 1926, p. 2302-2326.
9. E. Valton, « État », *Dictionnaire de théologie catholique*, tome 8, 1926, p. 879-905.
10. Émile Marmy, *La communauté humaine selon l'esprit chrétien : Documents*, Fribourg-Paris, Éditions Saint-Paul, 1949, p. 450.
11. Michel Berger, *Le nationalisme est-il un péché ?*, Paris, AFS, 1985, 86 p.

c'est un attachement à la Terre et aux Morts, pour reprendre l'expression de Maurice Barrès (*pater, patria* : « pays du père »). Le second est plutôt une doctrine politique qui tend à considérer toute chose du point de vue de l'intérêt national. Selon l'Église, le patriotisme est en soi une vertu ; mais le nationalisme est mauvais s'il s'érige en absolu, s'il fait de la nation une valeur suprême à laquelle tout doit être subordonné. Pour un catholique, la seule valeur absolue est Dieu lui-même.

Pie XI, qui fut pape de 1922 à 1939, a dénoncé à plusieurs reprises les excès du nationalisme. Il écrivait dans *Ubi arcano* (encyclique sur les relations internationales, 1922) :

> Cet amour même de sa patrie et de sa race, source puissante de multiples vertus et d'actes d'héroïsme lorsqu'il est réglé par la loi chrétienne, n'en devient pas moins un germe d'injustices et d'iniquités nombreuses si, transgressant les règles de la justice et du droit, il dégénère en nationalisme immodéré[12].

Dans l'entre-deux-guerres, le Saint-Siège a condamné trois formes de nationalisme doctrinal : le nationalisme intégral de Maurras (1926), le fascisme de Mussolini (1931) et le national-socialisme de Hitler (1937). Mais ces diverses condamnations ne portaient pas sur les mêmes points.

On reprochait à *L'Action française* de Paris de ne pas subordonner sa doctrine politique à la morale chrétienne, et de réduire le catholicisme à une simple valeur culturelle, au rôle de gardien de l'ordre social et de l'identité nationale. « Politique d'abord » disait Maurras ; « Dieu premier servi » répondait l'Église. Rome voyait dans ce naturalisme politique une sorte de néopaganisme[13].

Dans le fascisme italien, c'est l'étatisme, la « statolâtrie païenne », qui était condamné[14]. Pie XI reprochait plus particulièrement à Mussolini de persécuter l'Action catholique italienne, et de retirer à la famille et à l'Église l'éducation des enfants en les intégrant dans les Jeunesses fascistes. Cependant, le pape précisait qu'il ne condamnait pas le fascisme comme tel mais seulement les aspects du régime qui étaient inconciliables avec la doctrine catholique.

---

12. Émile Marmy, *op. cit.*, p. 611.
13. Lettre de Pie XI au cardinal Andrieu, *Actes pontificaux concernant* L'Action française, Montréal, L'Œuvre des Tracts, n° 92, 1927, 16 p. ; Jacques Maritain, dir., *Pourquoi Rome a parlé*, Paris, Spes, 1927, 322 p. ; Jacques Maritain, *Primauté du spirituel*, Paris, Plon, 1927, 322 p.
14. Pie XI, *Non abbiamo bisogno* (1931), Émile Marmy, *op. cit.*, p. 115-145.

La condamnation du national-socialisme était plus sévère[15]. Le Saint-Père accusait le régime hitlérien de ne pas respecter le concordat de 1934. Mais il dénonçait surtout l'espèce de religion raciale que propageait le parti nazi :

> Quiconque identifie dans une confusion panthéistique, Dieu et l'univers, [...]. Quiconque, suivant une prétendue conception des anciens Germains d'avant le Christ, met le sombre et impersonnel destin à la place du Dieu personnel, [...]. Quiconque prend la race, ou le peuple, ou l'État, ou la forme de l'État, [...] et les divinise par un culte idolâtrique, celui-là renverse et fausse l'ordre des choses créé et ordonné par Dieu[16].

Pie XI faisait remarquer que le nazisme utilisait souvent des expressions chrétiennes pour masquer des concepts néopaïens. Ainsi, la Révélation devenait une suggestion du sang et de la race, la foi s'entendait au sens de la confiance en l'avenir du peuple allemand, l'immortalité était assimilée à la continuité de la vie nationale. Finalement, le pape rappelait aux nazis, qui méprisaient la vertu chrétienne d'humilité, qu'avec tous ses martyrs l'Église n'avait pas à recevoir de leçons d'héroïsme.

Notons que le maurrassisme, le fascisme et le national-socialisme n'étaient pas condamnés aussi radicalement que le communisme, qui était qualifié d'intrinsèquement pervers dans l'encyclique *Divini Redemptoris* (1937). Ce n'est que certains aspects de ces doctrines qui étaient inconciliables avec la foi catholique ; bien qu'il s'agissait dans le cas du nazisme d'un élément central. En fait, ce n'est pas le nationalisme comme tel, mais seulement la tendance à diviniser la nation qui était condamnée. Ainsi, le nationalisme, même en tant que doctrine politique centrée sur la défense des intérêts nationaux, est compatible avec le catholicisme dans la mesure où il reste soumis aux règles morales, comme l'expliquait le révérend père de la Brière :

> Du point de vue de la théologie catholique, la règle pour juger correctement le nationalisme se réduit à un principe fort clair. Le critère politique de la suprématie de l'intérêt national est légitime ou illégitime selon qu'il est compris et mesuré en harmonie ou en discordance avec les obligations fondamentales du droit naturel et divin[17].

---

15. Pie XI, *Mit brennender Sorge* (1937), Émile Marmy, *op. cit.*, p. 146-173.
16. *Ibid.*, p. 160-161.
17. Yves de la Brière, S.J., dans Maurice Vaussard, dir., *Enquête sur le nationalisme*, Paris, Spes, 1924, p. 42.

L'Église et le séparatisme

Ainsi, le catholique doit aimer sa patrie et obéir aux autorités civiles. Mais qu'advient-il lorsque ces deux devoirs entrent en conflit, dans le cas, par exemple, d'un pays dominé par un pouvoir politique étranger ?

Le devoir d'obéissance aux autorités civiles s'applique également à une nation incorporée dans un État multinational[18]. Que l'incorporation ait été volontaire comme dans le cas d'un pacte confédéral, ou involontaire comme dans celui d'une guerre, la nation minoritaire a le droit de conserver son identité. L'État multinational a même le devoir de protéger la culture et les intérêts matériels du peuple annexé. S'il ne le fait pas, la nation minoritaire peut exiger par des moyens légaux le respect de ses droits. Une nation qui n'obtient pas justice peut alors se séparer de l'État multinational à condition que la sécession soit réalisable sans que la nation opprimée en souffre plus que de l'oppression, et que ce soit le seul moyen qui puisse réparer l'injustice.

L'Église peut donc reconnaître le droit de sécession. Toutefois, ce droit ne repose pas sur le principe des nationalités, c'est-à-dire sur la volonté souveraine du peuple, mais sur des circonstances accidentelles qui auront délié la nation minoritaire de son devoir d'obéissance envers l'État multinational. Le droit de sécession repose en quelque sorte sur les mêmes principes que le droit de révolte contre la tyrannie. Il faut que l'autorité ait d'abord commis une injustice suffisamment grave pour lui faire perdre sa légitimité. Ce serait le cas notamment d'une politique d'assimilation forcée.

Si la sécession se réalise dans la légalité constitutionnelle et le respect des droits acquis, individuels ou collectifs, l'Église reconnaîtra facilement la légitimité du processus. Pensons par exemple à l'indépendance du Canada par rapport à l'Angleterre. Mais un problème se pose lorsque les séparatistes doivent recourir à des moyens illégaux ou violents. Selon l'Église, la fin ne peut justifier des moyens contraires à la morale (mensonge, vol, meurtre). Mais la guerre de libération nationale est permise sous réserve des six conditions fixées par la philosophie scolastique : 1) que l'intention des chefs nationalistes soit droite ; 2) que la cause soit juste ; 3) que tous les moyens légaux soient épuisés ; 4) qu'il y ait un espoir raisonnable de victoire ; 5) que les moyens

---

18. Comte du Plessis de Grenédan, « Patrie », *Dictionnaire apologétique de la foi catholique*, tome 3, 1916, p. 1588-1621.

employés ne soient pas intrinsèquement mauvais ; 6) que les moyens soient proportionnés à la cause défendue[19]. La règle d'or, c'est que le bouleversement de l'ordre établi ne provoque pas un plus grand mal. La nation est un bien ; mais ce bien particulier passe après le bien commun.

L'ACTION FRANÇAISE ET LE DROIT CHRÉTIEN

Voyons comment L'Action française de Montréal chercha à conformer son nationalisme et son séparatisme aux principes de droit chrétien que nous venons d'exposer.

Il est certain que le nationalisme de l'abbé Groulx et de ses collaborateurs ne peut pas être qualifié de « nationalisme immodéré » au sens où l'entendait Pie XI dans Ubi arcano. L'Action française propageait un nationalisme purement défensif et dépourvu de toute ambition impérialiste. Il serait également ridicule de soutenir que l'abbé Groulx faisait de la nation un absolu. Son nationalisme restait toujours subordonné au catholicisme.

> Les nations aussi bien que les individus, écrivait-il, sont soumises aux fins suprêmes ; une nation n'a même de raison d'être que dans le respect et la glorification de cet ordre. Et c'est pourquoi nous nous rattachons à l'Église catholique, non pas seulement parce qu'elle est la plus grande puissance intellectuelle, le dépôt d'universelle vérité ; non pas seulement parce qu'elle est l'auguste et la première gardienne de l'ordre moral, que, de l'ensemble harmonieux des vertus qu'elle propose aux peuples, dépend la prospérité sociale ; nous nous rattachons à l'Église, d'abord pour les titres divins qui l'imposent à nos esprits et à nos cœurs, parce qu'en elle seule les nations atteignent les fins de Dieu et qu'avant tout nous voulons, comme catholiques, que notre peuple accomplisse sa destinée chrétienne[20].

De toute évidence, Lionel Groulx voulait se dissocier du positivisme de Charles Maurras. En 1928, il rebaptisa sa revue L'Action canadienne-française pour se démarquer clairement de L'Action française de Paris, désormais à l'Index. D'ailleurs, le doyen de la Faculté de théologie de l'Université Laval, Mgr Louis-Adolphe Paquet, défendit en 1937 l'orthodoxie doctrinale du nationalisme de Groulx, affirmant que celui-ci n'avait aucun rapport avec le culte de la race condamné dans l'encyclique Mit Brennender Sorge[21].

---

19. Père Jean-Jacques Marziac, Précis de la doctrine sociale de l'Église à l'usage des chefs d'État, Caussade (France), Éditions pontificales suppléantes, 1991, p. 81-83.

20. « Le problème religieux », L'Action française, janvier 1927, p. 7-8.

21. Mgr Louis-Adolphe Paquet, « Trois obstacles à la paix mondiale », Le Canada français, juin 1937, p. 932-935. À cette époque, Mgr Paquet était considéré comme la sommité canadienne-française en philosophie. On le qualifiait de « théologien national ».

En ce qui a trait au séparatisme, il faut noter que le second article de l'enquête de 1922, *Notre avenir politique,* expliquait le fondement philosophique des aspirations du Canada français[22]. Nous voyons par là que *L'Action française* accordait une grande importance à cette question doctrinale. Le texte fut rédigé par l'abbé Arthur Robert, professeur au grand séminaire de Québec et à l'Université Laval.

L'auteur précise d'abord que son étude appartient au domaine de l'abstrait, de la réflexion théorique. Ainsi, il ne se prononce pas sur la nécessité pratique de l'indépendance du Canada français. Cependant, il affirme qu'un peuple a le droit de travailler au développement et au perfectionnement de sa nationalité, et même de tendre à l'autonomie complète et, si possible, à la souveraineté de l'État. Certes, un peuple peut conserver son identité nationale sous une domination étrangère. Il n'a donc pas le droit immédiat ou prochain de se soustraire au gouvernement d'un État pour la seule raison que celui-ci est étranger. Mais il en possède le droit inné, foncier, éloigné. Accorder à une nation le droit de secouer à volonté le joug d'une autorité étrangère reviendrait à reconnaître le faux principe de la libre détermination des peuples. Toutefois, une nation n'a pas intérêt à se faire la terre lige d'un empire étranger, surtout si elle ne veut pas fusionner avec la nationalité dominante. Ainsi, ajoute l'abbé Robert, les sujets doivent allégeance à un gouvernement étranger qui est suffisamment établi. Ils conservent le droit de préférer leur nationalité à l'État étranger, mais ils devront malgré tout se soumettre au gouvernement de fait pour éviter un plus grand mal, soit le désordre social. Cependant, à l'instar d'un individu, un peuple a le droit de se défendre contre une autorité tyrannique, en autant qu'il respecte les règles de la légitime révolte indiquées par saint Thomas d'Aquin.

L'abus du commandement n'enlève pas, en soi, le droit de commander. Toute loi mauvaise ne justifie donc pas le droit de rébellion. Si la tyrannie devient intolérable, le peuple opprimé doit d'abord en appeler à l'autorité supérieure. Cette autorité peut être le pape, ou même l'opinion publique dans une démocratie. Mais encore faut-il faire un tri parmi les lois injustes. On ne peut refuser l'obéissance qu'à un précepte manifestement contraire à la loi naturelle ou à la loi divine. Dans le cas d'une loi injuste qui n'affecte que le bien humain, l'Église commande la soumission et la résignation.

---

22. Arthur Robert, « Aspirations du Canada français : fondement philosophique », *L'Action française*, février 1922, p. 66-81.

Si l'autorité supérieure n'arrive pas à corriger l'abus, la résistance passive est alors permise. Mais elle doit être décidée par des autorités légitimes, quoique inférieures. Elle ne peut pas être laissée à l'initiative de chacun. Lorsque tous les moyens légaux de résistance sont épuisés, et si les abus de pouvoir sont criants, systématiques et constants, la rébellion armée devient légitime comme dans le cas des Macchabées. Toutefois, la doctrine du droit de révolte s'applique très rarement, et seulement lorsqu'elle ne provoque pas un plus grand mal. Elle n'implique pas une souveraineté inhérente au peuple mais simplement un droit collectif de légitime défense.

> Loin de nous, conclut l'abbé Robert, de nier les légitimes aspirations des peuples. L'Auteur de la nature a déposé en eux des tendances très prononcées à devenir un jour ou l'autre complètement maîtres d'eux-mêmes, si bien que nous pouvons affirmer sans crainte que l'état de sujétion, l'état colonial, n'est qu'un état transitoire. Mais Dieu veut que ces tendances atteignent leur but, soient satisfaites, dans l'ordre et selon le droit. Si la nature pousse les peuples à l'indépendance, à la possession des biens matériels, elle les incline davantage au respect des droits d'autrui, puisque le Créateur a dû vouloir donner la priorité aux inclinations les plus nobles. Et voilà pourquoi le droit inné des nations à l'autonomie complète, à l'indépendance, nous ne devons l'admettre, nous ne devons le défendre que dans la mesure où nous lui donnerons pour règle la reconnaissance, le respect de droits antérieurs bien établis. Car prôner le droit naturel à l'indépendance, sans aucune restriction, sans aucune limite, ce serait par le fait même ériger en principe le droit à tous les changements de régime, partant, à la révolution ; ce serait ouvrir la porte à la suppression de tous les liens qui établissent l'accord social[23].

Arthur Robert applique ensuite son raisonnement théorique à la situation canadienne-française. Il affirme que l'indépendance complète est préférable au régime colonial, bien que la dépendance ne soit pas incompatible avec la survie nationale. La philosophie catholique permet aux Canadiens français qui doutent de la pérennité de l'Empire britannique ou de la confédération canadienne de se préparer à l'indépendance. Dans le cas d'une rupture du lien impérial dont il ne serait pas responsable, le Canada français pourrait opter entre le maintien de la confédération, l'annexion aux États-Unis ou la création d'un État français indépendant. L'auteur conclut que cette dernière solution serait la meilleure.

---

23. *Ibid.*, p. 78.

La doctrine sociale de l'Église ne reconnaît pas à un peuple le droit de se soustraire, par sa volonté souveraine, à une domination politique étrangère. Les catholiques doivent respecter l'ordre établi. En conséquence, le séparatisme ne peut être légitime qu'en cas d'abus de pouvoir des autorités constituées. Pour justifier sur le plan philosophique son indépendantisme, *L'Action française* pouvait toujours invoquer les injustices commises par les Canadiens anglais : violation de l'esprit du Pacte de 1867, participation aux guerres de l'Empire, conscription, persécution scolaire, etc. Mais ces griefs n'étaient peut-être pas suffisamment graves pour justifier le bouleversement de l'ordre établi ; d'autant plus que les Canadiens français disposaient encore d'un grand nombre de moyens légaux pour revendiquer leurs droits. *L'Action française* eut donc recours à une sorte d'entourloupette intellectuelle. L'ordre établi ne serait pas bouleversé par nous mais par les autres : par l'effondrement de l'Empire britannique et par l'annexion des provinces de l'Ouest aux États-Unis. Le Canada français pourrait alors accéder à l'indépendance en toute bonne conscience.

Argutie de jésuite ? Peut-être. Les collaborateurs de *L'Action française* ne s'attristaient certainement pas d'un éventuel éclatement du Canada. Ils s'en réjouissaient, au contraire. Mais il était très important pour eux de concilier leur idéal séparatiste avec les principes de droit chrétien. Notons qu'à cette époque la question de l'indépendance du Québec ne se posait pas uniquement en termes économiques.

7

LA DIVINE SURPRISE DE
ROBERT RUMILLY

JEAN-FRANÇOIS NADEAU[1]

Voici un jeune Français des années 1920 revenu de la guerre. Il porte un habit sombre, sans doute spécialement taillé pour lui par une maison parisienne. Ses yeux, légèrement bridés, fixent l'objectif de la caméra qui l'immortalise. La tête est droite, volontaire. On devine, derrière le voile de sa barbe taillée à la Maurras, un visage fin et osseux qui esquisse un demi-sourire. L'allure fière, Robert Rumilly mène alors une existence de jeune intellectuel bourgeois et de militant de l'Action française. Quelle est la pensée qui se cache derrière la physionomie de ce futur historien du Canada français lorsqu'il arrive à Montréal, au printemps de 1928 ?

Pour Robert Rumilly, il n'y aura toujours, en sol européen, que deux maîtres : Léon Daudet et, surtout, Charles Maurras. Il ne tarit pas d'éloges sur les deux hommes, comme en témoigne ce qu'il écrit en 1933 dans *Le Petit Journal*[2] :

> Léon Daudet est un génie universel ; un homme de la Renaissance par l'universalité du talent et du savoir, un homme du XXe siècle par l'intérêt passionné qu'il porte aux choses de son temps, un précurseur par la contre-Encyclopédie qu'il a tant contribué à édifier. Charles Maurras, grand poète, a créé des mouvements d'idées comparables aux plus importants de l'histoire. Il a profondément imprimé sa marque sur une époque qui ne fait que commencer : comment ne pas déceler l'influence maurrassienne dans plusieurs des tendances majeures que manifeste l'évolution actuelle du monde ? Maurras a allumé une flamme qui ne cessera d'éclairer.

---

1. Les recherches qui ont conduit à la rédaction de ce texte ont profité d'une bourse de la Fondation du Prêt d'honneur.
2. Robert Rumilly, « La vie littéraire. Léon Daudet et Charles Maurras : "Notre Provence" », *Le Petit Journal*, Montréal, le 8 octobre 1933, p. 45.

Que préconise Maurras, le leader de l'Action française ? Sa perspective biologisante et organiciste le conduit à affirmer que l'homme doit chercher ses racines à travers les liens de la race et du sang, de même que dans les vertus de la loi et de la tradition. Maurras propose une interprétation totalisante et normative du monde qui s'oppose au principe de la liberté de choix de l'individu ainsi qu'à l'idée libérale selon laquelle une pluralité de conceptions de vie est souhaitable au sein de l'organisme social. À son sens, l'individu n'est rien, la société est tout. Chez lui, la politique, la littérature, la philosophie et la religion se donnent la main dans un dessein clair : renverser la République pour établir un ordre moral conservateur qui rejette la démocratie et ses principaux fondements. Pour tous les maurrassiens en effet, « la légitimité de la démocratie est nulle, contre nature, et incarne le mal[3] ». Le suffrage universel et la souveraineté du peuple doivent être balayés du revers de la main puisque la France appartient au roi, et au roi seul. C'est le principe de la royauté qui se trouve à la base du nationalisme intégral prôné par Maurras. Les maurrassiens exaltent sans cesse les vertus du régime monarchique. « Vive la France ! lancent-ils, et pour que vive la France, vive le Roi[4] ! »

Robert Rumilly est à l'époque royaliste jusqu'au tréfonds de lui-même. En 1934, il raconte avec émotion à un auditoire montréalais qu'il eut un jour l'honneur de saluer, à Versailles, madame la duchesse de Guise, épouse du chef de la Maison de France, celui que les maurrassiens espéraient de tout cœur voir monter sur un nouveau trône français. Cette dame merveilleuse, infiniment supérieure aux gens de l'Élysée, « avait pour chacun une gentillesse à dire[5] ». Quant à lui, le fils du duc de Guise, monsieur le comte de Paris, n'hésitait pas, raconte-t-il du même souffle, à parler avec des mécaniciens, même quand ceux-ci étaient d'allégeance communiste. Qu'un homme de sang royal adressât ainsi la parole à des communistes, c'est prouver d'un seul coup, aux yeux de Rumilly, toutes les excellentes qualités royales de cette noble et grande famille. À l'instar de tous les maurrassiens, c'est d'une monarchie absolue dont il rêve à l'époque. Pour lui, la royauté est parée de toutes les vertus. Qu'une Couronne ait connu

---

3. Zeev Sternhell, Mario Sznajder, Maia Ashéri, *Naissance de l'idéologie fasciste*, Paris, Gallimard, Folio, 1989, p. 154.

4. Cité par Jean-Baptiste Boulanger, « La seule France », *Le Quartier latin*, vol. 27, n° 18, 2 mars 1945, p. 8.

5. Robert Rumilly, « Léon Daudet et Charles Maurras », conférence prononcée sous les auspices du Cercle national français, Montréal, le 15 novembre 1934. Texte manuscrit, p. 18b. A.N.Q., Fonds Robert-Rumilly, P303/9.

des « faiblesses », comme celle de Louis XV, il s'empresse aussitôt
d'en attribuer le tort au fait que cette monarchie ressemblait « à une
république en tenant trop compte d'une opinion égarée[6] ! » Invariablement, le mal se ramène, par un chemin ou un autre, au républicanisme
et au système démocratique...

L'Action française de Maurras a pour elle le monopole de la représentation royaliste lorsque, après la Grande Guerre, ses luttes contre la
corruption de hauts personnages de la République lui confèrent une
sorte de représentativité nationale[7]. En quelques mois, le journal gagne
plus de 7000 abonnés. Il tire bientôt à 100 000 exemplaires. Beaucoup
de jeunes gens qui, comme Rumilly, ont passé au moulin sanglant de la
Grande Guerre, trouvent alors un salut dans le mouvement de Maurras.
L'Action française leur permet d'abord de s'éviter le difficile réap-
prentissage de la vie civile. Elle leur permet ensuite de mener une vie
dangereuse et exaltée sans subir les affres de la guerre. Ces jeunes
gens, qui recherchent l'absolu dans une figure d'autorité, trouvent leur
maître en Maurras, ce petit homme aux yeux de braise.

Par quel chemin exactement Rumilly en vient-il à l'Action
française ? Au sortir de la guerre, il se voit tout d'abord, comme plusieurs de ses compagnons d'arme, plus ou moins conquis à l'anarchisme. « La contrainte militaire et la tension des années de guerre » ont
provoqué chez lui et chez ses camarades « une vive réaction » : « nous
étions une proie tout indiquée pour un désarroi total, une révolte vio-
lente, une anarchie complète », écrit-il[8]. Mais la nausée qu'il éprouve
envers le régime politique français le conduit bientôt à rechercher
ailleurs que dans l'anarchisme une doctrine d'action à laquelle son
esprit pourrait se soumettre sans réserve. Dans cette quête, il découvre
bien vite la doctrine de Charles Maurras. Toute la tension dont est capable son esprit se trouve dès lors mise au service de cet absolu maurrassien dont les pages de *L'Action française* se font les messagères.
L'Action française de Maurras permet aux jeunes soldats tel Rumilly
de s'engager dans une vie civile qui, bien encadrée par des idéaux de
grandeur nationale, conjure leurs malaises de démobilisés et leurs ten-
tations anarchisantes. Rumilly observe d'ailleurs que ceux qui ren-
traient du front furent, en somme, moins transformés par leur passage

---

6. Robert Rumilly, « La vie littéraire. Pierre Gaxotte : "Le siècle de Louis XV" », *Le Petit
   Journal*, le 14 mai 1933, p. 10.
7. Pierre Nora, « Les deux apogées de L'Action française », *Annales*, vol. 19, n° 1, janvier-
   février 1964, p. 132.
8. Robert RUMILLY, « Léon Daudet et Charles Maurras », *op. cit.* Texte manuscrit, p. 1.
   A.N.Q., Fonds Robert Rumilly, P303/9.

dans les tranchées que par leur adhésion au mouvement de l'Action française[9]. C'est tout dire.

Membre des Camelots du roi, troupe de choc issue de l'Action française, Robert Rumilly connaîtra les batailles de rue et les célèbres coups de cannes, qui sont la véritable marque de commerce du groupe. Les Camelots appliquent à la lettre cette formule de Lucien Lacour : « la violence au service de la raison[10] ». Chez les Camelots, la violence est un moyen de soutenir la volonté de grandeur nationale et de lutter contre la République. Aussi cherchent-ils constamment à en découdre avec les autorités républicaines.

En 1974, dans une entrevue accordée au journal *La Presse*, Rumilly parle librement de cette époque d'intimidations, de purges, de heurts et de bastonnades : « Nous avions contre nous [...] les policiers, le peuple, les communistes (et même le Vatican) mais il fallait nous voir défiler en rangs, au pas cadencé[11]. » Et Rumilly d'ajouter que « c'était bien autre chose que les contestataires d'aujourd'hui ». Certes... Une véritable fureur nationale guide alors ces jeunes gens à l'excitation facile qui défilent en colonnes, le dos bien droit, la tête haute, le regard fier.

Comme ses camarades camelots, Rumilly reçoit nombre de coups de matraque, notamment à l'occasion de violentes batailles contre la police que provoque, au mois de mai, le cortège qui va fleurir les statues de Jeanne D'Arc, « la sainte de la Patrie », place Saint-Augustin ou place des Pyramides. Il faut s'imaginer Robert Rumilly, ce jeune homme long et plutôt maigre, les vêtements déchirés, se battre avec une énergie de tous les diables contre, comme il l'appelle, « la police de gouvernements sectaires », et rentrer ensuite chez lui, dans un bien triste état, clopin-clopant.

Le tempérament d'activiste de Rumilly trouve son compte dans sa vie turbulente et sans compromission de camelot du roi. Il se livre à une activité militante systématique en prenant part à la vente du journal, au collage d'affiches, à la distribution de tracts, à l'organisation de manifestations et d'actions contre des groupes ennemis. « C'est l'honneur de ma jeunesse que d'avoir appartenu à ce mouvement », confie-t-il en 1977 au

---

9. *Ibid.*

10. Rumilly attribue à tort cette formule à Maurras. Robert Rumilly, « Léon Daudet et Charles Maurras », *op. cit.* Texte manuscrit, p. 26. ANQ, Fonds-Robert-Rumilly, P303/9.

11. Yves Leclerc, « Robert Rumilly, homme de droite », *La Presse*, Montréal, le 4 février 1974, p. A9.

journaliste Roger Nadeau[12]. Son besoin d'engagement total, motivé à la base par l'idéologie maurrassienne, sera toute sa vie irrépressible.

Mais pour Rumilly et sa jeune épouse Simone, une militante des ligues féminines de l'Action française, la seconde partie des années 1920 apparaît vite bien sombre sur le plan politique. Les idées auxquelles ils adhèrent n'ont pas cette influence décisive qu'ils souhaitent. La République ne chancelle pas aussi vite sous les coups que ne l'eût espéré Rumilly. De plus, l'Action française est divisée. En novembre 1925, Georges Valois lance une nouvelle organisation, le Faisceau, à la suite d'une scission avec l'Action française. Les membres du Faisceau se disent les premiers fascistes français. L'année précédente, Pierre Taittinger, député du fief bonapartiste de Charente-Inférieure, fonde les Jeunesses Patriotes. Ce mouvement de jeunesse draine à lui seul beaucoup de forces vives et impétueuses qui enrichissaient jusque-là l'Action française. Le succès de ces nouveaux mouvements force l'Action française à se redéfinir. Le lieutenant de réserve[13] Rumilly juge que, dans ces conditions, le pays s'en va soit vers la guerre civile, soit vers la guerre étrangère. Il règne alors, se rappelle-t-il, une atmosphère, principalement dans le domaine de la lutte des classes, souverainement déplaisante à son goût, « une atmosphère de séparation, d'aigreur et de haine même[14] ». Rumilly explique que, par exemple, un jeune homme avec son physique de bourgeois intellectuel, ses lunettes rondes et son allure revêche est alors considéré comme « un ennemi du peuple a priori[15]. »

Dans la cacophonie de tous les groupes qui, comme l'Action française, proposent des recettes pour le salut de la nation, le message de Charles Maurras se perd un peu. Déçu de s'époumoner sans pour autant être bien entendu, Rumilly conclut, dépité, que « nous vivons une triste époque[16]. » Il ressent l'inanité de ce monde qu'il habite. Il regrette que les « esprits minuscules » des bourgeois lourdauds préfèrent des « goûts baroques » à « notre vieux Molière[17] ». Tout lui apparaît

---

12. Entrevue de Robert Rumilly par Roger Nadeau, « Au vingt heures », CBF-690, Archives sonores de Radio-Canada, le 27 octobre 1977.

13. Robert Rumilly a été promu lieutenant de réserve du 131ᵉ Régiment d'infanterie le 30 mars 1924.

14. Entrevue de Robert Rumilly par Roger Nadeau, « Au vingt heures », CBF-690, Archives sonores de Radio-Canada, le 27 octobre 1977.

15. *Ibid.*

16. Robert Rumilly, poème (sans titre), Paris, le 11 septembre 1922, ANQ, Fonds Robert Rumilly, P303/10.

17. *Ibid.*

devenir stupide et fade[18]. Rumilly éprouve le besoin intime de s'éloi-gner du brouhaha de l'éphémère. Il s'attache à la recherche d'un absolu littéraire et moral dans le recueillement intellectuel. Sa vie, déjà plutôt ascétique, il la consacre désormais tout entière à un monde de l'esprit placé volontairement sous le signe de l'austérité. Il ne quittera plus ce monde de l'esprit qu'il fait sien.

À cette époque, Rumilly se prend à rêver de plus en plus à une idée qu'il se fait de l'Amérique en général et du Canada en particulier, ce pays lointain qu'il imagine bordé par les neiges moelleuses de trop longs hivers. Sa lecture du *Grand Silence blanc* de Louis-Frédéric Rouquette alimente beaucoup la vision idéalisée qu'il se fait des grands espaces de l'Amérique septentrionale[19]. Dans les Aventures de mon ami libéral, un « conte philosophique » qu'il rédige à cette époque, Rumilly établit son héros au Canada[20]. Il éprouve de plus en plus le besoin de se réfugier lui-même ailleurs.

La condamnation par Rome, à l'automne 1926, du nationalisme de Maurras et de son Action française achève de décourager Rumilly quant à l'avenir de la France. Trois principaux motifs incitent le pape à prononcer cette condamnation[21]. Premièrement, l'affirmation du « politique d'abord » des maurrassiens est interprétée par Rome comme une « récusation du jugement moral et une profession d'amoralisme ». Deuxièmement, le pape ne juge pas légitime que les maurrassiens emploient tous les moyens pour arriver à leurs fins. Maurras affirme en effet qu'il faut utiliser tous les recours pour lutter contre la République, « y compris les moyens légaux ». Or, aux yeux de l'Église, on ne peut justifier l'usage de moyens immoraux, même pour atteindre une fin morale. Troisièmement, le Saint-Siège se sent dépossédé de son champ de compétence moral puisque le nationalisme intégral de Maurras éta-blit la nation comme point de mire suprême vers lequel il faut orienter son action. Le Saint-Siège entend bien se réserver toute la latitude pour définir lui-même ce qu'il juge être le véritable droit supérieur. Le pape Pie XI met donc à l'Index plusieurs ouvrages de Maurras et interdit la lecture de *L'Action française*, sous peine d'être privé des sacrements. Ceux qui contreviennent à cette condamnation sont frappés de mesures exemplaires.

---

18. *Ibid.*
19. Louis-Frédéric Rouquette, *Le Grand Silence blanc*, J. Ferenczi et Fils Éditeurs, Paris, 1921, 273 p.
20. Robert Rumilly, « Les aventures de mon ami libéral », manuscrit sur un cahier d'écolier, circa 1926. A.N.Q. Fonds Robert-Rumilly, P303/10.
21. René RÉMOND, *Notre siècle*, Éditions Fayard, Paris, 1991, p. 98-99.

Pour tous les catholiques habitués depuis des générations à associer la lutte pour la survie de l'Église au rejet des principes de la Révolution de 1789, Maurras symbolise la défense des idéaux religieux. La condamnation de *L'Action française* par le pape provoque donc immédiatement chez eux un déchirement intérieur. Robert et Simone Rumilly souffrent amèrement de cette condamnation, tout comme nombre de Français.

Rien ne semble plus possible au jeune couple Rumilly dans cette France qui, selon le mot de Robert, se « vautre » dans des idées républicaines. Robert n'en peut plus. « J'ai accompagné les cercueils de Plateau[22], de Philippe Daudet[23], de Marcel Berger[24], tandis que dans les bouges de grenelle, derrière les vitres des bistrots grands-électeurs et prêtres du culte de la République, des voyous nous montraient le poing. Et j'en ai eu assez de suivre les enterrements des nôtres », explique-t-il[25]. Son indignation face à ce qu'il considère comme la dégénérescence de la France s'accentue encore lorsqu'un de ses amis se fait tuer à ses côtés, place de la République, lors d'une manifestation[26]. En 1969, l'écrivain se souviendra, à l'occasion d'un entretien accordé à André Major, de ses années de militant au sein du mouvement royaliste : « Après la condamnation du Vatican, les gens de l'Action française étaient brimés. La vie devenait difficile[27]. »

Au Canada français

Pourquoi Rumilly vient-il s'installer au Canada français plutôt que dans tout autre espace francophone ? Ce n'est pas la messe de minuit, le blond sirop d'érable et les traîneaux sur la neige immaculée qui l'attirent au Canada, ni non plus des motifs économiques, du moins pas principalement. Rumilly, dépité par tous les coups portés contre

---

22. Marius Plateau, décédé en 1923. En 1908, un des fondateurs des Camelots du roi, secrétaire général des camelots. Il est assassiné par balles dans les bureaux de *L'Action française* par Germaine Berton, une jeune militante anarchiste qui insistait depuis plusieurs jours pour voir Léon Daudet ou Charles Maurras. En représailles de cet assassinat, des camelots mettent à sac les bureaux de deux journaux de gauche, *L'Œuvre* et *L'Ère nouvelle*.
23. Philippe Daudet, décédé en 1923, fils de Léon Daudet, dépressif, il meurt dans des circonstances étranges.
24. Rumilly veut parler d'Ernest Berger, assassiné en 1925 dans l'escalier d'une station de métro.
25. Robert Rumilly, « Le voyageur », texte manuscrit de 7 pages. A.N.Q. Fonds Robert Rumilly, P303/18.
26. Conrad Black, *Duplessis, le pouvoir*, tome 2, Éditions de l'Homme, Montréal, 1977, p. 48.
27. André Major, « Rumilly/Histoire/Clef des songes », *Le Devoir*, Montréal, le 27 décembre 1969.

l'Action française, s'en va en Amérique française pour changer d'air et ne pas changer d'idées. Il veut gagner, selon ses mots, « une France plus conforme à son idéal[28] ».

À ses yeux, les vues de la gauche prennent désormais trop d'importance dans la politique française. Le couple Rumilly se décide donc, après mûre réflexion, à immigrer au pays des érables... Simone et Robert s'embarquent sur le *Marloch*, un bateau du Canadien Pacifique. Le bateau accoste le quai du port de Saint-Jean, au Nouveau-Brunswick, le 12 avril 1928. Les Rumilly arrivent à Montréal le lendemain, avec leurs bagages. Un vague parent les attend.

Au Canada français, Rumilly va trouver, à l'entendre, exactement ce qu'il cherche : « J'ai trouvé en Nouvelle-France la vieille France, la France qui n'a pas subi l'épreuve hideuse de la Révolution et qui est restée saine et calme, accueillante et souriante, qui a gardé — ignorant la jalousie — le sens des hiérarchies nécessaires et belles, et ses traditions, la France qui s'aime elle-même, la France qui se sourient *(sic)*, la France fidèle et continue[29]. » L'adaptation à sa terre d'accueil est extrêmement rapide. « Ma foi je pense qu'il ne m'a pas fallu cinq minutes à m'adapter », confie-t-il en 1977, tout en se plaignant du fait que ce qu'il fuyait alors en France, c'est-à-dire la gauche, l'a malheureusement rattrapé depuis au Canada français[30].

Rumilly demeurera toujours convaincu que l'Action française de Maurras exerce, dans les années 1930 et même 1940, une influence prédominante, voire fondamentale, sur les vues politiques et sociales du Canada français. Cette impression tenace est d'abord le fruit d'une rencontre fortuite survenue quelques jours seulement après son arrivée à Montréal. Il se balade alors en touriste dans les rues de la cité. Dans cette ville pour lui nouvelle, Rumilly observe les bâtiments à ras de terre qui font écho à ceux de l'époque de la colonisation. Ici, aucun Haussmann n'a modelé la ville : Montréal a poussé et continue de pousser sans ordre, selon le bon gré de ses habitants et de leurs ressources. Durant sa promenade, peut-être attiré par la flèche de l'église Saint-Jacques, une des plus hautes du Québec, Rumilly s'engage rue Saint-Denis. Il remonte cette artère aux airs bonasses, toute pleine de

---

28. Anonyme, « Les 10 000 pages d'histoire de Robert Rumilly », *Le mémorial du Québec*, tome VI (1939-1952), Montréal, [?], p. 354.

29. Robert Rumilly, « Le Voyageur », texte manuscrit de 7 pages. A.N.Q. Fonds Robert Rumilly, P303/18.

30. Entrevue de Robert Rumilly par Roger Nadeau, « Au vingt heures », CBF-690, Archives sonores de Radio-Canada, 27 octobre 1977.

couleurs locales, quand il aperçoit une boutique, la Librairie d'Action française. Il entre, pensant être tombé sur une filiale outre-mer du mouvement de Maurras, et demande à parler au directeur, qui est alors Albert Lévesque. La conversation s'engage entre les deux hommes. Lévesque, impressionné par la verve du Parisien, l'invite chez lui, où il lui fait rencontrer de jeunes auteurs : Jean Bruchési, Robert Choquette, Jovette Bernier, Harry Bernard et quelques autres encore. Heureux, Rumilly est intimement convaincu de se trouver en présence de jeunes maurrassiens. C'est pour lui une divine surprise que de trouver, dans son milieu d'accueil, une correspondance directe avec l'Action française de Paris !

Or ni la Librairie d'Action française que dirige Lévesque ni *L'Action française* que dirigeait Groulx et qui était ancêtre direct de la première n'ont eu, formellement, de liens bien établis avec l'Action française de Maurras. Toutefois un bon nombre d'idées sont partagées par les deux groupes : culte du régionalisme, opposition à la réforme protestante, haine de la Révolution de 1789, antisémitisme, désir de voir se condenser les pouvoirs entre les mains d'un chef, sentiment de dégénérescence sociale, antidémocratisme, antilibéralisme. En 1922, l'abbé Lionel Groulx, alors directeur de *L'Action française* de Montréal, écrit d'ailleurs dans cette revue qu'« un Canadien français catholique et un partisan de l'"Action française" qui causent ensemble une heure durant, éprouvent cette joyeuse surprise de se sentir rapidement d'accord sur la plupart des problèmes qui intéressent l'ancienne et la nouvelle France[31] ». Il s'avère donc logique que Rumilly se soit senti tout de suite relativement à l'aise dans son nouveau milieu.

Il faut ajouter que Rumilly n'a pas parfaitement tort de croire en l'influence directe de Maurras sur son pays d'accueil, au moins du point de vue d'une certaine élite intellectuelle. En effet, l'Action française attire à elle, dans l'après-guerre, plusieurs jeunes esprits canadiens-français venus en France pour faire leurs études. C'est dans les colonnes de *L'Action française* que paraît par exemple pour la première fois *Les Habits rouges*, le roman de Robert de Roquebrune. Le jeune clerc Gustave Lamarche, étudiant à Paris, admire la cause patriotique que défendent les maurrassiens. Il assiste à plusieurs de leurs manifestations et s'enthousiasme, tout comme l'abbé Groulx, pour le fougueux Léon Daudet. Le neveu de l'archevêque de Montréal, Jean Bruchési, qui devint ambassadeur du Canada en Espagne et en Amérique

---

31. Lionel Groulx, « La propagande en France », *L'Action française*, vol. 8, n° 3, septembre 1922, p. 177.

latine, s'intéresse lui aussi de très près à l'Action française lors de ses études en France. À l'instar de Bruchési et de Lamarche, un certain nombre d'étudiants canadiens-français à Paris entrent « en contact avec les maîtres, les ligueurs et les étudiants de la rue Rome », où logeaient les bureaux de l'Action française à cette époque[32]. Ces jeunes hommes reviennent dans leur pays marqués par les idées de Maurras.

Au Canada français même, des membres de l'élite intellectuelle s'alimentent souvent au journal des royalistes français. Omer Héroux du *Devoir* ne ménage ni son admiration ni sa sympathie pour l'Action française, tout comme un esprit aussi indépendant que le journaliste Olivar Asselin. *L'Ordre*, le journal d'Asselin, va reproduire à pleine page des articles de *L'Action française* de Maurras. Robert LaPalme, le caricaturiste de *L'Ordre*, se souvient bien de ces années 1930 où il s'imprégnait de la pensée de Léon Daudet, le frère d'armes de Maurras, et de Maurice Barrès[33]. Pour sa part, le journaliste Jean-Louis Gagnon, qui a appris son métier au contact d'Asselin, écrit dans ses mémoires qu'il s'était persuadé à l'époque, à la lecture de Maurras et de numéros de *L'Action française*, « de la nature dissolvante » de la démocratie[34]. La liste des exemples pourrait s'allonger encore. Cependant il faut observer que plusieurs de ces hommes n'apparaissent pas vivre tout entier dans un édifice intellectuel construit à partir d'une doctrine maurrassienne, même si l'influence qu'exercent alors sur eux les idées de la droite française en général et de *L'Action française* en particulier n'en demeure pas moins réelle.

Au Canada, Rumilly trouvera des hommes de droite avec qui il pourra rêver à voix haute de monarchie, tout comme il en rêvait en France. Entre autres en compagnie du grand tribun Henri Bourassa, Rumilly discute « des espoirs ou des tentatives de restauration monarchique en France, en particulier du comte de Chambord[35] ». Il note d'ailleurs que le fondateur du Devoir « connaît ces questions aussi bien qu'un royaliste français ». Bien qu'Henri Bourassa, de par ses profondes convictions religieuses, ne veut pas entendre parler de l'Action française[36], incroyante et condamnée par Rome, cela n'empêche pas

---

32. Robert Rumilly, « La rue Saint-Jacques », *Histoire de la province de Québec*, tome 28, Montréal, Fides, 1955, p. 308.

33. Entrevue de Robert LaPalme par Jean-François Nadeau. Montréal, le 13 septembre 1994.

34. Jean-Louis Gagnon, *Les apostasies*, tome 1, Montréal, La Presse, 1985, p. 38, 53, 85.

35. Robert Rumilly, *Chefs de file*, Montréal, Éditions du Zodiaque, 1934, p. 12.

36. Lettre d'Henri Bourassa à Robert Rumilly, Outremont, le 19 août 1938. ANQ, Fonds Robert-Rumilly, P303/11.

Rumilly de voir en lui, de par ses traits de caractère, une sorte de Maurras canadien-français[37], « droit comme l'épée du roi[38] ».

Ce profond désir de Rumilly de croire l'influence de Maurras décisive pour la pensée clérico-nationaliste canadienne-française le conduit à des exagérations. Il écrit par exemple, en 1934 : « Je ne voudrais certes compromettre personne, mais il est évident [que les idées maurrassiennes] ont exercé une influence considérable sur la pensée d'un certain nombre de Canadiens français d'élite ; à commencer, très probablement par le grand historien vivant que nous possédons à Montréal[39]. » Rumilly parle ici avec déférence de Lionel Groulx, en qui il voit un « chef de file » de tout premier plan. Mais le chanoine ne tire pas les principes de sa pensée des écrits de Maurras, auteur qu'il confesse d'ailleurs avoir assez peu fréquenté. Groulx écrit dans ses *Mémoires* qu'il n'éprouvait qu'un faible intérêt pour Maurras : « J'ai peu lu Maurras dont les thèses fuligineuses m'ont peu séduit[40]. » Dans la bibliothèque de l'abbé, les œuvres de Maurras, bien peu annotées en comparaison avec d'autres, témoignent encore de ce manque d'attirance.

L'auteur de *Notre maître le passé* était plus barrésien que maurrassien. En témoigne notamment cette constante attirance qu'il a pour les morts et la terre des morts, attirance qui a d'ailleurs été jusqu'ici assez peu étudiée. Mais Groulx n'était certainement pas entièrement conquis par les idées de Barrès, loin de là. Pour comprendre la pensée du chanoine, et pour comprendre le nationalisme canadien-français dont il est à l'époque le fer de lance, il faudrait étudier l'influence que jouèrent notamment sur sa pensée des hommes tels Louis Veuillot, Joseph de Maistre, Henri Lacordaire, Garcia Moreno, Frédéric Ozanam, Mgr Bourget et Gonzague de Reynold. Il ne faudrait certes pas négliger non plus d'étudier les répercussions qu'eurent les encycliques de Rome sur l'expression de ce nationalisme groulxien. De Grégoire

---

37. Robert Rumilly, *Histoire de la province de Québec* « 1914 », vol. XIX, Montréal, Éditions Fides, p. 67.

38. Robert Rumilly, *Henri Bourassa, la vie publique d'un grand Canadien*, Montréal, Éditions Chantecler, 1953, p. 759.

39. Robert Rumilly, « Léon Daudet et Charles Maurras », *op. cit.* Texte manuscrit, p. 20. ANQ, Fonds Robert-Rumilly, P303/9.

40. « J'ai peu lu Maurras dont les thèses fuligineuses m'ont peu séduit. J'ai lu davantage Barrès, mais surtout parce que je trouvais en lui un grand artiste de style », Lionel Groulx, *Mes mémoires*, tome 1 (1878-1920), Montréal, Éditions Fides, 1970, p. 79. Encore au sujet de Maurras, ceci : « Il n'a jamais été pour moi, au surplus et quoi qu'on ait dit, ni l'un de mes dieux littéraires, ni un maître de pensée. Je l'ai lu, je ne l'ai pas beaucoup lu, je n'ai jamais trouvé que fût si impeccable ce qu'on appelait son impeccable clarté. Et par ce qu'elle contenait d'imprécis et de confus, sa doctrine politique ne m'a jamais conquis », *Ibid.*, p. 381.

XVI à Pie X, l'Église catholique condamne, faut-il le rappeler, les idées libérales issues de la Révolution française, tout comme les penseurs de la droite conservatrice en France. L'influence directe de Maurras sur l'historien en soutane, comme sur l'ensemble de la société canadienne-française d'ailleurs, est vraisemblablement moins importante que Rumilly ne la pressentait et que certains historiens l'ont pressentie depuis.

Reste que ce qui émerveille le plus Rumilly à son arrivée au Canada français, on l'a vu, c'est le spectacle d'une société qui s'accorde presque en tout point avec l'image doctrinaire qu'il se fait, à partir du corps d'idées maurrassien, de la vieille France. Les impressions qu'exprime Rumilly sur le nationalisme de sa société d'accueil nous donnent ainsi une assez bonne indication de la nature et des idées politiques qui ont alors cours au Canada français.

8

POLITISATION D'UN NATIONALISME ETHNICISTE DANS LE QUÉBEC DUPLESSISTE

JACQUES BEAUCHEMIN

Le débat référendaire a vu resurgir un certain nombre d'allégations concernant le caractère ethniciste du nationalisme québécois[1]. Au regard de telles accusations, le duplessisme aurait constitué l'exacerbation de ce nationalisme passéiste et en aurait incarné toutes les tares. À travers la question du prétendu ethnicisme du nationalisme actuel, c'est ainsi un jugement rétrospectif sévère que l'on porte à l'endroit du régime dont on postule qu'il a contribué à sédimenter les aspects les plus réactionnaires du clérico-nationalisme. L'affaire Bernonville[2], le procès Roncarelli[3] ou encore les thèses racistes et antisémites des idéologues de la période duplessiste qu'ont été Groulx et Rumilly[4] attesteraient de cette consolidation d'une référence identitaire caractérisée par l'intolérance et la fermeture à l'altérité, bref, par un ethnicisme radical.

Cette conception est également à l'origine de la thèse de l'apolitisme du nationalisme duplessiste. L'historiographie et la sociographie sont prolixes à ce sujet et je me contenterai d'illustrer très brièvement cette inclination analytique avant de la questionner. Dans un ouvrage aux répercussions considérables, André-J. Bélanger soulignait, il y a

---

1. On trouvera ce genre d'analyse dans Nadia Khouri, *Qui a peur de Mordecai Richler ?*, Montréal, Les Éditions Balzac, 1995.
2. Yves Lavertu, *L'affaire Bernonville, le Québec face à Pétain et à la Collaboration (1948-1951)*, Montréal, VLB éditeur, 1994.
3. Michel Sarra-Bournet, *L'affaire Roncarelli, Duplessis contre les témoins de Jéhovah*, Québec, Institut québécois de la culture, 1986.
4. Esther Délisle, *Le traître et le juif*, Outremont, L'étincelle éditeur, 1992.

plusieurs années déjà, cette propension à l'apolitisme repérable au discours de quatre importants véhicules des idéologies québécoises. L'analyse portait sur le contenu du journal *Le Devoir* et des revues *La Relève*, *L'Action nationale*, *Vivre* et *La Nation*[5]. Tout en reconnaissant que les idéologies québécoises se transformaient, Bélanger retrouvait, dans l'analyse de son corpus, une même tendance à l'évacuation des réalités sociopolitiques concrètes au profit de lectures passablement éloignées des urgences qu'aurait pu signaler un regard sur la réalité plus attentif à la concrétude des rapports sociaux. De la même façon, Georges Vincenthier s'est ému de cette dénégation de la réalité politique dans laquelle se trouvait enfermée la collectivité canadienne-française, alors que prospéraient les interprétations lyrico-romantiques de l'épopée canadienne-française fondées sur un humanisme frelaté incapable de fournir à l'action politique la réflexion dont elle aurait eu grand besoin[6]. Plus récemment, Léon Dion montrait que, si *Cité libre* avait été ce lieu essentiel de rencontre des chefs de file du mouvement de contestation, la revue n'en était pas moins demeurée à bonne distance de toute considération à portée immédiatement politique, de telle sorte que sa critique du duplessisme a pu sembler se situer hors l'histoire, occupée à faire table rase du passé mais le ressassant constamment[7]. Ethnicisme et apolitisme forment le couple inséparable du nationalisme duplessiste.

Je me propose de revisiter la question du nationalisme duplessiste en rapport à ses hypothétiques fondements ethnicistes et apolitiques. La question me paraît importante sur le plan historiographique à deux niveaux. D'abord, il me semble nécessaire de circonscrire le plus clairement possible la question de l'ethnicisme du nationalisme des années quarante et cinquante. Il n'est pas suffisant de le constater. L'ayant reconnu, il faut l'expliquer et dissiper la mauvaise conscience qui lui est associée lorsqu'on le considère du haut de l'histoire ou dans ses prétendues réminiscences actuelles. Ensuite, il me semble que l'on a trop unilatéralement associé cette représentation, effectivement ethniciste, à un apolitisme stérile que seul l'avènement de la Révolution tranquille aurait apparemment pu rompre. Louis Balthazar n'écrit-il pas en effet que ce nationalisme quasi mystique constitue une entreprise bloquée sur le plan politique[8]. Je voudrais essayer de montrer,

---

5. André-J. Bélanger, *L'apolitisme des idéologies québécoises: le grand tournant de 1934-1936*, Québec, Les Presses de l'Université Laval, 1974.

6. Georges Vincenthier, *Une idéologie québécoise*, Montréal, Hurtubise HMH, 1979.

7. Léon Dion, *Québec 1945-2000, les intellectuels et le temps de Duplessis*, Québec, Les Presses de l'Université Laval, 1993.

d'une part, que ce nationalisme ethnique était la seule référence identitaire possible dans le Québec duplessiste et que, d'autre part, les éléments de cet ethnicisme ont été mobilisés dans le discours duplessiste de telle manière qu'ils ont contribué à la politisation du nationalisme québécois, laquelle est habituellement associée au néonationalisme engendré par la Révolution tranquille. Généralement, l'historiographie et la sociographie sont réticentes à reconnaître le caractère pleinement politique du nationalisme duplessiste, particulièrement lors des débats constitutionnels de l'après-guerre portant à la fois sur la forme du régime (le partage des compétences) et sur la forme de l'État (les modalités institutionnelles de la régulation sociale). On y a plutôt reconnu une forme dévoyée, parce qu'opportuniste et platement partisane, d'affirmation nationale à l'intérieur d'une politique de résistance acharnée à l'implantation des politiques sociales-progressistes que proposait alors le projet keynésien du gouvernement fédéral[9]. J'insisterai, pour ma part, sur le fait que le discours nationaliste mobilisé par le régime dans sa stratégie constitutionnelle l'est dans la perspective pleinement politique de la défense de l'État libéral et qu'il ne se réduit pas simplement à l'opposition à la centralisation au nom d'une autonomie provinciale rétrograde parce qu'elle est traditionaliste et attachée à la défense des prérogatives de l'Église dans le domaine social.

Il s'agit donc de montrer que la définition d'un nationalisme à caractère ethniciste était inévitable dans un contexte d'oppression nationale et que, par ailleurs, ce constat n'implique pas nécessairement une représentation identitaire apolitique du Québec duplessiste. Plus encore, il me semble que la représentation ouvertement politique que propose le néonationalisme des années soixante est déjà largement présente dans le discours politique duplessiste.

Apolitisme et antidémocratisme du nationalisme naissant

On ne reviendra pas ici sur les éléments bien connus de la discussion historiographique portant sur les origines du nationalisme canadien-français. Il suffira de dégager quelques-uns des aspects les plus importants de cette question dans le but de mettre en lumière les fondements de la représentation ethniciste de la collectivité, qui n'atteindra sa pleine cohésion qu'après 1840.

---

8. Louis Balthazar, *Bilan du nationalisme au Québec*, Montréal, L'Hexagone, 1986, p. 97.
9. Paul-André Linteau, René Durocher, Jean-Claude Robert, François Ricard, *Histoire du Québec contemporain. Le Québec depuis 1930*, Montréal, Boréal, 1986.

Fernand Dumont rappelle qu'après la Conquête les différences de classes prennent un caractère ethnique[10]. En effet, la Conquête a été pour les Canadiens français l'occasion de faire l'expérience de l'autre et a favorisé l'émergence du sentiment national. Toute une littérature s'est attachée à mesurer les effets de la Conquête sur la représentation identitaire de la collectivité canadienne-française. L'un des lieux communs les plus partagés consiste en ce constat de la survivance d'une mentalité d'Ancien régime en raison justement des effets sociétaux entraînés par la Conquête. André J. Bélanger retrace les origines historiques de cette sédimentation idéologique particulière à partir de la thèse développée par Louis Hartz, selon laquelle le « fragment idéologique » hérité de la mère-patrie, la France prérévolutionnaire, détermine de loin la formation de l'idéologie de la colonie. Or, le fragment idéologique qui va prospérer en Nouvelle-France renvoie aux formes sociales et aux structures mentales d'Ancien Régime. Cela conduit tout naturellement la nouvelle société à opposer une résistance obstinée au modernisme :

> Nos ancêtres, selon cette optique, ont eu l'insigne privilège d'être tenus à l'abri du XVIIᵉ et surtout du XVIIIᵉ siècles, celui dit des lumières. Tout se passe comme si les colons avaient obéi à une voix intérieure qui les aurait protégés des égarements que connût la France moderne[11].

Le Québec serait demeuré prisonnier d'une mentalité d'Ancien Régime, parce qu'il n'a pas connu la Révolution française et n'a donc pas développé l'esprit des lumières ni l'anticléricalisme qui l'accompagne. Cette détermination historique explique à la fois le conservatisme, l'ethnicisme et l'apolitisme de la représentation identitaire. Ce dernier découle, en effet, naturellement de cette conception prépolitique de la communauté typique des sociétés féodales dont le rapport au monde est encore largement organisé dans l'espace symbolique du religieux plutôt que dans celui de la modernité où la société se donne à elle-même comme l'objet de son autoproduction.

De même, Marcel Rioux, s'inspirant des thèses de Memmi, montre qu'on assiste après la Conquête à une folklorisation de la société comme dans toute société colonisée : il en veut pour preuve la valorisation de la coutume, de la famille et de la religion. Dès lors, les Canadiens français sont coupés de la grande tradition et vont se replier sur la petite tradition, celle qui structure la communauté locale, la quotidien-

---

10. Fernand Dumont, *Genèse de la société québécoise*, Montréal, Boréal, 1993.
11. André J. Bélanger, *op. cit.*, p. 19.

neté et les réseaux de solidarité élémentaire[12]. C'est donc par la base que la communauté se cimente ainsi que le montre Dumont dans sa *Genèse de la société québécoise*, alors qu'il reprend, à sa façon, la thèse de la petite tradition de Rioux :

> On en mesure les conséquences sur la construction d'une référence pour la société globale : enracinement serré dans la vie quotidienne, risque d'appauvrissement de la conscience historique. La mémoire patrimoniale a-t-elle entravé l'autre mémoire qui, elle, relève de la plus vaste histoire ?[13]

La collectivité s'organiserait donc dès son origine hors des institutions et forcément hors du politique. Suivant cette même approche, les positions sociales conservatrices de l'Église alimenteront ensuite la méfiance des Canadiens français face au politique et conforteront leur faible attachement aux institutions démocratiques. Rappelons-nous en effet la thèse percutante qu'a soutenue Pierre Elliot Trudeau dans *Le fédéralisme canadien et la société canadienne-française* :

> L'explication que je donne du manque d'esprit civique des Canadiens français ne doit pas faire oublier les causes religieuses de ce phénomène. Ceux-ci sont catholiques. Les nations catholiques n'ont pas toujours été favorables à la démocratie. En matière spirituelle, les catholiques sont autoritaires. Comme la ligne de démarcation entre le spirituel et le temporel peut être ténue et même confuse, ils n'ont souvent que peu d'inclination à chercher des solutions aux problèmes temporels par un moyen tel que le simple dénombrement des votes[14].

Ces interprétations dégagent les éléments principaux de la thèse de l'antidémocratisme et de l'apolitisme du nationalisme tel qu'il se développe à la suite de la Conquête. Mais on ne peut encore convenablement expliquer, sur la base de ces constats, l'ethnicisme qui va effectivement dominer la représentation nationaliste canadienne-française à partir de la seconde moitié du XIXe siècle. Pour en rendre compte, il faut s'arrêter aux conséquences de l'échec de la Constitution de 1791, de la défaite des Patriotes et de l'imposition de l'Union.

ORIGINES ET FONDEMENTS D'UN NATIONALISME ETHNICISTE

Le nationalisme qui va se sédimenter à compter de 1840 sera traversé par l'angoisse de l'assimilation. Encore ici, cette analyse est trop

---

12. Marcel Rioux, *La question du Québec*, Montréal, Parti Pris, 1977.
13. Fernand Dumont, *op. cit.*, p.98.
14. Pierre Elliott Trudeau, *Le fédéralisme et la société canadienne-française*, Montréal, HMH, 1967, p. 112.

bien connue pour qu'il soit utile d'y revenir trop longuement. Je me limi-
terai de nouveau à dégager ce qui me semble essentiel à la discussion
portant sur le caractère ethniciste de ce nationalisme. En un mot, je dirai
qu'à partir de l'Acte d'Union la politique anglaise accule les Canadiens
français à se saisir comme groupe ethnique. Bien sûr, les préjugés défavorables entretenus à l'égard de ces derniers les amènent à se concevoir
comme groupe spécifique. Les paroles de Durham résonneront longtemps dans l'imaginaire collectif : « Ils sont restés une société vieillie et
retardataire dans un monde neuf et progressif[15]. » Mais il y a plus. Politiquement, la menace que représente l'assimilation est rendue bien réelle
par l'Union. La pierre de touche de la résistance passe nécessairement
par une définition culturelle et ethniciste de la collectivité. Il faut en effet
donner corps à ce qu'il y a à défendre. C'est-à-dire qu'il faut « substanti-
fier » la représentation de la collectivité de telle sorte qu'elle puisse
s'apparaître à elle-même comme objet caractérisé. L'identité canadienne-
française se cristallisera autour d'attributs ethnicistes que constitueront
l'origine commune : la langue française et la religion catholique. Pour
paraphraser le chanoine Groulx, on assiste alors à la « naissance d'une
race[16] ». C'est cette définition culturelle et ethniciste de la communauté
qui sera brandie, au nom des intérêts de la race, au moment des négociations entourant la Confédération.

À partir de 1840, la représentation identitaire canadienne-française
est caractérisée par l'obsession de la survivance nationale. L'idée s'impose
que la survivance de la race passe par la fidélité à la foi catholique et à
l'institution qui la soutient : l'Église. Ce sera d'ailleurs l'astuce du discours ultramontain que de réaliser cette superposition[17]. On assiste alors
à la production de ce que certains auteurs ont appelé les mythes fondateurs de la communauté, qui sont en même temps, comme on l'a dit, des
mythes compensatoires[18]. L'imaginaire collectif se livre à une véritable
réinvention des origines en vertu de laquelle la communauté peut se
représenter sa continuité dans l'histoire. Dans l'imaginaire collectif, la
survivance de la collectivité n'est plus défendue à partir du droit et des
institutions politiques comme cela fut le cas sous le régime de 1791,
mais dans une crispation ethniciste à la « culture » canadienne-française.

---

15. Fernand Dumont, *op. cit.*, p. 124.
16. Lionel Groulx, *La naissance d'une race*, Montréal, Bibliothèque de l'Action française,
    1919.
17. Nadia Eid, *Le clergé et le pouvoir politique au Québec*, Montréal, HMH, 1978.
18. Guy Rocher, *Le Québec en mutation*, Montréal, Hurtubise HMH, 1973 ; Serge Gagnon, *Le
    Québec et ses historiens de 1840 à 1920*, Québec, Les Presses de l'Université Laval, 1978.

L'ethnicisme était la seule forme que pouvait prendre le nationalisme canadien-français avant 1960. Pourquoi cela ? La réponse à cette question est très importante parce qu'elle permet d'expliquer l'ethnicisme du nationalisme qui se sédimentera alors et dont le duplessisme sera encore imprégné.

L'idée de race constitue la désignation identitaire de la représentation nationaliste canadienne-française à partir de l'Union. Le recours à la notion de race ne tient pas seulement à la problématique nationaliste qui se développe alors en Europe. Elle renvoie, pour ainsi dire, à des nécessités politiques. Il est impossible de penser la collectivité canadienne-française autrement que dans l'espace idéologique de la conservation après 1840. La représentation naturaliste de la communauté que suggère la notion de race pose une collectivité héritant d'un « bagage génétique ». Cette conception est largement présente dans la pensée de Garneau et dans celle de Groulx. Or, le recours à l'idée de race, en tant que désignation identitaire, induit une représentation ahistorique et apolitique du groupe. La notion de race ouvre la porte à une représentation « chosifiée » de la communauté en vertu de laquelle celle-ci est un objet plutôt qu'un sujet dans l'histoire. Nulle part ailleurs que chez François-Xavier Garneau, notre « historien national », ne voit-on mieux cette tendance à la naturalisation de la communauté à travers la référence à l'idée de race. Le thème récurrent chez Garneau de la survivance de la race l'amène à des positions conservatrices qui entrent en contradiction, comme on l'a beaucoup dit, avec les invocations du progrès et de l'avenir dont regorgent les pages du « discours préliminaire » à son *Histoire du Canada depuis sa découverte jusqu'à nos jours*. Dumont relève quelques-unes des nombreuses manifestations de ce naturalisme chez Garneau en évoquant les envolées lyriques de l'historien à propos de la race :

> Les Canadiens français ont conservé ce trait caractéristique de leurs pères, cette puissance énergique et insaisissable qui réside en eux-mêmes et qui, comme le génie, échappe à l'astuce politique comme au tranchant de l'épée[19].

Garneau, inquiet après 1840, déserte le politique comme lieu où se joue le destin collectif et se rabat sur une définition naturaliste de la collectivité organisée autour des deux pivots que constituent les idées de race et de tradition. En ce sens, Garneau élabore une définition de l'identité collective d'autant plus assurée d'elle-même que les caractéristiques

---

19. Fernand Dumont, *op. cit.*, p. 288.

ethniques qu'elle met en exergue sont inscrites dans les inatteignables profondeurs de l'histoire nationale. Il importe d'insister sur le fait que Garneau, à travers les nombreuses révisions qu'il fera de son ouvrage, n'est pas tout simplement victime des rigueurs idéologiques de l'ultra-montanisme, lequel l'obligerait à adopter ces positions conservatrices. En fait, il se trouve dans une situation sociohistorique où il est incapable de concevoir autrement l'avenir historique des Canadiens français. Le matériel idéologique dont il dispose tout autant que la conjoncture sociale l'accule à développer ce discours sur les origines, les traditions, la fidélité, la prudence et la persistance.

Il faut donc poser la primauté de la question nationale dans l'ana-lyse de la forme que revêt la représentation identitaire canadienne-française qui s'organise dans la deuxième moitié du XIXe siècle. Le nationalisme s'est développé comme ethnicisme sous les effets d'une situation sociohistorique fortement structurante : la dénégation des droits politiques auxquels avaient pu se rattacher les Canadiens fran-çais jusqu'à l'Union oblige ces derniers à se concevoir comme race et comme culture.

Le duplesssime héritera de ce nationalisme et il est indéniable qu'un certain ethnicisme s'y révélera. L'évocation des positions antisé-mites de Groulx ou des sympathies fascisantes qui se font jour à l'occasion de l'affaire Bernonville est là pour le rappeler. On ne saurait trop insister cependant sur le fait que cet ethnicisme est le résultat de l'oppression nationale. Les thèmes souvent confondus et entremêlés du traditionalisme, du conservatisme, de l'antidémocratisme et de l'ethni-cisme canadien-français ne renvoient pas à de quelconques prédisposi-tions communautaires ou aux caractères d'une certaine mentalité, non plus qu'à la simple influence d'une Église réactionnaire, mais au fait que cette collectivité se trouve dans l'obligation de se donner une image d'elle-même suffisamment consistante pour que le projet de la survivance puisse s'y référer.

Nous savons que la critique du clérico-nationalisme, et avec lui de l'ethnicisme ambiant, s'amorce dès le début des années cinquante dans les pages de *Cité libre* et du *Devoir*, à la Faculté des sciences sociales de l'Université Laval, et au département d'histoire de l'Université de Montréal, comme l'a bien montré Léon Dion[20]. La critique vise alors les aspects les plus rétrogrades que véhicule le clérico-nationalisme et

---

20. Léon Dion, *op. cit.*

dénonce vertement son idéalisme et son apolitisme[21]. Pourtant, et en dépit de ce qui vient d'être dit de l'ethnicisme de cette période, la thèse de l'apolitisme intégral du nationalisme duplessiste m'apparaît mal fondée. Le nationalisme duplessiste, tout ethniciste qu'il fût, a servi des fins politiques qui dépassent largement la défense passéiste de l'autonomie provinciale, laquelle n'aurait correspondu qu'à la volonté, maintes fois exprimée par Duplessis, de «protéger notre butin». Ce qui est en jeu ici, c'est la défense d'une forme de gestion des rapports sociaux : la régulation sociale libérale. C'est dire que l'enjeu de la lutte constitutionnelle dans laquelle le duplessisme s'engage corps et âme ne réside pas dans la défense de la tradition et de la société tradition-nelle, mais, bien au contraire, dans le maintien des conditions politi-ques d'une régulation libérale des rapports sociaux. À cet égard, je voudrais maintenant montrer de manière extrêmement schématique que la stratégie constitutionnelle a pour effet de politiser les aspects ethnicistes du nationalisme de cette période et qu'elle contribue en cela à la redéfinition, cette fois ouvertement politiste, du nationalisme des années soixante. Les quelques éléments d'analyse qui suivent sont tirés d'un travail beaucoup plus vaste portant sur l'entièreté du discours politique duplessiste[22].

POLITISATION DU NATIONALISME ETHNICISTE

S'il est vrai que l'Union nationale continue de se réclamer de cette représentation ethnico-culturalo-religieuse d'une communauté définie comme une race, française et catholique, on ne doit pas pour autant négliger l'efficace politique de cette représentation, plus parti-culièrement dans le débat constitutionnel de l'après-guerre. Comme je l'expliquerai un peu plus loin, l'ethnicisme duplessiste sera politisé dans cet important débat portant sur la réorganisation de l'État cana-dien et qui caractérisera toute la période. Il s'agit bien sûr de la ques-tion du passage à l'État-providence, orchestré par le gouvernement fédéral, qui se butera à la résistance acharnée du régime.

La remise en question du rôle de l'État, amorcée au cours de la Deuxième Guerre mondiale, tourne autour de ce problème lancinant, au sein de la confédération, de la double légitimité nécessairement liée

---

21. Maurice Tremblay, «Orientation de la pensée sociale», dans René Durocher et Paul-André Linteau, *Le retard du Québec et l'infériorité économique des Canadiens francais*, Trois-Rivières, Boréal Express, 1971.

22. Gilles Bourque, Jules Duchastel et Jacques Beauchemin, *La société libérale duplessiste*, Montréal, Les Presses de l'Université de Montréal, 1994.

à l'existence de deux grands niveaux de gouvernement. En effet, la redéfinition providentialiste de la régulation sociale s'effectue, par définition, dans le cadre national, c'est-à-dire panétatique, puisque le principe de l'universalité qui en constitue le fondement suppose que les politiques qui seront mises de l'avant devront être accessibles à l'ensemble des citoyens. Une telle perspective approfondit les dimensions nationales de la légitimité politique et exacerbe la question des rapports identitaires dans les pays où ils posent problème. La résurgence des mouvements nationaux dans plusieurs pays démocratiques occidentaux durant les années soixante n'est certes pas étrangère aux effets de l'affirmation de l'État-providence. Le cas du Québec est exemplaire à ce propos. Au niveau provincial québécois où se concentre une minorité, on assiste dans l'après-guerre à une véritable politisation de la représentation de la race canadienne-française et catholique. Cette politisation consiste à utiliser les dimensions ethniques et culturelles de la représentation de la communauté au profit d'une affirmation politique de l'espace de la province de Québec, même si, bien sûr, ce procès ne sera jamais achevé dans le discours unioniste. En d'autres termes, le fait que le fédéral propose une très nette « canadianisation » de la régulation économique et sociale dans le passage à l'État-providence pousse le duplessisme à contrer ces avancées centralisatrices par la politisation de l'espace provincial (l'autonomie de la province) et des rapports identitaires (le pacte sacré entre deux races).

L'AMBIGUÏTÉ DE LA NOTION DUPLESSISTE DE NATION

La tendance à la politisation d'une représentation identitaire généralement considérée comme apolitique est ainsi manifeste dans l'espace du débat constitutionnel. Il faut d'abord constater que le discours à portée constitutionnelle de l'Union nationale est caractérisé par l'ambiguïté quand il s'agit de représenter la communauté canadienne-française. Dans le discours duplessiste, l'adjectif **nationale**, utilisé au singulier, renvoie très nettement à la réalité canadienne et aux compétences fédérales en matière constitutionnelle. Il est assez rare que l'épithète national soit associé à la réalité québécoise. Ici, le discours duplessiste reconnaît spontanément la réalité nationale canadienne :

> Le gouvernement entend coopérer à la grandeur et à la prospérité de la Confédération canadienne fondée sur le respect du pacte fédératif essentiel à la véritable unité nationale (discours du trône, 1945).

> Nous sommes persuadés que le respect intégral de l'autonomie provinciale est essentiel à l'unité nationale bien comprise (discours du trône, 1951).

Une séparation s'effectuera cependant dans le discours duplessiste quand il sera explicitement question de la communauté canadienne-française au sein de l'espace canadien. La représentation du Canada se scindera alors en **races** et en **ethnies** différentes. Voilà qui rappelle les fondements ethnicistes de la représentation de la communauté. Mais le traitement que reçoivent ces notions dans le discours constitutionnel duplessiste les érige en arguments politiques aussi clairement que l'invocation, plus contemporaine, de la notion de « société distincte » a constitué l'argument politique dominant dans le débat au cours des années soixante-dix et quatre-vingt. L'ajout dans bon nombre d'énoncés de l'adjectif **nationales**, utilisé au pluriel cette fois, renvoie le plus souvent aux **traditions nationales**, c'est-à-dire à l'ensemble des particularités historiques et nécessairement communautaires qu'ont prises au Québec le bloc social et la régulation politique à l'intérieur de l'État libéral. En effet, ce qui se profile dans les positions constitutionnelles duplessistes, par-delà ses aspects les plus rétrogrades, c'est la ferme volonté de reconduire une forme particulière de régulation sociale, celle-là même qui soutient le bloc social duplessiste (l'Église, la petite bourgeoisie traditionnelle, la classe agricole comme classe appui, les bourgeoisies américaine, anglo-canadienne et, sous la domination de ces deux dernières, la bourgeoisie québécoise). La régulation sociale libérale a pour effet de confier ce qu'on appelle le domaine social aux institutions de la sphère privée, en l'occurrence l'Église et les institutions investies par la petite bourgeoisie traditionnelle. Or, la stratégie constitutionnelle duplessiste consiste à brandir les particularités de la communauté dans le but de contrer le projet providentialiste fédéral et, ce faisant, de défendre l'intégrité de l'État libéral dans l'espace québécois. Les particularités nationales qui sont posées dans le discours en guise de repoussoir sont inscrites dans le jeu politique en ce qu'elles servent de munitions dans la lutte, permanente au Canada, portant sur la forme du fédéralisme. On n'a qu'à lire le contenu de plusieurs tirades duplessistes s'opposant à l'établissement de politiques sociales pancanadiennes pour s'en convaincre :

> Nous, de la province de Québec, estimons que notre droit d'exister au sein de la confédération, notre droit de vivre suivant nos propres traditions, est de la plus haute importance (conférence constitutionnelle de 1946).

> La législation sociale comporte des éléments basiques qui touchent profondément aux traditions, aux habitudes, aux *ways of life* (conférence constitutionnelle de 1950).

> Nous sommes extrêmement favorables à un programme national de santé qui tiendra compte de la mentalité, des traditions et des prérogatives du peuple de la province de Québec (discours électoral, 1948).

La référence aux traditions de la communauté canadienne-française constitue un véritable procès de politisation de ces dernières. Le maintien d'une régulation libérale au Québec, reliée ici aux traditions religieuses et nationales, implique la défense de l'autonomie provinciale sur une base nationalitaire. Ce qui signifie que l'ethnicisme caractérisant le nationalisme de cette période ne correspond pas automatiquement à un apolitisme stérile et sans signification dans le contexte politique canadien. Au contraire, il sert un projet pleinement politique : le maintien de la régulation sociale libérale et des institutions qui lui sont associées.

Pour l'Union nationale, la législation sociale renvoie aux « traditions, aux habitudes, aux *ways of life* » ou encore elle « est basée sur des traditions que nous considérons essentielles ». Cette invocation de la spécificité nationale du Québec n'a rien d'idéaliste ou de platement rituel. Elle constitue l'affirmation politique de la nation canadienne-française dans le contexte bien particulier du passage à l'État-providence que le régime s'emploie à combattre. Bien sûr, l'Union nationale défend par le fait même le contrôle d'une grande partie de la gestion des politiques sociales qu'exerce l'Église (et les Églises) au Québec. C'est en ce sens que l'historiographie a reconnu dans ces positions anti-keynésiennes les caractères réactionnaires du duplessisme. Mais il convient de remarquer que la représentation ethniciste de la communauté n'empêche nullement l'affirmation d'une position ouvertement politique. On peut même aller plus loin pour peu que l'on me pardonne une légère propension à la thèse paradoxale. La politisation du nationalisme ethniciste sous le régime duplessiste dans le contexte que l'on sait ouvre sur celle, intégrale et pleinement assumée celle-là, du néonationalisme de la Révolution tranquille. Le passage de Canadien français à Québécois, de la « province de Québec » au « Québec » tout court et, enfin, du gouvernement du Québec à un presque État du Québec est rendu possible par le travail de redéfinition identitaire qu'effectue le duplessisme à même le matériel ethniciste qui est le sien dès sa prise du pouvoir.

Le discours politique duplessiste politise la référence à la tradition et aux « coutumes » canadiennes-françaises à l'intérieur d'une politique de résistance de tous les instants au providentialisme soutenu par le gouvernement fédéral. Il faut donc d'entrée de jeu reconnaître le caractère politiste de ce nationalisme, en dépit du fait que la définition de la collectivité canadienne-française qu'il ne cessera de brandir s'organise autour de la référence à une histoire et une origine communes, à la langue, à la culture et à la religion, formant ainsi une représentation identitaire que l'on a, à bon droit, qualifiée d'ethniciste.

En somme, il me semble qu'il faut tirer deux enseignements de la particularité qu'emprunte le nationalisme dans le Québec duplessiste. Premièrement, l'ethnicisme que l'on a reconnu en lui est le résultat des luttes politiques du siècle dernier en vertu desquelles la collectivité s'est trouvée dans l'impossibilité de se définir autrement que comme « objet » dans l'histoire alors qu'on la marginalisait sur le plan politique. En fondant en une seule les deux Chambres d'assemblée, l'Union minorise concrètement la représentation politique canadienne-française et paraît traduire en cela le projet assimilateur énoncé dans le rapport Durham. Que cette définition à caractère ethniciste de la communauté ait ensuite survécu jusque dans le discours social duplessiste n'a rien pour étonner. Surtout, elle ne devrait pas susciter le malaise ou la culpabilité que plusieurs ressentent à la seule évocation des penchants antisémites ou antidémocratiques que ce nationalisme a pu en effet entretenir, comme si ces attitudes relevaient d'une tare quasiment génétique. L'ethnicisme doit être mis en relation avec les déterminations historiques qui l'ont rendu possible, voire peut-être nécessaire. La race comme désignation identitaire, et la problématique ethniciste qui en découle, était sans doute la seule forme que pouvait adopter le nationalisme canadien-français au sortir du XIXe siècle.

Enfin, il faut insister une dernière fois sur le fait que cet ethnicisme n'autorise pas à conclure à l'apolitisme du nationalisme duplessiste. La chosification de certaines caractéristiques identitaires qu'il a impliquées n'a pas empêché que ce nationalisme ait été utilisé dans le feu du débat politique le plus important de l'après-guerre : celui du passage à l'État-providence au Canada. La politisation des grands thèmes ethnicistes qu'impliquaient l'idée d'une origine commune et celle de certaines particularités culturalo-religieuses devait déboucher sur la redéfinition de la nation québécoise de telle manière que puisse ensuite surgir le projet de sa souveraineté politique.

TROISIÈME PARTIE

LES NATIONALISMES DE 1960 À 1990

9

« RETOUR VERS LE FUTUR » : DE DANIEL JOHNSON À DANIEL JOHNSON

FRANÇOIS ROCHER

La façon dont on a conçu la place du Québec dans le régime politique canadien s'est grandement modifiée au cours des trois dernières décennies. Les incessantes propositions de réaménagement du fédéralisme canadien aussi bien que le projet souverainiste illustrent des modes d'appréhension particuliers, parfois complémentaires ou contradictoires, de ce qui constitue ou doit constituer la « nation ». Ainsi, les aménagements institutionnels privilégiés par les différents partis et qui ont alimenté la chronique politique depuis 1960 renvoient à une réalité beaucoup plus profonde, à la fois symbolique et structurante, associée à ce qu'il est convenu d'appeler le nationalisme québécois. Or, la nation s'inscrit dans l'univers des idéologies, de l'imaginaire collectif, de la représentation que s'en font ses membres ou, pour reprendre Max Weber, du « sentiment subjectif d'appartenir à une même communauté[1] ». Ce faisant, cette représentation subjective est sujette à des contestations et des modifications, fruits de rapports de pouvoirs entre des classes sociales, des groupes, des institutions. L'idée de la nation n'est jamais fixée définitivement puisqu'elle est toujours remodelée en fonction de la configuration particulière des rapports de force. Elle est donc grandement conditionnée dans l'espace et dans le temps non seulement par les circonstances et les conjonctures, mais aussi par les structures politiques et économiques au sein desquelles elle évolue. Toute idéologie, représentation particulière, cherche à s'imposer au détriment des autres.

---

1. Max Weber, *Économie et société*, tome I, Paris, Plon, 1971, p. 41.

L'idée que l'on s'est fait de la « nation » au Québec et les projets politiques qui y ont correspondu ne se sont pas développés en vase clos. Le nationalisme québécois a été grandement influencé par les transformations qui ont affecté le reste du Canada ; il s'est modifié au fur et à mesure que l'idée de ce qui devrait constituer la « nation canadienne » devenait plus précise et réussissait à s'imposer. C'est dire que cette dynamique a pris place dans un contexte où les forces en présence étaient et sont toujours inégales. Les représentations de la « nation » de référence peuvent être complémentaires ou contradictoires. Elles reflètent néanmoins une hégémonie de représentation que les débats constitutionnels ont permis de mettre au jour avec beaucoup de clarté. Derrière ce qui peut apparaître à plusieurs comme des technicalités hors de portée du commun des mortels, les péripéties constitutionnelles ont permis de projeter à l'avant-scène les conceptions contradictoires de la nation de référence (québécoise ou canadienne), de la place et du rôle qui doivent être tenus par les francophones du Canada et plus particulièrement du Québec, et des aménagements institutionnels qui peuvent rendre compte de ces représentations.

Ce court détour de nature générale est essentiel, car il permet de poser dès le départ l'important contexte social et politique dans lequel Daniel Johnson père et Daniel Johnson fils ont développé leurs visions respectives de la « nation ». La représentation idéologique du Canada était en pleine reconfiguration au moment où Daniel Johnson père cherchait à mieux définir la place des Canadiens français dans l'ensemble canadien. La commission Laurendeau-Dunton se penchait alors sur la problématique de la dualité et le gouvernement fédéral d'avant Pierre Trudeau, ainsi que les principaux partis fédéraux n'étaient pas opposés à cette idée. Le contexte dans lequel évolue Daniel Johnson fils est complètement différent. Il est marqué par l'héritage légué par Pierre Trudeau, les amendements constitutionnels apportés en 1982 et les échecs répétés des réformes constitutionnelles de 1987 et 1992. Toutes les tentatives de (re)définition de la « nation » au Québec sont marquées — sinon contrées — par l'idée dominante de la « nation canadienne » qui, il faut l'admettre, fait partie de l'imaginaire collectif québécois. C'est cette hiérarchie des pouvoirs qui existe aujourd'hui au Canada, éminemment favorable au gouvernement central et qui fonde l'hégémonie de l'idée de la « nation canadienne ». Cette idée n'est pas remise en question par Daniel Johnson fils. Cela explique les nombreuses ambiguïtés de son discours politique qui, tout en ne voulant pas rompre avec le nationalisme québécois, est incapable de préciser comment il est possible d'être à la fois Canadien et Québécois sans renier du même coup l'idée qui s'est imposée de la « nation » québécoise et les conséquences logiques qui devraient en découler.

Au cours des années 1960, le nationalisme mis de l'avant par Daniel Johnson père s'est graduellement modifié et illustre le passage idéologique d'un nationalisme essentiellement canadien-français à un nationalisme qui pose le Québec comme référent géographique à l'identité des francophones du Canada. Néanmoins, ce discours nationaliste n'était pas exempt d'ambiguïtés quant aux conséquences politiques d'une telle vision pour le Québec. Il marquait toutefois une rupture par rapport à la façon dont on percevait le Québec antérieurement et posait les principales balises à ce qui allait devenir le nationalisme québécois moderne. Pour sa part, le discours politique de Daniel Johnson fils et le nationalisme qui l'inspire rompent avec le type de questionnement qui avait inspiré la démarche de Daniel Johnson père. Ils renvoient à une vision du Québec qui, tout en voulant s'inscrire dans la dynamique nationaliste, est obligée de la nier par refus d'en assumer toutes les conséquences.

DU RÊVE D'ÉGALITÉ DE DANIEL JOHNSON PÈRE[2]

Au début des années 1960, la pensée politique et constitutionnelle de Daniel Johnson ne se démarque guère des idées et du style propres à Maurice Duplessis. Tout comme son maître à penser et reprenant les thèses propres au nationalisme traditionnel, Johnson réaffirmera la mission providentielle du Canada français. Dans son esprit, même si le gouvernement de la province de Québec a d'abord un rôle administratif, celui-ci a aussi la responsabilité de la destinée du peuple canadien-français catholique. Dans ce contexte, il n'est pas étonnant de constater qu'il appréhendera les questions fédérales-provinciales dans une perspective autonomiste. L'épanouissement de la nation canadienne-française est possible si les compétences provinciales prévues dans la Constitution canadienne sont respectées par Ottawa et si les Canadiens français du Québec sont maîtres de leurs institutions : « Avec les articles 92 et 93 de la Constitution, nous avons tout ce qu'il faut pour assurer cet épanouissement[3] ».

---

2. Cette section emprunte à ma communication présentée au colloque « Daniel Johnson : rêve d'égalité et projet d'indépendance », tenue du 23 au 25 mars 1990 à l'Université du Québec à Montréal.

3. *Le Devoir*, le 20 octobre 1961, p. 1.

À compter de 1962, la perspective de Daniel Johnson se modifie substantiellement. La montée des idées « séparatistes » doit être posée comme toile de fond à son discours. Les « séparatistes » sont présentés comme des autonomistes plus pressés et plus radicaux que les autres. Selon lui, la communauté québécoise réclame une application juste de la Constitution dans l'esprit de celui des pères de la Confédération. Si cela n'est plus possible, il réclame sa modification afin de faire cesser les injustices dont le Québec souffre, notamment à cause d'une tendance à l'envahissement des compétences constitutionnelles provinciales par le gouvernement central. Dans cette perspective, « les prochaines années pourraient bien être pour la Confédération les années de la dernière chance » puisque « la communauté québécoise ne veut plus être dupe d'une confédération qui refuse en fait, sinon en droit, de la reconnaître comme une communauté culturelle distincte et autonome[4] ». Il s'éloignera rapidement de la perspective autonomiste qui avait caractérisé le régime Duplessis et réclamera une refonte complète de la Constitution canadienne.

Daniel Johnson se montre toujours réticent à l'égard de l'approche du gouvernement de Jean Lesage concernant la participation du Québec aux conférences fédérales-provinciales. Celui-ci avait accepté l'idée de vivre la souveraineté provinciale dans l'interdépendance des gouvernements. Johnson craint entre autres que le fédéralisme coopératif en vienne à remplacer la nécessité de modifier la Constitution. Encore une fois, dans ce processus, c'est le Québec qui a le plus à perdre[5].

Dans ce nouveau contexte, Johnson appréhende que la volonté majoritaire des participants l'emporte sur les principes qui sont inscrits dans la Constitution. Le Québec risque d'être désavantagé, n'étant plus qu'un partenaire parmi d'autres. Le gouvernement fédéral ne respectant plus la division des pouvoirs, le Québec se trouve dans un état de dépendance perpétuelle envers le reste du pays. Dans un fédéralisme qui ne serait rien d'autre que le règne de la majorité, Johnson réclame la protection de la Constitution puisque « les Constitutions existent d'abord pour les minorités. Elles sont faites précisément pour ceux qui, n'ayant pas la force du nombre, ne peuvent compter que sur la force du droit[6] ». Même la possibilité pour le Québec d'utiliser son droit à l'*opting out,* formule mise de l'avant par le Parti libéral, est dénoncée par Johnson, qui la décrit comme « le plus souvent le droit de repro-

---

4. *Le Nouveau Journal*, le 17 janvier 1962.
5. *Le Devoir*, le 2 septembre 1965, p. 1.
6. *La Presse*, le 1er février 1964, p. 1.

duire, dans nos propres lois les normes établies en fonction des besoins et des priorités des autres[7] ».

On le voit bien, l'idée d'égalité des nations est centrale dans le discours de Daniel Johnson. C'est en son nom qu'il s'oppose à ceux qui réclament une enquête sur le bilinguisme et le biculturalisme au Canada : « Ce n'est pas une enquête sur le bilinguisme qu'il nous faut avant 1967, mais une assemblée constituante ; pas une Constitution rapiécée, mais une Constitution nouvelle. Sans quoi, il n'y aura pas d'autre issue que l'indépendance du Québec[8] ». La dualité chère à Daniel Johnson est d'abord sociologique (celle d'une communauté humaine manifestant une unité historique, linguistique, religieuse et économique animée d'un vouloir-vivre commun) et ne diffère guère en cela de la vision mise de l'avant par André Laurendeau. Cette dualité nationale ne dépend pas de l'origine ethnique des citoyens mais de leur culture. L'existence d'une nation, selon une évolution normale, doit conduire à la création d'un État national : « La nation, phénomène sociologique, tend à coïncider avec l'État, phénomène politique. [...] C'est le fait de la plupart des nations parvenues au terme de leur évolution[9] ». Il s'agit d'une réalité que partage la nation canadienne-française et c'est pourquoi ces derniers « cherchent à s'identifier à l'État du Québec, le seul où ils puissent prétendre être maîtres de leur destin et le seul qu'ils puissent utiliser à l'épanouissement complet de leur communauté, tandis que la nation canadienne-anglaise tend de son côté à faire d'Ottawa le centre de sa vie communautaire[10] ». Ce phénomène est commun aux provinces anglo-canadiennes qui acceptent de perdre leur marge de manœuvre dans leurs champs de compétence puisqu'elles savent que les normes fixées par Ottawa sont conçues en fonction de la majorité.

Il apparaît impossible à Daniel Johnson de récupérer la Constitution de 1867 tant elle a été malmenée. Il accuse le régime fédéral d'avoir fait du Québec une province comme les autres, de maintenir les minorités françaises hors Québec dans un état permanent d'infériorité économique et culturelle, de faire de la communauté québécoise elle-même une minorité en la privant de ressources fiscales et en lui imposant des normes unificatrices en vertu de programmes conjoints[11]. Il faut donc réécrire la Constitution au complet. Le Québec doit cesser

---

7. *La Presse*, le 20 mai 1966, p. 15.

8. *Le Devoir*, le 18 janvier 1963, p. 1.

9. Daniel Johnson, *Égalité ou indépendance*, Montréal, Éditions de l'Homme, 1965, p. 23.

10. *Ibid.*, p. 24.

11. *Le Devoir*, le 15 février 1963, p. 1.

de rêver à une impossible unité : « C'est l'union qu'il faut désormais chercher, l'union dans la liberté, l'harmonie dans le respect des souverainetés nationales, l'alliance de deux communautés ayant des titres égaux à l'autodétermination. Voilà ce que l'État du Québec devrait, sans tarder, faire savoir à Ottawa[12] ». La Constitution devient donc un carcan désuet pour les deux communautés culturelles. Les besoins du Canada français conduisent celui-ci à réclamer plus d'autonomie alors que ceux du Canada anglais vont dans le sens d'une plus grande centralisation politique[13]. C'est pourquoi une réforme constitutionnelle est si importante pour accommoder les deux communautés culturelles. D'ailleurs, les limites de la Constitution de 1867 sont nombreuses : les zones grises qui tiennent aux obscurités de l'Acte ne l'Amérique du Nord britannique ; les problèmes liés à son interprétation compte tenu de l'absence d'un véritable tribunal constitutionnel où chaque groupe serait également représenté ; la pratique du fédéralisme, notamment à travers les programmes conjoints et les subventions conditionnelles, qui modifie et contredit les dispositions constitutionnelles. La règle de la majorité agit ici d'une façon décisive et déterminante[14].

Il ne reste donc plus que deux options possibles pour le Québec : ou bien il devient maître de sa destinée dans un partenariat reconnaissant l'égalité des deux collectivités, ou bien il faudra songer à la séparation complète. Johnson en vient donc à établir une relation étroite entre l'avenir du Canada français et le nouveau rôle qui devrait être joué par le Québec. Dans son message du 24 juin 1963, il reconnaît que la province de Québec n'est pas le Canada français, mais il ajoute qu'elle en est « la maison paternelle, le foyer principal ». Dans ce contexte, elle ne peut être considérée comme une province comme les autres et doit disposer d'une grande maîtrise économique et fiscale[15]. Cette logique s'inscrit dans la thèse de l'État-nation. La nation canadienne-française est présente au Canada depuis trois siècles mais n'est majoritaire qu'au Québec. Il va donc de soi que ce soit le gouvernement du Québec qui dispose de compétences et de moyens d'action nécessaires à son épanouissement.

Dans l'ensemble, Daniel Johnson mettait de l'avant une représentation de la « nation » fondée sur la communauté de destin d'un groupe particulier, celui des Canadiens français. Son procès du régime fédéral

---

12. *Le Devoir*, le 18 janvier 1963, p. 1.
13. *La Presse*, le 11 octobre 1963, p. 41.
14. *Le Droit*, le 9 mai 1964, p. 6.
15. *La Presse*, le 24 juin 1963, p. 27.

est impitoyable et appelle une reconfiguration de l'espace politique canadien. La nation sociologique dont il est question, selon Johnson, doit se constituer en nation politique. Cela peut être possible au sein du régime fédéral si, et seulement si, celui-ci consent à des aménagements particuliers qui reflètent le caractère dualiste du Canada. En bout de piste, son nationalisme, bien qu'il soit canadien-français, s'ancrait dans un territoire québécois «égal ou indépendant». Le projet politique défendu par Johnson portait les aspirations d'une «nation» étroitement définie, presque exclusive. Le contexte politique québécois et canadien était propice à l'émergence d'un tel nationalisme. La Révolution tranquille battait son plein et l'appareil d'État était en pleine expansion. La «question québécoise» était préoccupante pour le reste du Canada qui avait institué la Commission royale d'enquête sur le bilinguisme et le biculturalisme. Certains leaders politiques, notamment le premier ministre Pearson, n'étaient pas complètement fermés à l'idée de chercher des accommodements avec le Québec. Porté par ce nationalisme qui imbibait la société québécoise de l'époque, Daniel Johnson était le seul premier ministre provincial à réclamer des modifications substantielles à une Constitution centenaire et jugée désuète. Cet appel à des réformes constitutionnelles allait toutefois se retourner contre le Québec au début des années 1980 et modifier considérablement la façon dont le nationalisme peut composer avec un fédéralisme qui exclut toute réforme en profondeur sur la base des demandes formulées par le Québec, des plus ambitieuses aux plus minimales, au cours des trente dernières années.

À LA RÉSIGNATION DE DANIEL JOHNSON FILS

Le contexte politique au moment de l'accession de Daniel Johnson fils à la direction du Parti libéral du Québec est tout autre. Alors que les circonstances étaient favorables aux revendications québécoises au cours des années 1960, le Québec des années 1990 est politiquement marginalisé dans le régime fédéral et son rapport de force s'est volatilisé. Les pires appréhensions de Daniel Johnson père se sont concrétisées : le Canada a modifié sa Constitution sans l'accord du Québec en 1982, enchâssant une formule d'amendement qui n'accorde pas un droit de *veto* au Québec sur les amendements futurs touchant à la division des pouvoirs et une Charte des droits qui limite les pouvoirs du Québec en matière de législation linguistique. Le processus d'édification de la «nation canadienne», avec les représentations qui l'accompagnent et qui sont devenues hégémoniques au Canada, explique en grande partie les échecs successifs des timides tentatives de 1987 et 1992 de faire reconnaître le caractère distinct du Québec et de l'inscrire dans la Constitution. Le « fédéralisme renouvelé » est devenue une hypothèse désuète. Ne reste plus que le fédéralisme tel qu'il s'est développé depuis la fin de la Seconde Guerre mondiale, centralisateur, prônant l'égalité des provinces et jetant aux orties le principe de la dualité, ou l'indépendance du Québec. En dehors de ces deux voies, il n'est plus possible d'espérer.

Daniel Jonhson fils comprend parfaitement cette nouvelle donne et en saisit toutes les implications politiques. Il comprend que les échecs successifs des tentatives de renouvellement de la Constitution ont fait fondre comme neige au soleil le rapport de force du Québec. Ce rapport de force, avec ses multiples variantes, trouvait toujours son fondement dans l'approche mise de l'avant par Daniel Jonhson père et qui se résume en peu de mots : égalité ou indépendance. Même pendant un temps, Robert Bourassa avait laissé entendre publiquement qu'il ne dérogeait pas à cette ligne de conduite, même si l'on sait maintenant qu'il en était autrement au plan de la stratégie politique[16]. En se disant d'abord et avant tout fédéraliste, Daniel Johnson fils n'a pas d'autres choix que d'accepter les règles du jeu fixées par les autres « partenaires » canadiens. Or, ce faisant, il est obligé de revoir les paramètres définissant l'idée de la « nation » québécoise. L'idée d'égalité, si chère aux Laurendeau, Johnson père et Lévesque, est officiellement morte en 1982, bien qu'on en ait eu des signes prémonitoires dès 1968 avec l'élection de Pierre Trudeau à la tête du Parti libéral du Canada.

Sur le plan constitutionnel, et contrairement à ce qu'on laisse entendre dans les médias, la position de Daniel Johnson fils est limpide : le Québec peut très bien s'accommoder de l'actuelle Constitution dans la mesure où le fédéralisme est, par nature, en constante évolution. Cette approche est un geste de résignation. Puisque des changements constitutionnels sont impossibles à obtenir à l'heure actuelle, il ne sert à rien d'en réclamer. Il s'agit là du prix à payer lorsqu'on est inconditionnellement en faveur du maintien du Québec dans le régime fédéral. Au moment de la campagne électorale de 1994, il laisse clairement savoir que, comme premier ministre, il ne brandirait jamais la menace souverainiste devant le reste du Canada pour obtenir des gains dans des discussions constitutionnelles. Pour lui, l'indépendance n'est pas un moyen d'atteindre l'égalité. De là les efforts déployés par

---

16. Jean-François Lisée, *Le Tricheur. Robert Bourassa et les Québécois 1990-1991*, et *Le Naufrageur. Robert Bourassa et les Québécois 1991-1992*, Montréal, Boréal, 1994.

Daniel Johnson pour modifier l'équation présentée lors de la campagne référendaire sur l'accord de Charlottetown en 1992 par son prédécesseur, qui soutenait qu'un Non allait permettre aux souverainistes d'opposer la souveraineté au *statu quo*, au fédéralisme irréformable[17]. Robert Bourassa avait vu juste, d'où la nécessité de discréditer l'idée du *statu quo* et de la substituer par celle du « fédéralisme évolutif ». Lysiane Gagnon avait raison lorsqu'elle affirmait que Daniel Johnson « va plus loin et rompt avec une tradition établie par tous les premiers ministres québécois depuis Jean Lesage, celle d'exiger des transferts de pouvoir. Tous en ont réclamé, même son propre père [...]. Ce qu'il dit au fond, c'est la même chose que Parizeau : il n'y a que deux options réalistes, et il est vain de s'acharner à vouloir transformer le Canada de fond en comble : on y reste ou on y sort[18] ».

Cette évolution est possible par voie d'ententes administratives sur des questions bien précises, telles la formation de la main-œuvre, l'environnement, les communications ou l'immigration. Johnson fils propose de mettre fin aux chevauchements et au double-emploi. C'est sur cette base que le Québec doit renouveler ses liens historiques et naturels avec ses partenaires canadiens.

Le « fédéralisme évolutif » dont il est ici question se fonde sur une idée imprécise de la « nation » de référence. C'est sur cette question que le discours de Daniel Johnson est confus et inconséquent. Il refuse de voir, pour reprendre les termes de Fernand Dumont, que « ce sont deux conceptions de la nation et de l'État qui s'affrontent[19] ». Daniel Johnson n'hésite pas à proclamer que la Constitution de 1982 constitue un recul pour le Québec et dit adhérer aux revendications traditionnelles du Québec, mais il ne dit pas de quelle manière la loi fondamentale du pays devrait et pourrait être amendée. Il reconnaît la validité du concept de « société distincte » mais signale du même souffle que le Québec et le Canada se sont développés dans le contexte constitutionnel actuel : le Québec peut y exercer « les principales responsabilités du développement de notre société, tandis que la Constitution confère à Ottawa des pouvoirs qui sont, pour la plupart, assez logiquement exercés[20] ». En d'autres termes, d'ici d'improbables négociations constitutionnelles où le Québec mettrait de l'avant ses demandes traditionnelles (reconnaissance de sa

---

17. Michel Venne, « Le Canada évolutif de Johnson », *Le Devoir*, le 15 juin 1994, p. A1.
18. Lysiane Gagnon, « La fin de l'ambiguïté », *La Presse*, le 19 mars 1994, p. B3.
19. Fernand Dumont, *Raisons communes*, Montréal, Boréal (coll. « papiers collés »), 1995, p. 47.
20. *Le Devoir*, le 18 mars 1994, p. A1.

spécificité, encadrement du pouvoir de dépenser, pouvoirs spécifiques en matière d'immigration et rétablissement du droit de *veto*), Daniel Johnson s'enferme dans le discours de l'autonomie provinciale : « À l'évidence, le Québec est une société distincte. Notre avenir est lié à la reconnaissance de cette caractéristique. Tous les gestes que nous faisons, toutes les discussions que nous avons dans quelque forum que ce soit, s'alimentent constamment de l'exercice de la plus grande autonomie, par le Québec, de ses compétences[21] ». En clair, la « reconnaissance de cette caractéristique » passe par l'exercice de l'autonomie provinciale. C'est à travers cette quête d'autonomie que doivent être compris les thèmes du rejet du *statu quo* et du « fédéralisme évolutif ». Il n'est pas anodin de constater que le principal problème, selon lui, relève du pouvoir fédéral de dépenser qui a permis à ce dernier d'intervenir dans des champs de compétence provinciale. Or, contrairement à ce que laisse clairement entendre Daniel Johnson, la défense des intérêts du Québec ne se limite pas à l'arène des chicanes administratives. Il s'agit plus fondamentalement de l'idée que l'on s'est fait de la société et de la communauté politique québécoises.

En cela, Daniel Johnson ne va pas au bout de la logique comme le faisait son père. C'est à cet égard que son discours est dangereusement inconséquent. S'il adoptait la vision de son père, il ne pourrait pas se contenter d'ententes administratives, il s'interrogerait sur la place qui est réservée au Québec dans l'ensemble canadien, il se demanderait si le Québec peut s'accommoder d'un régime fédéral dont le *credo* tourne autour des thèmes de la stricte égalité des provinces et des individus, un régime qui met de l'avant l'idée d'une « nation canadienne » qui se conjugue au multiculturalisme et au bilinguisme institutionnel. Il comprendrait, comme Daniel Johnson père, les dangers du fédéralisme dit « coopératif » où le Québec jouit du même statut que l'Île-du-Prince-Édouard, au sein duquel la notion de « consensus » porte le germe de l'exclusion du Québec, comme cela fut éloquemment démontré en 1981. Il suivrait le conseil de Marcel Adam qui l'invitait à ne « pas trop chercher à se donner l'image d'un homme voué au changement de la fédération, et travailler davantage à réduire les expectations (sic) chimériques des fédéralistes québécois, entretenues depuis trois décennies par nos dirigeants politiques et les élites nationalistes[22] ». En somme, pour Daniel Johnson fils, le *statu quo*

---

21. *Le Devoir*, le 19 août 1994, p. A10.
22. Marcel Adam, « Daniel Johnson doit éviter le piège des mots et modifier le discours fédéraliste », *La Presse*, le 28 janvier 1995, p. B2.

constitutionnel est la réalité politique qui s'impose aujourd'hui et l'on doit s'en accommoder. Les efforts doivent porter à convaincre les Québécois de la nature changeante de la fédération par voies d'arbitrages judiciaires ou d'arrangements politico-administratifs.

Mais le Canada de Daniel Johnson renvoie d'abord et avant tout à l'espace économique, ou à ce qu'il appelle l'«union économique canadienne». Au cours d'une conférence prononcée à Londres devant la Chambre de commerce Canada-Royaume-Uni, il reprenait cette approche essentiellement utilitariste : «Il m'apparaît extrêmement important qu'être membre de l'union économique canadienne — un Québécois peut être Canadien, c'est dans l'intérêt de toutes nos populations — nous donne une force réelle additionnelle pour négocier sur la scène internationale des ententes. Si nous voulons quelquefois gagner, je préfère être un citoyen d'une unité économique de 30 millions plutôt que de 7 millions[23]». Un esprit cynique pourrait y voir les relents du «fédéralisme rentable» jadis promu par Robert Bourassa. Le Canada est essentiellement le plus gros marché d'exportation de produits québécois de sorte qu'il est essentiel de le consolider plutôt que de le démanteler. Conséquemment, les débats constitutionnels sont secondaires et ne reflètent pas les véritables préoccupations des Québécois : assurer le développement économique du Québec. On comprend mieux pourquoi Daniel Johnson rétorque, en réponse à la perspective souverainiste qui affirme que la création d'emploi passe par l'indépendance, que «la véritable indépendance, celle des citoyens, passe par l'emploi[24]». À l'approche collectiviste qui a toujours alimenté les débats constitutionnels vus du Québec, Daniel Johnson substitue une approche qui donne la primauté à l'individu où les référents identitaires sont exclus. Il ne s'adresse pas à la collectivité québécoise mais plutôt à l'individu atomisé. Le Québec n'est guère plus que la somme de ses habitants. On comprend mieux pourquoi Daniel Johnson est incapable de réconcilier les dynamiques identitaires particulariste et universaliste et qu'il oppose nationalisme et libéralisme. Lors de son premier discours à titre de premier ministre, Daniel Johnson affirmait être Canadien puisque :

> C'est la route de notre meilleur intérêt qui s'y trouve. Nous avons de grands choix dans ces circonstances, le grand choix de l'économie et de l'emploi, d'abord et avant tout, qui sera le champ de bataille quotidien où nous nous trouvons. [...] Est lié à ce choix, ces grands choix d'action économique, le

---

23. *La Presse*, le 4 février 1994, p. A1.
24. *Le Devoir*, le 18 mars 1994, p. A1.

choix constitutionnel qui peut en être le prolongement. Dans un contexte où c'est l'ouverture qui est la marque de commerce de toutes les transactions de l'activité humaine, que les frontières tombent, que, psychologiquement, nous devenons de plus en plus des citoyens du monde, il ne m'apparaît pas pertinent d'ériger de nouvelles frontières autour du Québec[25].

Cette opposition entre le libéralisme économique, marquée au coin de l'ouverture aux grands ensembles, et le projet souverainiste associé à un repli sur soi, constitue un glissement important. Elle indique une incompréhension, volontaire ou non, quant au fondement même de l'approche indépendantiste qui propose un mode d'insertion dans les espaces économiques continental et international en vertu d'un aménagement institutionnel différent. Comme l'indiquait pourtant clairement un document d'orientation du Bloc québécois : « [l]e Québec accepte l'intégration économique existante. Il doit cependant se soustraire à l'encadrement politique actuel pour mieux utiliser cette intégration économique [...][26] ».

Hormis son intention proclamée au cours de la campagne électorale de ne pas toucher à la Charte de la langue française et son discours portant sur la nécessité d'assurer la survie de la langue et de la culture française, il ne précise pas, au-delà de l'autonomie provinciale, quel rôle particulier doit jouer l'État québécois dans la promotion du caractère distinct du Québec au sein du Canada. De toute manière, il s'agit là d'une préoccupation secondaire de la part d'un leader politique obnubilé par les thèmes de l'emploi et de l'économie, comme si l'approche collectiviste excluait d'emblée ces préoccupations.

Le rêve d'égalité que chérissait Daniel Johnson père s'est fracassé sur le mur du rapatriement de la Constitution de 1982. Les timides tentatives visant à réintroduire cette idée ont lamentablement échoué en 1987 puis en 1992. Bien que reprenant le thème de l'égalité, Daniel Johnson fils est forcé de constater qu'il est maintenant harnaché par l'idée devenue hégémonique de la « nation canadienne ». L'idée de la « nation québécoise » défendue aujourd'hui par le chef du Parti libéral du Québec ne peut s'exprimer que dans le contexte de l'autonomie provinciale, faite de résistances à l'endroit du projet « national » canadien, idée dont le Québec s'était pourtant affranchi depuis la mort de Duplessis. Dommage que Daniel Johnson père ne puisse opérer un « retour vers le futur ».

---

25. Le texte du discours fut reproduit dans *La Presse*, le 12 janvier 1994, p. B2.
26. Lucien Bouchard, *Un nouveau parti pour l'étape décisive*, Montréal, Fides, 1993, p. 92-93. Pour une discussion plus approfondie de cette question, voir François Rocher, « L'environnement commercial d'un Québec indépendant », *Choix*, Série Québec-Canada, IRPP, vol. 1, n° 6, 1995.

10

LES GROUPES DE FEMMES ET LA QUESTION NATIONALE AU QUÉBEC

CHANTAL MAILLÉ

Nous voulons dans ce texte montrer les liens entre le mouvement des femmes et le projet identitaire québécois. De quelles façons et pourquoi les féministes québécoises francophones ont-elles choisi de s'engager dans la définition du projet identitaire québécois ? Nous avançons l'hypothèse que l'action d'une partie des féministes québécoises se situe en continuité avec le rôle de productrices d'ethnicité que les femmes québécoises ont joué dans l'histoire de cette société. Plusieurs des actions du mouvement des femmes au Québec autour du projet identitaire s'inscrivent dans le prolongement de la mission traditionnelle des femmes québécoises en tant que productrices d'ethnicité. Mais le discours déconstructionniste remet en question certains concepts, comme celui de culture nationale, qui doit maintenant se conjuguer avec l'idée de pluralisme. Cette réorientation se pose avec acuité dans l'actuel débat sur l'avenir du Québec, où l'on s'oriente vers l'idée d'un projet de souveraineté basé sur le choix d'appartenance.

LE MOUVEMENT DES FEMMES, UN AGENT IMPORTANT DANS LE PROCESSUS DE CHANGEMENT SOCIOPOLITIQUE AU QUÉBEC : LES TRENTE DERNIÈRES ANNÉES

Le Québec s'est montré une terre tout particulièrement fertile pour le développement du féminisme organisé au cours des trente dernières années. En parallèle aux mutations de cette société, laquelle est passée de relativement homogène à pluraliste, le mouvement féministe a dû composer avec cette société où sont revendiquées et où s'expriment dorénavant une diversité d'identités et d'appartenances, et d'où rejaillissent des discours aux voix multiples. Le projet identitaire québécois a-t-il fécondé le mouvement des femmes au Québec ou est-ce le mouvement des femmes qui a fécondé le projet identitaire? Voyons quelques éléments de réponse possibles.

L'origine du changement sociopolitique dans le Québec des trente dernières années a deux sources. D'une part, celle du changement sociopolitique, ou dynamique de modernisation, qui a favorisé des modifications dans les trajectoires de vie des femmes (élargissement de l'accès à l'éducation, adoption par les femmes de la planification des naissances, avec comme corollaire une baisse importante du nombre d'enfants par femme et donc une réduction des charges familiales, arrivée massive des femmes de tous âges sur le marché du travail sur une base de long terme). D'autre part, l'implantation d'un mouvement des femmes qui a été un acteur important dans ces réformes. L'une des conséquences de ce mouvement a été l'affirmation de l'existence des femmes comme groupe d'individus partageant une identité commune. L'affirmation de ce que l'on pourrait appeler le fait féminin constitue l'une des facettes les plus floues, les plus difficiles à cerner dans l'examen de la mouvance sociopolitique au Québec. Par fait féminin, je fais ici allusion au phénomène de reconnaissance des femmes par elles-mêmes comme individus à part entière, à la mise au monde de cette identité sous différents moyens d'expression, à la prise de conscience par les femmes de leur oppression et à sa remise en question, de même qu'à l'abandon des valeurs traditionnelles par la famille québécoise dans la division des rôles sociaux de sexe. S'il paraît difficile de cerner les contours exacts de ce changement, c'est qu'il s'est fait au moyen de formes très diverses: littérature, maisons d'édition féministes, cours universitaires sur les femmes, foisonnement de groupes de femmes aux vocations multiples mais aux points de convergence bien évidents, aussi.

Au cours des dernières décennies, deux forces se sont conjuguées pour proposer un renouvellement de la société québécoise: l'une portée par le désir d'émancipation nationale d'une couche de la société québécoise, l'autre portée par des femmes inspirées de la deuxième vague du féminisme. Pourtant, lorsque l'on y regarde de plus près, on peut saisir toute la distance qui sépare ces deux projets de société qui se sont développés en extériorité l'un par rapport à l'autre, alors que paradoxalement ce sont les femmes qui ont été au cœur de l'idéologie de survivance de cette société.

Le foisonnement des groupes de femmes au Québec, forme constitutive du mouvement des femmes depuis la fin des années 1960, a amené le féminisme organisé à jouer un rôle prépondérant dans le grand courant de réformes sociales qui a touché les femmes. Rappelons ici que, par une organisation polymorphe, il s'est formé des groupes féministes de toutes les tendances, orientés vers des objectifs et des pratiques diverses, comme les groupes radicaux de *consciousness-raising* des années 1970, tournés vers la prise de conscience collective des femmes de l'oppression patriarcale sous ses diverses formes, ou encore les groupes lobbyistes comme l'Association féminine d'éducation et d'action sociale (AFEAS) et la Fédération des femmes du Québec (FFQ), dont les actions furent orientées vers l'égalité économique des femmes. Et puis, il y a tout le réseau des centres de femmes, très présent en région, et les groupes de services orientés vers des clientèles précises comme les femmes désirant retourner aux études ou sur le marché du travail, qui ont permis à des femmes d'organiser des réseaux, de sortir du confinement à l'espace privé pour participer à des actions communautaires, politiques, des actions souvent à petite échelle, proches de la vie de tous les jours. L'organisation du féminisme au Québec et les débats qui l'ont traversée convergent dans la confirmation d'une histoire et d'une organisation féministes propres au Québec au sein de la société canadienne. Car il y a bel et bien deux mouvements féministes qui se côtoient au Canada, reproduisant le découpage fidèle des clivages politiques fondamentaux de ce pays.

QUESTIONS IDENTITAIRES AU QUÉBEC ET ÉCHOS DANS LE FÉMINISME QUÉBÉCOIS

Une fraction importante du mouvement des femmes au Québec a participé très étroitement au projet identitaire québécois. Selon l'historienne Yolande Cohen, déjà le mouvement des femmes du début du XXe siècle est interpellé par les ténors du nationalisme canadien-français, lesquels ont parfaitement compris le rôle stratégique que jouent les femmes pour la survie de l'identité de cette collectivité :

> Synonyme de changement dans le respect des traditions, le nationalisme canadien-français apparaît au tournant du siècle comme le projet d'intégration des femmes à l'entité qu'il veut constituer. Les idéologues nationalistes tels Henri Bourassa, le chanoine Groulx et la Fédération nationale Saint-Jean-Baptiste lancent aux femmes des appels répétés pour qu'elles se

joignent à eux. En vertu de leur rôle, gardiennes de la foi et de la langue, elles doivent préserver et promouvoir l'héritage national menacé par la modernisation[1].

On peut appliquer la même analyse au mouvement des femmes de la période contemporaine. Ce mouvement continue d'être interpellé par le discours d'affirmation nationale tout au long de la période qui s'étend de la fin des années 1960 à aujourd'hui. Micheline Dumont, dans un texte récent, énonce l'hypothèse que les femmes québécoises sont elles-mêmes au cœur de l'idée de société distincte pour le Québec :

> Maintenant que le Québec est au seuil de décisions fondamentales, les partis et groupes de pression ne doivent plus faire l'erreur d'oublier que la société distincte l'est également à cause des femmes. Les souverainistes et les fédéralistes de tout poil ne doivent jamais oublier qu'à l'aube des années soixante-dix, la première revue des féministes québécoises, lancée par le Front de libération des femmes (FLF), s'intitulait « Québécoises Deboutte ! » Et s'ils ont bien suivi l'actualité, ils doivent savoir que les Québécoises sont encore debout[2].

Deux événements survenus au cours des dernières décennies, soit la naissance du mouvement des Yvettes, en 1980, et plus tard, en 1992, le Forum « Un Québec féminin-pluriel », permettent d'approfondir notre réflexion sur les liens entre le mouvement des femmes et le projet identitaire.

Lors du référendum de 1980, seule la coalition des Yvettes s'est clairement identifiée comme groupe de femmes participant au débat constitutionnel. Voici quelques mots sur cette histoire qui soulève toujours la controverse quant à son interprétation.

C'est un éditorial signé par Lise Bissonnette, dans le quotidien *Le Devoir*, qui fut l'élément déclencheur de ce qui allait devenir le phénomène des Yvettes. Dans le texte en question, l'éditorialiste avance qu'il n'existe pas une telle chose que les femmes en matière d'options politiques. Elle écrit :

> On appelle les femmes à voter collectivement en tant que femmes, en agitant le souvenir de leurs ancêtres, en leur rappelant qu'après la Conquête, elles ont assuré la perpétuation de la nation francophone en Amérique du

---

1. Yolande Cohen « Du féminin au féminisme. L'exemple québécois », *in* Françoise Thébaud (s.d.), *Histoire des femmes. Le XXᵉ siècle*, Paris, Plon, 1992, p. 522-523.
2. Micheline Dumont, « Les femmes entrent en politique », *in* Anita Caron et Lorraine Archambault (s.d.), *Thérèse Casgrain, une femme tenace et engagée*, Sainte-Foy, Presses de l'Université du Québec, 1993, p.195.

Nord en fabriquant des petits Québécois à la douzaine et qu'il leur faudrait bien perpétuer cette œuvre aujourd'hui, non pas via les berceaux, mais via la boîte de scrutin. Ce sentimentalisme tient plus de la conscription intéressée en temps de crise que d'un appel à des êtres intelligents qui ont parfaitement le droit et le devoir de choisir en tenant compte des analyses politiques de l'heure, et non d'une pseudo-mission que leur aurait confiée la nature à la naissance. Les tenants du OUI, qui recourent le plus fréquemment à cette technique de culpabilisation, sont à cet égard les vrais conservateurs. La technique est d'autant plus désagréable qu'elle ne reconnaît les femmes en tant que collectivité que pour les fins du référendum. [...] Tant qu'elles devront l'intérêt qu'on leur porte aux sondages qui les montrent récalcitrantes plutôt qu'à leurs besoins réels et reconnus hors des périodes de fièvre politique, les femmes devront se méfier. Leur utilisation par un camp ne vaut pas mieux que l'indifférence de l'autre[3].

La littérature abondante sur le phénomène des Yvettes[4] témoigne de la profondeur des débats qui allaient être soulevés sur le sens du geste posé par les femmes du camp du NON en réponse à la remarque sarcastique de Lise Payette. Quatorze mille femmes du camp du NON se réunirent quelques semaines après que la ministre Payette eut prononcé les paroles litigieuses et s'autoproclamèrent des Yvettes, des ménagères fières de leur statut. L'événement fit grand bruit, et plusieurs y virent un tournant important de la campagne référendaire[5]. Les textes interprétatifs sur la question montrent l'absence de consensus sur le sens à donner à cette manifestation des femmes : d'un côté on proclame : « Nous sommes toutes des Yvettes » alors que, de l'autre, on écrit contre le phénomène de récupération des Yvettes : « On trompe les femmes ».

Quelques années plus tard, Évelyne Tardy écrivait que le phénomène des Yvettes a illustré le caractère paradoxal de l'engagement politique des Québécoises au tournant des années 1980 :

> [...] d'une part, l'importance qu'elles accordent de plus en plus à la participation à la vie politique, d'autre part la réticence des partis à leur reconnaître les possibilités de participer à part entière aux débats politiques. L'absence des femmes dans le débat constitutionnel actuel témoigne de cette exclusion[6].

---

3. Lise Bissonnette, « Une image erronée », *Le Devoir*, 13 mars 1980.
4. Voir : Chantal Maillé « Trajectoires du féminisme contemporain au *Devoir* 1970-1990 », *Le Devoir*, Montréal, Hurtubise-HMH, coll. « Cahiers du Québec », 1994.
5. Selon Yolande Cohen, « les Yvettes ont été le détonateur qui a contribué à faire échouer le projet de souveraineté présenté lors de ce référendum » (Yolande Cohen, « Du féminin au féminisme », *loc. cit.* p. 536). Mais il n'existe pas de preuve que le référendum sans les Yvettes aurait été gagné par le camp du OUI.
6. Évelyne Tardy, « Le caractère paradoxal de l'engagement des Québécoises au tournant des années quatre-vingt », *Thérèse Casgrain une femme tenace et engagée*, *op. cit.* p. 185.

FÉMINISME ET PROJET DE SOCIÉTÉ

Je me tourne maintenant vers l'analyse des liens entre féministes et projets de société au Québec. Pourquoi nombre de féministes québécoises francophones ont-elles choisi de s'engager dans la définition d'un projet de société, le faisant en marge des forums traditionnels ? Une hypothèse possible : l'action des féministes québécoises se situe en continuité avec le rôle de productrices d'ethnicité que les femmes québécoises ont joué dans l'histoire de cette société en lutte contre son statut de peuple conquis et de minoritaires. Dans l'histoire de cette société, les Québécoises francophones se sont vu attribuer le rôle de « gardiennes de la race » en réponse aux dangers posés par l'assimilation et le statut de territoire conquis de la Nouvelle-France. Or, on peut penser que c'est précisément ce statut historique, qui traverse tout un pan du discours sur l'identité québécoise, qui a été le moteur du féminisme québécois dans l'établissement de son agenda politique. Yolande Cohen écrit sur ce point : « Par sa participation active à la modernisation du nationalisme québécois, le féminisme peut se considérer comme une force politique non négligeable[7]. »

J'utiliserai un exemple récent pour illustrer cette association entre les féministes québécoises et les repères historiques du Québec.

En 1992, lors du référendum sur les accords de Charlottetown, les féministes du plus important organisme-parapluie du mouvement des femmes au Québec, la Fédération des femmes du Québec, se mobilisèrent autour du forum « Un Québec féminin-pluriel ». La présidente de la FFQ à cette époque, Germaine Vaillancourt, décrivait cette initiative en ces termes :

> C'est avec grand espoir que la Fédération des femmes du Québec a initié le forum « Un Québec féminin-pluriel ». Espoir d'en arriver enfin à ce que, toutes ensemble, nous puissions mettre en place les mécanismes qui privilégieront un projet féministe de société.

> Le temps n'est plus à la reconnaissance de nos besoins mais à l'identification du type de société que nous voulons. Cela fait des années que nous étudions, analysons, synthétisons et consultons. Aujourd'hui, nous sommes là pour décider comment nous agirons. L'époque troublée tant aux niveaux politique qu'économique et social dans laquelle se tient ce forum montre clairement que le système jusqu'ici préconisé par notre société n'a pas réussi. Il est donc temps d'essayer autre chose[8].

---

7. Yolande Cohen, *loc. cit.* p.537.
8. Germaine Vaillancourt, « Femmes d'action, femmes en action », *Le féminisme en revue* (Bulletin de la Fédération des femmes du Québec), vol. 5, nᵒ 1, 1992, p. 2.

L'une des organisatrices du Forum décrivait par ailleurs en termes non ambigus l'effet souhaité par le Forum et faisait un lien très clair entre ce projet et le débat constitutionnel, inscrivant par le fait même cette activité à l'intérieur d'un *continuum* par rapport au discours de survivance du peuple québécois :

> Rêveuses ou ambitieuses les féministes québécoises ? Les deux certainement. Le rêve alimente l'ambition. Elles veulent être le moteur du changement et ne jamais plus se contenter de regarder passer le train. Elle ont du Québec une vision large et généreuse qui embrasse le politique, le juridique, le social, l'économique, le culturel. Elles sont porteuses d'une société égalitaire dans les faits et voient le grand remue-ménage constitutionnel comme le moment idéal de la mettre au monde.
>
> [...] Il y a des points communs dans les projets de société des Québécoises, des femmes du reste du Canada et des autochtones. Les terrains et stratégies diffèrent cependant. Les Québécoises, rappelons-le, ont des choix à faire qui leur appartiennent à elles seules.
>
> Si les groupes de femmes n'arrivent pas à prendre position sur la structure politique à privilégier pour que puisse s'implanter leur projet de société, n'oublions pas que chacune de nous devra, dans l'isoloir, trancher cette question de façon non équivoque[9].

Notre démarche a permis d'explorer les liens entre l'identité nationale et le féminisme dans le contexte québécois. Les dernières décennies ont permis l'expression, au nom des femmes, d'une vision féministe des enjeux nationaux. Mais les récents changements dans la composition du tissu social québécois amènent une remise en question de la légitimité de ce mouvement comme porte-parole de toutes les femmes. Le mouvement des femmes apparaît fragmenté et incapable de définir une position des femmes dans le débat référendaire de 1995. C'est pourquoi il est permis de penser que le mouvement féministe québécois interviendra de moins en moins dans les discussions entourant le projet identitaire de la société québécoise.

Il ressort des positions exprimées publiquement par les femmes sur le projet de souveraineté que l'appui est conditionnel au contenu du

---

9. Ginette Busque, « Le projet de société des unes et des autres », *Le féminisme en revue* (Bulletin de la Fédération des femmes du Québec), vol. 5, n° 1, 1992, p. 2.

projet. Les femmes se montrent plus préoccupées par leur propre inclusion dans un éventuel projet de société qu'elles ne le sont par l'option constitutionnelle comme finalité en soi.

Loin de constituer un groupe homogène sur le plan de leurs allégeances politiques, les femmes se situent tout au long d'un *continuum* de positions[10]. Par ailleurs, les positions prises par les groupes de femmes constituent selon nous une excellente illustration des comportements individuels que l'on observe chez les femmes : ces positions vont de l'abstentionnisme au soutien inconditionnel à l'option souverainiste, faisant souvent état de valeurs communes que les femmes souhaitent voir mises de l'avant dans un projet de société pour les femmes. Il semble exister un *gender gap* à propos de l'option constitutionnelle qui pourrait être conceptualisé comme une sorte de division sexuelle de l'agenda politique : les positions exprimées par les femmes sont essentiellement basées sur des valeurs et des énoncés touchant la vie de tous les jours, et l'on évite à maintes reprises de se prononcer sur le cadre constitutionnel qui permettrait la réalisation de l'agenda politique des groupes de femmes. Peut-on parler d'ambiguïté ? S'agit-il d'un refus de se positionner à l'intérieur d'un débat, celui sur la souveraineté, parce que ce débat s'est érigé sur une argumentation trop éloignée des questions d'intérêt premier pour la majorité des femmes ? La question est posée.

---

10. Voir entre autres le texte de Chantal Maillé et Manon Tremblay, « Femmes et référendum : une force politique incontournable », présenté au colloque annuel de la Société québécoise de science politique, ACFAS, Chicoutimi, 1995.

11

« Pour un pays à la mesure des aspirations des travailleurs québécois » :
L'aile socialiste du mouvement syndical québécois et l'indépendantisme (1972-1982)

Ralph P. Güntzel

Notre étude a pour but d'examiner les analyses et la démarche des syndicalistes socialistes en relation avec la question nationale québécoise entre 1972 et 1980[1]. Il s'agit donc d'effectuer un bilan des lignes de force d'un nationalisme socialiste qui évolue dans un contexte caractérisé par des différences prononcées aux niveaux de la conscience et des allégeances politiques parmi les membres du mouvement syndical québécois. Tenant compte de ce contexte, je voudrais montrer comment les syndicalistes socialistes ont perçu le statut de la nation québécoise à l'intérieur du Canada et les relations entre les classes sociales et leurs agents politiques au sein de la nation québécoise. Par ailleurs, je voudrais analyser leur vision d'un Québec indépendant et socialiste et les stratégies qu'ils privilégiaient pour en arriver à ce projet de société.

---

1. Je tiens à remercier Muriel Cichetti et Andrée Lévesque qui ont commenté une version préliminaire de cette étude. Dans ce texte, le mot « socialistes » désigne ceux et celles qui préconisent un ordre socio-économique basé sur la propriété collective des moyens de production. Les socialistes veulent y arriver par l'électoralisme tandis que les communistes, y compris les marxistes-léninistes, misent sur la révolution sous la direction d'un parti bolchévique. Quant au mot « sociaux-démocrates », il désigne ceux et celles qui préconisent la diminution des différences sociales par l'intervention de l'État dans l'économie sans toutefois rejeter la propriété privée des moyens de production.

Étudier les syndicalistes socialistes des années 1970 n'est pas étudier un groupe obscur. Il s'agit là plutôt d'un groupe assez influent. Bien qu'ils forment une minorité impuissante dans la plus grande centrale syndicale québécoise, la Fédération des travailleurs du Québec (FTQ), ils dominent à partir de 1972 les deux autres grandes centrales québécoises, qui sont la Confédération des syndicats nationaux (CSN) et la Centrale de l'enseignement du Québec (CEQ)[2]. Dans un premier temps, j'aimerais retracer brièvement l'évolution idéologique de la CSN et de la CEQ.

Pendant la deuxième moitié des années 1960, à la suite de la Révolution tranquille, les trois centrales syndicales québécoises adhèrent à un réformisme social-démocrate qui veut « civiliser » plutôt que détruire l'économie capitaliste. Parmi les principaux éléments de cette idéologie se distinguent la planification économique, l'extension de l'État-providence, la démocratisation des lieux de travail, l'augmentation des revenus des plus défavorisés et l'abolition de la pauvreté. Si la FTQ et la CSN ont avancé de telles propositions depuis la fin des années 1950, pour la Corporation générale des instituteurs et institutrices catholiques (CIC), en revanche, le virage social-démocrate est un processus qui a commencé plus récemment et qui n'est pas encore terminé. C'est seulement au congrès de 1965 que la vieille garde conservatrice de la centrale est remplacée par un nouvel exécutif autour du nouveau président Raymond Laliberté. Sous le leadership de Laliberté pendant la deuxième moitié des années 1960, la CIC devient une organisation syndicale qui s'intéresse à des questions d'ordre politique et qui énonce des prises de position sociales-démocrates[3].

De la fin de la Révolution tranquille au début des années 1970, les trois centrales syndicales se radicalisent. Toutefois, au sein de la FTQ, la radicalisation s'effectue dans le discours plutôt que dans l'idéologie. André Beaucage présente ainsi l'orientation idéologique de la FTQ :

> [...] malgré le caractère souvent virulent de son discours, elle [la FTQ] s'en prend davantage aux effets néfastes du système économique qu'à ses fondements [...] elle ne remet pas en question directement le contrôle de l'activité

---

2. La CEQ s'appelait Corporation générale des instituteurs et institutrices catholiques (CIC) entre 1946 et 1967 et Corporation des enseignants du Québec (CEQ) entre 1967 et 1974.
3. Jacques Rouillard, *Histoire du syndicalisme au Québec : Des origines à nos jours*, Montréal : Boréal, 1989, p. 215-226, 262-273, 291-294, 356-362. Pour le programme de Laliberté au moment de son élection, voir Jules LeBlanc, « Le nouveau président de la CIC défie M. Gérin-Lajoie », *Le Devoir*, le 30 août 1965, p. 7.

économique basé sur la propriété privée des biens de production. La FTQ propose des limites au pouvoir des possédants, mais pas l'abolition de la source de leur pouvoir[4].

Par contre, au sein de la CSN et de la CEQ c'est non seulement le ton mais aussi l'orientation idéologique qui se radicalise. En 1972, après une période de rivalités internes de tendances, à la CSN comme à la CEQ, les militants socialistes ont raison de leurs camarades plus modérés et font adopter à leur centrale des positions anti-capitalistes. Ce virage à gauche trouve son explication dans l'arrivée de nouveaux membres travaillant dans le secteur public et dans le durcissement de conflits de travail, surtout dans le secteur public à la fin des années 1960 et au début des années 1970.

C'est en cherchant des explications à ces expériences frustrantes avec l'État-employeur que des analyses inspirées du marxisme deviennent de plus en plus attirantes pour beaucoup de militants syndicaux. Ainsi, lors de son congrès de 1972, la CEQ adopte le manifeste *L'École au service de la classe dominante*, qui décrit la société capitaliste comme « une société d'exploitation où les classes dominantes et leur valet servil, l'État, exploitent le travail des hommes et les besoins des consommateurs pour accroître leurs profits et leur puissance[5] ». En conséquence, « l'État est incapable de civiliser les monopoles car il est là pour défendre les intérêts de la classe capitaliste[6] ». Selon le document, il est donc nécessaire pour les travailleurs d'identifier le système capitaliste comme leur ennemi commun, de comprendre les mécanismes qui servent à maintenir les travailleurs dans un état de domination et d'exploitation, et de créer une organisation politique des travailleurs[7]. Comme « objectif final », le document met en avant « [un] projet de société égalitaire, sans classe[8] ».

À la suite de la perte de son aile plus conservatrice en juin 1972 et du puissant Syndicat des fonctionnaires de la province du Québec en septembre 1972, la CSN se prononce, à l'occasion de la réunion de son conseil confédéral en octobre de la même année, « dans le sens d'un rejet du capitalisme » et « en faveur du socialisme, en tant que système

---

4. André Beaucage, *Syndicats, salaires et conjoncture économique : l'expérience des fronts communs du secteur public québécois de 1971 à 1983*, Sillery : Presses de l'Université du Québec, 1989, p. 21.

5. Archives de la CEQ, A72-CO2, *L'École au service de la classe dominante*, dossier adopté au XXIIIe congrès de la CEQ, juin 1972, p. 11.

6. *Ibid.*, p. 9.

7. *Ibid.*, p. 12.

8. *Ibid.*, p. 32.

réalisant la démocratie économique, politique, industrielle, culturelle et sociale[9]». Même si le contenu de cet engagement n'est pas clairement défini, il existe toutefois parmi les militants socialistes de la CSN un large consensus : le mot «socialisme» signifie, entre autres, la nationalisation des principaux moyens de production et la planification économique par un État dominé par la classe ouvrière[10].

Pour les socialistes des deux centrales, la réalisation de leur projet de société passe par la création d'un parti ouvrier au Québec. Cependant, la mise en place d'un tel parti se heurte au désintérêt de larges couches de la population ouvrière y compris de bon nombre de membres de la base des syndicats affiliés à la CSN et à la CEQ. Il serait faux de se représenter les prises de position socialistes des centrales comme un reflet de la pensée de la majorité des membres. En effet, les chefs et militants syndicaux sont beaucoup plus avancés idéologiquement alors qu'une bonne partie de la base syndicale ne s'intéresse guère à la politisation des syndicats ou continue d'adhérer aux idéologies sociale-démocrate, libérale ou conservatrice[11].

Plusieurs affiliés de la CSN commencent à adopter des positions indépendantistes dans une perspective socialiste, même avant 1972. En avril 1970 par exemple, l'assemblée générale du Conseil central des syndicats nationaux de Montréal (CCSNM) «indique sa préférence pour le Parti québécois au scrutin général du 29 avril, mais précise que la vraie bataille de libération nationale des travailleurs québécois ne s'arrête pas à la libération constitutionnelle ; cette libération [...] doit être faite en vue de la libération économique et sociale du peuple québécois[12]». L'année suivante, le congrès fédéral de la Fédération des professionnels salariés et cadres du Québec (FPSCQ) adopte un rapport de son comité d'orientation de la FPSCQ qui déclare : «La

---

9. Archives de la CSN, Procès-verbal de la réunion du conseil confédéral, 4-7 octobre 1972, p. 21.

10. Archives de la CSN, Procès-verbal du congrès de 1972, p. 81-87 ; Jacques Keable, «"Ne comptons que sur nos propres moyens" ; Marcel Pepin : "L'état d'insécurité des travailleurs est très grand" », Québec-Presse, le 24 octobre 1971, p. 15.

11. Archives de la CSN, Procès-verbal du congrès de 1974, p. 25, 29, 49-50, 101-103 ; Archives de la CEQ, Procès-verbal du congrès de 1973, annexe 2 ; Yvon Charbonneau, Rapport moral, p. 6 ; Paule Beaugrand-Champagne, «L'école au service de la classe dominante — Les professeurs commencent à s'en douter», Le Jour, le 22 mars 1974, p. 6.

12. «Le Conseil central de Montréal pour le PQ», Québec-Presse, le 12 avril 1970, p. 44.

CSN et le PQ sont des outils de politisation. À l'heure actuelle, la libération nationale prime ; mais elle doit être suivie de la libération sociale[13]. »

Au cœur de l'approche étapiste de la FPSCQ et du CCSNM se trouve la conviction que la lutte finale contre le capitalisme ne pourrait pas se faire à l'échelle du Canada. Dans sa résolution en faveur de l'indépendance adoptée en 1972, le CCSNM analyse ainsi la situation :

> Il n'y a plus à espérer, comme le démontre adondamment l'histoire, qu'un mouvement politique populaire né dans l'ouest du Canada puisse gagner efficacement les provinces de l'est, et inversement [...]. Dans un pays comme le Canada, l'impérialisme et le capitalisme n'ont pas à diviser pour régner, vu que les divisions sont déjà profondément inscrites dans la géographie, les cultures, l'histoire, les traditions, les mentalités et les intérêts particuliers entre le Québec d'une part et les provinces anglophones d'autre part[14].

L'année suivante, le CCSNM publie une analyse de la question nationale qui se montre très critique envers le Parti québécois. Celui-ci est défini comme agent politique de la moyenne et petite bourgeoisie québécoise[15]. Selon le CCSNM, il s'agit donc d'un parti politique qui « est prêt à sacrifier les intérêts des travailleurs[16] ». Il importe donc pour les travailleurs de sortir de l'ombre du PQ et de développer leur propre démarche politique. Cette démarche « consiste pour les travailleurs à passer d'une situation de classe-appui dans la lutte politique à une situation de classe qui commence à construire sa propre force politique autonome ». Par la suite, l'émergence d'une nouvelle force indépendantiste et socialiste devrait affaiblir « l'hégémonie politique de la petite et moyenne bourgeoisie dans la lutte nationale ». En même temps, la force indépendantiste-socialiste devrait former avec le PQ une alliance qui comporterait « des aspects d'opposition et de critique quant au contenu et à la pratique de classe des forces bourgeoises indépendantistes en même temps qu'elle comporte, avec elles, une certaine unité d'action dans des attaques ou des défenses communes contre les ennemis principaux[17] ».

---

13. Archives de la CSN, Fonds S-44 : Fédération des professionnels-professionnelles, salarié(e)s et cadres du Québec, Procès-verbal du congrès fédéral de 1971, p. 13.
14. CCSNM, Résolution pour l'indépendance du Québec, citée dans : Louis LeBorgne, *La CSN et la question nationale depuis 1960*, Montréal : Éditions Albert Saint-Martin, 1975, p. 197.
15. CCSNM/Centre de formation populaire, *L'indépendance c'est plus sorcier qu'on pense*, Montréal : CCSNM/Centre de formation populaire, 1973, p. 4.
16. *Ibid.*, p. 8.
17. *Ibid.*, p. 16.

Au sein de la CEQ, c'est le congrès de juin 1972 qui met la question nationale québécoise à l'ordre du jour. Il y a consensus parmi les congressistes socialistes, qui d'ailleurs sont majoritaires, sur le fait que le Québec doit se séparer du Canada en vue de construire une société socialiste. Le congrès rejette donc la résolution en faveur de l'indépendance pure et simple pour lui en substituer une qui réclame «l'indépendance du Québec réalisée avec la participation active et critique de la classe laborieuse, pour autant qu'elle se réalise au bénéfice de la classe laborieuse[18]». Or, comme la résolution est adoptée à la fin du congrès, après que plusieurs congressistes eurent quitté la salle, et comme la base n'a pas été consultée sur cette question avant le congrès, les congressistes décident que la résolution n'engage pas la CEQ, mais constitue plutôt une recommandation en vue d'une consultation interne qui devra suivre sur la question nationale[19]. Bien que la résolution stipule que la consultation interne doit avoir lieu avant les prochaines élections provinciales, elle aura lieu, comme nous le verrons plus loin, à la toute fin de la décennie.

À la réunion du conseil confédéral de la CSN en octobre 1972, le scénario est similaire. Les délégués hésitent à prendre une position officielle sur la question nationale parce qu'il n'y a pas eu possibilité pour tous les membres de la centrale de se prononcer. Le conseil confédéral décide donc de tenir une consultation interne et précise qu'il faut « que la question de l'indépendance soit traitée comme un des éléments de l'étude sur le socialisme [...] et que cette question ne fasse pas l'objet d'un débat isolé[20] ». Or, comme à la CEQ, c'est seulement cinq ans plus tard que le processus d'une vaste consultation interne sera entrepris.

Mais pourquoi donc cette valse-hésitation ? La division entre socialistes-indépendantistes en est la cause première. Il n'y a pas consensus sur la nature de classe du PQ ; tandis que quelques-uns s'imaginent toujours que le PQ «peut être conquis, récupéré par les travailleurs, de l'intérieur, si [...] les militants syndicaux se donnaient le mot», d'autres pensent que le temps est venu de «jeter les bases d'une formation politique vouée [aux] intérêts de classe [des

---

18. Archives de la CEQ, Procès-verbal du congrès de 1972, p. 140-141.
19. *Ibid.*
20. Archives de la CSN, Procès-verbal du congrès de 1972, p. 173-177 ; Pierre Richard, «Optant pour le socialisme : La CSN organisera un référendum sur l'indépendance», *Le Devoir*, le 5 octobre 1972, p. 1.

travailleurs][21] ». Ceux qui prônent la création d'un parti travailliste maintiennent, comme le fait le document du CCSNM, que le PQ est un parti qui sert la bourgeoisie et/ou la petite bourgeoisie québécoise et qui ne mènera ni à l'indépendance ni au socialisme. Se faisant porte-parole de cette faction, le président de la CEQ, Yvon Charbonneau, lance aux délégués qui assistent au congrès de 1974 : « Faute d'une organisation politique socialiste pour assumer leur espoir de transformation globale de société, les travailleurs québécois végètent dans des culs-de-sac politiques, à la grande satisfaction des possédants[22]. »

Par ailleurs, pour ceux qui optent pour la participation dans les rangs du PQ, il est clair que les ouvriers ne sont pas encore prêts à soutenir un tel parti et qu'il faut renouveler les efforts de prise de conscience[23]. De plus, même s'ils estiment que le PQ pourrait devenir l'instrument d'un changement profond, bon nombre de syndicalistes socialistes craignent que la mise sur pied d'une formation socialiste divise le camp souverainiste et, en conséquence, nuise aux chances du PQ de séparer le Québec du Canada[24]. Or, comme nous le verrons plus loin, l'idée de s'intégrer au PQ fait peu d'adeptes parmi les socialistes dans les hautes instances syndicales.

Parallèlement à la division entre socialistes sur la question d'un parti politique, deux autres phénomènes retardent la tenue de la consultation interne à la CEQ et à la CSN. Premièrement, il existe toujours au sein des deux centrales des tendances qui s'opposent à la formule indépendance et socialisme. Même si ces tendances sont minoritaires dans les hautes instances des centrales, elles sont assez influentes parmi les militants, ce qui leur donne un avantage face aux chefs syndicaux craignant toujours des divisions internes. À la droite des socialistes, se trouvent des sociaux-démocrates souverainistes qui s'opposent catégoriquement à toute liaison entre souveraineté et socialisme, tandis qu'à gauche la faction marxiste-léniniste de plus en plus puissante rejette l'indépendantisme. Selon les marxistes-léninistes, l'indépendantisme

---

21. Archives de la CEQ, Procès-verbal du congrès de 1974, annexe 1 : Notre lutte en 1973-74 ; Yvon Charbonneau, « Les syndicats et l'opposition extra-parlementaire : Allocution du président devant le syndicat des professeurs du Québec métropolitain, décembre 1973 », p. 31.

22. Archives de la CEQ, Procès-verbal du congrès de 1976, annexe 1 : L'Unité syndicale [Document soumis au congressistes par le conseil général de la CEQ], p. 15. Norbert Rodrigue, président de la CSN de 1976 à 1982, pense aussi qu'il faut construire un parti ouvrier. Voir « Norbert Rodrigue : La mobilisation », Le Devoir, le 3 juillet 1976, p. 5.

23. Archives de la CEQ, Procès-verbal du congrès de 1976, annexe 1 : L'unité syndicale [Document soumis aux congressistes par le conseil général de la CEQ], p. 17-18.

24. Archives de la CSN, Procès-verbal du congrès confédéral 1977, p. 117 ; Henry Milner, Politics in the New Quebec, Toronto : McClelland and Stewart, 1978, p. 189.

divise le prolétariat canadien, dont l'unité constitue une condition essentielle pour abattre le capitalisme et instaurer une société socialiste à l'échelle du Canada[25].

Deuxièmement, la préparation des négociations et le conflit de 1975 dans le secteur public laissent peu de ressources et de temps pour d'autres activités syndicales[26]. C'est seulement après l'élection provinciale du 15 novembre 1976 que les syndicats accordent priorité à la question nationale.

La démarche de consultation à la CSN comporte trois étapes : d'abord, le comité d'orientation prépare une analyse sur la question nationale présentée au congrès régulier de 1978. Par la suite, tous les affiliés sont invités à débattre une prise de position de la CSN sur la question nationale. Or, la moitié des participants à la consultation interne ne veulent pas que la CSN se prononce sur une option constitutionnelle pour le Québec. C'est surtout la peur de créer des divisions internes dans une centrale qui compte toujours bon nombre de fédéralistes et de souverainistes non socialistes, la crainte d'être identifié au projet péquiste et la volonté de construire un rapport de force à l'égard du gouvernement péquiste au moment où les négociations dans le secteur public commencent, qui expliquent l'opposition à une telle prise de position. Cette deuxième étape se termine avec le congrès spécial sur la question nationale en juin 1979. Le congrès ne prend pas position sur le statut constitutionnel du Québec mais recommande que la centrale continue la démarche de réflexion sur la question nationale. À la suite du congrès, la troisième étape commence avec l'analyse du livre blanc sur la souveraineté-association. Elle se termine en avril 1980 alors que le conseil confédéral recommande de voter oui au référendum[27].

Au sein de la CEQ, le débat est plus court et reste sans conclusion. Il commence au congrès de 1978, qui décide de tenir une vaste consultation interne. Celle-ci a lieu au printemps 1979 et est suivie,

---

25. « La question nationale », *En Lutte !*, le 24 juin 1976, cahier supplémentaire ; « La question du Québec : Notre position », *En Lutte !*, le 24 novembre 1976, p. 5 ; « Non à la séparation, oui à l'autodétermination et au socialisme », *La Forge*, le 21 octobre 1976, p. 9 ; « Position de la Ligue sur la question nationale », *La Forge*, le 11 novembre 1977, p. 8.

26. Ralph P. Güntzel, *Trade Unions and Separatism in Québec : The Confédération des syndicats nationaux, the Idea of Independence, and the Sovereigntist Movement, 1960-80*, Augsburg, R.F.A. : AV-Verlag, 1993, p. 91-93.

27. *Ibid.*, p. 103-131.

également en juin 1979, d'un congrès spécial sur la question nationale. La consultation se solde par une rupture entre souverainistes sociaux-démocrates et indépendantistes-socialistes. Les positions étant irréconciliables, les délégués optent au congrès spécial, en grande majorité, pour l'abstention de la CEQ du débat référendaire[28].

Examinons les documents que produisent les syndicalistes socialistes des deux centrales sur la question nationale. Au sein de la CSN, ce sont le Comité sur la question nationale du CCSNM dans un document intitulé *Le mouvement ouvrier et la question de l'indépendance du Québec* et le Comité d'orientation de la CSN dans son rapport au congrès spécial sur la question nationale de juin 1979 qui expriment le mieux les positions des syndicalistes socialistes.

Le document du CCSNM dresse le portrait suivant des manifestations de l'oppression nationale. Sur le plan constitutionnel, « on a enlevé à la nation québécoise les leviers politiques et économiques indispendables à son développement et à son épanouissement ». Favorisant la bourgeoisie anglo-canadienne au détriment du Québec, les politiques de l'État canadien ont fait en sorte que le Québec se trouve dans « une situation de région défavorisée[29] ». Par ailleurs, au niveau économique, les emplois les mieux rémunérés sont réservés aux anglophones alors que les francophones occupent « les postes subalternes ». Enfin, au niveau culturel, le français joue un rôle subordonné[30]. L'analyse de l'oppression nationale faite par le Comité d'orientation est presque identique mais met l'accent davantage sur les conséquences du statut socio-économique des francophones du Québec. Ainsi, le rapport résume :

> Chômer plus souvent et plus longtemps, occuper des emplois moins rémunérateurs, travailler dans une autre langue, avoir du mal à s'exprimer dans la sienne, avoir plus difficilement accès à l'éducation, être plus vulnérable aux modèles dominants, vivre en moins bonne santé dans des logements moins confortables, mourir plus jeune, voilà une idée de la façon dont l'oppression nationale du peuple québécois est subie par les classes populaires[31].

---

28. Archives de la CEQ, Procès-verbal du congrès spécial de 1979, p. 38.
29. Comité sur la question nationale du CCSNM, *Le mouvement ouvrier et la question de l'indépendance du Québec*, Montréal : CCSNM, 1978, p. 10.
30. *Ibid.*, p.11.
31. Archives de la CSN, Procès-verbal du congrès spécial sur la question nationale de 1979, p. 142.

Il y a consensus entre les chefs de la CSN et ceux du CCSNM sur le fait que l'indépendance sans changement de système socio-économique ne constitue pas une solution au problème de l'oppression nationale. Selon l'analyse du CCSNM

> [...] la bourgeoisie québécoise qui ne contrôle aucun secteur dominant de l'économie [québécoise] ne pourra assumer seule le développement écono-mique du Québec, elle devra donc faire appel davantage aux investisse-ments américains. Dans ces circonstances, l'État québécois aura beau avoir toute la force et l'autonomie souhaitée, sa marge de manœuvre au plan éco-nomique demeurera très limitée et le Québec continuera d'être développé en fonction des intérêts des monopoles étrangers[32].

Pour sa part, le Comité d'orientation accuse le PQ de vouloir faire reculer l'oppression nationale par un moyen insuffisant, soit le renfor-cement des petites et moyennes entreprises québécoises. Selon le comité, loin de mettre un terme au sous-développement de l'économie québécoise et des manifestations de l'oppression nationale, une telle stratégie risque fort d'accroître la dépendance envers l'économie amé-ricaine[33]. La meilleure façon de s'attaquer au problème serait plutôt de lier la lutte contre l'oppression nationale à la lutte anti-capitaliste. Le comité envisage de mettre fin à l'oppression nationale par l'expansion du secteur public contrôlé et administré « par la classe ouvrière en fonction des intérêts des travailleurs » et par l'élimination de la pré-sence du capital étranger. Contrairement au projet péquiste, une telle stratégie favorise la construction d'une société socialiste au lieu d'une société capitaliste dominée par les compagnies multinationales[34]. À l'instar du comité du CCSNM, le Comité d'orientation croit que la lutte pour la mise en place de sa stratégie de développement passe prio-ritairement par la création d'une organisation politique autonome des travailleurs québécois[35].

Cependant, jugeant toujours insuffisante la conscience politique des travailleurs, les dirigeants du CCSNM et de la CSN renoncent dans leurs documents à faire des projets pour la création d'une organisation politique travailliste. Étant donné que la vision d'une indépendance socialiste reste hors de portée, ils laissent la porte ouverte à un appui tactique et conditionnel du PQ dans sa démarche référendaire. En effet, en avril 1980, le conseil confédéral, sur recommandation du CCSNM

---

32. Comité sur la question nationale du CCSNM, *Le mouvement ouvrier et la question de l'indépendance du Québec*, p. 21.
33. Procès-verbal du congrès de 1979, p. 60-68.
34. *Ibid.*, p. 74-75.
35. *Ibid.*, p. 118-119.

entre autres, prend position en faveur d'un oui critique au référendum[36]. Malgré toutes leurs hésitations face au projet péquiste, les socialistes syndicalistes pensent qu'il «manifeste une volonté d'accroître l'emprise du peuple québécois sur ses institutions politiques par l'établissement d'un Parlement souverain avec les pleins pouvoirs de faire des lois et de lever des impôts[37]». Étant «la moitié de la moitié de la solution», selon les socialistes de la CSN, la souveraineté-association constitue donc un pas dans la bonne direction.

Au sein de la CEQ, les socialistes produisent deux documents importants sur la question nationale : l'analyse de la question nationale par l'Exécutif, présentée au congrès de 1978, et la brochure *Pour un pays à la mesure des aspirations des travailleurs québécois* qui est envoyée aux membres à l'hiver 1979. Ces documents décrivent d'abord d'une façon très superficielle l'oppression nationale subie par le peuple québécois. Selon l'Exécutif, «l'exploitation capitaliste s'alimente à l'oppression nationale et produit au Québec une économie distordue, axée sur les besoins canadiens et américains, dont les effets entraînent des conditions de travail et de vie particulièrement pénibles pour les travailleurs québécois[38]». De plus, sur le plan linguistique et culturel, l'oppression nationale mène à la détérioration de la langue française au Québec[39]. Bien que le deuxième document affirme que «l'oppression nationale est [...] loin de toucher dans une nation ou un peuple, toutes les classes avec autant de force[40]», ni l'un ni l'autre de ces textes ne démontrent comment les différentes couches de la population québécoise vivent l'oppression nationale.

Tout comme les dirigeants de la CSN, ceux de la CEQ se montrent très sévères dans leur critique du PQ et de son projet de souveraineté-association. À ce sujet, le document de 1979 conclut :

> Après deux ans au pouvoir, le gouvernement Lévesque s'est montré beaucoup plus orienté par les grands intérêts économiques qui nous dominent que soucieux de répondre aux espoirs suscités dans le peuple par son élection [...].

---

36. «Position de la CSN face au référendum», *Le Travail*, supplément sur la question nationale, avril 1980, p. 4-8.
37. «Analyse du livre blanc sur la souveraineté-association», *Le Travail*, supplément sur la question nationale, décembre 1979, p. 20.
38. Archives de la CEQ, Procès-verbal du congrès de 1978, annexe 3 : «S'approprier la question nationale», p. 46-47.
39. Archives de la CEQ, D7551, *Pour un pays à la mesure des aspirations des travailleurs québécois*, mars 1979, p. 23.
40. *Ibid.*, p. 16.

On peut donc déduire que l'approche du gouvernement sur la souveraineté-association ne sera pas orientée dans le sens des intérêts des travailleurs[41].

Dans ce document, on fait également le procès du projet de souveraineté-association que l'on juge vicieux parce qu'il « ne remet pas en cause le contrôle de larges secteurs de notre économie par des capitaux étrangers[42] ». De plus, « la souveraineté-association ne comprend pas une approche de réforme profonde des institutions politiques qui permette d'assurer un véritable contrôle par le peuple et lui donne les leviers nécessaires pour sortir de la domination de ses conditions de vie[43] ».

Malgré tout, pour les socialistes de la CEQ, l'appui critique du projet péquiste dans le contexte référendaire est le seul choix logique. Dans le document de 1978, l'Exécutif souligne qu'il est dans l'intérêt des membres de la CEQ d'appuyer le souverainisme péquiste pour des raisons tactiques. Premièrement, un échec du projet de souveraineté-association « marquerait un arrêt du développement de toutes les couches sociales liées à l'État [du Québec y compris les enseignants] ». Par ailleurs, la défaite de la démarche péquiste affaiblirait l'État québécois. En conséquence, « la possibilité d'un développement économique et industriel équilibré dont le seul maître d'œuvre peut être le pouvoir politique serait irrémédiablement compromise. Les monopoles canadiens du style Sun Life, et américains, pourraient poursuivre sans entraves l'exploitation du travail au Québec ». Enfin, un recul du pouvoir de l'État québécois entraînerait de graves conséquences au niveau de la langue et de la culture québécoises parce que « la défense et la promotion du français ne peuvent être garanties que par un pouvoir politique fort au Québec même[44] ».

À la base de cette argumentation étapiste, la conviction persiste : il n'y a pas de solution de rechange viable à l'appui du oui au référendum. Les socialistes de la CEQ savent que la création d'un parti socialiste et indépendantiste reste une chimère, puisque seulement 17,4 % des participants à la consultation interne de la CEQ appuient le projet d'un Québec indépendant et socialiste[45]. Il n'est donc pas surprenant que les documents renoncent à esquisser un plan permettant d'atteindre

---

41. *Ibid.*, p. 31.
42. *Ibid.*, p. 30.
43. *Ibid.*, p. 31.
44. *Ibid.*, p. 57.
45. Archives de la CEQ, Procès-verbal du congrès de 1979, annexe 1 : Bilan du débat sur la question nationale : rapport du bureau national, p. 19.

l'objectif d'un Québec indépendant et socialiste et qu'ils ne mention-
nent même pas la question de la fondation d'un parti ouvrier interve-
nant dans la lutte pour la libération nationale.

En résumé les socialistes syndicalistes rejettent l'approche péquiste
tout comme l'approche marxiste-léniniste dans leur analyse de l'oppression nationale et des rapports entre classes sociales au Québec. Selon
eux, c'est surtout la classe ouvrière qui souffre des multiples manifestations de l'oppression nationale, notamment du sous-développement de
l'économie québécoise et de la discrimination des francophones sur le
marché de travail. Seule la création d'une société socialiste dans un
Québec indépendant peut y mettre un terme. Pour en arriver là, la
classe ouvrière doit se doter d'un instrument politique autonome en
vue de transformer la lutte pour la libération nationale, d'un combat
mené par le PQ au nom de la bourgeoisie québécoise en un combat
mené dans les intérêts des travailleurs du Québec.

Il y a cependant un écart énorme entre ce programme et la politique que suivent les syndicalistes socialistes. Cette politique est essentiellement étapiste et accepte l'hégémonie du PQ dans la lutte contre
l'oppression nationale. L'appui tactique et critique d'un oui au référendum en est la conclusion logique. Voici trois types de raisonnement qui
conduisent à une telle prise de position de la part des socialistes syndicalistes. Premièrement, étant donné le faible niveau de conscience de
classe au sein de la base syndicale et l'absence d'un parti travailliste, le
choix doit se faire entre la souveraineté-association et le fédéralisme
renouvelé. Deuxièmement, une victoire des fédéralistes affaiblirait l'État
québécois et renforcerait l'oppression nationale. Troisièmement, une
victoire du oui au référendum créerait de meilleures conditions pour la
lutte indépendantiste et socialiste. En conclusion, ceux et celles qui voulaient lier directement l'indépendance et le socialisme se seraient prononcés dans un sens étapiste en acceptant à toutes fins utiles l'hégémonie
péquiste. Le pragmatisme a donc eu raison du dogmatisme.

12

DE LA NATION CANADIENNE-FRANÇAISE AUX MINORITÉS FRANCOPHONES CANADIENNES :
DES LEÇONS POUR L'AVENIR DES FRANÇAIS D'AMÉRIQUE[1]

JOCELYNE COUTURE

1 – NAISSANCE ET DÉCLIN D'UNE NATION

La présence française sur le territoire canadien remonte à 1605 et pourtant ce n'est que vers le milieu du XIX siècle qu'apparaît ce que Fernand Dumont a appelé « la référence canadienne-française[2] ». Entre temps, les colons français implantés d'abord en Acadie (1605) puis au Québec (1608) auront essaimé dans les territoires actuels de l'Ontario, de l'Ouest canadien et des États-Unis. Ces communautés d'origine française ont survécu aux conquêtes de l'Acadie (1713) et du Canada (1760) par les Anglais, aux redécoupages territoriaux, de même qu'à l'arrivée massive des colons loyalistes dans les Maritimes et en Ontario. Pendant plus d'un siècle les Canadiens d'origine française établis dans l'Ouest sont demeurés majoritaires parmi une population européenne qui y pratique le commerce et leur mélange avec les habitants autochtones donnera naissance à la nation métisse qui, encore au moment de la création du Manitoba en 1870, s'affirme comme catholique et de langue française.

---

1. Cet article est la version remaniée d'une communication présentée au colloque «Fédéralisme, identité et nationalismes» qui s'est déroulé à Edmonton, à la Faculté Saint-Jean de l'Université d'Alberta, les 10,11 et 12 décembre 1999. La présente version a bénéficié des généreux commentaires de Charles Castonguay et de Michel Sarra-Bournet.
2. Dumont, Fernand, *Genèse de la société québécoise*, Montréal : Boréal, 1993.

Lorsqu'elle voit le jour, après l'échec de la rébellion de 1837-1838 dans le Bas-Canada, la référence canadienne-française n'est donc pas un phénomène de génération spontanée. Construite autour du double héritage catholique et français, inclusive de tous les descendants des Français en Amérique du Nord[3], elle cristallise, dans un sentiment d'appartenance à une même nation, la conscience d'une identité propre qui, pendant déjà plus de deux siècles, a porté l'histoire des Français d'Amérique. Si le sentiment d'une appartenance nationale a pu se forger au creuset de cette histoire commune, celle-ci, marquée comme elle le fut par la ténacité et la détermination des descendants des Français en Amérique, ne pouvait se construire que sur la base d'un attachement profond à une culture d'origine et aux valeurs qu'elle représentait.

Vers le milieu du XXe siècle on constate que la référence canadienne-française commence à s'estomper. Elle s'éclipse, semble-t-il, à la faveur d'une intégration grandissante des Canadiens français d'Amérique dans des dynamiques étrangères — et même réfractaires — à l'idée d'une appartenance nationale commune. Les analyses de ce phénomène divergent mais l'un des facteurs souvent mentionné est la montée, dans les années 1960, de l'État-providence[4]. L'État est alors davantage présent dans la vie des citoyens, et les institutions étatiques et laïques remplacent les institutions religieuses du Canada français ou se superposent à celle-ci, jusque-là en grande partie responsables des écoles, des hôpitaux et des universités. Dans le système canadien, le rôle accru de l'État se traduit dans la prise en charge de ces responsabilités par les gouvernements provinciaux, de sorte que l'idée d'une nation canadienne-française dont le Canada aurait constitué le foyer principal, commence à céder le pas devant la réalité de communautés d'origine française disséminées à travers le Canada.

À cette époque, on aurait encore pu parler, sans doute, d'une nation canadienne-française en diaspora sur le continent nord-américain. La loi constitutionnelle canadienne de 1982 mettra définitivement un terme à cette représentation collective. Tout en reconnaissant le français comme l'une de langues officielles, la Constitution de 1982, dans la foulée du multiculturalisme et de la priorité accordée aux droits individuels, tendait à faire des Canadiens français au Canada une minorité culturelle, et des communautés canadiennes-françaises vivant dans les

---

3. Ce n'est qu'en 1881, en effet, que les francophones des Maritimes affirmeront leur appartenance à une communauté nationale distincte : la nation acadienne.
4. Voir à ce sujet : Joseph-Yvon Thériault : *Francophonies minoritaires au Canada*, Les Éditions d'Acadie, 1999 : 9-16.

provinces anglaises, de simples minorités linguistiques. Seuls les Québécois francophones, largement majoritaires au Québec, pouvaient encore prétendre échapper à ce statut de minorité linguistique au sein d'une province. Mais, en proclamant l'égalité des provinces, la loi constitutionnelle reléguait bel et bien au rang de minorité linguistique au sein du Canada la population majoritairement francophone du Québec, c'est-à-dire le plus important vestige de ce qui fut la nation canadienne-française[5].

Dans la foulée de ces changements sociaux, politiques et juridiques se sont fait entendre de nouvelles affirmations identitaires qui allaient confirmer la désagrégation de la référence canadienne-française. Dès les années 1960 s'affirmait un nationalisme spécifiquement québécois[6]. Les francophones des provinces anglaises, qui se sont d'abord définis par la négative, en tant que francophones hors Québec, sont tour à tour devenues les Franco-Ontariens, les Fransaskois, les Franco-Manitobains, et ainsi de suite[7].

On peut penser, comme l'a écrit le sociologue Joseph-Yvon Thériault, que « [p]lus qu'une nouvelle identité, ces vocables témoignent, en regard de l'ancienne identité canadienne-française, de modalités d'intégration sociétales différentes[8] ». Mais avant d'acquiescer sans réserve à cette analyse, encore faut-il se rappeler que « l'ancienne identité canadienne-française » était faite d'au moins deux choses : d'abord de l'identité des Français d'Amérique, héritiers d'une langue et d'une culture qu'ils ont voulu préserver pour leurs descendants et, ensuite, d'une identité *nationale* dont l'apparition coïncide avec celle de la référence canadienne-française. La référence à une *nation* canadienne-française nord-américaine a été vidée de son contenu, et sans doute à tout jamais, par les « modalités d'intégration sociétales » dans lesquelles j'inclus les modalités sociales, politiques et juridiques dont je viens de parler. L'identité des Français d'Amérique, pour sa part, s'enracine plus profondément dans la culture, dans la langue et dans la volonté d'affirmer et de transmettre l'une et l'autre. Seule cette identité, qui

---

5. Cette conséquence dépend bien sûr du fait que le système canadien interprète *l'égalité* des province comme signifiant *l'identité* de statut.

6. À cette époque, le projet nationaliste québécois n'est pas assorti d'un projet souverainiste

7. Un phénomène similaire s'observe d'ailleurs chez les Acadiens qui, tout en s'identifiant à une nation distincte, répartie sur un vaste territoire, revendiquent néanmoins leurs droits auprès de leurs gouvernements provinciaux respectifs et au nom des Acadiens du Nouveau-Brunswick, de la Nouvelle-Écosse, etc.

8. Joseph-Yvon Thériault, *Francophonies minoritaires au Canada*, Les Éditions d'Acadie, 1999, p. 11

était antérieure à l'apparition de la référence canadienne-française, résiste encore à la « diversité des vocables » ; pour le reste, les vocables disent bien ce qu'ils signifient, à savoir qu'il existe maintenant au Canada une diversité de minorités francophones qui, chacune de leur côté, travaillent au maintien de leur spécificité culturelle et linguistique. C'est au sujet des minorités francophones du Canada, et non plus au sujet d'une nation canadienne-française, que se pose aujourd'hui la question des modalités d'intégration sociétales.

2 – L'ÉTAT DES LIEUX

L'idée d'une *nation* canadienne-française présupposait, plutôt qu'elle ne l'affirmait, la possibilité pour les Français d'Amérique de se donner et de transmettre à leurs descendants, un cadre de vie au sein duquel ils pourraient évoluer conformément à leur langue et à leur culture communes. Certes, confiants dans l'existence d'une telle possibilité, les anciens Canadiens français n'en sous-estimaient pas pour autant les efforts qu'ils devraient déployer, en terre d'Amérique, pour en faire une réalité. Pour toutes les communautés francophones ayant acquis le statut de minorités linguistiques au Canada depuis les années 1980, les efforts envisagés par les anciens Canadiens français sont devenus une lutte de tous les instants dont l'enjeu immédiat est moins d'assurer la continuité d'un cadre de vie particulier que d'éviter la disparition des populations francophones. L'intégration sociétale des francophones minoritaires au Canada passe désormais par le bilinguisme et les conséquences directes de cette modalité d'intégration ont pour nom « anglicisation » et « assimilation ».

Se basant sur les données de Statistique Canada, le mathématicien Charles Castonguay, de l'Université d'Ottawa[9], rapporte que de 1971 à 1996, c'est-à-dire sur une période de 25 ans, la population utilisant le français comme langue principale au foyer a diminuée de 13 % en Ontario. Le recul atteint 21 % en Alberta , 24 % en Nouvelle-Écosse, 31 % dans l'Île-du-Prince-Édouard, 42 % au Manitoba, 56 % à Terre-Neuve et 63 % en Saskatchewan. Lorsque les diminutions atteignent un seuil de 20 % par génération, certains experts parlent de « disparition tendancielle » . On pourrait ainsi parler de disparition tendancielle pour les six communautés francophones de Terre-Neuve, de

---

9. Castonguay, Charles : « The Fading Canadian Duality ». In : Edward, John (éd.), *Language in Canada*, Cambridge University Press, 1998, p. 36-60.

l'Île-du-Prince-Édouard, de la Nouvelle-Écosse, du Manitoba, de la Saskatchewan et de l'Alberta.

Ces chiffres sont en partie attribuables, selon Castonguay, à un phénomène de dénatalité. Mais la dénatalité, ajoute-t-il, n'explique pas tout. La proportion de personnes déclarant avoir le français comme langue maternelle, mais parlant surtout ou exclusivement l'anglais à la maison, montre à l'évidence que le principal facteur du recul du français est l'anglicisation et, en particulier, l'anglicisation des jeunes adultes francophones âgés de 25 à 34 ans. Le taux d'anglicisation des jeunes adultes a connu une croissance fulgurante entre 1971 et 1996. Il est présentement de 44 % en Ontario, de 48 % en Nouvelle-Écosse, de 50 % à Terre-Neuve et à l'Île-du-Prince-Édouard, de 64 % au Manitoba, de 71 % en Alberta et de 74 % en Saskatchewan.

En résumé, si l'on considère le profil des populations francophones selon l'âge, on constate que les jeunes adultes francophones ne se remplacent plus. On peut donc prévoir d'ici 20 ans un déclin accentué de la population francophone. À Terre-Neuve, par exemple, il ne reste plus que quelque 65 enfants francophones de 0 à 4 ans et dans les foyers francophones et à Île-du-Prince-Édouard, il en reste environ 180. Compte tenu de la tendance à l'anglicisation des francophones, on peut s'attendre à ce qu'une forte proportion des enfants de cet âge, là comme ailleurs, s'anglicisent d'ici 20 ans et élèvent leurs propres enfants en anglais. Pendant ce temps, le nombre absolu d'anglophones dans ces provinces ne cesse d'augmenter, réduisant d'autant le poids démographique des francophones. La dénatalité frappe aussi les Canadiens anglais, mais l'assimilation des immigrants et des francophones, dans leur cas, fait plus que combler le déficit des naissances. Les francophones, pour leur part, n'assimilent pratiquement personne.

Qu'en est-il des autres provinces? La Colombie-Britannique a vu sa minorité francophone s'accroître de 5 007 personnes sur une période de 25 ans. Par ailleurs, le taux d'anglicisation des jeunes adultes francophones y est présentement de 90 %. Au Nouveau-Brunswick, la minorité francophone est l'une des plus considérables au Canada ; elle formait 32 % de la population en 1996. Elle est aussi la seule à avoir réussi à abaisser le taux d'anglicisation des jeunes adultes, qui est passé de 11 % en 1971 à 9 % en 1996. Les progrès significatifs des institutions francophones et du statut du français dans cette province depuis les années 1960 y sont sûrement pour quelque chose. Pourtant, note Castonguay, la population francophone du Nouveau-Brunswick a décru entre 1991 et 1996 et, même « à 9 % le taux d'assimilation des

25 à 34 ans contribue de manière non négligeable à réduire la relève démographique de langue française[10] ».

Au Québec, le pourcentage de personnes faisant usage du français a légèrement augmenté entre 1971 et 1991 et il a très légèrement diminué entre 1991 et 1996 alors qu'il s'établissait à 82,8 %. Pendant ce temps, le pourcentage de personnes faisant usage de l'anglais a diminué de 14 % entre 1971 et 1991. Cette diminution est attribuable aux quelque 400 000 départs d'anglophones entre 1966 et 1986. Or, malgré ces départs, et le déficit générationnel qui aurait pu s'ensuivre, le nombre de personnes faisant usage de l'anglais au Québec est resté à peu près stable entre 1991 et 1996. Ce que traduit cette situation, ce n'est pas l'anglicisation des francophones, comme en témoignent les données, ni la fécondité accrue des anglophones de langue maternelle ; c'est la force d'attraction de l'anglais pour les nouveaux immigrants. Or la grande majorité des immigrants (80 %) qui arrivent au Québec choisissent de s'établir dans la région de Montréal. Dans une étude récente, le démolinguiste Marc Termote a montré que la proportion de la population de langue d'usage française de l'île de Montréal a décru de 2 % entre 1991 et 1996 pour s'établir alors à 55,6 %[11]. Selon ses prévisions et celles de plusieurs analystes, les francophones seront minoritaires sur l'île de Montréal d'ici vingt ans.

Ceci est lourd de conséquences pour le reste du Québec. L'île de Montréal est au cœur de la plus grande région urbaine du Québec et compte plus du quart de la population québécoise. Son pouvoir d'attraction sur un grand nombre de régions continue d'être considérable. La loi 101 a pu contribuer à renverser, entre les années 1971 et 1981, la tendance alors décroissante du français[12]. Mais, malgré les dispositions de la loi touchant la langue de la scolarisation, nous constatons aujourd'hui encore que seulement 40 % des allophones qui ont opté soit pour l'anglais soit pour le français ont le français comme langue d'usage. Si le français cesse d'être la langue d'utilité première dans l'espace public, comme cela risque fort de se produire au Québec lorsque les francophones seront minoritaires dans l'île de Montréal ; alors il

---

10. Castonguay, Charles : « Tendances de la langue française au Canada jusqu'en 1996 », *L'Action nationale*, éd. spéciale, août 1999, p. 8-9.

11. Termote, Marc, « Le défi démolinguistique du Québec », *L'Action nationale*, éd. spéciale, août 1999, p. 6-7.

12. D'autres facteurs ont aussi pu jouer un rôle important, comme la présence accrue au sein de l'immigration allophone et, dès le début des années 1970, des immigrants allophones originaires de pays de langue latine.

perdra en matière de force d'attraction et ce n'est pas l'attachement des francophones pour leur langue qui pourra y changer quelque chose.

3 – Le statut de minorité et les exigences de la justice

Que la nation canadienne-française n'ait pas survécu à l'émergence de nouveaux facteurs structurants et à l'apparition de dynamiques sociales nouvelles est une chose. Une tout autre chose est que la population de langue française et, avec elle, le legs culturel qu'elle a constitué au fil des générations soient menacés de disparition. Le discours rassurant des gouvernements canadiens qui se sont succédé à Ottawa depuis le début des années 1960 ne fait que camoufler leur inertie dans ce dossier. Aucune mesure sérieuse n'a été prise par ces gouvernements pour contrer systématiquement le déclin des populations francophones. Pourtant, il n'est pas difficile d'imaginer ce que pourraient être ces mesures. Si l'intégration sociétale des francophones exige maintenant d'eux qu'ils s'anglicisent, c'est qu'il leur est devenu difficile, voire impossible, de faire de leur propre communauté d'origine une communauté d'appartenance, d'allégeance et d'obligation. Concrètement, cela signifie qu'il leur est devenu impossible de trouver, au sein de leur communauté d'origine, les ressources qui leur permettraient de s'instruire, de gagner leur vie, de planifier leur avenir et celui de leurs descendants en tenant compte de la spécificité de cette communauté particulière.

Les communautés francophones au Canada ont bien compris que leur survie dépendait de leur capacité à constituer, pour leurs membres, un milieu de vie dynamique et enrichissant. Cette conviction a inspiré des efforts admirables de ténacité et d'inventivité. Mais alors que ces efforts ont permis une revalorisation de la vie sociale et culturelle, surtout, on le comprendra, au sein des communautés les plus populeuses, force est de reconnaître qu'ils n'ont pas réussi à endiguer l'anglicisation des jeunes francophones. Et il est raisonnable de croire que ces communautés continueront de s'angliciser tant et aussi longtemps que « vivre en français dans ce pays » signifiera se priver des perspectives d'avenir, des occasions et des options ouvertes aux autres membres de la société. Contre cela, les communautés francophones isolées ne peuvent rien. C'est le statut minoritaire des francophones au Canada qui est en cause ici et qui fait que, du point de vue des avantages offerts à ses membres, une minorité reste toujours en deçà de ce que la majorité peut leur offrir. Mais si cette dynamique, qui conduit tout droit à l'assimilation, ne peut pas être renversée par la minorité, elle pourrait être désamorcée par une majorité de bonne foi, consciente des inégalités que sa propre situation génère. Et c'est ici qu'un gouvernement sensible aux efforts des francophones canadiens et à la valeur de l'héritage culturel qu'ils représentent devrait prendre ses responsabilités. Plutôt que de laisser libre cours à l'assimilation des francophones au sein d'une culture anglophone dominante, il pourrait, par toute une série de mesures, faciliter la consolidation, par les francophones, de leurs communautés d'origine et contribuer ainsi à l'instauration d'une espace de vie francophone au Canada.

Une première mesure pourrait s'inspirer de la politique linguistique que préconisent, par exemple, le Québec et la communauté acadienne du Nouveau-Brunswick pour réduire le taux d'assimilation ; à savoir, d'une part, la gestion autonome, par les communautés francophones, des fonds nécessaires à la création ou au maintien de leurs propres institutions dans le domaine de l'éducation, de la santé et du travail et, d'autre part, la francisation du milieu de travail. Un réalignement dans ce sens de la politique linguistique canadienne impliquerait la dévolution aux communautés francophones des pouvoirs requis pour arriver à ces fins, mais aussi la provision des fonds qu'elles estiment raisonnablement nécessaires pour y arriver. Une seconde mesure consisterait à stimuler l'économie dans les territoires où existent de fortes concentrations de francophones. Tout en assurant la stabilité de ces populations, cette mesure contribuerait à créer un environnement spécialement enviable pour les francophones des communautés plus petites qui pourraient ainsi mieux résister à l'anglicisation. S'accompagnant de la francisation du milieu de travail, cette mesure fournirait aux francophones des occasions de vivre en français dont ils sont très généralement privés au Canada. Une autre mesure touche l'immigration : il s'agirait non seulement de sélectionner des immigrants désireux de s'intégrer à une communauté francophone, plutôt que simplement susceptibles d'apprendre le français, mais aussi de les préparer à vivre dans leur communauté d'adoption. Sur ce point, l'approche devrait être territoriale ; ce sont les provinces qui, en concertation avec leurs communautés francophones et avec l'aide financière du gouvernement fédéral, devraient mettre sur pied des programmes d'intégration des immigrants en fonction de la spécificité des communautés. En plus de contrebalancer en partie le déficit démographique dû à l'anglicisation, l'intégration d'immigrants pourrait susciter un sens renouvelé de la responsabilité communautaire et, bien entendu, ouvrir des perspectives inusitées et stimulantes pour tous les membres de la communauté. Ces mesures, et bien d'autres encore, qu'on pourrait imaginer pour contrer l'assimilation, relèvent d'un niveau gouvernemental de décision. Les communautés francophones isolées ou même réunies n'ont pas le pouvoir de les adopter et de les faire appliquer. Mais ce sont des mesures qui pourraient, sans révolutionner les lois canadiennes, rendre ce pays beaucoup plus conforme aux principes d'égalité inscrits dans sa constitution. Par leur inertie dans ce domaine, les gouvernements du pays et des provinces portent une lourde responsabilité dans le déclin des populations francophones.

Mais l'inertie n'est pas seule en cause. Ni même ce qu'on appelle parfois « l'absence de volonté politique » et qui, plus souvent qu'autrement, signifie la mauvaise volonté des pouvoirs politiques. Il y a aussi l'obstruction délibérée des gouvernements, qui force les ayants droit francophones de la Constitution canadienne à dilapider leurs énergies et à abandonner leur dignité dans des luttes qui n'ont d'autre but que de faire reconnaître les droits qui leur sont acquis en vertu de cette constitution. Comme on l'a vu récemment, c'est devant les tribunaux que les francophones obtiennent finalement, lorsqu'ils l'obtiennent, une partie de ce qui devrait leur être garanti par la Constitution canadienne[13].

4 – L'avenir des Français d'Amérique

Plusieurs Québécois ont fait un choix qui, dans ce contexte, leur semble imparable. Ce choix, c'est celui de se donner un pays distinct au sein duquel il pourront eux-mêmes prendre en main la protection de leur langue et l'évolution de leur culture.

Plusieurs francophones à l'extérieur du Québec semblent penser que l'accession de celui-ci à la souveraineté entravera d'une façon irrémédiable l'avenir de leurs communautés. Cette inquiétude s'exprime souvent dans la crainte que le Canada, sans le Québec, n'abandonne les communautés francophones à leur propre sort. Elle révèle ainsi une certaine perception du rôle que joue maintenant le Québec au sein du Canada, ou du rôle qu'il pourrait y jouer. Dans le contexte dont il a été question jusqu'ici, ces attentes sont trop optimistes, mais elles ne sont pas dénuées de fondement. Le Québec, par son poids démographique (incluant celui des francophones) et à la faveur de la tradition nationaliste qui s'y est développée, a pu en certaines occasions, non pas infléchir la politique linguistique canadienne, mais au moins faire en sorte qu'elle ne sombre pas entièrement dans l'oubli. Il a aussi pris des dispositions pour limiter l'anglicisation sur son territoire, qui pourraient

---

13. Ironiquement, seule la version anglaise de la Constitution a valeur légale au Canada.

inspirer les gouvernements des provinces anglaises pour peu qu'ils soient sensibles au sort de leurs communautés francophones. Dans cette mesure, fort limitée, le Québec a exercé et continue d'exercer un leadership dans la promotion du fait français dans l'ensemble du pays. Mais il n'est pas déraisonnable de penser qu'il pourrait continuer de l'exercer, et avec plus d'efficacité, au bénéfice de tous les francophones canadiens, s'il était un pays souverain.

Lorsqu'on parle d'un Québec souverain, on parle d'une société qui dispose des moyens politiques nécessaires pour répondre aux intérêts de ses membres et pour faire valoir ces intérêts à l'échelle internationale. Parmi ces intérêts, il y a le désir de préserver la langue française et de faire évoluer la culture française dans le respect de la minorité de langue anglaise et des nations autochtones qui vivent sur le territoire québécois. La langue publique d'un Québec souverain sera le français et sa culture publique ne cessera pas d'entretenir des liens étroits avec celle des descendants français qui vivent en Amérique du Nord. Dire ceci n'est pas nier qu'il existe maintenant des différences considérables entres les communautés nord-américaines d'ascendance française. C'est plutôt reconnaître qu'il y a, en Amérique du Nord, de multiples communautés qui partagent une identité française et qui sont désireuses, comme le sont les Québécois, d'affirmer cette identité. L'accession du Québec à la souveraineté entraînerait une reconnaissance plus profonde de cette réalité nord-américaine en l'inscrivant dans l'espace politique nord-américain.

L'existence d'un Québec souverain modifierait de plus d'une façon considérable la dynamique provinciale dans laquelle les communautés francophones canadiennes sont maintenant enfermées. Non pas parce que le Québec s'arrogerait le pouvoir d'intervenir dans les affaires intra provinciales ou interprovinciales du Canada, mais parce qu'en tant qu'État indépendant il aurait les moyens, et aussi la volonté, de cultiver les bases d'une nouvelle solidarité entre les francophones vivant sur ce continent. Il ne s'agirait pas de ressusciter la conscience nationale canadienne-française. Ces temps sont révolus. Mais il n'est pas trop tard pour réveiller, chez les francophones nord-américains, la conscience *collective* de leur identité commune, c'est-à-dire de cette identité française qui a survécu à la désagrégation de la nation canadienne-française. Dans l'état actuel des choses, l'identité commune des francophones ne possède pas les moyens de se concevoir collectivement et encore moins, comme nous l'avons vu, les moyens de s'affirmer concrètement[14]. Mais elle transcende néanmoins les circonstances particulières des diverses communautés francophones et continue de former les assises à partir desquelles chacune conçoit son avenir et ses projets. En se montrant solidaire de ces projets, en les appuyant et en les défendant au besoin, un Québec souverain pourrait contribuer, beaucoup mieux qu'il ne peut le faire maintenant, au rapprochement des communautés francophones et, ainsi, à l'avènement de cette conscience collective des Français d'Amérique.

Ces manifestations de solidarité pourraient prendre des formes diverses. Il pourrait s'agir, par exemple, d'amener sur le plan international des propositions concrètes concernant la protection et la promotion de la langue française dans les médias et les communications en Amérique du Nord. Ces propositions pourraient aussi prendre la forme d'un soutien financier ou logistique accru à certains projets particuliers entretenus par les communautés francophones, ou de la mise sur pied de programmes d'échanges dans divers domaines, ou encore de la participation à des événements culturels.

Si ces appuis semblent bien modestes, il ne faudrait cependant pas sous-estimer leurs effets possibles sur les problèmes, dont j'ai parlé plutôt, et qui affectent maintenant toutes les communautés francophones au Canada. L'un de ces problèmes réside dans la faible attraction qu'exercent, sur leurs propres membres, les communautés francophones, et en particulier les plus petites d'entre elles. Un rapprochement des communautés francophones pourrait en partie pallier ce problème. Premièrement, parce qu'il contribuerait, par des collaborations aussi simples que celles que je viens d'évoquer, à diversifier et à enrichir la vie communautaire et, par conséquent, à la rendre plus attrayante pour leurs propres membres, spécialement pour les jeunes. Deuxièmement,

---

14. L'expression « francophone » oblitère elle-même d'une façon très efficace toute trace d'une identité commune. Elle renvoie aux locuteurs d'une langue, le français, et fait de cette langue le seul critère distinctif des communautés d'origine française au Canada. Cette innovation terminologique marque bien le changement de la réalité politique qui, d'une identité française commune, incarnée dans une nation canadienne-française, nous a conduit aux minorités linguistiques canadiennes. C'est malheureusement cette seconde réalité politique que le président de la *Fédération des communautés francophones et acadiennes du Canada* prend pour référence lorsqu'il se déclare convaincu « qu'il existe déjà une conscience nationale francophone, d'un bout à l'autre du Canada » (propos rapportés par *Le Devoir* dans son édition du 20 janvier 2001). Cette « conscience nationale francophone » ne fait pas appel à l'identité française. Elle ne peut être que la conscience d'une minorité au sein de la nation canadienne. Et c'est précisément cette réalité politique que les souverainistes québécois souhaitent dépasser : un Québec souverain ne sera pas un Québec francophone mais un Québec français, dont la raison d'être est l'affirmation de la culture française dans le respect de la minorité anglaise et des nations autochtones qui vivent sur son territoire.

un tel rapprochement pourrait avoir des répercussions considérables sur la formation de l'identité des jeunes francophones et sur l'apparition d'une conscience collective qui, l'une et l'autre, sont des sources de l'attachement qu'ils peuvent témoigner à leur communauté particulière. Que l'on songe simplement aux retombées que pourraient avoir, par exemple, des programmes d'échange qui permettraient, sur une base soutenue, à des élèves du cours primaire ou secondaire, d'étudier, de faire du sport ou de jouer de la musique dans des milieux francophones autres que le leur.

Mais, comme je l'ai souligné plus tôt, l'attachement des francophones à leur langue et à leur culture ne suffit pas. Il faut aussi que le français ait une utilité dans l'espace public. Que l'on puisse étudier, travailler et vivre en français. Les principales mesures à prendre pour arriver à ce résultat, comme le réalignement des politiques linguistiques, le développement de l'économie dans les territoires où vivent des communautés francophones ainsi qu'une politique d'immigration adéquate relèvent, comme je l'ai déjà dit, de niveaux de décision gouvernementaux qui jusqu'ici n'ont pas brillé par leur sens de l'initiative dans ces domaines. L'existence d'un Québec souverain pourrait-elle y changer quelque chose? Plusieurs francophones de l'extérieur du Québec répondent par l'affirmative et ajoutent que le changement serait pour le pire, car le Canada sans le Québec, pensent-ils, se soucierait encore moins des communautés francophones qu'il ne le fait maintenant. Il semble difficile d'ajouter foi à cette inquiétude si elle doit signifier que le Canada retirerait alors aux communautés francophones des provinces anglaises ce qu'elles possèdent maintenant, à savoir quelques garanties constitutionnelles, et des subventions couvrant 50 % des coûts de l'enseignement en français et permettant d'organiser à l'occasion des fêtes de la Francophonie canadienne. Le Canada, en effet, s'est toujours soucié de soigner son image sur le plan international et une façon de le faire a été d'affirmer sa dualité linguistique, signe qui se voulait évident de la considération accordée aux minorités sur son territoire. Et c'est toujours cette dualité linguistique qui, sur la scène internationale, permet au Canada de se prétendre profondément distinct des États-Unis. Dans le présent contexte international, il ne semble pas déraisonnable de penser que le Canada, privé de sa principale vitrine francophone, pourrait en fait se révéler plus enclin qu'il ne l'est maintenant, non seulement à respecter les dispositions existantes touchant les communautés francophones, mais même à en faire davantage. Mais quoi qu'il en soit de cette conjecture, il apparaît certain que le Québec, devenu un pays souverain, pourra exercer une pression considérable sur le gouvernement canadien pour ce qui est du traitement des communautés francophones. Connaissant pour ainsi dire de l'intérieur les injustices reliées à leur statut minoritaire et les tergiversations habituelles des gouvernements à ce sujet, le Québec pourra les dénoncer avec vigueur et, si cela est nécessaire, en appeler de l'appui des autres pays francophones. Il pourra aussi, en s'appuyant sur sa propre expérience, guider et soutenir les revendications des francophones auprès des gouvernements pour ce qui est des mesures à prendre pour contrer l'assimilation et étayer certaines de ces revendications en donnant l'exemple du traitement que le Québec réserve à sa minorité anglophone[15].

L'existence d'un pays français et souverain en Amérique du Nord permet donc d'envisager à terme un renversement des effets de la minorisation à laquelle ont été soumises les communautés francophones canadiennes. L'un de ces effets a été l'occultation de leur identité française commune et l'effacement progressif d'une conscience collective qu'a encore accentué l'absence d'une représentation politique réelle du fait français en Amérique du Nord. À ces effets, s'ajoutent encore le peu de poids accordé aux revendications des communautés francophones minoritaires et la dépendance, dans la formulation de ces revendications, à laquelle les contraint un rapport de force qui leur est défavorable de façon permanente. En devenant souverain, le Québec rompt avec le cycle de représailles auxquelles s'exposent les revendications faites au nom de la langue et de la culture française et établit un rapport de force susceptible de conduire à des ententes profitables pour les francophones. De plus, en inscrivant le fait français dans l'espace politique nord-américain, il réactualise de façon concrète l'identité française et stimule ainsi un sens de la solidarité intercommunautaire qui ne peut que renforcer la position des francophones au Canada.

CONCLUSION

Dans deux cents ans, le français aura peut-être complètement disparu en Amérique du Nord. Et ceci, même si le Québec accède à la souveraineté. Ceux qui nient la possibilité d'une telle disparition ne nous rendent pas service. Mais ceux qui l'évoquent comme une fatalité oublient que l'histoire ne s'écrit pas toute seule. J'ai voulu montrer ici

---

15. Dans son rapport, la commission Laurendeau-Dunton recommandait que le gouvernement canadien assure à ses populations francophones « l'équivalent de ce qu'on accorde, dans le Québec, à la majorité de langue anglaise ».

que la menace qui pèse sur les francophones au Canada est bien réelle : elle n'est ni un mythe ni une illusion. L'idée que j'ai voulu défendre est que, devant cette menace, les francophones ne sont pas sans moyens. Mais pour que ces moyens deviennent accessibles il faut à tout prix nous extirper de ce processus de minorisation où l'histoire et les volontés de quelques-uns n'en finissent plus de diviser et d'affaiblir les Français d'Amérique. Les francophones doivent se rendre compte que, par-delà leurs différences et même leurs divergences, ils défendent une cause commune et que cette cause commune requiert d'eux qu'ils fassent front commun au mépris des forces politiciennes qui cherchent à les diviser.

QUATRIÈME PARTIE

LES NATIONALISMES AUJOURDHUI

13

ORGANICISME, HISTORICISME ET CULTURALISME DANS LE NATIONALISME QUÉBÉCOIS D'AUJOURD'HUI

MAX NEMNI

LA RECHERCHE D'UN « NOUVEAU » NATIONALISME

L'idée qu'au Québec le nationalisme « ethnique » aurait cédé la place à un nouveau nationalisme « civique » ou « territorial » a cours tant dans les milieux politiques que dans les milieux intellectuels. Il serait aisé de trouver de multiples exemples de cette vision des choses dans des déclarations et des textes provenant d'horizons très variés. La chronique de Guy Laforest dans *Le Devoir* du 12 mai 1995 en est un. Répliquant à Léon Dion qui, dans son dernier livre, affirmait n'avoir trouvé « aucun germe d'un humanisme enrichissant » dans le projet péquiste, Guy Laforest prétend qu'il existe, au contraire, une relation étroite entre « souveraineté et humanisme ». Tel est d'ailleurs le titre de son article.

Guy Laforest est tout à fait conscient des dangers du nationalisme identitaire. Il écrit, en effet, qu'en « Europe, plusieurs nationalismes fondés sur les mêmes facteurs objectifs qui ont été cruciaux dans l'expérience québécoise — culture, histoire, langue — ont conduit au développement de communautés fermées incapables de surmonter les blessures du passé[1] ». Il pense toutefois qu'aujourd'hui le nationalisme est sur une tout autre lancée et qu'il devrait, en toute logique, déboucher sur une société ouverte et pluraliste. Mais une importante

---

1. *Le Devoir*, le 12 mai 1995.

mise en garde s'impose selon lui car ce « projet d'édification d'une société distincte pluraliste au Québec... passe par le rétablissement d'une communauté politique autonome. Nous avons besoin de celle-ci pour faire fleurir celle-là[2] ».

Je partage entièrement l'idée qu'il existe une relation étroite entre nationalisme identitaire et société fermée. Je pense toutefois qu'il serait hâtif de croire en la disparition de cette forme de nationalisme au Québec. Il m'est difficile, par ailleurs, de comprendre en quoi l'établissement d'une « communauté politique autonome » solutionnerait le problème identifié. À vrai dire, je n'avais encore jamais rencontré l'expression « communauté politique », notion apparemment fondamentale, sauf depuis quelques années dans la littérature dite « communautariste », et plus récemment au Québec en lisant les dernières œuvres de Fernand Dumont.

Je me propose ici de faire deux choses. J'essaierai de montrer que le nationalisme de type identitaire demeure l'une des forces vives du Québec d'aujourd'hui. J'entends du même coup clarifier la notion de « communauté politique ». Si je peux poursuivre ces deux objectifs en même temps, c'est parce qu'ils constituent la charpente des deux derniers ouvrages de Fernand Dumont : *Genèse de la société québécoise* et *Raisons communes*[3]. À mon avis, ces deux livres révèlent des dimensions importantes du nationalisme d'aujourd'hui.

On considère généralement Fernand Dumont comme un des intellectuels les plus distingués et les plus influents du Québec. Ses longues années consacrées à l'étude des phénomènes culturels ont eu une influence considérable sur de très nombreux chercheurs, sur des milliers d'étudiants et, très probablement, sur d'innombrables politiciens. Avec constance, conviction et sans détour, il a défendu au fil des ans un nationalisme de type « identitaire » qui serait, aux dires de tant d'intellectuels, tombé en désuétude. Ses idées sont pourtant fréquemment reprises dans divers milieux intellectuels et politiques et il me semble que le moins qu'on puisse dire, c'est qu'elles reflètent un élément significatif du nationalisme québécois d'aujourd'hui.

J'essaierai donc de présenter succinctement la conception de la société québécoise selon Dumont. Mon objectif premier consiste à mettre en relief ses postulats épistémologiques afin d'identifier la

---

2. *Ibid.*

3. Fernand Dumont, *Raisons communes*, Montréal, Boréal, 1995, 255 p. ; *Genèse de la société québécoise*, Montréal, Boréal, 1993, 393 p.

nature des liens qu'il établit entre la question de l'identité des Québécois et l'objectif politique qui lui semble indispensable : la création d'une « communauté politique ». En marge de cette présentation, je tenterai également de présenter quelques indices illustrant l'influence considérable qu'a cette perspective aujourd'hui. Tout simplement, la thèse que je défends est que *le nationalisme québécois d'aujourd'hui reste marqué, d'une façon significative, par l'organicisme, l'historicisme et le culturalisme*.

DUMONT ET L'HISTOIRE DE LA « SOCIÉTÉ » QUÉBÉCOISE

Genèse de la société québécoise, qui couronne l'œuvre de Dumont, est une sorte de philosophie de l'histoire de la nation québécoise, au sens hégélien de l'expression. Il est important de noter que Dumont s'interdit de nommer « nation » le groupe auquel il se réfère. Son utilisation du mot « société » révèle une dimension cruciale de sa pensée. À ses yeux, une « société » n'accède au statut de « nation » que lorsqu'au cours de son histoire, le moment est atteint où elle contrôle entièrement les instruments politiques nécessaires à son «épanouissement» culturel. Ainsi l'expression « genèse de la société québécoise » renvoie à une conception organiciste de la « société » et à une conception téléologique de sa « genèse ». Le « devenir » d'une société fait partie de son « être », au même titre que sa « naissance » et que toutes les étapes de son développement. De toutes les étapes de sa « genèse », la plus cruciale, celle qui déterminera si la « société » est enfin devenue « nation », a trait à son accession à la sphère politique.

Dès le tout premier paragraphe de son livre, dans une perspective clairement téléologique, Dumont identifie la forme idéale du devenir de toute société. Le sens profond de l'histoire d'une collectivité ne peut être que l'accès à la sphère politique. Ce n'est qu'alors qu'on peut dire que «la société a été vraiment *fondée*... Ainsi sont nées les nations modernes. Ainsi est advenue la société québécoise dont je me propose, non sans témérité, de reconstruire la genèse[4] ». (p. 9) Une société, telle la société québécoise, qui n'a pas accédé à la sphère politique est une société tronquée car il lui manque les éléments essentiels à la préservation de son identité, c'est-à-dire à son plein épanouissement. Autrement dit, il lui manque, affirme Dumont, « une *référence* à laquelle des individus et des groupes [peuvent] se reporter, une *identité* qu'il leur [faut] définir, une conscience historique qui leur [donnerait] le sentiment plus

---

4. En italique dans le texte.

ou moins illusoire de faire l'histoire... » (p. 9). C'est ainsi que *Genèse de la société québécoise* vise à suivre le cheminement de cette collectivité à la recherche de sa « référence », de son « identité » et de sa « conscience historique, » objectifs indispensables à son épanouissement mais qui ne peuvent être atteints que le jour où sera « fondée » une « communauté politique ».

Il est clair que la « société québécoise » est posée par l'auteur comme un organisme, semblable à celui d'un être humain, ayant une vie qui lui est propre. D'ailleurs, en racontant dans la préface quelques souvenirs d'enfance, Dumont établit lui-même ce parallèle. Tout petit, raconte-t-il, il se sentait parfaitement à l'aise dans sa paroisse car « pour un enfant, le monde est une patrie » (p. 10). Mais, poursuit-il, cette sérénité propre à l'inconscience de l'enfant disparut dès qu'il s'aperçut que son monde était occupé par « l'étranger ». Réalisant que « du gérant aux chefs de service, les patrons étaient anglophones », réalisant de surcroît que « dans la localité, parler l'anglais était considéré comme le comble du savoir, presque l'accès à la métaphysique » (p. 11), l'enfant vit son harmonie intérieure se briser. C'est ainsi qu'il prit conscience que son identité était tronquée tant sur le plan culturel que sur le plan politique. Il réalisa qu'il était apatride, mais d'une façon spéciale, « j'étais le fils d'un pays hypothétique » (p. 12). À travers des expériences et des images d'enfant, il prit conscience qu'il lui manquait une « communauté politique ».

D'où la blessure causée tant par cette absence que par le contact avec « l'autre » qui occupait la place qui devait être la sienne. D'où également la possibilité de surmonter cette blessure. Car c'est en soignant ses blessures que l'enfant devient adolescent, puis adulte, nous rappelle Dumont. Ce mode de croissance, renchérit-il, régit tant la vie de l'homme que celle de la société : « Ce passage de l'enfance à l'adolescence, cette transition de la patrie au pays, n'est pas sans analogie avec ce qui, dans le cours de l'histoire, est genèse de la nation. » (p. 12) Tout comme pour l'auteur lui-même, la blessure profonde que le Québec doit guérir pour parvenir à l'âge adulte provient de l'hétérogénéité culturelle et politique due à la coexistence de deux principes identitaires distincts : « Depuis la Conquête, il n'y a pas seulement au Québec des Français et des Anglais, mais deux sociétés juxtaposées avec leurs institutions respectives, deux références collectives qui ne sont pas arrivées à se réconcilier » (p. 13).

Ainsi pour Dumont, l'histoire de la société québécoise est l'histoire d'un organisme qui a du mal à passer de l'enfance à l'âge adulte.

En fait, dès sa naissance, cet « être social », pourrait-on dire, n'a pas cessé de souffrir. Né du « rêve européen de l'unité chrétienne » visant l'évangélisation du continent, cette « utopie » s'avère un échec car, explique Dumont, l'évangélisation ne réussissant pas, « *l'origine* nous apparaît moins comme un commencement que comme un avortement » (p. 55).

Dans une perspective dialectique et historiciste de type hégélien, Dumont voit dans cet « avortement » une première possibilité de « dépassement ». La Conquête constitue le deuxième point de rupture qui « appelle » un nouveau dépassement. Afin de construire son empire colonial, l'Angleterre « a engagé dans la guerre de la Conquête d'énormes ressources » (p. 88). Ce qui, dans une logique dialectique, se tourne contre elle, car elle défend mal ses propres intérêts, de telle sorte « qu'aux lendemains de la Conquête une société se sera perpétuée à la faveur des errances de la politique anglaise » (p. 90). Par ailleurs, et dans une même logique dialectique, l'Église catholique du « fait de sa servitude... prend progressivement conscience de sa différence et de son pouvoir » (p. 94).

Les émeutes de 1837-1838 constituent un autre point de rupture et, de ce fait, un autre point fort dans la construction de l'idée de nation. Bien que ces émeutes, constate Dumont, soient « d'abord des émeutes paysannes », leur importance, du point de vue de la construction imaginaire de la nation, provient du fait qu'à ces facteurs conjoncturels se mêle la construction idéologique de l'Anglais en tant qu'Autre. C'est ainsi que se cristallisent des ressentiments qui font que, « à mesure que s'avance l'histoire, les traits de la collectivité francophone se précisent. D'autant plus qu'à ses côtés, lui servant de repoussoir, une autre société s'édifie, qui lui est étrangère... » (p. 103).

Ces traumatismes successifs et leurs dépassements, qui favorisent l'émergence de « l'Autre », favorisent du même coup la construction graduelle d'un « sentiment » national. Constatons ici l'utilisation du terme « sentiment » et non de « conscience ». En effet, Dumont, qui s'interdit d'utiliser l'expression « nation québécoise », s'interdit de ce fait même d'utiliser l'expression « conscience nationale ». Il nous explique que ce « *sentiment national* », qui est un construit idéologique, est né en 1791, avec « l'avènement du discours » qui permit d'inscrire la « Conquête » dans l'imaginaire québécois. C'est ce sentiment qui a mis la société québécoise en marche vers son devenir, c'est-à-dire vers l'accès potentiel à la sphère politique et donc vers l'acquisition d'une « conscience politique ».

Le problème québécois, déplore Dumont, se ramène au fait qu'il n'y a jamais eu convergence entre « l'idée de la nation » et l'espace politique qui lui correspond. Il note cependant qu'à certains moments dans l'histoire cette convergence a failli se réaliser : « Entre la nation et la politique, le raccord avait failli se produire dans les années 1830, par la médiation de l'idée de république » (p. 327). Mais ce raccord essentiel ne s'étant pas produit, la société demeura incomplète, ne possédant comme seule identité « qu'une conscience de soi repliée sur la défensive... par l'exaltation des traditions » (p. 327).

LES AFFRES DU QUÉBEC CONTEMPORAIN

Aujourd'hui, affirme Dumont, la crise du Québec contemporain est plus grave que jamais, car même « l'exaltation des traditions » se rétrécit dangereusement à la seule dimension linguistique. Le diagnostic qu'il porte sur divers aspects de la société québécoise dans ses deux ouvrages, mais surtout dans *Raisons communes*, est comme il le dit lui-même « accablant » (p. 163).

Par exemple, dans le chapitre consacré à « la crise du système scolaire », il s'interroge sur le « gaspillage d'humanité, [et la] dilapidation de fonds publics » (p. 159-160). Il déplore les taux effarants de décrochage scolaire (p. 160), les risques de « fausse scolarisation » (p. 162), la « paralysie réciproque » de la direction des établissements scolaires et des syndicats, l'absence de tout « mécanisme sérieux d'évaluation ou de contrôle » (p. 164) ou encore le fait que « la bureaucratie et l'inertie sont partout régnantes » (p. 166). Ce diagnostic radical donne l'impression que l'organisme est prêt à rendre son dernier souffle. En effet, on lit avec effroi que « non seulement le système est miné par des problèmes de toutes sortes, mais la paralysie le gagne. Au fond personne ne veut vraiment s'attaquer à la maladie... » (p. 167). Ainsi, non seulement le système est-il malade, mais personne n'est là pour le sauver. Tous les intervenants, les enseignants, les fonctionnaires, les bureaucrates et les autres consacrent leurs énergies à défendre leurs intérêts particuliers.

C'est donc avec étonnement qu'on lit, quelques lignes plus loin, que « pour contrer l'inertie, la résignation ou le cynisme, une immense mobilisation sera nécessaire ; convaincus de la noblesse de leur métier, les éducateurs devraient être aux premiers rangs. Réformer notre système d'éducation : voilà le combat des années présentes, condition de tous les autres » (p. 168). D'où Dumont tire-t-il son optimisme ? Ne vient-il pas de dépeindre en termes très sombres le système d'éducation québécois ?

Cet optimisme est d'autant plus étonnant que son diagnostic accablant ne s'arrête pas au système scolaire. On retrouve en effet un même constat d'échec en ce qui a trait à la qualité du français et à la culture des Québécois : « L'enseignement du français est déficient parce que l'est aussi la conception de la culture que diffuse ce système » (p. 154). Même constat envers les politiques sociales : « La machinerie édifiée par la démocratie sociale risque... d'être paralysée » (p. 180).

Pour Dumont, l'échec imprègne tous les recoins du Québec contemporain. Il déplore la baisse de la pratique religieuse et l'affaiblissement de la paroisse comme lieu de socialisation : « Les grands symboles de la cohésion culturelle se sont estompés avec l'éloignement des croyances et des rites » (p. 201). Il déplore « la rigidification, la sclérose des institutions [ainsi que] le corporatisme qui s'est répandu pendant la Révolution tranquille [et qui] est le comparse de la bureaucratie » (p. 196). Selon lui, les réussites des Québécois sont rarissimes et ce n'est que dans l'échec que les Québécois sont forts : « Nous avons assez bien réussi dans le travail de démolition, mais l'édifice biscornu que nous avons construit à grands frais est lézardé de toutes parts » (p. 163).

En fait, Dumont critique tout l'effort de modernisation entrepris depuis les années soixante. J'ai rarement lu un diagnostic aussi sévère des faits et gestes des Québécois. Des critiques infiniment moins violentes émises par des observateurs non francophones de la scène québécoise, tels l'Institut C.D. Howe, Mordecai Richler, ou *La Gazette*, sont immédiatement traitées comme de simples menaces visant à « faire peur aux Québécois ». Pourquoi écoute-t-on donc si attentivement Fernand Dumont ?

On l'écoute, à mon avis, parce que sa thèse touche des cordes sensibles chez de nombreux Québécois qui ressentent profondément la fragilité de leur langue et de leur culture en Amérique du Nord. On l'écoute, surtout, parce que l'on perçoit le « peuple » québécois comme un organisme qui risque de s'éteindre s'il n'obtient pas l'espace vital dont il a besoin pour s'épanouir. Pour ceux que ce discours touche, comme pour Dumont, les nombreux échecs du Québec sont attribuables avant tout à la place exiguë que l'Autre culture leur a concédée. L'Histoire ne leur appartenant que partiellement, les « Québécois » ne sont que partiellement responsables de leur sort.

Dans une hypothétique réponse au « Canada anglais » qui poserait la sempiternelle question : « What does Quebec want ? », Dumont est clair : les francophones québécois constituant « un peuple qui, depuis ses origines, a toujours été en tutelle, dont le visage officiel a constamment masqué les expériences et les désirs les plus confus, a tenté de s'exprimer selon toutes les modalités à la fois ; ne vous étonnez pas de la cacophonie qui en a résulté » (p. 71). L'identité de cette collectivité a été réprimée du fait que jamais un espace politique adéquat ne lui a été accordé. Un vice profond mine donc les multiples tentatives d'aménagement politique au sein du Canada : « Si l'histoire de notre dialogue politique s'avère un échec, c'est d'abord parce que l'autre dialogue, celui de nos deux sociétés, de nos deux cultures, est prisonnier depuis longtemps d'une impasse que nous n'osons presque jamais regarder en face » (p. 70).

En clair, nous dit Dumont, tant que la question de l'identité culturelle ne sera pas réglée *politiquement*, la société québécoise restera bloquée. La possibilité de mettre fin à la série d'échecs, de « ruptures » selon son vocabulaire, qui ont jalonné l'histoire de la société québécoise, passe inéluctablement par la création d'une « communauté politique » qui permettrait enfin l'éclosion de la « nation » québécoise.

Essayons maintenant de mieux comprendre ce projet politique.

L'URGENCE D'UNE « COMMUNAUTÉ POLITIQUE »

Pourquoi Dumont utilise-t-il cette expression plutôt que d'autres communément utilisées dans les milieux nationalistes québécois, telles « l'accession à la souveraineté », « l'indépendance » ou, tout simplement, la création d'un nouveau pays ?

La souveraineté politique, la création d'un nouvel État, constitue pour Dumont la condition essentielle à l'épanouissement de la nation québécoise. Toutefois, il s'agit pour lui d'une condition certes essentielle mais pas suffisante : « La souveraineté du Québec est une exigence impérieuse, mais on entretiendrait une très grave illusion en croyant qu'elle sera suffisante. Elle pourrait même servir d'alibi si nous édifions un abri politique pour un peuple vidé par ailleurs de ses raisons d'être. La souveraineté ne créera pas, par miracle, une nation vigoureuse » (p. 77). Selon lui, ce qui importe en plus de l'affirmation politique, c'est la création d'un contexte favorisant l'épanouissement de l'identité collective du peuple québécois. À condition toutefois que l'effort en vaille la peine. Il se demande parfois « si l'heure de la défection n'est pas venue pour une collectivité qui n'[a] pas la vertu de durer» (p. 78). Ainsi, en plus de l'historicisme et de l'organicisme propres à la pensée de Dumont, nous voyons maintenant poindre un moralisme qui lui permet de juger du bien-fondé de la «vie» de la collectivité dont il parle.

D'ailleurs, le chapitre d'où sont tirées ces citations, écrit avec un mélange de mélancolie et d'espoir, est consacré à l'évaluation de la culture de cette société. Comme on peut s'y attendre, il en présente un portrait bien sombre. De nombreux indices témoignent, affirme-t-il, de la stérilité de la culture québécoise: «Rien peut-être, parmi tant d'indices que l'on pourrait retenir, n'en témoigne plus douloureusement que le sort que nous avons réservé à la religion de nos pères.» Un peu plus loin, il affirme que les Québécois n'ont pas su faire preuve d'originalité, même en matière de réformes de la religion, ce qui aurait dû pourtant être leur fort. En gros, les Québécois se sont contentés d'adopter un dogme après l'autre: «Comme nous avions emprunté jadis, sans avoir vécu aucun drame philosophique qui nous soit propre, la scolastique thomiste traduite en dogmes et manuels... nous avons importé, plus tard, une scolastique marxiste...» (p. 79).

Néanmoins, le chapitre continue sur une note positive. Dumont semble convaincu que le nationalisme constitue une force de rassemblement dérivant «[d']un devenir historique où ont joué des solidarités, le partage d'un héritage de culture, l'adhésion à des institutions dont on est fier, la confiance dans un certain destin collectif» (p. 89). Notons l'ambivalence de Dumont qui, d'une part, brosse un portrait très austère des marques distinctives de la culture québécoise et, d'autre part, a foi en son avenir. Mais revenons à son projet politique. Le Canada, nous dit Dumont, aurait pu être une vraie «communauté politique». Pour qu'il en fût ainsi il aurait fallu, premièrement, «garantir la sauvegarde et l'épanouissement des nations qui y ont adhéré» et, deuxièmement, favoriser «une progressive sédimentation de solidarités autour d'un projet» (p. 55). Mais tous les échecs qu'a présument subis la société québécoise, et que Dumont énumère tout le long de ses deux ouvrages, constituent autant de preuves que «l'histoire de la Confédération est celle de l'échec de l'édification d'une communauté politique». D'où la nécessité d'en construire une au Québec. Mais que veut dire au juste «communauté politique»?

Cette «communauté», selon Dumont, serait dotée de plusieurs caractéristiques. D'abord, tout comme l'État, elle accorderait à ses citoyens les droits et les devoirs usuels. De prime abord, il semblerait donc que « communauté politique » et « État » seraient synonymes. Mais on commettrait une grave erreur si on s'arrêtait à cette banale équation. Car aux dires de Dumont, au delà du simple agrégat de citoyens atomisés, au delà de l'État régulateur et bureaucratique, une vraie communauté politique se définit par sa capacité de favoriser « l'épanouissement » des nations et groupes qui la constituent. C'est à l'aune de cette mesure que la fédération canadienne aurait échoué puisque, selon Dumont, elle n'aurait pas permis à la société québécoise de « s'épanouir » adéquatement. On comprend maintenant que, lorsque Dumont scrute les maux de la société québécoise, il monte en fait le dossier incriminant de la « communauté politique canadienne ». Le Canada aurait pu réussir. Il a échoué. Il faut donc se hâter de construire une « communauté politique » québécoise.

Aux dires de Dumont, il est urgent de réaliser que « la communauté politique en voie de consolidation au Canada ne garantit pas à [la nation française en Amérique] les conditions indispensables à son développement » (p. 64). En fait, constate Dumont, aujourd'hui a émergé au Canada une « communauté politique » distincte qui n'accorde qu'une toute petite place à la culture française. En fait « implicitement, la culture française [est devenue] une culture parmi d'autres » (p. 44). Là se trouve le cœur du projet politique de Dumont. Si la construction d'un espace politique au Québec est essentielle, c'est parce que « les anciens dispositifs de défense sont maintenant menacés ; il nous faut sortir de l'isolement justement pour assurer la survie de notre culture en lui insufflant un nouveau dynamisme » (p. 65). En d'autres termes, le projet politique en question est un moyen et non une fin. C'est le moyen d'assurer l'épanouissement de la « nation canadienne-française » et non d'implanter un nouvel État québécois. L'État devrait être au service de la culture et de la nation.

Car on ne doit pas oublier, insiste Dumont, que « le Québec n'est pas une nation. On doit donc y récuser un projet de souveraineté qui aurait pour objectif d'identifier nation et État ; il y a ici des anglophones et des autochtones, et la nation francophone ne se limite pas au territoire québécois » (p. 55).

On peut comprendre maintenant les deux raisons qui, selon Dumont, rendent urgente la création d'une « communauté politique » au Québec. Premièrement, ce n'est qu'ainsi que la langue française et la culture québécoise seraient protégées : « Nos efforts principaux doivent porter sur la qualité de la langue et la vigueur du système d'éducation » (p. 67). Il ajoute un peu plus loin « qu'un développement authentique ne s'instaurera au Québec que si nous faisons appel aux ressources de notre culture propre... c'est là que nous devons puiser d'abord notre force et notre fidélité au service des hommes» (p. 72). Deuxièmemement, ce n'est qu'ainsi que la «nation québécoise», c'est-à-dire la collectivité comprenant les personnes de langue et de culture françaises vivant au Québec, pourrait enfin accéder à l'âge adulte afin de remplir sa mission dans le concert des nations : «Un peuple qui refuse d'être adulte par mépris de lui-même est un mauvais partenaire» (p. 72). Le choix qui s'offre aujourd'hui aux Québécois est clair :

> Nous n'en sommes plus à discuter de quelques lambeaux de pouvoirs à partager lors de laborieuses rencontres de comité ; ce sont deux conceptions de la nation et de l'État qui s'affrontent. Ou bien les citoyens, les Québécois comme les autres, adopteront résolument le projet par lequel le gouvernement fédéral préside au parachèvement d'une nation politique et d'une culture programmée en conséquence ; ou bien les Québécois, inspirés par une conception culturelle de la nation qui est leur héritage historique, se donneront une organisation politique en conséquence (p. 48).

On ne pourrait être plus clair. La création d'un nouveau pays qui ne favoriserait pas l'épanouissement de la nation québécoise francophone, groupe défini par sa langue, sa culture et son héritage historique, n'aurait pas sa raison d'être. Un tel projet ne ferait que reproduire sur une petite échelle le modèle canadien. Il reproduirait l'échec déjà vécu. La notion de «communauté politique», telle que Dumont la conçoit, est explicitement construite autour des dimensions culturelles et identitaires d'un groupe qu'il définit d'une façon bien étroite. Dumont exprime en fait dans des termes philosophiques l'idée courante selon laquelle les Québécois dits «de souche» vivent à l'étroit dans le cadre politique canadien. La création d'une «communauté politique» vise à pallier une faille fondamentale dans la vie d'un organisme fragile. Indubitablement, il s'agit là d'un projet politique dont l'objet est l'épanouissement de la nation au sens identitaire du terme.

14

LE NATIONALISME AUTONOMISTE DES QUÉBÉCOIS

LOUIS BALTHAZAR

On définit le plus souvent le nationalisme comme une doctrine dont les deux principales propositions seraient les suivantes : 1) le monde est irrémédiablement (sinon naturellement) divisé en nations ; 2) à toute nation devrait correspondre idéalement un État souverain. Cette seconde proposition étant, de toute évidence, irréalisable, on la réduit souvent aux cas singuliers de nations en quête de souveraineté politique. Nationalisme et mouvement souverainiste deviennent ainsi synonymes.

Une telle définition convient assez mal à la situation québécoise. Car, il faut bien le constater, le nationalisme québécois, même au cours des trente dernières années, est un phénomène plus large que l'aspiration à la souveraineté. On peut être nationaliste au Québec sans être souverainiste.

Il est donc plus approprié et plus utile de définir le nationalisme comme un mouvement qui se porte à la défense, à la préservation et au développement d'une identité nationale. Cette définition est d'autant plus opportune qu'elle est susceptible de convenir à un assez grand nombre de manifestations, en particulier dans notre monde contemporain.

J'appelle ici nationalisme *autonomiste*, faute d'un meilleur adjectif, un mouvement qui vise au maintien et à l'émancipation d'une identité dite nationale ou régionale sans pour autant déboucher sur l'accession à la souveraineté entendue dans son sens classique. Cet autonomisme peut fort bien apparaître comme la voie de l'avenir un peu partout dans le monde. Il caractérise en tous cas assez bien la tendance nationaliste majoritaire au Québec. Il révèle aussi la modération du nationalisme québécois et son aptitude à échapper aux perversions de l'effervescence nationaliste.

L'AUTONOMISME : VOIE DE L'AVENIR

Les mouvements autonomistes, assez répandus aujourd'hui sur la planète, tout particulièrement sur le continent européen, correspondent bien à une certaine brisure de l'État-nation, à la caducité de plus en plus évidente de cette institution centrale des temps modernes. Sans aller jusqu'à annoncer, comme on le fait trop souvent, l'obsolescence des États-nations qui demeurent toujours fort vivants et agissants, il faut bien se rendre compte que la souveraineté nationale ne peut plus signifier aujourd'hui ce qu'elle signifiait encore il y a quelque cinquante ans. Ce qui serait apparu comme une contradiction dans les termes, en vertu de la définition classique, hobbesienne ou rousseauiste, de la souveraineté, est devenu aujourd'hui un emploi courant. On parle en effet assez fréquemment de souveraineté *limitée* ou *partagée*. Cela ne peut que vouloir dire que l'État-nation jacobin un et indivisible n'a plus guère de sens.

Cela signifie, en particulier, qu'il devient de plus en plus illusoire de créer de nouveaux États-nations ou d'envisager la souveraineté comme un absolu. Même le jacobinisme des anciens États-nations est en voie de disparaître.

C'est dans ce contexte qu'il faut voir la résurgence des identités nationales ou régionales. Dans certains cas, surtout là où l'interdépendance économique est peu manifeste, en raison d'un accès récent à l'économie de marché, des petites nations qui se libèrent et se redécouvrent accèdent à la souveraineté. Dans d'autres cas, à l'ouest de l'Europe, par exemple, les identités nationales semblent devoir demeurer en deçà de la souveraineté. Mais la différence est peut-être moins grande qu'il n'y paraît à première vue entre les États baltes, ceux de l'ancienne Yougoslavie et de l'ancienne Tchécoslovaquie, d'une part, et les nations ou régions centrifuges que sont la Bavière, la Catalogne, l'Écosse, la Flandre et la Wallonie d'autre part. Car les nouveaux États à l'est n'aspirent qu'à s'intégrer davantage dans une Europe où leur souveraineté serait fort diminuée ; au point de ne signifier guère plus que l'autonomie croissante des régions d'Europe occidentale.

Quoi qu'il en soit, il semble bien que souverainetés limitées ou autonomies à l'intérieur d'une organisation politique plus large apparaissent comme la meilleure façon de réconcilier les aspirations identitaires des petits peuples et l'appartenance aux grands ensembles. Car il s'agit bien de réconcilier deux grandes tendances plutôt que de les considérer comme des phénomènes antagonistes. S'il se trouve encore toute une intelligentsia pour se contenter de dénoncer les soi-disant « replis identitaires » comme des supercheries et tout ramener à l'individualisme, il existe aussi, fort heureusement, des penseurs libéraux qui envisagent des solutions mitoyennes comme la reconnaissance des autonomies. Stanley Hoffmann, entre autres, entrevoit un nouveau libéralisme international qui :

> restreindrait la souveraineté — de telle sorte que les pouvoirs qu'elle comporte pourraient être partagés à l'intérieur et mis en commun à l'extérieur — et limiterait l'autodétermination de telle sorte que les minorités partout pourraient jouir d'un choix authentique entre l'assimilation et la protection de leur caractère distinct et que le désir d'autonomie ne se traduise pas nécessairement par la souveraineté étatique entière dans tous les cas[1].

Autodétermination limitée, protection d'un caractère distinct, désir d'autonomie qui ne se transforme pas nécessairement en souveraineté, voilà bien des traits de ce nationalisme des Québécois qui réclament à la fois un Québec autonome et le maintien de l'union canadienne. Ces Québécois qu'on dit « mous », « branleux », « à cheval sur la clôture » ne sont-ils pas en train de s'inscrire à leur façon dans ce courant mondial ? Car il semble bien que l'autonomisme corresponde à une tendance lourde et persistante du nationalisme québécois.

L'autonomisme tenace des Québécois

Ce nationalisme qui consiste à défendre les compétences québécoises à l'intérieur de la fédération canadienne, on peut le faire remonter jusqu'à Honoré Mercier. Il ne s'est défini toutefois sous une forme vraiment moderne que depuis la Révolution tranquille. Il consiste essentiellement à assurer l'émancipation des Québécois francophones au moyen d'un réseau de communication unique en Amérique du Nord sous la gouverne d'un État québécois. Il se dresse à l'encontre de l'évolution d'un État-nation canadien qui tend à réduire l'importance des autorités provinciales dans la fédération canadienne.

C'est pourquoi tous les gouvernements québécois, depuis celui de Jean Lesage, ont insisté sur la nécessité d'une réforme sérieuse du fédéralisme canadien qui reconnaîtrait et sanctionnerait la prétention de l'État québécois à être plus qu'un État provincial et à se définir comme un État national ou tout au moins à présider aux destinées d'une société distincte. Voilà ce qu'on entend habituellement par

---

1. Stanley Hoffmann, « The Crisis of Liberal Internationalism », *Foreign Policy*, printemps 1995, n° 98, p. 170. Ma traduction.

« fédéralisme renouvelé », cette option que la majorité des Québécois privilégie, d'après la quasi-totalité des sondages, depuis plus de trente ans.

D'un sondage à l'autre, les Québécois reconnaissent le Québec comme leur première allégeance, leur patrie sinon leur nation. Mais ils tiennent aussi à leur appartenance canadienne, au pays du Canada considéré comme une grande fédération décentralisée. Ils préfèrent donc invariablement le fédéralisme renouvelé à la souveraineté du Québec.

En raison des déboires du nationalisme autonomiste et d'une apparente incapacité du fédéralisme canadien à reconnaître et à satisfaire les aspirations québécoises fondamentales, l'option de la souveraineté a progressé de façon notable. Remarquons bien cependant que la souveraineté politique demeure, pour la majorité de ceux qui l'envisagent, une solution de rechange, un recours ultime en cas d'échec définitif du fédéralisme.

L'option de la souveraineté n'a recueilli l'adhésion assez régulière d'une majorité de Québécois qu'au cours d'une période d'environ deux ans, de la fin juin 1990 à l'automne 1992. Or cette période est caractérisée par une grande désillusion à l'endroit des réformes constitutionnelles. Elle est marquée par l'échec des accords de Meech et surtout par le refus d'un premier ministre fédéraliste de participer à des négociations constitutionnelles : une première dans l'histoire du Québec. Quand un Robert Bourassa déclare solennellement que le Québec est une société distincte, libre de déterminer son avenir, quand il se mérite les félicitations du chef de l'opposition, le souverainiste Jacques Parizeau qui emploie l'expression « mon Premier ministre », il se passe quelque chose de tout à fait exceptionnel au Québec.

Il s'est formé un consensus au cours de ces années pour cette raison essentielle que des membres du Parti libéral du Québec, des fédéralistes, se sont mis à envisager le recours à la souveraineté comme une option valable. Le Parti québécois, pour sa part, parti de la souveraineté, n'a presque jamais dépassé la barre des cinquante pour cent dans les sondages ou au moment des élections. En d'autres termes, la souveraineté a été souhaitée par une majorité de Québécois parce que des libéraux fédéralistes l'ont souhaitée. Notons bien aussi que la souveraineté qui se dessinait à l'horizon aurait été réalisée sous l'égide de Robert Bourassa. Or tout le monde savait bien que le chef libéral ne pouvait songer qu'à une souveraineté très limitée (en supposant qu'il y songeait vraiment, ce qui est fort douteux et fait l'objet d'un débat que je n'entends pas ouvrir ici). Il avait d'ailleurs évoqué lui-même, dans ses déclarations les plus audacieuses, une structure canadienne supra-nationale (la fameuse « superstructure » de Bruxelles).

L'option souverainiste a cessé de recueillir l'adhésion d'une majorité de Québécois à peu près au moment où Bourassa y renonçait définitivement et publiquement. À partir du moment où, dans la foulée des accords de Charlottetown, les libéraux du Québec ont cessé d'envisager le recours possible à la souveraineté, cette option a semblé redevenir minoritaire.

Il est vrai que bon nombre de libéraux n'ont pas suivi leur chef et se sont marginalisés à la suite de Jean Allaire et de Mario Dumont. Ces gens ont fondé le parti de l'Action démocratique du Québec dont la plate-forme constitutionnelle reprend assez fidèlement le type de projet qu'on caressait à l'intérieur du Parti libéral et qu'on croyait acceptable aux yeux de Bourassa avant août 1992. On constate cependant qu'en dépit de la popularité remarquable du nouveau parti beaucoup de libéraux qui ont cru à la souveraineté jusqu'à l'été 1992 ont cessé d'y croire et demeurent plutôt réticents à l'endroit d'un projet qui comporte la souveraineté.

Le nationalisme québécois, si l'on doit entendre par cette expression un mouvement majoritaire et consensuel, redevient donc résolument autonomiste, c'est-à-dire qu'il se satisfait d'un statut québécois qui demeure en deçà de la souveraineté.

N'entendons pas par là que la souveraineté du Québec ne se réalisera jamais. Bien au contraire. Car la fédération canadienne semble avoir déjà emprunté une trajectoire qui ne permette plus d'espérer quelque satisfaction minimale aux aspirations exprimées par le nationalisme québécois. Il n'en demeure pas moins qu'un référendum québécois ne paraît pas pouvoir recueillir un OUI majoritaire s'il n'offre l'occasion aux Québécois d'exprimer leur volonté de maintenir une forme d'union canadienne. La souveraineté du Québec ne se réalisera que si elle apparaît comme le seul recours, la seule solution de rechange à un idéal fédéraliste irréalisable.

Ce nationalisme autonomiste des Québécois ressemble donc bien peu aux irrédentismes fanatiques qu'on identifie souvent comme les seules expressions du sentiment nationaliste. Allons plus loin ; l'autonomisme peut fort bien s'accompagner d'antidotes qui excluent ou rendent peu probables les effets pervers qui ont été souvent associés au nationalisme.

UN NATIONALISME OUVERT ET MODÉRÉ

On peut ramener à deux grands maux les diverses manifestations de ce qu'on pourrait appeler la pathologie nationaliste : l'hostilité déclarée envers les autres peuples ou du moins envers ceux qu'on désigne comme les ennemis de la nation, et l'exclusion de ceux qui, à l'intérieur, sont jugés ne pas appartenir à la nation. En d'autres termes, le nationalisme peut conduire à ériger des barricades vis-à-vis de l'extérieur et à pratiquer une sorte d'inquisition ou de discrimination à l'intérieur. Ainsi la Révolution française a combattu à la fois les ennemis de l'extérieur et les traîtres de la patrie sur le sol national.

On a souvent accusé les Québécois de ces deux maux. Que cette accusation ait été fondée dans une certaine mesure, on ne peut le nier. L'hostilité envers les « Anglais », les « étrangers », les « sauvages » s'est manifestée à divers moments au cours de l'histoire du Québec. De même, on s'est laissé aller à définir l'appartenance à une nation canadienne-française d'une façon plutôt étroite et même à valoriser les « vrais Québécois » aux dépens des autres.

Mais l'observateur honnête ne peut s'empêcher de relever en même temps des exemples fréquents, tout au long de l'histoire du Québec, de coopération entre anglophones et francophones. Papineau et les Patriotes comptaient des Britanniques dans leur parti. La Fontaine est associé à Baldwin, Cartier à Macdonald, Henri Bourassa à la cause canadienne, de même qu'André Laurendeau à Davidson Dunton, pour ne nommer que ceux-là.

Plus récemment, l'esprit même de la Révolution tranquille et du nationalisme nouveau qui en est issu s'inscrit tout à fait à l'encontre de la xénophobie et de l'exclusion. Il ne s'agissait plus, à compter de 1960, de blâmer « les Anglais » pour tous nos maux mais de nous affirmer comme francophones, de prendre notre place, de bâtir un véritable réseau moderne de communication francophone. Il s'agissait aussi d'établir des liens plus étroits avec les autres peuples et même de redécouvrir les Anglo-Canadiens dans le cadre d'une redéfinition de la dualité canadienne. Il est indéniable que le Québec des trente dernières années a été animé par un esprit positif d'ouverture au monde, comme jamais cela ne s'était produit auparavant.

Mais la constitution d'un réseau francophone et l'affirmation renouvelée d'une identité québécoise n'allaient-elles pas comporter l'exclusion des minorités anglophone, allophone, autochtone ? Il est bien vrai que beaucoup de Québécois se disaient et s'affirmaient tels en continuant de se penser comme des Canadiens français. Il est vrai qu'on a songé, en certains milieux, à marginaliser les anglophones. Il est encore vrai qu'on a mis du temps à s'ouvrir aux immigrants, en se contentant de leur demander de s'intégrer sans guère se soucier de les accueillir. Quant aux autochtones, ne les a-t-on pas carrément oubliés pendant longtemps ?

La dynamique du nationalisme de la Révolution tranquille allait toutefois nous entraîner peu à peu à adopter un autre comportement et à répudier des attitudes qu'on peut considérer comme des vestiges d'un passé révolu, de la mentalité d'état de siège qui était celle d'une minorité repliée sur elle-même et sur ses traditions. La nouvelle dynamique était toute empreinte de libéralisme et de pluralisme moderne.

Aussi toutes les campagnes d'exclusion des anglophones, comme celle du McGill français, les tentatives d'abolition du secteur anglophone d'éducation, les projets de liste référendaire canadienne-française ont lamentablement échoué, même à l'intérieur du mouvement nationaliste.

Le Québec moderne est animé par deux grandes chartes, celle de la langue française de 1977 mais aussi celle des droits et libertés de la personne de 1975. Cette dernière rend illégale toute forme de discrimination en raison de la langue, de l'origine ethnique, de la religion ou d'autres allégeances et particularités des personnes. Quant à la Charte de la langue française, elle établit le français comme langue officielle sans pour cela pratiquer quelque exclusion ou discrimination. L'école anglaise demeure ouverte à tous ceux qui l'ont déjà fréquentée de même qu'à leurs enfants, frères et sœurs. La langue française n'appartient pas qu'aux seuls francophones. Elle est la langue publique de tous les Québécois sans exception et, faut-il le noter, sans préjudice à l'utilisation de la langue anglaise et au maintien d'institutions anglophones.

Peu à peu, les Québécois ont appris à concevoir leur identité en faisant place aux anglophones et allophones tout en reconnaissant le droit des autochtones à l'autodétermination. Depuis quelques années, la notion de culture publique commune a fait son chemin à l'intérieur même du nationalisme québécois. Ainsi l'identité québécoise ne peut plus se penser sans reconnaître l'importance de traditions britanniques au sein même de la culture commune, sans souligner l'apport et l'enrichissement des immigrants passés et récents, sans inclure tout ce que nous devons aux traditions autochtones. Cette identité québécoise est toujours animée par une majorité francophone d'origine canadienne-française. Elle est toujours bien spécifique et distincte par rapport à l'environnement nord-américain et par rapport à l'ensemble canadien. On peut donc être à la fois gagné au pluralisme, à la diversité multiethnique, au respect des personnes et affirmer une identité collective distincte. Voilà la nature du nationalisme québécois autonomiste.

On peut encore affirmer et défendre l'identité québécoise dans le cadre d'une union canadienne à laquelle le Québec serait étroitement associé sans perdre son autonomie. En outre, les Québécois, même les plus nationalistes, sont très favorables aux associations économiques comme celle mise en place par l'accord de libre-échange nord-américain.

La volonté très nette des Québécois d'inscrire leur identité dans de grands ensembles de même que leur ouverture de plus en plus visible au pluralisme interne et à la multiethnicité constituent donc de puissants antidotes aux effets pathologiques du nationalisme. Qu'il subsiste encore au Québec des sentiments racistes, des manifestations d'étroitesse d'esprit et d'intolérance, cela est évident. Mais si l'on observe la dynamique du nationalisme québécois, ses tendances les plus prononcées, si l'on observe surtout le comportement des jeunes générations, il est clair que l'ouverture au monde et le pluralisme l'emportent sur l'exclusivisme et le repli. Un document comme l'énoncé de politique du gouvernement québécois en matière d'immigration et d'intégration[2] m'apparaît comme fort révélateur du défi que les Québécois entendent relever dans les années qui viennent.

Le nationalisme autonomiste a donc ceci de particulier qu'il permet à la fois l'expression d'une identité et l'ouverture à l'intégration. Les Québécois qui cherchent à affirmer leur spécificité tout en s'efforçant de maintenir une union canadienne s'inscrivent bien dans ce courant. Qu'on puisse encore, dans ce contexte, accuser le nationalisme québécois de pratiquer des exclusions et d'entretenir l'hostilité, cela ne me semble pas relever d'une observation soutenue de sa dynamique.

---

2. *Au Québec : pour bâtir ensemble*, ministère des Communautés culturelles et de l'Immigration, 1990.

15

DE LA NÉGATION DE L'AUTRE DANS LES DISCOURS NATIONALISTES DES QUÉBÉCOIS ET DES AUTOCHTONES [1]

PIERRE TRUDEL

Ce texte d'analyse politique des rapports entre autochtones et Québécois tente d'illustrer comment, dans le contexte tendu qui a suivi la crise constitutionnelle canadienne et la crise d'Oka, les uns s'adonnent subtilement, ou carrément, à la négation des autres. À l'instar des groupes d'intérêt ou des partis politiques qui se servent systématiquement des méthodes de désinformation, les mouvements nationalistes utilisent la négation de l'Autre pour promouvoir leurs idéologies. Niez, niez, il en restera toujours quelque chose.

L'objectif politique visé par ceux qui tiennent le discours de la négation de l'Autre est clair : point n'est nécessaire de négocier avec ce qui n'existe pas. Et si ceux dont ils nient l'existence finissent malgré tout par exister, il est toujours possible de formuler le problème autrement et de passer ainsi à une autre forme de négation ; il s'agit alors de définir la nature de l'Autre d'une telle façon que les négociations se dérouleront comme on aime bien qu'elles se déroulent. En effet, dans le cas où l'Autre est présenté comme un être monstrueux, il n'est pas nécessaire de négocier longtemps et de céder beaucoup.

Mon analyse traite principalement du discours québécois sur les autochtones, mais une certaine connaissance du discours nationaliste autochtone, plus particulièrement mohawk, m'a permis de constater

---

1. Une version illustrée de cet article est parue dans *Recherches amérindiennes au Québec*, vol. XXV n° 4, 1995, p. 53-66.

que le phénomène de la négation de l'Autre n'est pas exclusif aux « Blancs » ou aux Québécois. Il m'apparaît aussi évident que ces discours ne se développent pas en vase clos mais qu'ils se répondent mutuellement. Si bien qu'on comprend mieux l'un en écoutant l'autre.

Les diverses formes de la négation que j'analyse sont regroupées selon les thèmes suivants : la négation de l'Autre au moyen du stéréotype physique, la négation de l'histoire, la négation de l'identité culturelle et politique, la négation des droits territoriaux et finalement la négation de l'Autre en le rendant monstrueux. En terminant, j'explore la conjoncture politique et idéologique qui pourrait être reliée à la montée de l'importance de ces préjugés.

L'analyse qui suit découle d'observations et non d'un corpus de données élaboré au cours d'une recherche systématique. C'est une réflexion libre qui résulte de l'expérience. Mes étudiants du Cégep du Vieux-Montréal, et plus particulièrement des fonctionnaires fédéraux qui participent à mes sessions de formation, m'ont grandement aidé à mieux saisir le phénomène de la négation de l'autochtone dans le discours nationaliste québécois. Également, les quotidiens francophones montréalais (*Le Devoir* et *La Presse*) ainsi qu'un hebdomadaire mohawk (*The Eastern Door*) ont constitué des lieux privilégiés où il a été possible de connaître les perceptions des uns à l'égard des autres. Des échanges avec des journalistes m'ont donné l'occasion d'approfondir ma connaissance de l'opinion publique sur ledit « problème autochtone ». Des colloques, des assemblées politiques et des rencontres informelles ont complété le tout.

Ce texte prolonge la réflexion entreprise par Sylvie Vincent dans deux articles publiés en 1986 et 1991, ainsi que, bien entendu, dans son livre — désormais classique — *L'image de l'Amérindien dans les manuels scolaires du Québec* (Vincent et Arcand, 1979). Plus théorique, le premier constitue une réflexion libre sur le phénomène de la marginalisation de l'Autre. On y voit que ce phénomène semble universel, car il est lié à la constitution d'un « Soi collectif ». Celui-ci se construit en se plaçant au « centre » d'un système de représentations qui se donne le pouvoir de définir la « marge ». Se crée alors une distance qui conditionne l'idée que l'on se fait de Soi et de l'Autre. Cette distance peut produire une image positive ou négative de l'Amérindien. Loin de constituer une contradiction, il s'agit en fait, selon Vincent, d'un même phénomène : « L'Autre amérindien est inaccessible, inimitable, soit parce qu'il est trop près de la nature, trop dépourvu de culture (trop bestial peut-être), soit parce qu'il est trop haut, trop mystique, trop près des forces surnaturelles ou extra-terrestres (trop spirituel presque)» (Vincent, 1986 : 78).

Le système de négation de l'Autre que j'analyse ici rejoint claire-ment celui qui est décrit par Vincent :

> Dans ce face à face entre le Soi collectif et l'Autre, tout aussi collectif, une seule issue théorique en effet : la mort de l'Autre, du moins quand l'Autre est Amérindien. Celle-ci s'obtient en jouant sur la distance qui sépare l'Autre de Soi : elle peut être étirée jusqu'à devenir infinie ou être abolie totalement. Dans le premier cas, l'Autre est projeté dans un lointain dont il ne pourra jamais revenir, un lointain hors de portée, hors de vue, un lointain que seule l'imagination peut rejoindre. Dans le deuxième cas, l'Autre devient tellement proche de Soi qu'on ne le voit plus (*ibid. :* 76).

Pour l'auteure, le choc d'Oka résulte du fait que l'Autre, qui exis-tait à peine puisqu'il coïncidait à Soi, s'est retrouvé brusquement diffé-rent. Les Québécois se représentèrent alors les autochtones d'une telle manière qu'ils sont devenus très éloignés d'eux. Autrement dit, les Québécois ne pouvaient plus nier les autochtones aussi facilement, ou il fallait trouver autre chose pour les nier (S. Vincent, comm. pers., septembre 1995). Ainsi, avec le temps, selon l'auteure, le système demeure mais les discours changent ; des « lieux de ruptures » se dépla-cent sur la distance que crée le système. Le système produit également une hiérarchisation, car Soi s'arroge le pouvoir d'être le seul à ordon-ner le monde.

Le second texte de Vincent concerne davantage la réflexion qui suit, à la fois parce qu'il analyse un corpus de données tirées de lettres aux journaux lors de la crise d'Oka, et parce qu'il traite de la relation de ce discours avec le territoire, rejoignant ainsi plus directement la conjoncture politique. Nul ne peut douter que le territoire constitue un lieu privilégié où s'exécute le « pouvoir d'ordonner le monde ». Voici comment Vincent résume les principaux énoncés découverts dans le discours de Québécois lors de la crise d'Oka, et qui sont relatifs aux autochtones et au territoire du Québec :

> Nous nous trouvons donc devant quatre énoncés. D'après le premier, que je dirai désormais « de l'occupation antérieure », puisque les Amérindiens ont été les premiers habitants de l'Amérique du Nord, l'espace québécois est leur et les autres Québécois n'ont pas de territoire[2]. D'après le second, que

---

2. Vincent écrit que, loin de constituer un discours qui mène à la convergence entre Amérin-diens et Québécois, les tenants de ce discours se trouvent finalement dans une impasse où les auraient placés leurs ancêtres : « Ils sont donc en quelque sorte piégés dans la honte » (Vincent, 1992a : 223).

je dirai «des droits acquis», les Amérindiens étaient certes les premiers habitants du Québec, mais les autres Québécois y ont gagné des droits presque exclusifs en en développant les ressources par leur travail[3]. Le troisième énoncé, que je dirai «de l'autochtonie généralisée», soumet qu'Amérindiens et Québécois de souche française étant tous des autochtones doivent avoir les mêmes droits. Selon le quatrième, enfin, que je dirai «de l'universalité du statut d'immigrant», les Amérindiens comme les Québécois de souche française ont été les premiers habitants.

Ces quatre branches du discours des Québécois francophones sur leur rapport aux Autochtones face à l'espace du Québec s'opposent et se rejoignent dans une sphère où se déploient également les discours autochtones. Ceux-ci sont aussi composés de divers énoncés dont il faudrait rendre compte en analysant tant les paroles des leaders politiques que celles des membres des différentes nations (Vincent, 1992a : 221).

On verra que la plupart des observations qu'il m'a été possible de faire en écoutant le discours de Québécois recoupent les quatre énoncés de Vincent. Par ailleurs, en présentant à la fin de ce texte mes observations sur l'équivalent autochtone de la négation de l'Autre, je contribue à la démarche à long terme que l'anthropologue suggère pour mieux comprendre la «sphère» dans laquelle se retrouvent nos discours nationalistes. Isolés, les discours de négation peuvent être analysés à la lumière des faits qui contredisent ces discours, ce qui permet d'identifier le processus de négation. Mais l'importance que revêtent certains énoncés se comprend mieux en situant ces discours les uns par rapport aux autres. Autrement dit, le discours de la négation de l'Autre ne s'explique pas strictement par l'ignorance de certaines réalités mais aussi parce qu'il réplique à l'autre.

Vincent amorce tout de même la mise en parallèle du discours autochtone sur le territoire, plus particulièrement celui des Innus, et de celui qu'elle découvre dans des lettres aux lecteurs. Voici la conclusion de l'auteure :

En vidant de son sens et de sa valeur le titre de «Premières Nations», en en faisant une coquille vide, le discours francophone prive les Autochtones de ce qu'ils annoncent aujourd'hui être la base de leur identité (*ibid.* : 225).

Que l'on prenne le problème sous l'angle de la négation de l'Autre dans un conflit politique ou, de façon plus vaste, selon la perspective de la définition du Soi et de l'Autre dans un système qui crée

---

3. Devant ce qu'ils perçoivent comme une invitation à retourner en Europe, les tenants de ce discours, quant à eux, «semblent céder à la panique et parfois la haine et s'en réfugient d'autant plus derrière la barricade de leurs droits» (Vincent, 1992a : 223).

une distance entre un centre et une marge, nous nous retrouvons, il me semble, à analyser des phénomènes fort connexes. La conclusion à laquelle arrive Vincent à partir de l'analyse des lettres aux lecteurs pendant la crise d'Oka, le prouve aisément.

> Le discours francophone, donc, nie l'existence des Autochtones en tant que membres de nations spécifiques (*ibid. :* 224).

> Dans les lettres examinées en effet, quand il est question d'un avenir viable, tout se ramène à l'assimilation des Autochtones (*ibid. :* 225).

LE STÉRÉOTYPE PHYSIQUE
COMME MOYEN DE NÉGATION DE L'AUTRE

Si, à une époque, le discours de l'exclusion renvoyait les autochtones hors de l'humanité (tel celui des colonisateurs européens du XVIe siècle qui affirmaient que Noirs et Amérindiens n'étaient pas des êtres humains), ou si, à une autre époque, mais en continuité avec le discours précédent, le discours de l'exclusion associait subtilement les autochtones à la nature plutôt qu'à la culture (tel celui des manuels scolaires du Québec des années 1970), de nos jours la négation de l'existence des autochtones qui fait appel au critère biologique repose sur l'affirmation contraire : avec leurs cheveux roux ou leurs yeux bleus, les autochtones ne seraient pas de vrais autochtones ! L'image très répandue du stéréotype de l'Indien à des fins touristiques, publicitaires ou historiographiques conditionne le réflexe d'étonnement qu'ont certains Québécois devant la réalité de l'échange génétique des quatre derniers siècles. Cependant, plus que de l'étonnement, il peut s'agir aussi d'un argument politique subtil. Par exemple, dans la revue *L'Actualité*, l'auteur d'un article sur la contrebande décrit ainsi l'un des acteurs du réseau : « Malgré ses traits européens et son teint pâle, Reed est un Amérindien... »

L'argument peut devenir carrément politique. En 1992, Ovide Mercredi, chef de l'Assemblée des Premières Nations, témoigna devant la Commission parlementaire d'étude des questions afférentes à l'accession du Québec à la souveraineté (voir Trudel, 1992a). Ses propos firent la manchette des journaux, car Mercredi remettait en question le fait que les Québécois forment un peuple. Ces paroles font désormais partie de la mémoire collective des Québécois. Cependant, personne ne releva le fait qu'à cette occasion le président de la Commission parlementaire, un député libéral, déclara aux journalistes présents que les Indiens n'avaient pas l'air authentiques avec leurs tam-tam et leurs téléphones cellulaires ! Et d'ajouter : « Je regarde les Indiens assis en arrière, un rouquin avec des yeux bleus, ça a pas plus l'air indien ça non plus. »

Nier l'existence même des autochtones parce que certains d'entre eux n'ont pas les traits stéréotypés de l'Indien constitue une forme de négation qui fait appel au critère biologique et qui est présentement généralisée au Québec. Montées en épingle, les ressemblances physiques jouent le même rôle dans la négation de l'Autre qu'ont tenu auparavant les différences, et cette fois-ci la négation se fait au moyen de l'inclusion plutôt que l'exclusion.

Ce raisonnement à connotation raciste, dans le sens strict du terme, puisqu'il fait appel à la génétique et au caractère immuable de certains traits, alimenterait-il chez les « victimes » une réaction de même nature ? Autrement dit, compte tenu du fait que, pour certains Québécois, être ou ne pas être autochtone relèverait de traits génétiques, se peut-il que des autochtones se servent du même raisonnement à caractère raciste pour affirmer leur identité ? Des Mohawks ont justifié le litigieux code « sanguin » de citoyenneté à Kahnawake par le fait qu'ils désirent conserver et généraliser les traits indiens du visage, bien que d'autres le fassent en évoquant strictement la nécessité du maintien de l'identité culturelle. Rappelons que le gouvernement de Kahnawake retire aux individus qui marient des non-autochtones leurs droits politiques, soit les droits de voter, de se présenter aux élections, de recevoir des services sociaux ainsi que de résider à Kahnawake. « Nous vivons dans un monde d'images, ce qui n'était pas le cas auparavant », m'a répliqué un universitaire mohawk lorsque je lui ai fait remarquer que ce code est loin d'être traditionnel. Dans le spectre des divers courants nationalistes, on en retrouve toujours qui retiennent comme marque distinctive, en plus de la réalité culturelle, le critère génétique. Des Québécois n'y échappent sûrement pas. Ce serait une erreur de réduire ce phénomène au racisme scientifique tant dénoncé dans nos sociétés qui ont combattu le nazisme. Il serait également hypocrite de croire que privilégier la sélection de traits génétiques dans la reproduction humaine constitue un comportement exclusif à certaines sociétés, ou encore de croire que l'argument est toujours manifeste. Bien souvent, il est inconscient ou non dit. Mais affirmer que des autochtones ne le sont pas à cause de leurs traits physiques amène probablement de l'eau au moulin des nationalistes autochtones étroits, même si, bien sûr, ce préjugé de la part des Québécois ne constitue pas une condition nécessaire au développement de cette forme de nationalisme.

La négation de l'histoire des autochtones

« Comme nous, ce sont des immigrants ! »

L'argumentation politique peut aussi avoir recours à l'archéologie. « Ils sont des immigrants comme nous », répliquent bien des Québécois, opposant savamment la théorie du peuplement de l'Amérique aux revendications des autochtones. « Nous n'allons quand même pas accorder des droits différents aux gens selon la date de leur arrivée en Amérique ! » De son côté, Vincent rapporte cette affirmation d'un lecteur de *La Presse* : « Autant dire que la terre tout entière appartient aux "bibittes" qui étaient là avant les hommes » (Vincent, 1992a : 217). Au centre de la définition que les autochtones se donnent d'eux-mêmes se trouve le fait qu'ils étaient là avant nous, d'où la logique de leur argumentation politique. Pour eux, être considérés comme des immigrants s'oppose fondamentalement à ce qu'ils pensent d'eux-mêmes. Mais au-delà du symbole identitaire, la spécificité juridique et la politique de revendication globale repose également sur le fait qu'ils étaient là avant nous. Si cette spécificité n'était pas démontrée en cour, nos tribunaux s'abstiendraient de reconnaître des droits spécifiques. Les Québécois qui rappellent l'hypothèse de la migration des Amérindiens de l'Asie vers l'Amérique par le détroit de Béring, au cours d'une discussion politique, le font très clairement pour réduire la force de l'argumentation des autochtones. Pas étonnant alors d'entendre des politiciens autochtones dénoncer la théorie scientifique.

Devant la remise en question du droit des premiers occupants, les Mohawks se trouvent dans une situation particulière. Selon leur histoire officielle, ils occupaient Hochelaga (Montréal) lors de l'arrivée des premiers Européens dans la vallée du Saint-Laurent (Trudel, 1991a). Repoussés plus au sud à cause des guerres coloniales, des Mohawks reviendront occuper la partie nordique de leur territoire de façon permanente au XVIIᵉ siècle, et ce, dans des seigneuries administrées par des communautés religieuses pour le « bienfait » des Indiens. Les archéologues, et maintenant certains manuels scolaires québécois, avancent que ce sont les Iroquoiens du Saint-Laurent, plutôt que des Mohawks, qui occupaient la plaine laurentienne au moment de l'arrivée de Cartier. Les Mohawks auraient vécu plus au sud. Les procureurs du gouvernement du Québec ont repris cette thèse lorsque certains Mohawks ont revendiqué en cour des droits de premiers occupants. Le gouvernement canadien a fait de même dans sa réplique aux organisations internationales qui l'accusaient d'avoir transgressé des droits humains fondamentaux lors de la crise d'Oka. Rappelons qu'à cette occasion de nombreux Québécois affirmèrent haut et fort que, comme les « Warriors », les Mohawks venaient des États-Unis, qu'ils n'avaient pas de droits et que ceux qui faisaient le trouble étaient tout simplement des criminels américains.

En pleine crise de la vente hors taxes de cigarettes, le journal *La Presse* publiait un texte de Marcel Trudel, l'historien par excellence de la Nouvelle-France, texte qui avait été tiré d'une recherche commandée par le gouvernement du Québec lors d'un procès tenu à la cour de Longueuil. Selon le célèbre historien québécois, en plus d'usurper le titre de premiers occupants, ils auraient même usurpé l'identité mohawk. En effet, le texte précise qu'à l'origine Kahnawake était peuplé par divers groupes ethniques.

> Les Amérindiens du Sault-Saint-Louis ne constituent pas à l'origine un groupe homogène : ils sont aux 17e et 18e siècles un « ramas » de diverses nations iroquoiennes et algonquiennes, ce qui nous permet de douter de l'authenticité des traditions que l'on dit « mohawks ».

> C'est le même mélange au Lac-des-deux-Montagnes, où les Amérindiens se réclament des traditions dites « mohawks » (Trudel, M., 1994).

Bien que les faits rapportés par Marcel Trudel soient exacts, la façon de formuler le problème, et surtout le contexte dans lequel il est posé, constituent, à mon avis, davantage une variation dans la forme de la négation de l'histoire de l'Autre qu'une question historique. Semer le doute sur le passé, c'est aussi semer le doute sur la pertinence des revendications qui s'appuient sur l'histoire. Le titre choisi par le journal *La Presse*, « Une histoire fort imprécise », et qui coiffait l'extrait de l'étude de Marcel Trudel, accentuait l'effet recherché, et ce, au moment même où la police jonglait avec l'idée d'intervenir en force sur le territoire mohawk. Il s'agissait alors de dénigrer la revendication politique des Mohawks qui s'opposent au fait que le Québec les oblige à être des mandataires du gouvernement afin de récolter une taxe de vente sur les cigarettes ou d'autres produits.

Si l'argument selon lequel les autochtones seraient de simples immigrants venus occuper l'Amérique avant les Européens peut s'avérer irritant pour les autochtones en général, il l'est davantage pour les Mohawks qui, eux, se font dire qu'ils sont arrivés après les Français[4].

---

4. D'ailleurs, les Hurons se trouvent également dans cette situation. Vincent (1992a : 219) cite une lettre d'un lecteur : « En effet le peuple huron n'avait pas son territoire dans le Québec actuel mais en Ontario sur les bords du lac Huron [...]. Sur le territoire actuel du Québec, M. Gros-Louis n'a donc pas plus de droits que les autres Québécois. Ses ancêtres sont immigrants comme les nôtres » (*Le Soleil*, 6 août 1990 : A-6).

Sans parler du fait qu'un éminent historien de la Nouvelle-France affirme qu'ils se retrouvent aujourd'hui entre parenthèses puisque des traditions « que l'on dit "mohawks" » les caractérisent, semant ainsi le doute sur leur identité ethnique.

Des traditionalistes ont déjà affirmé que ceux, parmi les Mohawks, qu'ils considèrent comme des radicaux le sont devenus parce qu'ils ont des problèmes d'identité culturelle. Se faire coiffer du titre d'immigrant pour un autochtone ne contribue sûrement pas à résoudre ce problème d'identité. Dans ce contexte, on comprend mieux pourquoi des délégués mohawks ouvrent systématiquement leurs allocutions dans des colloques ou des assemblées publiques à Montréal par l'habituel : « Bienvenue en territoire mohawk ». On verra plus loin que ce préambule pourrait bien constituer un irritant intense pour le Canadien français devenu Québécois.

LA NÉGATION DE L'IDENTITÉ CULTURELLE ET POLITIQUE

« Une même loi pour tout le monde »

Compte tenu de l'idéologie dominante, l'argument relatif à la justice et à l'équité entre citoyens semble davantage retenu que l'argument faisant appel à l'histoire ou à l'archéologie. Lors des séances des commissions régionales sur l'avenir du Québec, environ la moitié des intervenants québécois qui ont soulevé la question des autochtones ont tenu, d'une façon ou d'une autre, à peu près ce discours : « Le problème indien : ce sont les réserves et la Loi sur les Indiens. Municipalisons les réserves ! Une même loi pour tout le monde ! » Ces mêmes Québécois seraient sans doute troublés d'entendre la même proportion de Canadiens promouvoir l'abolition de la province de Québec et l'annexion de ses citoyens à l'Ontario, et ce, en s'appuyant sur le principe de l'égalité entre citoyens et sur celui de la lutte contre la discrimination. Constatons ici que l'on se sert de la dénonciation du caractère colonial de la Loi sur les Indiens pour promouvoir la négation de la société distincte autochtone.

Le projet de municipaliser les réserves ne pourrait reposer que sur la simple désuétude de la Loi sur les Indiens ou sur son caractère colonial. Inavoué, ou affirmé carrément, le fait que des autochtones aient un mode de vie similaire au nôtre trouble les consciences. Voilà un autre motif courant justifiant la négation de leur identité et qui vient appuyer l'idée d'abolir le territoire ou les institutions politiques autochtones.

« Lasagne ou Max Gros-Louis ne sont pas de vrais Indiens »

L'idée selon laquelle certains droits disparaissent avec le temps, ou à la suite de changements dans le mode de vie, ne constitue pas strictement un préjugé populaire mais se retrouve également, parfois, jusqu'en Cour d'appel du Québec. Lorsque le gouvernement du Québec s'adonna à la négation des droits des autochtones en entreprenant le développement de la Baie-James, le juge Malouf lui rappela le fondement de ces droits. La *Convention de la Baie-James et du Nord québécois* tend à démontrer aujourd'hui le fait que ces droits existaient. Par l'absurde, l'article premier relatif à l'extinction à tout jamais du titre indien, quel qu'il soit, confirme l'existence de ce droit dont ne tenait pas compte le Québec. Le jugement de la Cour d'appel du Québec, qui renversa le jugement Malouf et autorisa la reprise des travaux, se fonde, en partie, sur l'argument selon lequel les Cris avaient adopté notre mode de vie.

> [...] la motoneige a remplacé les chiens d'autrefois. Des maisons modernes tiennent lieu d'habitation au lieu des tentes et des igloos. Ces maisons sont chauffées généralement à l'huile et plusieurs ont l'électricité. Les Indiens achètent des réfrigérateurs, des radios et, dans certains endroits, il existe des téléphones. [...] Ils consomment des friandises de tout genre, des fruits frais, des aliments en boîte, des œufs, du pain, des gâteaux et des produits laitiers tels que le beurre, lait et un peu de fromage. Les vêtements d'autrefois ont disparu... [...] Dans leurs maisons, ils ont des lits, des meubles, des ustensiles et de la vaisselle. Ils vont au cinéma régulièrement..., ils ont des tourne-disques, des guitares, des transistors ; il y a des salles de billard à leur disposition et divers centres de loisirs. L'été, ils s'adonnent au sport à la balle et à d'autres sports et l'hiver les jeunes jouent au hockey et font de la glissade.... Les autochtones achètent beaucoup aux magasins de la Hudson's Bay et aussi par correspondance... (Turgeon *et al.*, 1974 : 470).

En 1974, à la Cour d'appel du Québec, la modernité s'opposait aux droits des autochtones. Même si aujourd'hui les juges ne pourraient reprendre telle quelle l'argumentation, l'idée circule encore et pas n'importe où.

L'enquête du coroner sur le décès du caporal Lemay dans la pinède d'Oka en 1990 démontre que l'argument de la modernité apparemment paradoxale des Indiens est employé au bon moment et que, d'autre part, on risque, en niant ainsi l'identité de l'Autre, d'être nié à son tour. Lors de cette enquête, la militante Ellen Gabriel, un peu mal à l'aise, s'est présentée devant le coroner, qui lui demanda de s'identifier et de jurer sur la Bible. Elle donna son nom traditionnel et déclina l'invitation de jurer sur la Bible, étant traditionaliste. L'avocat des policiers de la Sûreté du Québec amorça alors l'interrogatoire en lui demandant son lieu de naissance. « Hôpital Royal Victoria à Montréal », répondit Ellen Gabriel. L'avocat de la Sûreté du Québec ne put alors s'empêcher de s'esclaffer, voyant un paradoxe dans le fait d'être indienne et traditionaliste tout en étant née à Montréal dans un hôpital... Ellen Gabriel devint alors agressive, plutôt que mal à l'aise, et demanda sèchement au coroner la raison pour laquelle l'avocat pouffait de rire. Ce n'est peut-être pas le fruit du hasard si, quelques secondes plus tard, la militante s'attaquait à la théorie du détroit de Béring, précisant que le créateur avait créé les Indiens en Amérique, tout en invitant l'avocat francophone de la Sûreté du Québec à retourner en Angleterre... confondant légèrement les diverses catégories de « Blancs » ! Si manifestement l'argument est moins populaire chez les juges, on constate qu'il continue à avoir une certaine utilité, par exemple, pour déstabiliser un témoin autochtone.

Dans les années 1970, Max Gros-Louis nous apparaissait comme un Indien blanc dont les propos politiques relevaient de la caricature, y compris pour les anthropologues tournés vers les « vrais Indiens du Nord ou de l'Amazonie ». De nos jours, la négation de l'identité autochtone par le moyen de l'image de « l'Indien blanc » touche tout simplement d'autres individus et d'autres circonstances. « Lasagne » constitue le plus bel exemple illustrant de façon magistrale le rôle du préjugé. Quelques jours après le 11 juillet 1990, *La Presse* publia un sondage montrant l'appui étonnant que manifestaient des Québécois aux revendications territoriales des Mohawks de Kanesatake, et ce malgré le déclenchement de la crise et l'utilisation d'armes à feu par les insurgés autochtones. Pour plusieurs, le projet d'agrandissement d'un terrain de golf ne pouvait justifier l'atteinte aux droits territoriaux des autochtones. Mais à partir d'un reportage choc sur « Lasagne », prétendument américain et d'origine italienne, plutôt que mohawk, le vent commença à tourner. Des universitaires progressistes et beaucoup de Québécois me firent part de leur étonnement à la suite de ce reportage, et l'attitude d'ouverture et de curiosité qu'ils avaient manifestée jusqu'à ce moment-là quant au litige territorial plus que centenaire d'Oka changea pour une attitude de méfiance. La tromperie de l'Indien blanc, mais sans doute aussi de l'« Anglais » déguisé en Indien, prit le devant de la scène et brouilla la compréhension des événements d'Oka. Notons que nous nous trouvions alors dans un contexte rare, soit une insurrection, qui parfois mène à des changements politiques profonds. Mise en réserve pour la défense de nos institutions, la négation de l'Autre par l'image de l'Indien blanc se révéla une arme redoutable.

Pourtant, la véritable histoire de Ronald Cross, dit Lasagne, aurait pu éclairer les circonstances de la rébellion de l'été 1990. Dix ans plus tôt, son cousin, David Cross, fut abattu par un agent de la Sûreté du Québec qui l'avait poursuivi jusqu'à sa demeure à Kahnawake pour excès de vitesse. Cross s'était rebellé contre le fait que ce n'était pas un policier de Kahnawake qui l'arrêtait, problématique mieux connue aujourd'hui. Avec une queue de billard, il avait frappé la voiture de police. L'agent Lessard avait ouvert la porte et pointé Cross de son arme. Il l'avait tué devant sa femme et son enfant qui regardaient la scène, médusés. Le policier ne fut pas reconnu coupable au terme de son procès pendant lequel il soutint avoir agi en légitime défense. La Sûreté du Québec ne remit plus les pieds dans la réserve et la Société des Guerriers de Kahnawake eut le vent dans les voiles. « Lasagne », d'origine mixte, comme beaucoup de Mohawks — et à l'instar de nombreux Québécois —, travaillait cependant dans un domaine typiquement mohawk, soit celui des charpentes d'acier aux États-Unis. En visite chez sa mère à Kanesatake, il s'engagea à la dernière minute dans une situation politique qu'il connaissait peu, se retrouvant ainsi en compagnie de Guerriers. Ceux-ci étaient associés à un mouvement paramilitaire dont un des objectifs était de ne plus permettre à la Sûreté du Québec de remettre les pieds à Kahnawake, à la suite de la mort tragique de son cousin. Plutôt que de mieux faire comprendre la situation politique qui a mené à l'insurrection, le reportage de Radio-Canada sur Ronald Cross, « l'Indien italien qui n'était même pas Mohawk », favorisa le contraire. Le reportage fracassant, télédiffusé dans un moment de grande tension sociale, ne tombait pas dans le vide de nos représentations collectives et joua un rôle important dans le processus de négation du problème politique au moyen de la négation de l'identité ethnique des insurgés.

Une fois semé le doute sur l'identité ethnique des insurgés, une autre question s'est alors vite posée et n'a cessé depuis d'alimenter la machine à rumeurs. Qui pouvait bien manœuvrer ce Lasagne qui n'était même pas indien mais plutôt italien ? La mafia ? Des criminels américains ? La CIA ? Ou, bien sûr, et espérons-le, ceux qui s'adonnent à la négation même du Québec, soit des fédéralistes ?

« Derrière chaque arbre se trouve un fédéraliste »

Ceci nous amène maintenant à examiner la forme la plus répandue dans la classe politique de négation de l'identité autochtone et qui consiste à affirmer que derrière chaque Indien se trouve, caché, un fédéraliste. Un essai de Robin Philpot, *Oka, dernier alibi du Canada anglais*, reflète et renforce la conviction selon laquelle les autochtones ne luttent pas pour leurs droits à disposer d'eux-mêmes mais bien contre le projet de souveraineté du Québec. Le nationalisme mohawk serait gravement atteint d'un autre nationalisme, soit « le nationalisme canadien, dont la pierre angulaire est la négation même du Québec » (Philpot, 1991 : 108 ; voir aussi Trudel, 1991b). Selon l'auteur, la crise d'Oka aurait servi à dénigrer le Québec et à faire passer les Québécois pour des racistes. Très populaire, cette thèse de la négation du Québec, construite sur la négation autochtone, rend difficile la compréhension de la situation objective des Amérindiens devant les politiques souverainistes du Québec. Dans ce débat entre nationalismes québécois et canadien, les autochtones n'auraient pas d'identité propre, d'intérêts à défendre, de positions de négociation, d'alliances stratégiques ; ils n'existeraient que parce qu'ils seraient manipulés par des forces fédéralistes occultes[5]. Et s'il y a crise, inutile alors d'examiner les pratiques du gouvernement du Québec ou sa position sur la reconnaissance du droit des peuples autochtones à disposer d'eux-mêmes ; débusquons plutôt le complot fédéraliste[6].

LA NÉGATION DES DROITS TERRITORIAUX

Si le stéréotype de Lasagne permet de déstabiliser efficacement l'effort de compréhension des revendications politiques autochtones, celui qui est relié au fait de revendiquer l'île de Montréal ou 80 % du territoire du Québec joue le même rôle à l'égard des revendications territoriales globales des autochtones. Rien ne peut mieux brouiller les cartes que la perception que l'on a des revendications territoriales globales. Une vraie guerre de religion. Il me semble qu'après mille explications, rien ne passe (voir Trudel, 1992b). Clairement, il ne s'agit pas d'ignorance mais bien de résistance à connaître. Les journalistes les mieux informés ignorent les fondements mêmes d'une revendication

---

5. À remarquer que cette perspective est tout à fait identique à celle qui est identifiée par Vincent et Arcand dans nos manuels scolaires. Il s'agit simplement de remplacer « fédéralistes » par « puissances coloniales du XVIIᵉ siècle » pour se retrouver dans nos manuels d'histoire des années 1970.

6. Une autre façon de nier l'identité culturelle des autochtones, et qui nous vient de loin, consiste à n'employer que le terme « Indien ». Non pas qu'il ne faille se servir aujourd'hui de ce terme désignant l'ensemble des Premières Nations, mais se limiter à ce terme ou l'employer dans des contextes qui ne s'y prêtent pas favorise la généralisation abusive qui fait disparaître les identités autochtones. Relever certains faits spectaculaires relatifs aux Mohawks et les généraliser à l'ensemble des autochtones au moyen de l'utilisation du terme « Indien » constitue présentement le cas le plus courant.

globale qui, pourtant, constitue un droit fondamental protégé par la Constitution.

Le gouvernement du Canada, après celui du Québec, convient aujourd'hui que la pratique de l'extinction des droits doit cesser et être remplacée par une politique définissant les droits territoriaux respectifs des autochtones et des autres Canadiens. L'extinction des droits découle du droit à la découverte qui exprimait au XVIᵉ siècle, de façon exemplaire, la négation des autochtones. L'idéologie appuyant cette pratique juridique soutenait que les autochtones n'étaient pas vraiment des êtres humains, ou ne formaient pas des sociétés organisées. D'où la logique de la découverte et de la conquête, ainsi que celle de s'approprier des terres en éteignant les droits d'un peuple sur son territoire.

Comment de nos jours les Québécois s'adonnent-ils à la négation des droits territoriaux sans que cela leur apparaisse une hérésie, telle l'idée de définir les autochtones comme des bêtes ou des sociétés inorganisées ? C'est par la démesure et la caricature. Afin de démontrer le caractère démesuré et irréaliste des revendications territoriales des autochtones de la Colombie-Britannique, Lysiane Gagnon, de *La Presse*, écrit que ces derniers demandent non pas la totalité de la superficie de la province mais bien 110 % du territoire ! De façon quasi unanime, on caricature le fait que les autochtones revendiquent de grandes superficies au Canada. Pourtant, il s'agit d'une pratique juridique qui est aussi vieille que le pays, comme l'illustre l'existence de nombreux traités. Des ententes territoriales se réalisent régulièrement, à la suite de ces négociations globales, sans pour autant que la vie des citoyens en soit bouleversée. D'ailleurs, elles représentent pour les autochtones à la fois un espoir de démarrage économique et un nouveau contrat social plus respectueux des droits des uns et des autres. Subsiste toujours dans certaines régions le titre foncier à la terre, comme en Colombie-Britannique ou au Québec. Dans certains cas, des revendications de différentes nations sur certains territoires se recoupent. D'où le 110 % qui étonne à ce point la journaliste de *La Presse*. La situation est identique au Québec. Par exemple, Algonquins et Mohawks revendiquent un même territoire dans la plaine laurentienne.

Pendant la crise d'Oka, Denise Bombardier interviewa le chef algonquin Jean-Guy Whiteduck, qui dénonçait les Guerriers et le fait que les médias ne s'intéressent aux questions autochtones que lorsqu'ils s'arment de A-K 47. Croyant sûrement amener de l'eau à son moulin, l'animatrice lui demanda ce qu'il pensait des revendications «jusqu'au-boutistes» des Guerriers mohawks sur l'île de Montréal ou sur d'autres vastes territoires de la vallée du Saint-Laurent. C'est alors que le modéré chef Whiteduck affirma calmement, devant une animatrice stupéfaite, que l'île de Montréal appartient plutôt aux Algonquins !

Un futur premier ministre du Québec s'est servi du même cliché lors du débat télévisé des chefs sur l'accord de Charlottetown. « Il ne manquerait plus que ça : que l'entente crée de nouveaux droits territoriaux ; ils revendiquent déjà 80 % du territoire du Québec ! » Rigoler, comme l'a fait Jacques Parizeau, alors chef de l'opposition, ou caricaturer le droit aux revendications globales, est monnaie courante et constitue une attitude offensante à l'égard des autochtones qui peut créer chez eux de l'insécurité, comme peut le faire le fait d'afficher des cartes du Québec avec le Nord en moins pour les Québécois. Malgré le sérieux des discussions tenues lors du colloque « Québécois et Autochtones : la rencontre des nationalismes » (Trudel, 1995), David Cliche, alors adjoint parlementaire du premier ministre pour les Affaires autochtones, y caricatura la demande des autochtones qui revendiquent, comme le Québec devant l'État fédéral, de négocier sur la base du droit des peuples à disposer d'eux-mêmes. N'étant pas d'accord avec l'interprétation que des experts donnaient à ce droit dans le cas des peuples autochtones, il répliqua que, si le Québec acceptait de négocier avec les Premières Nations sur la base de cette interprétation, son territoire pourrait être réduit à un simple triangle entre Québec, Drummondville et la Beauce. La prétendue démesure des revendications autochtones devient ainsi fort utile pour masquer le fait que le Québec concilie difficilement son droit à disposer de lui-même et celui des peuples autochtones.

Cette prétendue démesure aida aussi les célèbres promoteurs de l'agrandissement d'un terrain de golf à cacher les véritables enjeux d'un conflit territorial. Quelques heures après le début de la crise d'Oka, les élus du conseil municipal d'Oka haranguaient la foule en leur demandant : « Accepteriez-vous de négocier 80 % du territoire du Québec ? » ! Pourtant, l'enjeu véritable concernait des terres que le gouvernement fédéral voulait réunifier pour la population de Kanesatake. Dans les années 1970, l'État fédéral refusa la revendication territoriale mohawk mais reconnut cependant l'existence d'une injustice historique qu'il fallait corriger au moyen de la réunification des terres. Voulant déjouer le projet fédéral, le maire d'Oka projeta un développement résidentiel et l'agrandissement d'un terrain de golf. Tel était l'enjeu réel que le préjugé sur la démesure des autochtones visait à cacher.

L'attitude générale des Québécois devant les revendications globales laisse entendre qu'ils iraient jusqu'à abolir le processus juridique
canadien par lequel on éteint les droits territoriaux de nations autochtones sur 99 % de leur territoire pour le maintenir sur à peine 1 %. Ce
n'est pas contre les revendications globales que les Québécois semblent militer mais contre l'absurdité que représente pour eux le simple
fait qu'elles existent. Autrement dit, pendant que le descendant du bon
Roi laisse croire qu'il protège les Indiens, les colons hurlent et le Roi
rigole lorsqu'il les rencontre....

EXISTER MAIS SE RETROUVER À LA MARGE

Examinons maintenant les énoncés d'un discours de négation qui
tendent cette fois-ci non pas à faire fi de l'existence de l'identité politique et culturelle des Amérindiens, de leur histoire et de leurs droits
territoriaux, mais qui les expulsent littéralement jusqu'aux frontières
de ce qui est acceptable dans une société normale.

Loin de moi l'idée d'insinuer que seuls les Indiens ont été définis
comme des êtres monstrueux. En général, la description des ennemis
politiques a tendance à suivre ce procédé. Péquistes, libéraux, communistes, capitalistes, Américains, Juifs ou Anglais ont tous été monstrueux à divers degrés. Sans doute que les Indiens l'ont été davantage,
ayant émergé plus récemment de la zone frontière entre le connu et
l'inconnu, entre l'humanité et l'animalité. D'où sûrement la facilité de
faire remonter à la surface la démesure et le caractère monstrueux de
l'Indien.

« Ils massacrent la faune »

Ainsi, après avoir massacré nos missionnaires, c'est aujourd'hui
notre faune qu'ils massacrent, et ce, en ne suivant aucune règle de conservation des espèces. « On tue des femelles avec des p'tits dans
l'corps, on menace nos orignaux et nos saumons. » L'expansion des
activités touristiques en matière de chasse et pêche hors de la vallée du
Saint-Laurent a suscité un conflit d'intérêts entre les représentants de
cette industrie et les utilisateurs autochtones des territoires. Dans les
années 1970, les chroniqueurs de chasse et pêche de nos quotidiens ont
fait revivre les massacres perpétrés par les Indiens (voir Vincent, 1980).
Si, dans la première phase de cette « crise du saumon », la prétendue
illégalité se devait d'être accompagnée de descriptions de massacres de
la faune ou de pratiques qui la menaçaient, depuis les années 1990 on
ne retient plus, souvent, que l'argument selon lequel les autochtones

bénéficieraient d'un système de privilèges en matière de chasse et pêche. Ces privilèges résulteraient de l'emploi de la force et du chantage, ou encore de la peur qu'ils inspireraient au gouvernement. Il faut ici comprendre qu'entre les années 1980 et les années 1990 l'ampleur de conflits politiques plus méridionaux, dont la contrebande, a transformé quelque peu la nature monstrueuse de l'Amérindien.

« Ils massacrent nos impôts »

En ces temps de chômage et de déficit budgétaire, des Québécois en ont carrément plein le dos. Ils apprennent par les médias et la rumeur publique que leur voisin d'en face autochtone détient un statut tout à fait particulier. Il ne paye pas d'impôts ni de taxes et il bénéficie des mêmes services sociaux qu'eux-mêmes. Plus encore, certains privilèges payés par le gouvernement fédéral lui donneraient accès à l'éducation supérieure, à une maison, à l'électricité, à des lunettes, à des médicaments et au transport ambulancier gratuit. Ce n'est pas tout. Si les difficultés financières des Québécois les mènent parfois au bord de l'illégalité, tentés par la contrebande ou le travail au noir, et s'ils se retiennent pour ne pas sombrer dans cet écueil, vu leur sens profond du civisme, eh bien, les Indiens, eux, ne sont pas troublés par ce problème éthique. Impunément, sans qu'on les arrête, ils enfreignent les lois : lorsque le voisin autochtone n'obéit pas à la loi, fait de la contrebande ou porte même des armes, rien ne lui arrive. Tout bon citoyen sait très bien que les services sociaux dépendent de la portion de plus en plus lourde des salaires qui s'en va en impôts ou en taxes. Il sait aussi ce qui lui arrivera s'il ne paye pas sa part, sans parler des conséquences de résister les armes aux poings ! Le « don » ou l'altruisme réciproque se trouve au centre de la définition du bon citoyen. Donner et recevoir équitablement dans le respect des lois. Or, comment classer ce « voisin d'en face autochtone » qui se trouve dans une situation pour le moins contraire. Clairement, ce dernier est un monstrueux citoyen. Il ne donne rien, reçoit davantage, tout en ne respectant pas les lois.

Ils ont été hors de l'humanité, ils sont aujourd'hui hors-la-loi

Quant à la nature criminelle de ce monstrueux citoyen, celui qui peut impunément déroger aux lois, il faut bien comprendre que la crise d'Oka a transformé le braconnier en contrebandier et l'a déplacé des dernières pages de nos journaux, là où se trouvent les chroniques de chasse et pêche, aux manchettes des premières pages.

Le Protecteur du citoyen du Québec a alors qualifié de propagande haineuse la couverture médiatique concernant les autochtones.

Un hebdomadaire anglophone montréalais a soulevé le fait qu'en 1993, sur les 280 articles de journaux traitant des Mohawks parus dans *The Gazette* et les 249 parus dans *La Presse*, sept seulement portaient sur l'histoire et la culture mohawk dans *La Presse* et 24 dans son équivalent anglophone, un seul article traitait de la pauvreté, dans *La Presse* ; le reste des articles, autant dans *The Gazette* que dans *La Presse*, concernaient la criminalité (Trudel, 1994a et 1994b). Si l'une des activités importantes des Indiens de nos manuels scolaires des années 1970 consistait à faire la guerre, les Indiens d'aujourd'hui, dans nos principaux médias et dans le contexte moderne du conflit de compétences sur la fiscalité, ont tendance à devenir des criminels. Comme ils l'ont été lors du conflit de compétences sur la chasse et la pêche qui, d'ailleurs, n'est pas terminé.

Les Québécois les plus politisés ajouteront une variante au mythe du monstrueux citoyen. Nos grands débats constitutionnels du tournant des années 1990 ont donné l'occasion à des éditorialistes de classer les Indiens dans la catégorie de ceux qui n'optent pas pour les principes fondamentaux de la vie en société. La reconnaissance du droit inhérent à l'autonomie politique a été attribuée à un principe relevant d'un véritable système d'apartheid ; la citoyenneté autochtone aurait été fondée sur la race, et la Charte des droits aurait été mise de côté. Les Indiens étaient sexistes. C'est ainsi que l'on dénonça les Indiens qui refusèrent aux organisations de femmes autochtones d'être partie prenante aux pourparlers constitutionnels, sans pour autant, paradoxalement, soulever le fait que les gouvernements non autochtones faisaient de même ! Pressé par le besoin de dénaturer l'Indien, on s'est servi de la critique des femmes autochtones, fort populaire, tout en oubliant de poser la même exigence au gouvernement non autochtone.

Il est clair que l'intégrisme menace les autochtones comme nous-mêmes. Amplifier la menace dénature la réalité autochtone, comme cela peut dénaturer la réalité québécoise, ce que nous verrons maintenant.

Et les Blancs, seraient-ils comme les Indiens ?

Les discours de la négation de l'Autre, de son identité sociale ou biologique, ainsi que celui qui le rend monstrueux, ne sont pas exclusifs aux « Blancs ». Il est tout à fait significatif de les retrouver dans les sociétés autochtones. Bien que leurs discours nationalistes soient moins bien connus, compte tenu de la portée moins grande de leurs médias, ou à cause d'un accès moins facile et du fait qu'ils aient été peu étudiés, on peut cependant clairement y voir apparaître l'universelle négation de l'Autre. Et toutes les variantes de la négation de l'Autre y semblent présentes. Reste à mieux connaître l'ampleur du phénomène.

« Les Blancs sont des singes... »

Ainsi, que dire de l'affirmation du père spirituel des « Warriors » de Kahnawake qui écrit que la plus grande pilosité des « Blancs » constituerait la preuve accablante du fait qu'ils descendent du singe. Les Mohawks, eux, bien sûr, auraient été créés en Amérique ! Boutade, propos caricaturaux, mais qui constituent sans doute également un reflet de cette propension à faire basculer l'Autre dans l'animalité. Plus subtil, mais d'une plus grande portée, est le choix éditorial de l'hebdomadaire mohawk *The Eastern Door* qui publie les lettres d'un lecteur s'en prenant systématiquement à Parizoo, plutôt qu'à Parizeau... Sans parler d'une réplique publiée par le même journal et qui qualifie Lise Bissonnette de femelle sortie de la jungle.

Dans une chronique sur le thème de l'image de la situation à Oka créée par les médias, Pierre Foglia rapporte qu'après s'être baladé tranquillement à bicyclette, dans une région qu'il nous décrit comme fort accueillante et paisible, il a rencontré, devant une guérite de vendeurs de cigarettes, son « premier imbécile de la journée » :

> Un faux Indien, un vrai trafiquant qui m'a fait une grande leçon d'histoire qui allait ainsi : « Les premiers Européens qui sont arrivés ici étaient des bandits. Vous êtes toujours des bandits. C'est dans vos gènes. Un singe d'Afrique reste un singe d'Afrique où que l'on le transplante... » (Foglia, 1995 : A-5).

« Les Bancs sont des immigrants »

Si les Québécois n'ont pas trop de difficultés à se définir comme un peuple issu de l'immigration d'Européens en Amérique, il n'en est sûrement pas de même pour ce qui est de se définir aujourd'hui comme des immigrants, au même titre que ceux à qui on a senti le besoin d'appliquer la loi 101. Cet énoncé selon lequel les Québécois seraient des immigrants, couramment repris depuis longtemps par les nationalistes autochtones, relève aussi de la négation de l'identité de l'Autre. Dans le contexte d'un référendum québécois sur la souveraineté, la portée de ce vieil argument change et celui-ci devient moins exotique et carrément irritant. On comprend bien que des « immigrants » soient mal placés pour négocier des questions territoriales. Aux prises avec l'accusation d'être des immigrants, et avec leur revendication de former un nouvel État, les Québécois se retrouvent étrangement dans la même situation que les Indiens à qui on a servi le concept juridique du droit à la découverte. Autrement dit, il ne leur reste plus beaucoup de droits et guère plus de territoire !

Compte tenu de la détérioration du climat politique, ou de l'approche du moment fatidique que constitue le référendum sur la souveraineté du Québec, ces propos deviennent clairement choquants au même titre que leurs corollaires dans la bouche de nationalistes québécois opposant la théorie du détroit de Béring aux revendications des autochtones. De plus, si les Hurons doivent retourner dans le sud de l'Ontario, les Mohawks aux États-Unis, ou les Indiens en général au Labrador, comme le suggéra le député fédéral de la région de Châteauguay pendant la crise d'Oka, que dire de l'invitation qui nous est faite par certains autochtones de retourner en Europe ? L'enquête du coroner sur la crise d'Oka montra que l'invitation à quitter le pays a été lancée au caporal Lemay quelques intants avant qu'il ne recoive une balle au cœur.

> Le caporal Canuel donne à son équipe l'ordre de retraiter... [...] Il veut faire rapport au caporal Morin que quatre ou cinq personnes armées ont été vues à la barricade du Point 2 et qu'elles pointaient leurs armes « au-dessus de nos têtes », [...] Pendant ce temps-là, l'agent Bernier somme les occupants de laisser tomber les armes et de quitter les lieux. Ses interpellations ne mènent nulle part, si ce n'est à des invectives de la part des occupants : « Go back to Europe »... (Québec, 1995).

Ce discours d'exclusion est étroitement lié à celui de la négation. On ne peut ici s'empêcher de voir à l'œuvre le système décrit par Vincent et qui trace une distance entre le Soi collectif et l'Autre, ainsi que de penser à l'issue théorique qu'évoque l'auteure devant le face-à-face du Soi collectif et de l'Autre : la mort de l'Autre ! À Oka, on est passé de la théorie à la pratique et il s'est agi d'un Blanc plutôt que d'un Amérindien.

Devant le projet de souveraineté du Québec, certains autochtones ont avancé que les Québécois allaient se retrouver avec la seule terre qui leur appartient, soit celle qui, à leur départ d'Europe, se trouvait entre leurs orteils sous forme de poussière ! Rassurant. D'autres, plus généreux, proposent que les Québécois devraient louer la plaine laurentienne. En plus d'être les plus grands locataires de logements au Canada plutôt que propriétaires, compte tenu de la situation historique que l'on connaît, ils constitueraient un peuple qui louerait son territoire national...

« Le Québec, une province comme les autres »

La déclaration fracassante du chef de l'Assemblée des Premières Nations, selon laquelle les Québécois ne sont que des citoyens d'une province comme les autres plutôt qu'un peuple, relève aussi de la stratégie de la négation politique. Les répercussions de ce discours ont été considérables ; autant que l'auraient été les conséquences d'un Québécois qui se serait présenté à une assemblée publique du Conseil de bande de Kahnawake et qui aurait affirmé haut et fort que les Mohawks n'existent pas, qu'ils sont plutôt des Indiens numérotés vivant dans une réserve et qu'ils appartiennent à une tribu plutôt qu'à une nation.

« Les Québécois : des Blancs cannibales
qui s'adonnent à des génocides »

Si parfois les Québécois, comme les Indiens, deviennent des animaux ou des immigrants, ou encore s'ils n'ont pas l'identité qu'ils prétendent détenir, ils peuvent également se transformer en monstrueux citoyens. Dans une certaine historiographie amérindienne du Canada, le cannibale indien a été parfois remplacé par le Satan occidental. On n'arrive plus à distinguer le Québécois du « Blanc » qui perpétra des génocides. Dans la même galère se retrouvent guerres, conflits politiques, intégration nationale, assimilation culturelle et... génocide ! Et ce, sans égard aux peuples qui ont subi un véritable génocide et sans égard aux Québécois et à leurs ancêtres qui n'ont jamais perpétré de génocide.

Constater que des Indiens nous renvoient l'accusation d'être intégristes illustre à merveille que nos discours circulent dans une même « sphère ». Ainsi, si certains Indiens tombent dans la catégorie des Mordecai Richler, qui est le symbole par excellence de l'opposition au nationalisme québécois, des Québécois quant à eux se retrouvent à l'extrémité du pôle des calamités engendrées par les nationalismes ethniques. Voici ce que l'on peut lire dans la revue scientifique autochtone *Native Americas*, de l'Université Cornell à New York :

> Le nationalisme québécois semble de plus en plus devenir « ethnique » plutôt que « civique ». C'est qu'il semble être basé sur la ligne du sang — sur l'idée que pour être un « vrai Québécois » vous devez être un descendant d'un colon blanc français arrivé voici trois cents ans. Dans un Québec ethnique, il n'y aurait que peu de place pour les Vietnamiens, les Haïtiens ou les Montagnais québécois — ceux qui pourraient appuyer les idéaux de la nation même s'ils ne s'appuient pas sur sa généalogie. Dans une société ethnique, les minorités sont toujours « à risque ». Demandez-le aux Musulmans bosniaques, aux Tutsis rwandais ou aux Juifs allemands. Ceci suggère

qu'un Québec indépendant est potentiellement plus un ennemi naturel qu'un ami (Williams, 1995 : 55).

On aura bien compris qu'associer le nationalisme québécois au génocide des Tutsis renvoie précisément à ce dont il est question dans ce texte, soit le phénomène de la négation de l'Autre, en le transformant en monstrueux citoyen. Après avoir rendu monstrueux les Indiens, les Québécois doivent-ils s'étonner de voir certains d'entre eux faire pareil ? Bien que la situation québécoise et la situation rwandaise soient tout à fait différentes, il importe cependant, aux fins de l'analyse du phénomène de la négation, de rappeler ce qui suit.

Le 6 avril 1994 commença au Rwanda un génocide qui mena à l'extermination de plus d'un demi-million de Tutsis. Depuis des décennies, la majorité hutue, influencée par la science anthropologique européenne, a classé les Tutsis dans la catégorie d'étrangers prétendument d'origine éthiopienne. Selon les estimations, dans chacune des cent cinquante communes du Rwanda, des milices composées de près de deux cents Hutus, appuyées par l'armée, ont systématiquement éliminé en trois mois un demi-million de personnes. Colette Braeckman, dans *Rwanda, histoire d'un génocide* (1994), constate que ces quelque trente mille miliciens n'ont pu suffire à la tâche et que la population hutue y participa. Voici comment elle décrit la découverte des lieux du génocide :

> Les Nations unies, les journalistes qui traversent le pays, le FPR, qui avance de charnier en charnier, font et refont les comptes : où sont-ils ? Partout les villages sont déserts, les troupeaux de vaches aux longues cornes recourbées errent sans bergers, les récoltes sèchent sur pied. Les maisons des Hutus ont été soigneusement fermées à clé, il y a encore des fleurs aux fenêtres. Des demeures des Tutsis, il ne reste rien. Rien, c'est-à-dire pas un mur, pas une clôture, pas une pierre. On ne s'est pas contenté de liquider les familles, on a rasé les maisons, démantelé brique à brique tout ce qui pouvait rappeler l'existence du voisin (Braeckman, 1994 : 234, je souligne).

S'adonner à la négation de l'Autre au Québec est très différent de s'adonner à la négation de l'Autre au Rwanda. À la lumière de ce que décrit Braeckman, le caractère démagogique des propos de leaders autochtones qui s'adonnent à cette association, ou qui emploient le terme génocide pour décrire l'histoire du Québec ou la réalité contemporaine, apparaît dans toute sa splendeur.

D'autre part, rappeler ces événements si dramatiques à l'occasion de l'analyse des discours nationalistes québécois et autochtones peut paraître déplacé. Pourtant, il n'est pas sans intérêt de souligner que la réalité n'est pas constituée, d'un côté, de barbares lointains qui s'adonnent à des génocides et, de l'autre côté, de nous, ici, qui nous adonnons aux conflits politiques. Se peut-il qu'éliminer l'Autre sur le plan des représentations mène à son élimination réelle ? Se peut-il qu'établir une distance entre Soi et l'Autre sur le plan des représentations mène aux camps de réfugiés politiques ?

DU PREMIER AU SECOND RÉFÉRENDUM

Il importe d'examiner quelque peu, en terminant, la conjoncture politique ainsi que le processus de définition d'un « Soi collectif », et ce pour éclaircir les circonstances dans lesquelles se développent les discours dont j'ai fait état dans ce texte.

Les autochtones ont été pratiquement ignorés lors du premier référendum sur la souveraineté du Québec. Pourquoi cette fois-ci sont-ils devenus une si épineuse question ? Pourtant, il semble ne rien y avoir de nouveau dans le firmament de nos rapports politiques fondamentaux. Pour le constater, il n'y a qu'à relire deux textes de Rémi Savard où il décrit un dialogue de sourds qui ressemble étrangement à celui auquel on assiste présentement (Savard, 1979). Par exemple, le gouvernement souverainiste a tenu à Québec, en 1978, une rencontre dite historique réunissant pour la première fois les nations autochtones et le gouvernement du Québec (voir Québec, 1979). Voici comment Savard en a rendu compte :

> Les Indiens sont donc repartis déçus, vexés, humiliés. [...] Les nationalistes québécois doivent comprendre que notre gouvernement, en ce domaine, s'obstine à faire le jeu des forces fédéralistes. [...] Par son ignorance ou son mépris, le gouvernement actuel prépare aux Québécois des éclaboussures certaines qu'il aurait été facile d'éviter (Savard, 1979 : 149).

On ne peut s'empêcher d'établir un parallèle avec les vaines tentatives d'impliquer les nations autochtones dans les discussions relatives à l'actuel avant-projet de loi sur l'avenir du Québec. Le texte de Savard révèle aussi la présence, dès cette époque, de ce qui traumatise tant aujourd'hui de nombreux Québécois : « Un de leurs leaders ne soulevait-il pas, il y a quelques années, l'enthousiasme d'un auditoire de l'Ouest canadien, en déclarant que les autochtones de cette province s'empresseraient d'annuler les effets d'une éventuelle sécession du Québec, en réclamant aussitôt la majeure partie du territoire ? » (Savard, 1979 : 39). L'anthropologue rappelle également que l'hypothèse de la manipulation fédérale des Indiens circulait dans les cercles

les mieux informés. Ainsi, il semblerait que la problématique politique soit demeurée la même ; c'est bien l'importance relative du débat qui a changé.

Pourquoi cette fois-ci le débat ne s'est-il pas limité à des échanges houleux entre des autochtones ou des anthropologues et des intellectuels québécois ? Est-ce la conséquence de ce qu'explique Sylvie Vincent dans *La Révélation d'une force politique* : les Autochtones (Vincent, 1992b) ? D'autres facteurs ont sans doute contribué à l'intensité du débat.

Avant de livrer la véritable bataille, les ennemis souverainistes et fédéralistes se seraient-ils adonnés à une petite guerre sur le terrain politique que constitue la question autochtone ? Les autochtones n'ont finalement pas occupé une place importante au cours de la campagne référendaire. Cependant, les accusations récentes du premier ministre du Québec, selon lesquelles Ottawa se sert des autochtones pour déstabiliser le Québec à la veille de la campagne référendaire, nous ont-elles ramenés à un vieux modèle de négociation frontalière ?

Dans un article récent sur le traité de Jay, Savard explique comment s'est exprimée cette réalité géopolitique à la suite de la guerre d'indépendance des États-Unis. Faute de pouvoir maintenir sa présence dans la région des Grands Lacs, l'Angleterre tentait malgré tout de garder son influence, et ce, en faisant la promotion d'un État indien indépendant. Savard rappelle comment Lord Henry Dundas justifiait cette politique.

> Votre Seigneurie ayant déjà pris connaissance des intentions des serviteurs de Sa Majesté d'essayer de garder ce qui pourrait agir comme barrière efficace et durable entre les territoires des États américains et les possessions de Sa Majesté dans cette région...
>
> [...]
>
> En plaçant les Indiens dans une telle position ils deviendront une barrière naturelle contre les empiétements respectifs et, par le fait même, maintiendront une situation dans laquelle leur attachement et leurs dispositions amicales envers les sujets de Sa Majesté peuvent être d'une grande utilité... (Leavitt, 1916 : 175-176, cité dans Savard, 1994 : 65).

L'Angleterre a dû abandonner son projet d'État indien indépendant mais n'a pas cédé dans son refus de s'engager, tel que le demandait le négociateur américain du traité délimitant les frontières, à ne pas recourir à l'assistance d'Indiens lors d'un conflit éventuel. « Ceci démontre bien que l'intérêt des Britanniques consistait à maintenir la possibilité d'une alliance future, aussi bien militaire que commerciale, avec les Indiens vivant du côté américain de la frontière » (Savard, 1994 : 66).

Absentes lors du premier référendum, les images de guerre de la crise d'Oka, qui ont pénétré tous les foyers pendant soixante-dix-huit jours en 1990, auraient-elles ramené à l'esprit des politiciens contemporains et du public en général, à tort ou à raison, le rôle de « barrière naturelle » que peuvent jouer les autochtones ? Ces images de guerre, situées cette fois-ci en arrière-scène de ce second débat référendaire, contribueraient-elles à donner à la question autochtone une importance particulière ? Ceci pourrait expliquer pourquoi les autochtones sont maintenant dix fois plus présents dans nos médias écrits. Dans un éditorial de *La Presse* écrit à l'occasion du cinquième anniversaire de la crise d'Oka, Agnès Gruda (1995) affirme qu'environ deux cents articles sur les autochtones paraissaient annuellement dans nos journaux avant 1990 ; par la suite, et depuis, il y en a eu environ deux mille. Derrière le thème de la criminalité qui, sans doute, caractérise la grande majorité de ces articles, se trouve peut-être la peur de perdre une partie du territoire national.

Ne nous faisons pas d'illusions. Des négociations sur des frontières internationales ou l'émergence d'un nouvel État créent une situation où les yeux sont braqués sur le moindre accroc à l'intégrité territoriale et sur la moindre possibilité d'affaiblir l'éventuel concurrent. Zones tampons et stratégies pour affaiblir l'adversaire constituent les règles d'or de la négociation avec un nouvel État. Les autochtones se retrouvent ainsi, et encore une fois, au cœur de cette logique implacable de conflits entre nations, ce qui leur permet également de faire connaître leurs revendications politiques. Par ailleurs, puisqu'il n'y a pas de vide dans la nature politique des choses, la stratégie des fédéralistes d'en dire le moins possible sur cette seconde éventualité de la sécession du Québec a probablement contribué, dans la période qui a précédé la campagne référendaire, à accentuer l'importance de la question autochtone.

En terminant, examinons brièvement la variable du « Soi collectif », c'est-à-dire celle qui renvoie à la définition que les Québécois se donnent d'eux-mêmes. Sans doute faut-il regarder aussi de ce côté-là pour mieux comprendre l'« épineux problème autochtone ». L'intensité qu'a pris le débat pourrait relever de l'habileté politique qu'ont acquise les leaders autochtones. Ainsi, le discours de négation des Québécois par les autochtones, en réponse à la négation tranquille des premiers à leur égard, ne serait-il pas étroitement associé à la montée de leur pouvoir politique ? Devons-nous croire, par ailleurs, que seule la négation des Québécois par les autochtones ait réussi à secouer la négation tranquille des autochtones par les Québécois ?

L'intensité du débat pourrait bien également être liée au fait que les autochtones touchent une corde sensible du nationalisme canadien-français. À la suite de l'analyse de discours québécois lors de la crise d'Oka, Sylvie Vincent avance l'idée selon laquelle cette crise a donné beaucoup d'importance à des revendications territoriales qui se situent au cœur même de ce que le nationalisme canadien-français a considéré comme une véritable « terre-mère », soit la vallée du Saint-Laurent. Elle y voit « le symptôme d'un malaise, peut-être nouveau et qu'il y aurait lieu d'explorer » (1992a : 225).

Une certaine variante du nationalisme québécois, celle que l'on qualifie d'ethnique, insiste particulièrement sur le fait que les Québécois seraient des victimes du colonialisme canadien. Par contre, les autochtones feraient de nous des colonisateurs, ce qui troublerait la conscience de plusieurs. D'où l'hypersensibilité des Québécois lorsqu'on les accuse d'être racistes. En faisant d'eux des colonisateurs ou des racistes, on dilue quelque peu les fondements des motifs avancés pour « se libérer » du Canada. Mais, à mon avis, c'est du côté de l'émergence du nationalisme québécois dit territorial que l'on retrouve la raison profonde de l'actuel « problème autochtone ».

Les autochtones seraient au nationalisme territorial québécois ce que les Juifs ont été au nationalisme ethnique canadien-français. La menace d'un groupe ethnique et religieux qui aurait tué le Christ et aurait remis en question la confessionnalité de nos écoles, mettant ainsi en danger la permanence de notre société catholique et française, a été remplacée par celle des nations autochtones qui veulent « tuer » la souveraineté du Québec et remettent en question le dogme tout-puissant de l'intégrité territoriale, plutôt que le dogme religieux ou linguistique[7].

À la suite de plusieurs sessions de formation sur la question autochtone, ainsi que des échanges avec des Québécois et des autochtones sur la situation politique, j'ai tenté, dans ce texte, d'illustrer comment on peut expliquer une partie importante des préjugés à l'égard des autochtones en ayant recours au principe de la négation de l'Autre. J'ai

---

7. Vincent avance la même idée mais en prenant comme point de référence les anglophones. La menace territoriale indienne aurait remplacé la menace linguistique anglophone (Vincent, 1992a : 228).

également suggéré l'idée que ce phénomène est sûrement universel et que s'adonner à cette négation peut mener très loin. À quelle conjoncture politique précise ces préjugés sont-ils associés ? J'ai soulevé finalement des hypothèses qui pourraient tracer la voie à des recherches sur l'évolution de nos rapports politiques avec les autochtones.

BIBLIOGRAPHIE

BLANCHARD, David, *Seven Generations : A History of the Kanienkehaka*, Kahnawake, Kahhnawake Survival School, 1980.

BRAECKMAN, Colette, *Rwanda. histoire d'un génocide*, Fayard, Paris, 1994.

FOGLIA, Pierre, « Des bégonias roses », *La Presse*, 10 août 1995, p. A5.

GRUDA, Agnès, « Oka, cinq ans après », *La Presse*, 11 juillet 1995, p. B2.

LEAVITT, Orphea E., *British Policy on the Canadian Frontier, 1782-92 : Mediation and an Indian Barrier State*, The State Historical Society of Wisconsin, n° 170, Proceedings of the Society for 1915, 1916.

PHILPOT, Robin, *Oka : le dernier alibi du Canada anglais*, Coll. Études québécoises, VLB éditeur, Montréal, 1991.

QUÉBEC (Gouvernement du), *Discours et ateliers. La rencontre des Amérindiens du Québec et du gouvernement québécois* (13, 14 et 15 décembre 1978), Éditeur officiel du Québec, Québec, 1979.
— , Rapport d'enquête du coroner Guy Gilbert sur les circonstances du décès de Monsieur Marcel Lemay, Québec, Bureau du Coroner, 1995.

SAVARD, Rémi, *Destins d'Amérique. Les Autochtones et nous*, L'Hexagone, Montréal, 1979.
— , « Un projet d'État indépendant à la fin du XVIIIe siècle et le traité de Jay », *Recherches amérindiennes au Québec*, vol. 24, n° 4, 1994, p. 57-69.

SÉVIGNY, Hélène, *Lasagne — L'homme derrière le masque*, Saint-Lambert, Éditions Sedes, 1993.

TRUDEL, Marcel, « Une histoire fort imprécise », *La Presse*, 2 mars 1994, p. B3.

TRUDEL, Pierre, « Les Mohawk ont-ils découvert Jacques Cartier ? », *Recherches amérindiennes au Québec*, vol. 9, nos 1-2, 1991a, p. 53-58.
— , « Réplique à Robin Philpot ou le dernier alibi du nationalisme étroit », *Médium, Sciences humaines*, vol. 39, printemps 1991b, p. 23-26.
— , « Il faut garantir aux Autochtones un cadre de discussion acceptable », *La Presse*, 1er avril 1992a, p. B3.
— , « Autochtones et traitement médiatique lors de la campagne référendaire », *La Presse*, 11 décembre 1992b, p. B3.
— , « Anthropologues de tous les pays, unissez-vous... », *La Presse*, 23 avril 1994a, p. B3.

—, Présentation, in Dossier spécial «Le Québec et les autochtones», *Recherches amérindiennes au Québec*, vol. 24, n°s 1-2, 1994b, p. 129.

TRUDEL, Pierre (dir.), *Québécois et Autochtones : la rencontre des nationalismes*, Coll. Dossiers, Recherches amérindiennes au Québec, Montréal, 1995.

TURGEON, LAJOIE, CRÊTE, KAUFMAN et OWEN, *La Société de développement de la Baie James et autres*, appelants, c. *Chef Robert Kanatewat et autres*, intimés. Texte intégral du jugement, Cour d'appel du Québec, 1974, p. 470.

VINCENT, Sylvie, «Chasseurs sportifs vs chasseurs de subsistance. L'image de l'Amérindien dans les chroniques de chasse et pêche des grands journaux francophones du Québec», in Dossier Chasse et pêche, Commission des droits de la personnes du Québec, Montréal, 1980.

—, «De la nécessité des clôtures. Réflexion libre sur la marginalisation des Amérindiens», *Anthropologie et Sociétés*, vol. 10, n° 2, 1986, p. 75-83.

—, «Terre québécoise, Premières Nations et nation première : notes sur le discours québécois francophone au cours de l'été 1990», in Nadia Khouri (dir.), *Discours et mythes de l'ethnicité*, Association canadienne-française pour l'avancement des sciences, Montréal, 1992a, p. 215-231.

—, «La Révélation d'une force politique : les Autochtones», in Gérard Daigle (dir.), *Le Québec en jeu*, Presses de l'Université de Montréal, Montréal, 1992b, p. 750-780.

VINCENT, Sylvie, et Bernard ARCAND, *L'image de l'Amérindien dans les manuels scolaires du Québec*, Coll. Cultures amérindiennes, Cahiers du Québec/ Hurtubise HMH, Montréal, 1979.

WILLIAMS, Paul, «Native Nations of Québec. Independence within Independence ?», *Natives Americas*, American Indian Program, Cornell, New York, été 1995, p. 53-57.

16

Un argument minimaliste en faveur de la souveraineté du Québec[1]

Kai Nielsen

La plupart des personnes qui défendent la souveraineté du Québec fondent leur argumentation sur la présomption que les Québécois forment un peuple, qu'ils ont une identité nationale, qu'ils constituent une nation distincte, une communauté politique distincte dotée d'une culture politique distincte et, d'une manière générale, d'une culture (soit un ensemble de croyances et de pratiques distinctes). Dans cet essai, nous ne chercherons ni à affirmer ni à contester ces propositions ; nous chercherons plutôt à montrer qu'il est possible de soutenir une argumentation solide en faveur de la souveraineté sans recourir à l'un ou l'autre de ces postulats. Nous affirmerons qu'en mettant ces questions de côté il est possible de faire un appel convaincant en faveur de la souveraineté auprès des gens qui, peu importe leurs particularités, sont des citoyens du Québec où les institutions politiques et juridiques font intégralement et solidement partie de la tradition occidentale, et ce, depuis longtemps. Nous croyons pouvoir établir qu'une grande majorité de ces citoyens pourront, grâce à la souveraineté, contrôler leurs vies mieux qu'ils ne le font actuellement au sein du Canada ; mieux, en tout cas, qu'ils ne peuvent s'attendre à le faire dans l'avenir à l'intérieur d'un Canada qui n'est, au mieux, quoi qu'on en dise, qu'un pseudo-État multinational. Ce n'est pas l'État de deux nations fondatrices, mais celui du *mythe* des deux nations fondatrices.

---

1. Ce texte fut rédigé au début de la campagne référendaire de 1995. Il a été traduit de l'anglais par Michel Sarra-Bournet.

Nous postulons, sans risquer de provoquer une controverse, la valeur de la démocratie, et cela implique un autre postulat normatif : l'autodétermination en tant que *desideratum* fondamental de l'être humain. Et l'autodétermination, pour ce qui est du Québec, signifie que tous les citoyens ont, dans la plus large mesure possible, le contrôle de leurs propres vies. Pour que ceci ait la meilleure chance d'avenir, nous soutenons que ces citoyens doivent avoir leur propre État dans lequel ils détermineront eux-mêmes, démocratiquement, les lois et règles par lesquelles leurs vies seront gouvernées. Il est vrai qu'ils connaissent déjà des institutions démocratiques — bien qu'imparfaitement démocratiques — au sein de l'État canadien alors que le Québec n'est qu'une province comme les autres. Mais ce que nous avançons ici, c'est que les citoyens du Québec contrôleraient davantage leurs vies — et jouiraient d'une démocratie plus entière — s'ils possédaient leur propre État souverain entretenant des relations coopératives et fraternelles avec les autres États démocratiques, incluant le Canada. C'est ce que nous entendons démontrer. Notre argumentation débutera avec des considérations d'ordre général, après quoi elle abordera des considérations propres au Québec.

Le slogan *Small is beautiful* n'est pas sans fondement. Au sein des sociétés modernes, les relations entre le gouvernement et les citoyens sont de plus en plus impersonnelles. Mais dans de petits États démocratiques, où la population est au moins relativement bien instruite et raisonnablement à l'aise sur le plan économique, il peut y avoir davantage d'interaction entre les représentants élus et l'ensemble des citoyens que dans de grands États dotés d'une importante bureaucratie englobant plusieurs intérêts régionaux différents, qu'ils soient régionaux ou autres. Dans les États aux dimensions restreintes, on peut plus facilement assurer l'imputabilité de l'action gouvernementale que dans les plus grands, et la volonté démocratiquement exprimée par les citoyens, difficile à réaliser dans tous les cas, a plus de chance de l'être dans ce contexte. Les petits États ne deviennent pas nécessairement — bien que cela arrive régulièrement — des républiques de bananes aux prises avec la corruption, dictatoriales et ostensiblement dépendantes de grands pays ou d'entreprises multinationales. La Suisse, la Hollande, le Danemark, l'Islande, la Norvège, la Suède et la Finlande ne sont certainement pas des républiques de bananes. Ce sont de petits États qui s'en tirent très bien comme pays souverains. Tout comme eux, le Québec possède des infrastructures industrielles et politico-légales bien assises et une main-d'œuvre instruite. Si ces pays peuvent s'en tirer — et c'est évidemment le cas —, le Québec le peut tout aussi bien. Notons aussi que la Finlande, l'Islande et la Norvège sont de nouveaux venus dans le concert des nations. Il n'y a aucune raison de penser que le Québec, petit État habité par un peu moins de dix millions de personnes, ne pourrait pas réussir comme État-nation.

Ces considérations sont plutôt générales. Mais il y en a d'autres, tout aussi pertinentes, qui sont particulières à la situation et à l'histoire du Québec. La mythologie fédéraliste canadienne affirme que le Canada est constitué de deux peuples fondateurs égaux de par leurs pouvoirs et leur statut dans la fédération. Mais cette représentation ne correspond nullement à la réalité. Il est maintenant devenu évident qu'elle relève de la mythologie et de l'idéologie. En réalité, cette « société distincte » qu'est le Québec, et qui est censée représenter un des deux peuples fondateurs égaux, est traitée par le gouvernement fédéral comme une simple province parmi les autres. D'ailleurs, c'est généralement de cette façon que le Canada anglais perçoit le Québec. C'est aussi un fait que la Constitution canadienne fut rapatriée sans le consentement du Québec et lui fut imposée de force par l'action conjointe du gouvernement fédéral et des autres provinces. De plus, la Constitution fédérale de 1982, qui ne fut jamais adoptée par le Québec, a permis la contestation de lois québécoises devant les tribunaux canadiens et leur invalidation éventuelle. La législation québécoise sur la langue en a particulièrement souffert. Dans ce dernier cas, ces procédures ont eu pour effet d'affecter la capacité du Québec de protéger et de promouvoir le français, la langue maternelle de la vaste majorité de ses citoyens. Le dédoublement des structures bureaucratiques entre le Canada et le Québec mène, par ailleurs, au gaspillage et à l'inefficacité. Sous cet éclairage, la concentration du pouvoir dans un seul État, l'acquittement des taxes à un seul trésor public et l'utilisation de ces sommes par une seule autorité résulteraient en une plus grande efficacité et augmenteraient la capacité de l'électorat à contrôler l'utilisation de ces ressources ou, à tout le moins, à mieux en contrôler l'usage, et à rendre le gouvernement davantage imputable. Un meilleur contrôle des ressources par le citoyen et une responsabilisation accrue du gouvernement sont des choses qu'il est toujours difficile à réaliser ; mais elles seraient plus faciles à réaliser dans le contexte d'un Québec souverain qu'au sein de la présente structure fédérale aux multiples niveaux décisionnels qui répondent souvent à des intérêts forts différents, qu'ils soient régionaux ou autres.

Le Québec, à l'instar de la plupart des sociétés modernes, fait face à de sérieux problèmes : chômage, pauvreté, traitements discriminatoires perpétuant la pauvreté chez les femmes et les minorités ethniques, décrochage scolaire, chômage chez les jeunes, incertitudes du marché de l'emploi, difficulté d'assurer des services sociaux (sans parler de la difficulté d'améliorer et d'accroître ces services). Pour ne pas tomber dans les travers américains ou britanniques qui feraient que notre État de bien-être devienne un État de mal-être, les citoyens québécois ont besoin d'un État souverain s'inspirant en gros du modèle scandinave au sein duquel ils pourraient élaborer des politiques leur assurant un avenir plus prometteur. L'État canadien ne prend malheureusement pas un tel virage social-démocrate, s'orientant plutôt vers la droite. Ce virage s'effectue grâce aux politiques adoptées par un gouvernement libéral qui, en définitive, se distingue de moins en moins de son prédécesseur conservateur. Si on ajoute à cela la déroute des néo-démocrates, on constate qu'il s'exerce très peu de pression démocratique sur l'actuel gouvernement libéral pour qu'il conserve un programme progressiste et social-démocrate au sens large. La pression vient plutôt du Parti de la Réforme qui pousse dans le sens d'un virage encore plus accentué vers la droite. Dans ce contexte, le gouvernement libéral se tourne de plus en plus vers une version légèrement atténuée des politiques conservatrices adoptées aux États-Unis. Si les Québécois désirent eux aussi se doter de telles politiques sociales régressives, ils le peuvent, évidemment, mais il faut que ce choix soit fait démocratiquement dans un État souverain qui leur appartient en propre, que ce soit leur choix librement exprimé. On peut toutefois douter fortement que c'est ce type de société que les Québécois recherchent. Avec un État souverain, ils pourraient résister à ces pressions qui s'exercent actuellement sur le Québec du fait de l'émergence d'un Canada de plus en plus conservateur, et façonner une société qui ressemble davantage à celle qu'ils désirent vraiment se donner.

Considérons maintenant les objections généralement formulées à l'encontre des propositions souverainistes, objections qui pourraient très bien être invoquées à l'encontre de notre argumentation minimaliste en faveur de la souveraineté. Une première objection est qu'il existe, au Québec, une minorité anglophone bien établie, avec des racines historiques profondes, ce qui la distingue des communautés issues de l'immigration. Plutôt que de constituer un des deux peuples fondateurs, les anglophones deviendraient inévitablement une minorité dans un Québec souverain. Mais celle-ci serait néanmoins dotée d'un statut spécial et de droits particuliers. Dans une nation où le français serait la langue officielle, les anglophones continueraient de se prévaloir de tous les droits et privilèges dont ils bénéficient actuellement dans un Québec qui n'est, aux yeux du Canada, qu'une province comme les autres. C'est-à-dire qu'ils auraient droit à des écoles de langue anglaise, disposeraient de leurs hôpitaux et d'institutions similaires ; de la même façon, ils auraient droit au service des tribunaux en anglais. Autrement dit, ils continueraient de bénéficier des droits qui ont traditionnelle-ment été les leurs.

Devenu souverain, le Québec serait un membre de la famille des nations démocratiques et ceci implique le respect des droits des minori-tés. (Le fait que, dans la plupart des États démocratiques, ces droits ont parfois été ignorés dans la pratique est une autre question. La chose peut malheureusement se produire, peu importe le tournant que prend la question nationale. Que le Québec devienne souverain ou non, nous vivons dans des sociétés de classes où la pleine démocratie ne sera jamais une réalité.) Il est vrai que le français deviendrait la langue offi-cielle d'un Québec souverain, mais il faut voir que le français est déjà, *de facto,* la langue en usage dans ce qui est présentement la province de Québec, de la même manière que l'anglais est *de facto* la langue d'usage dans les autres provinces. Peu de changement en vue, donc, qui devrait indisposer les anglophones lorsque le statut *de jure* du fran-çais au Québec sera confirmé à titre de langue officielle. Il n'en reste pas moins, comme je l'ai souligné plus tôt, que la minorité anglophone possède des droits linguistiques traditionnels. Ces droits ne seraient pas affectés par le statut *de jure* du français. Du reste, il convient de noter au passage que ce type de droits linguistiques est mieux protégé dans la province de Québec qu'il ne l'est pour les minorités francophones au sein des provinces anglophones. Rien ne changera donc du côté franco-phone avec la souveraineté du Québec et il faut espérer que, du côté anglophone, les droits des francophones ne seront pas davantage mena-cés qu'ils ne le sont maintenant. Dans le cas contraire, il s'agira d'une question relevant du Canada anglais et non pas d'une négociation entre le Québec et les provinces anglophones, mettant en jeu les droits lin-guistiques des anglophones.

Le traitement réservé aux minorités francophones hors Québec montre bien que la politique canadienne du bilinguisme demeure étran-gère à la réalité qu'elle est supposée servir. Cette politique s'appuyait sur une idée noble — un idéal pour un mode civilisé — mais n'en demeure pas moins utopique. De fait, si le bilinguisme ne fonctionne pas dans un petit pays comme la Suisse, on peut difficilement s'atten-dre à ce qu'il fonctionne dans un grand et vaste pays à forte majorité anglophone comme le Canada, où la population est géographiquement dispersée et où la minorité francophone est concentrée dans une por-tion du territoire. Cependant, l'abandon du bilinguisme officiel dans un

Québec souverain n'affecterait pas les droits traditionnels des anglophones. Ceux-ci n'ont rien à craindre d'un Québec souverain. Certes, ils formeraient une minorité, de la même manière que les francophones forment une minorité au Canada, mais ils ne deviendraient pas pour autant des citoyens de seconde classe, pas plus que les membres de minorités linguistiques suédoises en Finlande ou les Wallons en Belgique ne sont considérés comme des citoyens de seconde classe. Tant l'histoire du Québec que le respect de la démocratie, et que le sens pratique, garantissent que personne ne sera relégué à un statut de seconde classe.

Considérons maintenant le sort des allophones, soit les différentes populations d'immigrants venues s'installer au Québec et qui n'ont pas le français ou l'anglais pour langue maternelle. Ici, nous devons distinguer les immigrants arrivés au Québec avant son accession à la souveraineté et ceux qui arriveront après la déclaration de souveraineté (si, effectivement, cette souveraineté se réalise). Pour les deux groupes, il sera exigé, comme il l'est actuellement, que les enfants soient éduqués en français. Le français est la langue maternelle de la vaste majorité des Québécois. Comme partout où l'on vit l'immigration, on s'attendra à ce que les immigrant installés au Québec s'adaptent à la société d'accueil : qu'ils apprennent la langue, se conforment aux lois, s'adaptent aux façons de faire. Cela, évidemment, ne veut pas dire qu'ils ne pourront pas, s'ils le souhaitent, garder leurs coutumes dans les cas où celles-ci ne vont pas à l'encontre des façons de faire qui sont essentielles au fonctionnement et à l'organisation de la société québécoise. Le port du fez dans l'armée ou du tchador à l'école ou d'un yamika au Parlement ne heurte définitivement pas ces façons de faire. Rien dans ce qui est fondamental pour la vie en société au Québec ne sera en péril si des groupes d'immigrants s'affirment par l'entremise de telles pratiques : des pratiques qui sont importantes pour eux, même si elles peuvent paraître étranges aux autres.

Toutefois, ceux qui auront acquis leur statut d'immigrant avant l'accession à la souveraineté pourront à juste titre plaider qu'ils ont voulu immigrer au Canada et non dans un Québec indépendant. Cette question n'est pas sans importance, puisque nous énonçons ici un engagement incontournable : les droits qui sont les leurs dans le présent système resteront en vigueur dans un Québec souverain. Si des immigrants s'installent en Colombie-Britannique ou en Alberta, leurs enfants seront normalement scolarisés en anglais, vivront *de facto* en anglais (à moins d'appartenir à une secte recluse sur elle-même comme celle des Hutterites), du moins dans leur vie publique. La situation sera analogue au Québec avec l'exception suivante. Les enfants des immigrants seront éduqués en français et, normalement, conduiront leur vie publique en français. Cependant, ces immigrants seront également en droit, s'ils le désirent, en raison de la présence de la minorité anglophone et de ses droits, de demander à être jugés en anglais devant les tribunaux, par exemple. Mais, de manière plus importante et plus fondamentale, ni leur qualité de vie ni leurs droits ne seront menacés dans un Québec souverain ou, du moins, ils ne seront pas davantage menacés qu'ils le sont actuellement dans la province de Québec ou n'importe où au Canada.

La double citoyenneté devrait être offerte, et sans doute qu'elle le sera, aussi bien par le Canada que par le Québec dans le cas de l'accession du Québec à la souveraineté. La mobilité de la main-d'œuvre qui prévaut maintenant à travers le Canada continuera de prévaloir. Tous les Québécois qui le désireront pourront acquérir la citoyenneté canadienne. Le Canada ne leur retirera pas leur citoyenneté à cause d'un vote favorable à la souveraineté. Dès lors, comme avant le référendum et indépendamment du résultat du vote, les immigrants resteront des citoyens canadiens ou des immigrants reçus, selon le statut qu'ils souhaiteront garder. Pour abolir l'un ou l'autre de ces statuts, *chacun* devra en prendre l'initiative. Le geste ne sera pas posé par l'État canadien ou l'État québécois.

Dans un continent nord-américain habité par environ trois cents millions d'anglophones, les quelque dix millions de francophones devront apprendre l'anglais, ne serait-ce que pour des raisons pratiques à l'heure des sociétés modernes, interconnectées et économiquement interdépendantes. L'enseignement de l'anglais ne pourra que continuer de jouer un rôle de premier plan dans le système d'éducation francophone. Les immigrants inscrits dans les écoles françaises pourront en profiter au même titre que les étudiants francophones. Cela ne sera pas découragé et encore moins stigmatisé lorsque le Québec deviendra souverain. C'est le contraire qui pourrait survenir, car la résistance à une politique d'enseignement de l'anglais — qui serait bénéfique pour le Québec — pourrait diminuer du fait que cette langue ne serait plus considérée sous l'angle du bilinguisme officiel ou de la domination anglophone. Encore une fois, on constate que la situation de ces immigrants, qui n'est pas mauvaise actuellement, n'aurait pas de raison de se détériorer et pourrait même s'améliorer pour les raisons mentionnées plus haut, d'autant plus que, grâce aux conditions plus démocratiques assurées par l'accession à la souveraineté, il leur sera possible d'exercer un meilleur contrôle sur leur vie. Par conséquent, on peut dire, tout en restant prudent, que la situation des immigrants ne changerait pas pour le pire dans un Québec souverain. Ils n'ont rien à craindre de la souveraineté.

Abordons maintenant quelques considérations relatives aux peuples autochtones du Québec. Ceux-ci, comme on le sait, étaient présents sur le territoire avant les Français et les Anglais, et au même titre et dans la même mesure que ces deux groupes, ils peuvent se réclamer du statut de peuple fondateur du Canada. Les peuples autochtones sont des peuples conquis et jusqu'à récemment opprimés et méprisés. Au Canada (y compris au Québec), l'histoire de ces peuples a connu des épisodes sombres. On estime généralement, et probablement avec raison, que les peuples autochtones du Québec voteraient massivement NON au référendum sur la souveraineté. Nous leur demandons de changer d'idée, leur indiquant avec justesse que, dans un Québec souverain, ils seront, bien entendu, des citoyens à part entière et que leurs droits de minorités seront protégés au moins aussi fermement qu'ils le sont actuellement dans le Canada. Néanmoins, supposons que dans un référendum de leur cru, libre et honnête, les peuples autochtones sont appelés à voter ou bien pour rester dans le Canada ou bien pour former leur propre État souverain. Si, dans le nord du Québec, habité principalement par des autochtones, la majorité des citoyens, incluant tant les autochtones que les non-autochtones, votent pour rester dans le Canada ou pour former leur propre État démocratique souverain, alors, pour les mêmes raisons démocratiques qui nous ont conduits à favoriser la souveraineté du Québec, nous devons accepter le droit d'un peuple autochtone habitant un territoire de décider de sa destinée. Et ceci s'applique à la population du nord du Québec. Si c'est ce que veut celle population, alors le Québec, dans ces circonstances, doit laisser ses territoires du Nord se détacher du territoire québécois.

La situation est différente pour les peuples autochtones dispersés dans les différentes régions du sud et du centre du Québec. Là, sur un même territoire, peuples autochtones, francophones et anglophones vivent ensemble et chacun peut prétendre constituer *prima facie* une nation sur ce territoire. Néanmoins, ces groupes ont certaines activités en commun. De plus, les territoires qu'ils partagent se révèlent trop petits pour permettre la constitution d'un État viable et, pour cette raison pratique, il ne peut y avoir de sécession de ces territoires. Cela demeure vrai même si l'un des groupes prédomine. Ici encore, on est forcé de faire des compromis difficiles à justifier sur le plan moral. Mais il existe également des raisons de principe qui vont dans le même sens. Lorsque des groupes d'importance similaire, mais de composition différente et parfois en situation de conflit, vivent ensemble sur un même territoire, ce territoire ne peut être cédé à l'un d'eux sans qu'il y ait violation du principe d'équité. Cela demeure vrai indépendamment des titres historiques hérités d'un lointain passé. Évidemment, la définition de ce qui constitue des « groupes d'importance similaire » prend de l'importance ici, dans la mesure où, autrement, n'importe quelle minorité pourrait l'emporter sur la volonté de la majorité de former un État. Les peuples autochtones ont été, ainsi que nous l'avons déjà signalé, très mal traités par les conquérants et exploitants européens. Des compensations doivent être offertes. Mais leur céder la souveraineté dans une telle situation n'apparaît pas comme une voie raisonnable ou plausible à emprunter. Le principal argument à établir dans le présent contexte n'est pourtant pas celui-ci, mais le fait que les peuples autochtones, pour les raisons données plus haut, n'ont rien à craindre de la souveraineté du Québec : leurs droits qui sont présentement protégés continueront de l'être et leurs conditions de vie seront aussi bonnes, sinon meilleures que celles qui existent au Canada. En affirmant ceci, je ne veux pas suggérer, ni même laisser entendre, que nous pourrions nous permettre d'être complaisants quant à leur situation actuelle aussi bien au Québec qu'au Canada.

On objectera peut-être à ce nous avons écrit jusqu'ici que notre plaidoyer minimaliste demeure rudimentaire. Que nous n'avons pas montré quels avantages les anglophones, les allophones et les autochtones pourraient tirer s'ils optaient pour un Québec souverain plutôt que pour la poursuite du *statu quo*. Qu'en fait, nous avons peut-être effectivement démontré que leur situation ne se détériorera pas dans un Québec souverain, mais pas qu'elle sera *meilleure*. Que nous n'avons pas démontré, comme certains pourraient le faire remarquer, qu'il est également dans *l'intérêt* de ces groupes que le Québec soit souverain. Qu'en plus, nous ne pouvons pas faire appel au moindre argument concluant en faveur de la souveraineté dans le cadre minimaliste que nous nous sommes imposé.

À ces commentaires, nous voudrions opposer une réponse en deux volets. Premièrement, nous devrions avoir appris d'Aristote et de J.S. Mill, sinon de notre propre réflexion, que sur le terrain politique et social, et plus particulièrement sur celui de la morale politique, nous n'arriverons pas, dès qu'il s'agit de questions quelque peu générales, à être concluant. Des sujets de cette nature ne s'y prêtent pas. Les considérations pertinentes qu'il faudrait prendre en compte sont tout simplement trop diverses. Mais cela ne signifie pas pour autant qu'on peut dire n'importe quoi ou que tous les arguments se valent. Nous pouvons avancer — et parfois nous y arrivons — des arguments persuasifs qui encapsulent de façon cohérente un certain nombre de considérations que l'on a parfois appelées des « aide-mémoire ». C'est sur la base de ce type de considérations que des personnes réfléchies, impartiales et informées seront enclines à considérer, dans des circonstances données, un argument concernant ce qu'il est raisonnable de croire ou, dans le cas du raisonnement pratique, ce qu'il est raisonnable de faire. Demander plus dans ce domaine serait demander l'impossible.

C'est dans ce sens que nous pouvons soutenir que notre argument minimaliste constitue un argument persuasif valide. Nous estimons qu'il doit convaincre quiconque est raisonnable, bien informé, réfléchi et pondéré, attaché à la démocratie, partisan de l'autonomie pour tous les être humains, traitant les citoyens en égaux, chacun avec ses besoins propres et ses intérêts, et considérant donc que chacun a, *prima facie*, un poids égal lors des grandes délibérations politiques et morales.

Deuxièmement, l'objection formulée plus haut, en admettant qu'elle n'ait pas à être concluante, pose d'emblée qu'un bon argument politique et moral doit faire appel de manière primordiale — peut-être exclusive et du moins décisive — aux *intérêts* des individus. On semble ainsi tenir pour acquis que, lorsqu'il s'agit de politique, nous devrions traiter les gens comme s'ils étaient tous égoïstes, ou à tout le moins comme s'ils appartenaient à des groupes « égoïstes » guidés par des intérêts ethniques ou autres. Par exemple, à moins de démontrer aux anglophones ce que la souveraineté peut leur apporter, il sera toujours irraisonnable d'exiger qu'ils optent pour celle-ci. Nous devrions les convaincre non seulement qu'ils ne perdront rien au terme du processus de la souveraineté, mais également faire miroiter les bénéfices particuliers qu'ils peuvent en retirer. En somme, ils serait irraisonnable d'espérer que des gens deviennent soudainement des exemples d'altruisme et de faire fi de leurs propres intérêts au profit de ceux des autres.

Un tel commentaire refléterait une incompréhension complète de notre plaidoyer. Il n'est pas question ici d'altruisme ou d'intérêts particuliers mais *d'impartialité* — chaque individu, y compris ses intérêts « égoïstes », a un poids égal. Dans ce sens, chaque individu compte pour un et personne ne compte pour plus d'un : ce principe n'est à peu près jamais remis en cause en démocratie. Présumer que, dans le domaine politique, les individus ne raisonnent et n'agissent jamais impartialement, que ces mêmes individus ne seront jamais convaincus par des considérations impartiales, relève d'une conception cynique de l'être humain inspirée par des idéologies libertaires ou hobbesiennes plutôt que par la réalité sociale. C'est ce que Jürgen Habermas qualifie de fausse *realpolititk*[2]. Être influencé par des considérations impartiales définit en partie ce qu'est un agent moral[3]. L'adoption du point de vue moral suppose nécessairement un souci d'impartialité. Et nul ne peut nier qu'il existe des agents moraux dans le monde. Ainsi, ce n'est pas par hasard que deux des plus grands théoriciens de la justice sociale, John Rawls et Brian Barry, ont choisi de qualifier leurs conceptions respectives par les expressions « la justice comme équité » et « la justice comme impartialité[4] ».

En argumentant de façon minimaliste pour la souveraineté, nous postulons, ainsi que nous l'avons déjà signalé, la valeur de la démocratie et de l'égalité morale de tous les individus, ce qui inclut bien sûr tous les citoyens du Québec. Mais ces prémisses sont elles-mêmes minimales et elles ne sont jamais remises en cause dans les démocraties libérales. En délibérant sur ce qui devra être fait au Québec, on doit, pour que ces délibérations aient quelque légitimité, considérer également les intérêts de tous les citoyens, incluant évidemment les immigrants reçus. Les anglophones, aussi bien que les peuples autochtones et les allophones, ne doivent pas, en leur qualité de personnes morales, demander uniquement ce qu'il y a de bon pour eux, mais s'interroger sur ce qu'il y a de meilleur pour *tous ceux* qui sont concernés, y compris eux-mêmes. C'est ce en quoi consiste l'équité dans ces circonstances et, s'ils doivent être justes et raisonnables, ils doivent donner une importance significative à ce type de considérations dans leurs délibérations politiques.

Les anglophones doivent reconnaître les intérêts d'une importante majorité de francophones qui désirent sincèrement être, avec d'autres, maîtres chez eux — être autonomes et s'autodéterminer. Surtout que, ce faisant, leurs propres intérêts ne sont pas menacés. Comme Rawls l'a bien souligné, ceux qui sont acquis aux principes de la démocratie ne sont pas toujours fondés de voter exclusivement selon leurs propres intérêts — bien qu'ils en tiendront compte s'ils sont rationnels. Les groupes minoritaires au Québec, tout en étant très conscients de leurs propres intérêts, ne peuvent, en toute équité, faire fi des intérêts

2. Jürgen Habermas, *Toward a Rational Society*, traduction de Jeremy J. Shapiro. Boston, Beacon Press, 1970, p. 81-122.
3. Kurt Baier, *The Moral Point of View*. Ithaca, N.Y., Cornell University Press, 1958 ; Brian Barry, *Theories of Justice*. Berkeley, CA, University of California Press, 1989 ; *Justice as Impartiality*. Oxford, England, Clarendon Press, 1995.
4. John Rawls, *A Theory of Justice*. Cambridge, MA, Harvard University Press, 1970 ; Rawls, *Political Liberalism*. New York, Columbia University Press, 1993 ; Barry, *op.cit.*

de la majorité ; et s'ils sont soucieux d'équité, s'ils y réfléchissent soigneusement, ils seront en faveur de la souveraineté du Québec.

Nous avons développé notre plaidoyer en faveur de la souveraineté du Québec sans présumer du bien-fondé des idées de « nation » et d'« identité nationale », sans nous interroger sur l'existence d'un peuple québécois « distinct », d'une nation québécoise ou d'une communauté politique québécoise distinctes. Nous ne nions pas la validité de ces conceptions, mais nous cherchons à montrer comment ces notions — dont plusieurs pensent qu'elles soulèvent des problèmes sur le plan conceptuel, moral, politique ou sociologique — ne sont pas nécessaires, comme on le croit souvent, pour appuyer une argumentation en faveur de la souveraineté du Québec.

Cependant, certains pourraient penser que nous nous sommes facilité la tâche. Après tout, les souverainistes québécois sont aussi des nationalistes et, nous dira-t-on, les nationalistes font appel à ces conceptions que nous avons cherché à éviter dans l'élaboration de notre argumentation souverainiste. Pour eux, il est vital d'affirmer que les Québécois forment un peuple et une nation de même qu'une communauté politique distincte. En tant que peuple, ils revendiquent une identité nationale et une conscience nationale qu'ils jugent essentielles à la vie québécoise (une conviction qui pourrait être adéquatement démystifiée) et sans lesquelles, plaident-ils, la souveraineté n'aurait pas sa raison d'être. Nous avons suggéré précédemment que les souverainistes n'ont pas besoin de s'appuyer sur ces notions. Qu'ils aient une identité nationale ou non, étant donné l'intérêt qu'ils portent à l'autonomie et leur désir rationnel d'autodétermination, les citoyens québécois, en tant qu'individus, devraient reconnaître que l'accession à la souveraineté est dans leur intérêt. Qu'elle serait pour eux une bonne chose qui ne nuirait à quiconque. Inutile, alors, de mêler les notions de nationalité ou d'identité nationale à leur revendication. Autrement dit, il est possible et raisonnable pour un Québécois d'être souverainiste sans être nationaliste. Certes, il ne s'agit pas d'un cas commun, mais c'est une option qui demeure possible et cohérente.

À cela, on rétorquera sûrement que, même si des notions comme l'identité nationale n'ont pas besoin d'être évoquées, cela constitue un fait sociologique qu'elles soient reprises et défendues par la presque totalité des souverainistes. Cela étant, les critiques de la souveraineté du Québec enchaîneront en disant que le nationalisme, étant aussi fermement lié à ces concepts, est un mal en soi. Que le nationalisme est réactionnaire, qu'il est un obstacle au progrès et à l'établissement d'un ordre mondial éclairé et plus humain, qu'il empêche les êtres humains d'avoir des aspirations cosmopolites et internationalistes. Or, ces critiques réduisent le nationalisme à une manifestation du traditionalisme et de l'ethnocentrisme. L'argument repose sur une valorisation des préceptes de la modernité enracinés dans le Siècle des lumières, où l'objet de préoccupation était l'humanité et non quelque sous-groupe d'individus défini de manière ethnocentrique, tels ces groupes auxquels chaque nationaliste s'identifie et qu'il perçoit comme un peuple élu.

Il a souvent été dit que le nationalisme puise ses racines dans une certaine peur des différences entre les êtres humains. On prétend que le nationalisme serait exclusif et chercherait la création d'un État national afin de se protéger des intrus. Un tel État et ses citoyens nationalistes seraient obsédés par les mouvements transfrontaliers et éprouveraient l'urgence de s'en prémunir. Ils auraient besoin d'ennemis à combattre et à exclure, de manière à bien définir les contours de leur nationalité et de leur identité nationale. Le nationalisme se nourrirait, poursuit-on, d'une mentalité d'assiégé et trouverait un terrain fertile auprès des individus qui se sentent dépourvus d'une identité collective claire. Même un théoricien politique comme Brian Barry caractérise le nationalisme en ces termes :

> Dans ses préceptes, le nationalisme véhicule l'idée que tous les êtres humains devraient avoir une nationalité et une seule, laquelle devrait constituer le foyer premier de leur identité et de leur loyauté. Cela signifie que les individus devraient se voir comme membres d'une nation avant de se voir comme membres de quelque autre groupe — qu'il soit plus restreint ou plus inclusif — et devraient être prêts à tous les sacrifices pour défendre et promouvoir les intérêts de la nation, même au détriment d'autres intérêts et indépendamment du prix à payer[5].

Un page plus loin, Barry observe que :

> En tant que doctrine d'application universelle, le nationalisme soutient que tous les individus devraient accorder leur plus haut niveau de loyauté à la nation. Être membre d'une nation est donc vu comme un bien essentiel pour chaque être humain. Le nationalisme peut aussi prendre une forme particulariste. Dans ce cas, le sentiment nationaliste signifie qu'en politique, on privilégie l'intérêt national aux dépens de l'intérêt d'autres pays, sans considération pour d'autres valeurs telles que la prévention de guerres sanglantes, le respect du droit international ou le maintien de la coopération internationale à travers des traités bilatéraux ou multilatéraux[6].

---

5. Brian Barry, « Nationalism », dans *The Blackwell Encyclopaedia of Political Thought*, sous la direction de David Miller. Oxford, England, Basil Blackballs, 1987, p. 352. Notre traduction.
6. *Ibid* ; p. 353-354. Notre traduction.

S'il ressemble effectivement à la description qu'en fait Barry, le nationalisme, même dans ses formes les plus diluées, est un phénomène extrêmement négatif auquel on devrait s'opposer de toutes ses forces. Dans sa forme extrême, ainsi que Umberto Eco l'a souligné, il devient une forme de fascisme qui doit tout simplement être combattue[7]. *Si* la souveraineté du Québec nous conduisait sur cette voie, alors ce projet devrait être rejeté avec fermeté. Mais ce n'est tout simplement pas le cas, sauf peut-être dans l'esprit de ceux qui souffrent du syndrome Mordecai Richler[8]. Le nationalisme québécois n'implique pas de tels engagements et ne repose pas sur de tels présupposés. Bien qu'il y ait beaucoup de nationalistes du type « mon pays, à la vie et à la mort », qui correspondent à la description qu'en donne Barry, il y en a autant qui s'en éloignent. Il existe des nationalistes qui ne sont ni chauvins ni ethnocentriques, et qui ne prétendent pas que leur pays est le meilleur, comme le fait Jean Chrétien lorsqu'il proclame que le Canada est le meilleur pays au monde et qu'il fait l'envie de tous. Évidemment, Chrétien est un nationaliste canadien d'un type plutôt rustre. Malheureusement, il y a sans doute aussi des nationalistes québécois qui sont à la fois chauvins et tentés d'exclure les « étrangers » (bien qu'on puisse être chauvin sans être xénophobe). Mais ils ne représentent pas un courant dominant ni même une solide tendance minoritaire dans l'opinion québécoise.

Tout à l'opposé du nationalisme tel que Barry le conçoit, il existe, une forme à la fois raisonnable et désirable du nationalisme, à l'origine conceptualisée par Johann Gottfried Herder et développée plus récemment par, entre autres, Isaiah Berlin et David Miller[9]. Ce type de nationalisme ne comporte aucun des traits indésirables que lui impute Barry. Il s'articule à partir du fait que, psychologiquement parlant, nous ne pouvons être *uniquement* des citoyens du monde et nous identifier *uniquement* à l'humanité prise dans son ensemble, et que nous avons inévitablement des identités locales, fondées sur une nationalité

---

7. Umberto Eco, « Ethernal Fascism », dans *The New York Review of Books*, vol. XLII, n° 11, 22 juillet 1995, p. 12-16.

8. Voir à ce sujet son *Oh Canada! Oh Québec! : requiem pour un pays divisé,* Candiac, Qc : Balzac, 1992.

9. Johann Gottfried Herder, *Reflections on the Philosophy of History of Mankind.* Chicago, Ill., The University of Chicago Press, 1990, p. 3-13 et 96-188 ; Isaiah Berlin, *Vico and Herder.* London, Hogarth Press, 1976 ; *Against the Current.* New York, The Viking Press, 1980, p. 333-355 ; *The Crooked Timber of Humanity.* New York, Alfred A. Kopf, 1991, p. 238-261. David Miller, « In Defence of Nationality », dans *Journal of Applied Philosophy*, vol. 10, n° 1, 1993, p. 3-15 ; voir aussi, du même auteur : *On Nationality.* Oxford, England, Clarendon Press, 1995.

aussi bien que sur des affiliations plus limitées comme une religion, un club, un parti politique, un cercle d'amis, un lieu affichant une façon différente de faire et de voir les choses. Ce type d'appartenance, bien qu'il varie de personne à personne et de groupe à groupe, façonne nos identités personnelles. Et un des éléments très importants de l'identité personnelle réside en notre sentiment d'identité nationale. Pour la plupart d'entre nous — en fait, *peut-être* pour chacun d'entre nous, si on excepte ceux et celles qui se voilent les yeux —, l'identité se définit en partie par la nationalité. Lorsqu'une personne se fait demander qui elle est, elle répond habituellement en mentionnant le fait qu'elle est Suédoise, Néo-Zélandaise, Française ou Basque. Si le pays d'origine de cette même personne dérape, ou a commis récemment des exactions assez graves, alors c'est avec un sentiment d'embarras, de gêne, voire de honte, que cette personne évoquera le nom de son pays. Cependant, cette référence au pays de nos origines est habituellement formulée avec affection sinon avec fierté. Mais notre appartenance nationale, et le fait de considérer cette appartenance comme importante, ne devrait pas s'opposer au cosmopolitisme et aux sentiments internationalistes qu'un individu peut aussi nourrir.

Chacun peut reconnaître que nous sommes tous façonnés par la culture dans laquelle nous grandissons et que celle-ci est nourrie par une ou des langues, une histoire, des coutumes et des façons de vivre et d'agir, ainsi que par un certain nombre de valeurs communes. Qui peut se détourner totalement des chansons et des contes qui ont meublé son enfance et de l'histoire — parfois un peu mythique — qui lui a assez tôt été inculquée ? Nous appartenons tous à un certain groupe d'individus vivant dans un lieu et à une époque donnés, avec qui nous partageons des caractéristiques fondamentales tout en préservant notre personnalité propre et nos façons particulières d'être, de vivre et de réagir. Il existe donc, dans de telles circonstances, une communauté partageant des croyances et des pratiques. Au cours de sa vie, un individu peut réagir et rejeter une certaine partie de son identité personnelle. Malgré cela, une grande part de cet héritage fera toujours partie de sa personne et lui procurera l'environnement dans lequel il est le plus à l'aise. Toutefois, comme Herder, Berlin et d'autres n'ont pas manqué de le souligner, ce même individu n'est pas obligé — et ne devrait pas être obligé — d'affirmer que cet environnement, bien qu'il y soit attaché, est le meilleur qui soit. Une telle attitude est non seulement chauvine et ethnocentrique, mais elle est également ridicule. Mais ce n'est pas faire preuve d'ethnocentrisme que d'éprouver de l'attachement à son environnement et de s'y sentir davantage chez soi.

En effet, on peut être très attaché à son environnement tout en sachant que d'autres sont également attachés au leur. Plus encore : on peut être en même temps très attaché au reste du monde et même s'y investir. Nous n'affirmons pas ici que tout le monde est comme cela ou devrait l'être. Mais plutôt, nous le répétons, qu'éprouver un tel attachement ne signifie pas l'exclusion d'un sentiment d'appartenance à une plus grande échelle. L'opposition entre le nationalisme et l'internationalisme n'est ni nécessaire ni souhaitable.

Ce nationalisme à la Herder n'élève donc pas un peuple au-dessus de tous les autres, ni même au-dessus de quelque peuple que ce soit. En outre, quand leur propre pays agit à l'encontre des intérêts du monde pris dans son ensemble — comme, par exemple, quand la France procède à des essais nucléaires — alors, les nationalistes de cette sorte marquent généralement leur opposition. C'est ce qu'on fait Bertrand Russell à propos de la participation de l'Angleterre à la Première Guerre mondiale ; ou Simone de Beauvoir et Jean-Paul Sartre à propos de la politique française en Algérie ; ou Barers Naudé — un calviniste sud-africain engagé — à propos des politiques racistes de son pays ; ou Noam Chomsky — qui est aussi Américain que la tarte aux pommes — à propos de l'ensemble des politiques et positions adoptées par les gouvernements américains successifs. L'amour de son pays et la loyauté envers celui-ci n'ont pas à prendre le pas — et, bien sûr, ne doivent pas le faire — sur les loyautés plus universelles qui nous définissent comme agents moraux et qui sont aussi partie intégrante de notre identité. Mais cela ne doit pas nous faire oublier que nous avons à l'égard de notre pays des obligations (comme celle d'acquitter honnêtement nos taxes) que nous n'avons pas à l'égard d'autres pays, tout comme une personne a des obligations à l'égard de son enfant sans les avoir face aux autres enfants. Et le fait d'avoir une identité nationale particulière — ou, dans quelques cas, des identités nationales particulières — avec les sentiments que cela entraîne, détermine en partie ce que nous sommes.

L'identité nationale — le sentiment qu'une personne a d'être, par exemple, Danoise, Polonaise, Australienne, Québécoise, Israélienne — devrait inclure, en tant que partie intégrante de l'identité personnelle, un sentiment de soi-même basé, comme le dit David Miller, sur « l'appartenance à une communauté fondée sur des croyances réciproques, avec une certaine durée historique, un caractère vivace et actif, un territoire spécifique et qui se démarque des autres communautés par les traits distincts de ses membres[10] ». Ces « traits distinctifs » consti-

---

10. Miller, « In Defence of Nationality », p. 3. Notre traduction.

tuent un noyau d'éléments comme la langue, la culture, les pratiques, un sens particulier de l'histoire, etc. Miller admet volontiers que de telles identités sont *partiellement* mythiques par nature, mais qu'elles répondent à certains éléments du monde réel y compris, dit-il, les besoins humains profondément ancrés.

Lorsque des personnes sont porteuses d'une telle identité et qu'elles occupent seules ou en forte majorité un territoire donné, elles peuvent, si ce territoire est assez grand pour pouvoir fonctionner comme un État-nation, justifier la formation d'un tel État, à condition de respecter, en plus des autres droits, les droits revenant aux minorités (si leur territoire en compte) et les arrangements précédemment contractés *en toute équité* avec l'État dont ils font sécession[11]. (L'État faisant sécession ne peut, par exemple, se défiler du paiement de sa juste part de la dette nationale, bien que la façon dont cette part sera calculée fera souvent l'objet de controverse.) Un mouvement luttant pour cet objectif est un mouvement nationaliste, mais il n'a pas pour autant à revêtir les accents chauvins et parfois fascistes relevés par Eco et Barry. Il n'a pas, et bien sûr il ne doit pas verser dans le racisme, être exclusionniste ou diviser le monde entre « nous et les autres » (entre, par exemple, les Allemands et les Juifs ; les Sud-Africains et les Kaffirs ; les Israéliens et les Arabes ; les Français et les Nord-Africains ; les tabbiens et les païens). Un nationalisme si farouchement ethnocentrique chercherait, à tout prix, à exclure les « autres » des positions de pouvoir dans la société et à les priver du statut d'égal au sein du *peuple*, défini selon des caractéristiques jugées désirables et nobles. Un tel nationalisme est totalement inacceptable. Les minorités au sein de la société et les nouveaux arrivants doivent, eux aussi, avoir le droit de faire partie du *peuple* (cette communauté de croyances et de pratiques communes), un droit qu'ils peuvent exercer en apprenant la langue en usage et en adoptant les coutumes et les pratiques de ce peuple — à moins qu'ils ne se disqualifient eux-mêmes en pratiquant l'auto-exclusion. Mais bien que, normalement, il existe une langue officielle (ou quelquefois plusieurs) — soit la langue du peuple — les droits et les modes de vie des minorités et des groupes ethniques distincts issus de l'immigration doivent être respectés et les personnes en faisant partie ne doivent *en aucun cas* être traitées en inférieures. Il ne doit y avoir aucune ambiguïté à ce sujet, même au niveau des attitudes, et il est opportun de rappeler que le mépris et l'exclusion prennent parfois le visage de la

---

11. Ce que cela comprend est explicité dans Kai Nielsen, « Secession : The Case of Quebec », dans *Journal of Applied Philosophy*, vol.10, n° 1, 1993, p. 29-43.

fausse tolérance. Dans le cas d'un Québec souverain, les droits linguistiques des anglophones et les autres droits qui y sont associés — comme, bien sûr, tous leurs droits — doivent être respectés et le multiculturalisme encouragé, en même temps que sont poursuivis les efforts de protection, de promotion, d'enrichissement et de soutien de la culture francophone québécoise et de la langue française qui en sont l'instrument essentiel. Toutefois les particularités des francophones vivant au Québec mais issus de cultures différentes (les Acadiens, les Français, les Wallons, les francophones des Caraïbes, de l'Afrique, etc.) doivent aussi être encouragées et cultivées. Ce soutien devrait s'étendre aux peuples autochtones, aux anglophones à titre de minorité historique et aux allophones constituant la population immigrante. Il s'agit d'une tâche délicate, mais il est nécessaire de l'accomplir si nous voulons établir au Québec une société juste.

La culture canadienne-française est au centre de la nation québécoise, mais, pour formuler autrement l'argumentation soutenue jusqu'ici dans ces pages, l'accès à cette culture ne doit pas être bloqué ni rendu difficile. Tous les citoyens du Québec, sans égard à leurs différences, disposent de tous les droits et privilèges accordés aux autres citoyens et leurs différences doivent être respectées. En fait, il est raisonnable de croire que l'hybridation nourrit la vitalité de la nation. Nous devrions adopter l'attitude jadis exprimée dans le slogan « Que cent fleurs s'épanouissent ». C'est ce qu'ont fait le Parti québécois, le Bloc québécois, l'Action démocratique et les intellectuels québécois qui sont, en général, souverainistes. Clairement, leur nationalisme n'a aucun des attributs identifiés par Barry et Eco, qui en font une chose méprisable. Aucune personne ouverte d'esprit, civilisée et humaniste ne pourrait, en effet, décemment épouser le nationalisme tel qu'ils le définissent. Mais, contrairement à ce que prétend Richler, le nationalisme québécois n'a aucun des traits qui pourrait l'entraîner dans ce que Eco appelle le « Ur-Fascisme » ; il n'en présente même pas une vague ressemblance[12]. Le nationalisme québécois, tout en étant bien sûr nationaliste au sens où Herder et Berlin l'entendent, est aussi purement cosmopolitiste et internationaliste. Car, comme on l'a vu, les attachements locaux sont compatibles avec les engagements et les convictions internationalistes.

Certains diront peut-être que nous avons changé de sujet. Nous avons commencé par défendre la souveraineté pour le Québec sans

---

12. Eco, *op.cit.* p. 13-15.

faire référence à la nationalité, à l'identité nationale, à la communauté politique ou au peuple, et nous avons fini par discuter d'identité nationale québécoise et de culture canadienne-française. Il n'y a là aucune contradiction. Notre argumentation en faveur de la souveraineté, délibérément conçue comme une argumentation minimaliste, ne fait jamais référence à la nationalité, à l'identité nationale ou à tout autre argument de la sorte. Nous croyons que, même si ces notions étaient jugées mythiques et tout à fait incohérentes, notre argumentation souverainiste n'en serait nullement affectée. En effet, la justesse de notre argumentation n'est pas liée à ces notions. Notre discussion des notions de « nation » et d'« identité nationale » n'est intervenue qu'en réplique à cette perception que *de facto* les souverainistes québécois sont nationalistes, que les nationalistes sont ethnocentriques et chauvins, qu'ils pratiquent l'exclusion, qu'ils présentent les caractéristiques négatives identifiées par Barry et que le nationalisme québécois est, par conséquent, quelque chose de mauvais. Nous admettons — et cela ne surprendra personne — que la plupart des Québécois sont nationalistes. (Et comme nous l'avons noté au passage, en vertu de certaines conceptions, ceci est vrai par définition.) Mais nous avons aussi souligné que la vaste majorité d'entre eux, y compris ceux qui exercent une influence politique, n'entrent pas dans la catégorie des nationalistes ostracisés par Barry. Nous avons de plus argué que, par contraste, il n'y a rien d'intolérable dans un nationalisme à la Herder-Berlin et qu'en fait *un tel* nationalisme est probablement une bonne chose pour au moins deux raisons. D'abord, parce que, dans les conditions de la modernité, le nationalisme est normalement essentiel au maintien des enracinements locaux qui sont si importants dans la vie de la plupart, pour dire le moins, des êtres humains. Ensuite, parce que le nationalisme et les convictions qui l'accompagnent sont essentiels au maintien et au façonnement de la solidarité dans nos sociétés modernes, ou « post-modernes » pour certains, toutes deux caractérisées par l'anonymat et les relations impersonnelles. (Nous croyons que ce que certains appellent une « société post-moderne » pourrait en fait être mieux défini comme une société moderne manquant de nerf.) Cependant, même si parler d'identité nationale et de solidarité semble, dans nos sociétés modernes et pluralistes, relever de l'utopie, nous avons encore, considérant notre attachement à l'autonomie et à la démocratie, des raisons profondes d'opter pour la souveraineté du Québec.

Toutefois, nous ne nions pas, pour les raisons que nous venons d'énoncer, que le sentiment d'identité nationale soit une bonne chose pour l'humanité, et que ce serait une bonne chose, par conséquent, que la notion de peuple québécois (fondée sur une culture distincte) corresponde à une réalité sociale. Mais on peut être sceptique quant à l'existence d'une telle réalité, surtout si on habite l'île de Montréal. Il suffit de traverser le Jardin botanique de Montréal par une journée achalandée pour entendre un bourdonnement de langues parlées par des gens de cultures et de coutumes variées. Certains d'entre eux sont des touristes qui viennent de l'extérieur du Québec. Mais ils sont en minorité. La plupart sont de Montréal ou des régions périphériques. Voilà qui ressemble à l'image du monde moderne dépeinte par Clifford Geetz : un bazar koweïtien. Il est loin d'être évident que les personnes vivant dans une tel monde partagent des croyances mutuelles, prolongées dans le temps et ancrées dans une conscience historique à laquelle chacun peut s'identifier. Il est vrai que Montréal, ce n'est pas le Québec, et qu'au-delà de l'île de Montréal le Québec ressemble davantage — mais pas partout — à ce qu'on considère fréquemment comme la culture traditionnelle francophone. (Cela pourrait bien être une conception mythique.) Mais étant donné la taille et l'importance de Montréal, et le phénomène de la diffusion sociologique, le reste du Québec pourrait fort bien ressembler à Montréal dans cinquante ou cent ans, peut-être même avant. De plus, il n'est pas certain qu'il reste beaucoup de croyance mutuelles et de conscience historique partagée, même chez les Québécois francophones. De telles croyances partagées unissent-elles encore les habitants de l'est de Montréal, des Cantons-de-l'Est, des îles de la Madeleine, les professeurs d'université à Québec et le vendeur de véhicules d'occasion à Matane ? Nous ne croyons pas avoir — et doutons qu'il existe — une réponse claire à cette question.

Si, pour élargir la discussion, nous cherchions des critères objectifs susceptibles de caractériser la nation, nous devrions composer avec les contre-exemples formulés par Ernest Renan touchant les supposés critères objectifs proposés jusque-là, comme la langue, la race, la religion et l'histoire commune[13]. L'identité nationale et la nationalité dépendent de la croyance entretenue par les membres d'une société d'appartenir à un même groupe — une croyance qui peut se modifier avec le temps. David Miller l'a bien montré en affirmant que :

> L'existence des communautés nationales est affaire de croyances : *une nation existe quand ses membres croient qu'elle existe*. Ce n'est pas une question d'attributs que posséderaient des personnes appartenant à un groupe comme la race ou la langue. Ces caractéristiques ne font pas, *en tant que telles*, des nationaux. Elles prennent une certaine importance lorsqu'une

---

13. Voir « Qu'est-ce qu'une nation » (1882) reproduit en annexe du présent ouvrage.

nation particulière prend, comme critère de définition, le fait que ses membres parlent français ou ont la peau noire[14].

En somme, la conscience de faire partie d'une nation peut, dans certaines conditions, être façonnée par la pratique sociale et politique et être nourrie par l'expression de convictions politiques, sans pour autant être du type chauvin que Barry raille avec raison. Au contraire, elle peut correspondre, et devrait le faire, à la conception avancée par Herder d'une conscience nationale entièrement compatible avec l'ouverture sur le monde.

Une question moderniste et post-moderniste se pose dès lors. Pourquoi façonnerait-on et valoriserait-on des identités nationales à une époque de plus en plus marquée par la mondialisation ? C'est une question des plus pertinentes lorsqu'elle fait référence à des sociétés modernes et diversifiées. En fait, le monde dans lequel nous vivons — ou plutôt la part de celui-ci qui constitue la société moderne — nous offre le spectacle continuel d'importantes migrations qui font que des gens provenant de partout sur la planète se déplacent et se mélangent. À cet égard, le Jardin botanique de Montréal est le microcosme d'un macrocosme, avec comme conséquence que de plus en plus de gens sont sans racines[15].

À cet argument, on pourrait répondre spontanément que cela est dommage pour eux, car le sens commun dicte que nous avons tous besoin de racines. Mais est-ce si évident qu'on le dit ? Émile Durkheim a élaboré un argument en ce sens, que David Miller a repris. Il consiste à dire que nous avons besoin de ces racines pour que la solidarité sociale soit possible et que, dans le monde moderne où les relations de parenté et de proximité n'existent plus, seule la conscience nationale peut susciter la solidarité sociale. La solidarité sociale est donc nécessaire pour contrer ce déracinement. La vie au sein de grands États anonymes dans leurs relations avec les citoyens est telle que ceux-ci cessent d'évoluer dans des communautés où les relations sont définies par la parenté ou la proximité. La conscience nationale devient alors le ciment de la solidarité sociale. Selon l'argument de Durkheim, nous avons tous besoin de solidarité — du sentiment qu'il existe un *nous* bien vivant — pour maintenir nos identités personnelles et notre sens du bien-être. Nous avons d'autant plus besoin de solidarité sociale là où les marchés économiques jouent un rôle de plus en plus important.

---

14. Miller, « In Defence of Nationality », p. 6. Nous soulignons. Notre traduction.

15. Sur ce phénomène migratoire, voir Éric Hobsbawn, « Ethnicity, Migration and the Validity of the Nation-State », dans *Toward a Global Civil Society*, sous Michael Walzer. Providence, Rhode Island, Berghahn Books, 1995, p. 235-240.

et entraînent une atomisation de la société. En raison de la place grandissante prise par le marché, précise Miller, « on remarque une forte tendance à l'atomisation sociale, alors que chaque personne ne voit plus qu'à ses propres intérêts ou à ceux de son entourage immédiat[16] ». Dans cette situation, poursuit-il, « il est particulièrement difficile de susciter la production de biens collectifs ou d'obtenir l'adhésion à des modes de redistribution qui ne seraient pas au bénéfice personnel de l'individu[17] ». En définitive, si l'on désire ces choses, la solidarité sociale est nécessaire. Et pour qu'elle soit possible dans ces conditions, il faut un sens robuste de la nation et de l'appartenance nationale.

On rétorquera sans doute qu'en l'absence de solidarité sociale et de toute autre forme de solidarité la main invisible comblera bien nos besoins véritables, et qu'une société atomisée, d'où la solidarité serait absente (qu'il ne faudrait pas confondre avec une société où règne l'antagonisme et les conflits qui en découlent), n'est pas mauvaise en soi. Des individus cosmopolites et sans racines peuvent s'épanouir dans une société moderne, et ne jamais avoir à s'inquiéter d'un monde divisé entre « nous et les autres ».

Enfin, toute une série de questions demeurent sans réponse. Elles nous laissent perplexes et, tout en étant stimulantes intellectuellement et importantes du point de vue moral, certains de leurs aspects demeurent sans nul doute confus. Nous pensons, en ramenant notre proposition à sa formulation la plus simple, qu'un sentiment d'identité nationale est essentiel à la préservation de l'identité personnelle et au maintien d'une société juste, stable et humaine. Mais qu'il en soit ainsi, si tel est le cas, ne saute pas aux yeux. De plus, une telle affirmation doit être défendue en tenant compte des objections formulées par les disciples du libertarisme, de Hobbes et du post-modernisme qui s'opposent tous, chacun à sa façon, à cette conviction. Mais le but premier de cet essai était de montrer qu'il existe un argument valide en faveur de la souveraineté du Québec, qui ne fait aucune référence à ces questions complexes et contentieuses. Toute personne, même la plus encline à l'individualisme, même la plus froide et la plus opiniâtre adepte du contrat social, imbue de son approche un peu particulière des relations sociales, si elle manifeste un minimum de souci pour la démocratie et est convenablement informée à son sujet, devrait être en faveur de la souveraineté du Québec.

---

16. Miller, « In Defence of Nationality », *op. cit.,* p. 9. Notre traduction.
17. *Ibid.* Notre traduction.

CINQUIÈME PARTIE

LES NATIONALISMES ET L'HISTOIRE DU QUÉBEC

LE FAÇONNEMENT DE LA MÉMOIRE ET LE DISCOURS SUR L'INDÉPENDANCE [1]

ANNE GRIFFIN

C'est au Québec que le rapport entre la mémoire et la conscience politique est le plus explicite. La devise « Je me souviens », qu'on retrouve souvent dans le discours politique et, depuis la victoire du Parti québécois en 1976, sur les plaques d'immatriculation des voitures, en est l'illustration. Par ses fréquentes références à « notre maître le passé », le chanoine Lionel Groulx, leader intellectuel du Québec durant la première moitié du XXIᵉ siècle, a établi un principe d'action sociale et politique.

On verra dans ce texte que le concept de mémoire collective non seulement joue un rôle d'articulation des revendications politiques, mais qu'il fournit également un paradigme pour évaluer l'organisation politique existante. Les changements dans ce type de paradigme — souvent attribuables à des événements extérieurs — entraînent habituellement une nouvelle formulation des revendications politiques. Au Québec, l'ancien paradigme a été mis à l'épreuve dans les années 1950. La nouvelle perception du passé qui s'est imposée a constitué le fondement moral et intellectuel du mouvement indépendantiste qui a émergé dans les années 1960 et 1970.

L'utilisation du concept de mémoire collective comporte certains problèmes. Le plus évident est celui de la définition. Qu'entend-on par mémoire, surtout lorsque le sujet est lui-même conscient de se

1. Traduit de l'anglais par Michel Sarra-Bournet. Une première version de ce texte a été présentée au Congrès biennal de l'Association for Canadian Studies in the United States, le 16 novembre 1995 à Seattle. L'auteure tient à remercier le U.S. National Endowment for the Humanities qui a soutenu les recherches pour cet article à l'aide d'une bourse d'été.

souvenir ? Comment la mémoire individuelle peut-elle être rattachée à l'expérience, et comment peut-on concevoir l'une et l'autre comme des phénomènes collectifs ? Quelle est la relation entre la mémoire collective et l'histoire ? Et enfin, par quel(s) mécanisme(s) ce processus a-t-il un effet politique ?

D'après le contexte dans lequel elle est utilisée, il est clair que l'expression « Je me souviens » se rapporte à quelque chose de plus large que l'expérience personnelle. En fait, elle renvoie davantage à un héritage culturel et intellectuel (transmis tant par les documents que par la tradition orale) qu'au souvenir d'événements qui se seraient produits au cours d'une vie. En affirmant se souvenir d'événements qui se sont produits avant sa naissance, plutôt que de simplement les connaître, on s'identifie au passé, on va même jusqu'à inclure et, dans une certaine mesure, incorporer dans le déroulement sa propre vie des incidents qui sont survenus plusieurs générations auparavant. Dans le contexte québécois, la mémoire peut être comprise comme la capacité de retenir, d'organiser et de se rappeler les événements. De plus, mémoire et expérience agissent l'une sur l'autre : la mémoire conditionne les réactions aux situations présentes, tout en étant elle-même réévaluée et transformée à la lumière des conditions et de l'expérience contemporaines[2].

La mémoire est à la fois individuelle et collective. Dans *La mémoire collective*, un ouvrage posthume publié en 1950, le philosophe et sociologue français Maurice Halbwachs met l'accent sur l'interaction entre les propriétés collective et « reconstitutive » de la mémoire :

> Nous faisons appel aux témoignages, pour fortifier ou infirmer, mais aussi pour compléter ce que nous savons d'un événement dont nous sommes déjà informés de quelque manière, alors que, cependant, bien des circonstances nous en demeurent obscures[3].

Toute mémoire, même la plus intime, peut pratiquement être reconstruite : le moi qui a vécu l'expérience est comme un témoin qui vient déposer devant le moi qui la comprend. Cette compréhension se fonde sur l'expérience personnelle, sur le récit des autres ou, plus souvent, sur les deux. Il n'existe pas d'expérience isolée. Mais ce processus est réciproque :

---

2. J'ai déjà discuté des aspects politiques de la mémoire dans *Québec : The Challenge of Independence*. Rutherford, New Jersey, Fairleigh Dickinson University Press, 1984, p. 19 et ss.
3. Maurice Halbwachs, *La mémoire collective*. Paris, Presses universitaires de France, 1968, p. 1.

Si ce que nous voyons aujourd'hui vient prendre place dans le cadre de nos souvenirs anciens, inversement ces souvenirs s'adaptent à l'ensemble de nos perceptions actuelles[4].

Dès 1959, le psychologue Ernest Schachtel mettait l'accent sur l'interaction entre les expériences présente et passée. Mais, selon lui, la mémoire est davantage une fonction qu'un phénomène : « En tant que fonction de la personnalité vivante, la mémoire peut seulement être vue comme une faculté d'organisation et de reconstruction des expériences et des impressions du passé, au service des besoins, des craintes et des intérêts actuels[5]. » Bien que Schachtel n'aborde la mémoire qu'au niveau individuel, ses idées ne sont pas inconciliables avec celles de Halbwachs. Ils insistent tous les deux sur le rôle de reconstruction de la mémoire. Plus encore, ils rejettent la notion selon laquelle la mémoire existe en dehors de l'expérience. Pour Schachtel, la faculté de mémoire est intimement liée au développement humain, et surtout à la capacité de l'individu de faire face aux tensions et à l'anxiété. Pour Halbwachs, le phénomène de mémoire ne peut être compris qu'en regard des contextes interpersonnel, social, historique, temporel et spatial au sein desquels l'individu lui-même comprend et se souvient. Chacune de ces dimensions déterminera de quelle manière on se remémorera et reconstruira les expériences passées, et cela vaut tant pour une personne seule que pour un groupe.

Pour Halbwachs, la mémoire collective tient son existence de celle du groupe. Elle n'est que la somme des mémoires individuelles de ses membres. Par définition, la mémoire collective se limite dans l'espace et dans le temps à l'existence de ce groupe, et si ses membres tendent à s'en éloigner ou à cesser d'exister, elle aussi cessera d'exister. Halbwachs note que, si on doublait ou triplait la durée normale de la vie humaine, la mémoire collective en serait rallongée d'autant. Toutefois, les contours des groupes ne sont pas toujours clairement définis. Et au fur et à mesure que de nouveaux membres s'y joignent, il est difficile de déterminer à quel moment s'interrompt la mémoire collective.

Cependant, si l'existence de la mémoire collective dépend de celle du groupe, l'inverse est également vrai. Les groupes peuvent eux-mêmes être définis en termes de souvenirs partagés. Halbwachs va jusqu'à affirmer que, lorsque les souvenirs d'une période n'ont aucun intérêt dans la période subséquente, « ce n'est pas un même groupe qui

---

4. *Ibid.*
5. Ernest Schachtel, *Metamorphosis : On the Development of Affect, Perception, Attention, and Memory.* New Yord, Basic Books, 1959, p. 284.

oublie une partie de son passé : il y a, en réalité, deux groupes qui se succèdent[6] ». La compréhension de soi, tant comme individu que comme membre d'un groupe, la perception de l'autre, et la réponse à la question « Que devrais-je faire ? » sont intrinsèquement liées au contenu spécifique de la mémoire collective d'un groupe. Il n'est même pas nécessaire d'être conscient de son appartenance à de tels groupes. Il arrive souvent qu'un individu s'attribue certaines idées ou réflexions qui, en fait, lui ont été inspirées par le groupe. Selon Halbwachs, il est possible d'être tellement en communion avec ceux qui nous entourent qu'on ne réalise pas dans quelle mesure nos propres idées se fondent avec les leurs :

> Que de fois on exprime alors, avec une conviction qui paraît toute personnelle, des réflexions puisées dans un journal, dans un livre, ou dans une conversation. Elles répondent si bien à nos manières de voir qu'on nous étonnerait en nous découvrant quel en est l'auteur, et que ce n'est pas nous. « Nous y avions déjà pensé » : nous ne nous apercevons pas que nous ne sommes cependant qu'un écho. Tout l'art de l'orateur consiste peut-être à donner à ceux qui l'entendent l'illusion que les convictions et les sentiments qu'il éveille en eux ne leur ont pas été suggérés du dehors, qu'ils s'y sont élevés d'eux-mêmes, qu'il a seulement deviné ce qui s'élaborait dans le secret de leur conscience et ne leur a prêté que sa voix. D'une manière ou d'une autre, chaque groupe social s'efforce d'entretenir une semblable persuasion chez ses membres[7].

En essayant de comprendre la dynamique de la mémoire collective comme fonction de l'expérience du groupe, Halbwachs fait clairement la distinction entre la mémoire collective et l'histoire. Cette dernière est perçue comme fixe et formelle, extérieure à la mémoire et coupée de celle-ci parce « qu'en général l'histoire ne commence qu'au point où finit la tradition, moment où s'éteint ou se décompose la mémoire sociale[8] ». Cela implique au moins une chose, c'est que cette discontinuité entre la mémoire collective et l'histoire correspond au clivage des classes, car les événements du passé « lus dans les livres, enseignés et appris dans les écoles [...] sont choisis, rapprochés et classés, suivant des nécessités ou des règles qui ne s'imposaient pas aux cercles d'hommes qui en ont gardé longtemps le dépôt vivant[9] ». Ces remarques s'appliquent probablement à la France de la Troisième République, mais il semble que l'inverse soit vrai au Québec. Ici, on

---

6. Halbwachs, *op. cit.*, p. 70.
7. *Ibid.*, p. 28.
8. *Ibid.*, p. 68.
9. *Ibid.*

s'intéresse tellement au passé que les événements historiques sont d'une actualité qu'on retrouve rarement dans d'autres sociétés. Les événements sont intériorisés par les individus et incorporés dans leurs prédispositions. L'histoire et la mémoire collective sont donc combinées dans la conscience collective.

Bien qu'il ne soit pas du propos de ce texte de traiter du rôle de l'inconscient dans la mémoire collective, constatons néanmoins que l'inconscient joue un rôle essentiel : celui de choisir ce dont on se souviendra, de détourner l'attention de ce qu'on devra oublier et de conditionner les réactions des individus.

Au Québec, la mémoire fait explicitement partie de l'articulation de l'idéologie politique. Les références à l'histoire abondent dans la littérature politique québécoise : la période de la Nouvelle-France, la Conquête, la révolte des Patriotes, la Confédération et l'histoire de Louis Riel et ses suites forment une sorte de Pentateuque qui a subséquemment été interprété de diverses façons par des intellectuels comme Jean-Paul Tardivel, Honoré Mercier, Henri Bourassa, Lionel Groulx, et plus tard par les historiens de l'École de Montréal comme Michel Brunet, et dans la revue libérale *Cité libre*. En dépit des différentes interprétations qui se sont succédé, il est possible d'identifier deux grands paradigmes autour desquels cette mémoire collective a été reconstruite. Ces paradigmes correspondent, sans s'y confondre, aux idéologies nationalistes conservatrice et libérale, et leur sont à peu près contemporains : le nationalisme conservateur caractérise le début du XIXe siècle jusqu'au début des années 1950, et le nationalisme libéral tient des années 1950 jusqu'à nos jours[10]. Il y a aussi d'autres idéologies nationalistes au Québec, qu'on a identifiées comme sociale-démocrate et socialiste, tout comme il y a une idéologie socialiste internationaliste, mais on peut affirmer que les deux premières ont pu se développer en même temps que le nationalisme libéral, tandis que le socialisme internationaliste n'a pu s'implanter[11]. C'est le paradigme nationaliste libéral qui a réussi à supplanter le paradigme nationaliste conservateur, à restructurer la mémoire collective du Québec et à faciliter l'appui populaire à de nouvelles revendications politiques.

---

10. Léon Dion, *Nationalismes et politique au Québec*. Montréal, Hurtubise HMH, 1975 p. 29-31.

11. *Ibid.*, p. 91-92. Voir aussi Henry Milner, *The Decolonization of Quebec : An analysis of Left-Wing Nationalism*. Toronto, McClelland and Stewart, 1973.

Quelles différences y a-t-il entre ces paradigmes ? Que contiennent-ils ? C'est le chanoine Lionel Groulx qui a consacré la plus grande partie de sa carrière à articuler le paradigme nationaliste conservateur :

> Fournir une doctrine à son peuple fut la grande ambition de sa vie et pour y arriver, il se fit historien car pour lui les idées, les mouvements intellectuels étaient suffisants pour orienter le monde et guider l'action. [...] Le rôle de l'historien était de rêver à la grandeur du passé pour en tirer des directives et guider l'avenir[12].

Contrairement au paradigme conservateur, le paradigme libéral est représenté par plusieurs leaders intellectuels. Le nationalisme libéral émerge dans les années 1950 parmi les membres de l'École de Montréal et atteint son apogée avec la Révolution tranquille des années 1960. Et surtout, après 1968, il devient la base des revendications politiques du Parti québécois et du Parti libéral du Québec. Le travail de Michel Brunet en est un exemple typique, mais il n'est pas le seul.

À chacun de ces paradigmes correspond une interprétation particulière de cinq « événements » importants : la période de la Nouvelle France, la Conquête, la révolte des Patriotes, la Confédération et, dans son sillage, l'émergence des mouvements nationalistes du XIXe siècle. Dans chaque cas, le paradigme définit la relation avec « l'Autre » et suggère les arrangements politiques qui permettraient de se conformer à cette perception.

Aux yeux des nationalistes conservateurs, l'époque de la Nouvelle-France était un âge d'or, un paradis perdu, une période dans laquelle les plus grands idéaux de la civilisation et de la culture catholiques et françaises étaient transmis au Nouveau Monde à travers un peuple « élu », composé des colons français et de leurs descendants. De plus, cette société avait survécu aux défis de la Réforme et du matérialisme. Selon Groulx :

> Le Canada français est, plus que toute chose, le fils de l'Église. [...] S'il est une constante, dans la vie de notre petit peuple, c'est son prosélytisme et son expansion apostoliques : évangélisateur d'abord des Indiens de l'Amérique, pourvoyeur ensuite de pasteurs à tous les diocèses du Canada et d'une notable partie des États-Unis ; puis, en ces derniers temps, pépinière d'apôtres pour la conversion des continents d'infidèles[13].

---

12. Denis Monière, *Le développement des idéologies au Québec*. Montréal, Québec/Amérique, 1977, p. 247-248.
13. « Pourquoi nous sommes divisés », conférence prononcée au Monument national, Montréal, le 29 novembre 1943, sous les auspices de la Ligue d'Action nationale. Dans Lionel Groulx, *Constantes de vie*, Montréal, Fides, 1943, p. 120.

À cette époque, la hiérarchie cléricale prédomine : elle influe sur la vie intellectuelle, culturelle, sociale et politique. La société est essentiellement rurale et agricole, et ses membres s'intéressent peu au commerce. De plus, dans une conférence qu'il prononce en 1941, Groulx voit dans cet héritage un modèle de société appelé à se maintenir dans les siècles à venir[14].

Le paradigme libéral présente une image tout à fait différente. Michel Brunet décrit la Nouvelle-France comme une société coloniale maintenue par le ministre de Louis XIV, Jean Talon, dans le but de résister à l'expansion des colonies britanniques. Dans ces circonstances, l'ambition légitime des « Canadiens » était de développer eux-mêmes — et pour eux-mêmes — la vallée du Saint-Laurent. Ils réussirent donc à maintenir leur caractère distinct et leur liberté collective pendant un siècle et demi[15]. Bien qu'à l'origine les Jésuites furent les principaux instigateurs de la colonie, le mercantilisme était à son apogée lorsque Québec passa sous contrôle royal, en 1663, et une bourgeoisie florissante se développa dans les villes.

Les différences significatives entre ces interprétations sont encore plus visibles lorsqu'on aborde la question de la Conquête. La version nationaliste conservatrice a tendance à mettre l'accent sur l'idéologie de la survivance, sur l'abandon de la mère-patrie et sur le changement d'un monarque français pour un monarque britannique. Mais l'idéologie de la survivance signifie aussi que le fait français ne peut se perpétuer — et qu'on ne peut résister à la triple tentation du libéralisme, du mercantilisme et de l'individualisme imposée par la présence britannique — qu'en s'en tenant rigoureusement à l'isolement culturel et à un catholicisme strict, et en restant en marge de la politique. Brunet fait référence à ces trois facteurs (agriculturisme, anti-étatisme et messianisme) dans son texte bien connu[16]. La mémoire de la Conquête qui est exprimée dans ce paradigme est restée influente jusque dans les années 1950.

Cependant, Henri Bourassa représente une certaine évolution de la position anti-étatiste. Elle demeure la même à plusieurs égards, mais l'homme public appuie l'existence d'une « nationalité française » à l'intérieur d'un État canadien protecteur. Contrairement à Groulx,

---

14. Lionel Groulx, « Notre mission française », conférence donnée à la salle académique du Gésu, à Montréal, le dimanche 9 novembre 1941, dans *Constantes de vie*, p. 85-88.

15. Voir Michel Brunet, « Trois dominantes de la pensée canadienne-française : l'agriculturalisme, l'anti-étatisme et le messianisme », dans *Écrits du Canada français*, vol. 3, 1957, p. 31-117.

16. *Ibid.*

Henri Bourassa croit que l'identité première des Canadiens français est canadienne et il s'appuie sur l'histoire de la Conquête pour étayer son point de vue : « La séparation de l'ancienne France et de la nouvelle entrait manifestement dans les desseins providentiels. » La mère-patrie avait déjà résolu de rompre les liens et s'y préparait effectivement. Bien avant cet événement, les Canadiens étaient déjà devenus « un groupe distinct de la nationalité française[17] ».

L'argument de Bourassa contient également une question fréquemment posée : « Si, par le traité de Paris, nous étions restés Français, que nous serait-il arrivé ? » Il fait alors référence au règne de la terreur et à la vente des possessions américaines de la France par Napoléon. Bourassa réitère que les Canadiens de langue française peuvent être bien servis par les garanties de la Confédération, bien qu'il se soit battu contre les tendances assimilatrices démontrées lors de la crise de la conscription, et par le sort des écoles françaises à l'extérieur du Québec. Pour lui, l'apprentissage de l'anglais n'est acceptable que pour les classes supérieures. En 1902, il affirmait que :

> Au point de vue de la langue, je ne crois pas qu'il soit possible ni désirable que la masse de notre peuple apprenne et parle l'anglais. L'homme du peuple ne peut généralement se servir que d'une langue. La diffusion de la langue anglaise dans les couches populaires se pratiquerait aux dépens de l'idiome national et ne tarderait pas à atteindre les fibres intimes de notre tempérament ethnique. Ce serait la voie la plus sûre vers l'anéantissement de notre nationalité[18].

Au contraire, l'argument de Michel Brunet met l'accent sur le caractère brutal de la rupture. C'est un désastre total ! Il y eut une rupture soudaine avec la mère-patrie, dont le soutien était essentiel au développement de la nation en devenir. La Conquête a privé le Québec de sa classe moyenne, au moment même où cette classe devenait nécessaire pour sa survie politique en Amérique du Nord[19]. Sans classe moyenne, le Canada français était dépourvu de moyens pour aborder l'expansion du XIXᵉ siècle, car ses nouvelles élites (les prêtres, dont les Britanniques s'étaient assuré la collaboration) n'avaient aucune influence sur la politique ou le commerce. Par conséquent, les Canadiens français en étaient réduits à lutter pour la survivance.

---

17. Henri Bourassa, « Le Patriotisme canadien-français. Ce qu'il est, ce qu'il doit être » (1902), dans Guy Bouthillier et Jean Meynaud (dir.), *Le Choc des langues au Québec, 1760-1970*. Montréal, Presses de l'Université du Québec, 1972, p. 300.
18. *Ibid.*, p. 299.
19. Brunet, « Pourquoi les Canadiens français manquent-ils de sens national ? » (1950), dans *Canadians et Canadiens*. Montréal, Fides, 1967, p. 87-88.

La distinction la plus significative entre les deux paradigmes porte sur la façon dont on se remémore la Confédération. Dans le paradigme conservateur, la Confédération est présentée comme la reconnaissance tant désirée du fait français en Amérique du Nord, sa « dernière et plus solennelle consécration en 1867 », selon Lionel Groulx. Celui-ci ajoute que :

> La Confédération n'était pas possible sans le Québec, et nous refusions d'entrer dans la Confédération, sinon en qualité de province autonome. Province autonome, province française, nous sommes alors redevenus[20]. [...] La dernière consécration du fait français eut lieu [...] au moment de la Confédération. C'en fut aussi la plus haute consécration, la plus catégorique. [...] Dans la pensée des pères [fondateurs], il serait l'expression juridique d'une franche collaboration : collaboration entre les races, collaboration entre les provinces[21].

Cependant, Groulx maintient que c'est exactement le contraire qui s'est produit, puisque les gouvernements n'ont pas agi de bonne foi après la Confédération. En refusant d'accorder aux Canadiens français l'autonomie qu'ils méritaient, les gouvernements fédéraux ont précipité l'érosion progressive des droits des Canadiens de langue française — un phénomène en cours depuis la Conquête. Vu sous cet angle, l'Acte de l'Amérique du Nord britannique ne constitue pas la redéfinition de la place du Québec par rapport aux provinces de langue anglaise et à l'Empire britannique, mais la garantie d'une égalité qui, si elle avait été administrée convenablement, assurerait la survie d'une nation ainsi que l'intégrité de ses valeurs et de sa culture.

Dans la mémoire nationaliste libérale, c'est encore une fois le contraire qui est vrai. On y voit la Confédération comme un « choix » auquel on peut difficilement s'opposer. L'Acte de l'Amérique du Nord britannique est compris comme un effort pour prévenir toute tentative sérieuse de sécession, comme ce fut le cas aux États-Unis peu de temps auparavant. Selon cette version :

> La rébellion de 1837 fut le dernier sursaut d'une génération qui croyait que les Canadiens français conquis avaient conservé leur liberté de former une nation indépendante. L'Acte d'Union, la révolution économique de la seconde moitié du XIXe siècle et la confédération firent du Canada un pays britannique d'un océan à l'autre[22].

---

20. « Pourquoi nous sommes divisés », p. 127.
21. *Ibid.*, p. 129.
22. Brunet, « Pourquoi les Canadiens français manquent-ils de sens national ? », p. 90.

En plus d'imposer aux Canadiens français du Québec une double allégeance politique à l'intérieur du pays, la confédération «lia plus étroitement celui-ci à l'Empire britannique[23]». En réaction à la présence menaçante des États-Unis, les leaders anglo-saxons identifièrent encore davantage leur pays à l'Empire britannique. Les Canadiens français se rendirent bientôt compte qu'ils ne jouaient aucun rôle dans la politique étrangère. Il est intéressant de remarquer que cela demeure aujourd'hui l'un des quatre ou cinq problèmes les plus importants au Canada.

Une deuxième conséquence de cet arrangement est que les partis politiques fédéraux ont eu tendance à ignorer, en partie, les mécanismes des institutions provinciales : «Les Canadiens français n'ont pas même réussi à faire respecter par leurs partenaires anglo-canadiens quelques-unes des clauses essentielles du pacte fédératif. Une fois de plus, ils étaient victimes de l'évolution historique[24].» Ces événements tragiques se sont combinés pour priver les Canadiens français de leur sens national. Le récit nationaliste libéral n'y voit pas une preuve de mauvaise foi, mais une conséquence des importantes limites du système fédéral. Au lieu de se pencher sur les questions morales, comme la recherche des moyens par lesquels les deux nations pourraient se reconnaître comme égales, cette approche en vient à suggérer la nécessité de réajustements structurels.

Brunet se désole à la pensée que notre histoire demeure toujours «un écrin de perles ignorées», tout en ajoutant que «cette ignorance est une autre cause importante de notre manque de sens national[25]». Il n'est pas inutile de rappeler que Brunet a livré cet exposé lors d'une rencontre d'inspecteurs d'écoles, car il se termine par un plaidoyer en faveur d'une compréhension nouvelle, basée sur des faits historiques :

> Redonner à un peuple conscience de ses raisons d'être, éveiller en lui le sens national qui l'éclairera et le guidera dans ses efforts généreux pour renouer la tradition, pour réparer les erreurs commises et pour redevenir maître des événements constitue une œuvre de longue haleine. […] La régénération d'une nationalité ne peut pas être l'œuvre d'un seul homme si grand qu'il soit. C'est avant tout une œuvre d'éducation[26].

La contradiction entre l'ancien paradigme et le nouveau ne doit pas d'abord être comprise comme une correction de la connaissance historique à la lumière de nouvelles informations ou de nouvelles

---

23. *Ibid.*, p. 91.
24. *Idem.*
25. *Ibid.*, p. 92.
26. *Ibid.*, p. 93.

observations, mais comme une réinterprétation d'événements passés à la lumière de nouveaux besoins et de nouvelles perceptions. Sous l'action combinée de l'urbanisation et de l'industrialisation, la société québécoise a été le lieu de changements graduels mais profonds dans les années qui ont suivi la Deuxième Guerre mondiale, qui ont révélé le côté mythique — et mystique — de l'ancien paradigme. Des facultés de sciences sociales furent établies dans les universités et les possibilités de s'instruire s'étendirent à la grandeur du Québec. Le laisser-faire économique de l'époque de Duplessis et l'opposition traditionnelle de l'Église à la syndicalisation furent sévèrement critiqués. La vision bucolique d'une société rurale dont les membres étaient ou bien fermiers, ou bien artisans, et dont le système avait pour but de préserver un mode de vie traditionnel, devenait de plus en désuète. Les arguments s'en inspirant perdaient alors toute crédibilité.

Le nouveau paradigme qui a émergé à partir des années 1950 a servi de base morale et intellectuelle aux changements politiques des années 1960 et 1970. Contrairement au précédent, le nouveau récit dépeignait une société coloniale plus complexe et plus profane. Le portrait d'une société rurale et religieuse ne reflétait plus qu'une facette de l'expérience canadienne-française. En conséquence, l'identité canadienne-française ne correspondait plus au détachement politique et au conservatisme culturel. Le moyen de réaliser un tel « réengagement » politique n'était pas spécifié au départ. Mais, dans les faits, il s'est manifesté sous la forme de l'appel au fédéralisme renouvelé du Parti libéral et de l'appel à l'indépendance du Parti québécois.

En ce qui a trait à la Conquête, le nouveau paradigme a sérieusement miné l'idéologie de la survivance. Puisqu'on considérait que l'événement avait eu des conséquences désastreuses, on ne pouvait plus prétendre qu'« exister, c'est survivre », parce que « survivre, ce n'est pas vivre ». L'idéal de la survivance n'était pas abandonné, mais la qualité de la survivance acquérait une nouvelle importance. Le Parti québécois a récupéré cet idéal, en transformant la mentalité « d'état de siège » en mentalité de « dernière chance », et le débat politique des années 1970 et 1980 a porté sur les meilleures méthodes pour assurer cette survie.

L'image de la Confédération a connu les mêmes transformations. La question de savoir si elle fut un choix libre faisait maintenant partie du problème. L'idée que les Pères de la Confédération francophones n'eurent pas beaucoup d'influence entraînait celle que les garanties constitutionnelles étaient bien précaires. Une fois les bénéfices et la légitimité de la Confédération remis en question, l'étape suivante consistait à envisager la révision de la Constitution. Tant la *légitimité du contrat* que *la viabilité de l'entente* étaient maintenant remises en cause : si la Confédération avait été imposée à la population plutôt qu'acceptée librement, elle perdait donc de sa validité. Et si, comme cela était désormais allégué, certaines clauses essentielles du pacte fédéral n'avaient pas été respectées, si l'autonomie ne pouvait pas être garantie et si la survie de la nation était menacée, l'arrangement devenait d'autant plus invalide.

Les changements dans les paradigmes de la mémoire collective qui ont débuté dans les années 1950 ont eu une incidence directe sur le discours politique et sur la légitimation des changements politiques au Québec, ainsi que sur les controverses constitutionnelles et les compétitions électorales qui ont eu lieu des années 1960 à aujourd'hui. En remettant en cause le paradigme conservateur et en réussissant à le déloger, le nationalisme libéral a changé la structure de la politique québécoise et facilité la mobilisation de l'appui populaire en faveur de nouvelles revendications politiques. Cependant, lorsque après 1980 la marche du nationalisme libéral fut entravée, il commença à puiser dans certains éléments du nationalisme traditionnel.

Le principal problème que le nationalisme libéral tente de résoudre est celui de la légitimité. Mais il y a d'importantes divergences de vues quant aux moyens d'y arriver. L'espace nous manque pour rendre compte de toutes les solutions qui ont été proposées, mais on peut identifier deux principales approches : la souveraineté et le fédéralisme renouvelé. Ces options ne sont toutefois pas aussi simples à appliquer qu'elles en ont l'air. Elles constituent des catégories très générales, pas seulement parce que les concepts de souveraineté et de fédéralisme renouvelé ont fait l'objet de nombreuses définitions (par exemple, on parle de souveraineté divisible et indivisible), et même de méprises délibérées (comme dans le cas de la promesse de « fédéralisme renouvelé » de Trudeau, en 1980), mais aussi parce qu'en tant que choix politiques la souveraineté et le fédéralisme renouvelé sont des objectifs que les grands partis politiques ont poursuivis avec plus ou moins de constance.

Cela signifie qu'au sein de la mouvance nationaliste libérale deux nationalismes se font face et tous deux remettent en question la légitimité du régime. Cependant, les positions constitutionnelles définies par les parties ne sont pas immuables dans l'arène partisane. À Québec, tout comme à Ottawa, les partis mettent l'accent sur la rivalité entre le gouvernement et l'opposition, et les tiers partis (comme l'Union nationale et le Parti créditiste après l'avènement du Parti québécois) sont plutôt invisibles. Et ce type de compétition conduit à la recherche de succès électoraux aux dépens de la pureté idéologique. En 1981, par exemple, le Parti québécois a été réélu en promettant de ne pas tenir un autre référendum sur l'indépendance.

> La prétention des partis à occuper tout le champ des intérêts nationaux est bien connue. Cette prétention a atteint des proportions inusitées quand le Parti Québécois a voulu, pour ainsi dire, arracher le nationalisme au Parti libéral qui s'en était érigé le dépositaire de 1960 à 1966 et à l'Union nationale qui s'en était enveloppée sitôt qu'elle revint au pouvoir en 1966. Cela a eu pour effet de réduire cette dernière formation à un statut de tiers parti et de pousser le Parti libéral vers le rôle de défenseur du fédéralisme. Le PLQ n'a jamais voulu être que cela et n'a jamais renoncé tout à fait au nationalisme. En contrepartie, le PQ a été aux prises avec d'interminables hésitations quant à son objectif de souveraineté et quant au nationalisme de la majorité des Québécois[27].

Curieusement, les transformations idéologiques qui ont rendu ces changements possibles sont issues en droite ligne de la pensée canadienne-française traditionnelle. La question de la survie nationale, qui avait autrefois des accents religieux, est maintenant séculière, tout comme le concept complémentaire d'autonomie. L'*anti-étatisme*, qui s'était longtemps appuyé sur la domination de l'Église et sur son rôle d'intermédiaire entre le peuple et l'État, est remplacé par le thème de l'État comme instrument du développement national — aussi bien à l'intérieur du Canada qu'indépendamment de lui. Pour René Lévesque et d'autres membres du Parti libéral en 1967, la souveraineté était le seul moyen de garantir la survie nationale et d'empêcher l'assimilation. Pour Pierre Trudeau et les libéraux de sa génération, le déclin de l'*anti-étatisme* prenait une autre tangente. L'idée de l'État est alors totalement acceptée, mais le concept traditionnel d'une nation est dorénavant remplacé par un modèle plus intégré et plus centralisé.

Il est peut-être exagéré de prétendre que le messianisme traditionnel s'est métamorphosé, grâce à la personnalité de René Lévesque, en une forme laïque. Néanmoins, quelques aspects de l'idéologie indépendantiste ont pris un visage familier après le début des années 1970. Il y a d'abord la référence à l'histoire, à la « fantastique aventure » commencée il y a plus de trois siècles, à l'expression d'un particularisme

---

27. Louis Balthazar, *Bilan du nationalisme au Québec*, Montréal, l'Hexagone, 1986, p. 150.

culturel dans un environnement souvent hostile où il demeure incompris, et il y a l'insistance qu'on met à décrire les grandes et uniques qualités de ce peuple, qu'il faut préserver à tout prix[28]. C'est un messianisme sécularisé, une vision de la société offerte par un guide charismatique qui définit une vision pour l'avenir correspondant aux besoins de la population.

L'*agriculturisme* aussi a été transformé. Il diffère par l'accent mis sur le territoire, « le seul endroit où il nous soit possible d'être vraiment chez nous[29] » comme le dit le slogan électoral « Maîtres chez nous ». De temps en temps, on fait le lien entre ce territoire et la présence d'une population distincte et en grande partie homogène[30].

Pendant les années 1970, le Parti québécois a été le porte-étendard de ce type de nationalisme. Avant comme après sa victoire du 15 novembre 1976, il a abondamment discuté des moyens de réaliser la souveraineté, mais il n'a pas insisté sur cette question durant la campagne de 1976. De plus, le Parti québécois a pratiquement fait abstraction de la possibilité de demeurer dans la confédération ou des types d'ententes qui pourraient être mis en œuvre dans un tel cas.

QUE S'EST-IL PASSÉ APRÈS 1980 ?

Au début des années 1980, plusieurs personnes considéraient le référendum comme un repère définitif dans l'histoire du Québec, et son résultat comme une renonciation de la mésaventure entreprise quatre ans plus tôt. L'événement leur semblait avoir remis la question de l'indépendance aux calendes grecques et enlevé de la légitimité au gouvernement du Parti québécois. Celui-ci n'avait plus aucune raison de rester au pouvoir selon le chef libéral Claude Ryan.

---

28. *Quand nous serons vraiment chez nous*, Montréal, Éditions du Parti québécois, 1973, p. 13.
29. *Idem.*
30. La difficulté de distinguer les populations majoritaire et minoritaire et leurs intérêts (qui peuvent varier énormément) existe dans toutes les sociétés multiethniques. Pourtant, lorsque l'ex-premier ministre Jacques Parizeau a fait référence à des « votes ethniques » pour expliquer la victoire du NON au référendum de 1995, il s'est senti forcé de démissionner de son poste. Un commentateur a observé que le nationalisme québécois contemporain a conservé plusieurs caractéristiques du nationalisme du XIXᵉ siècle, contrairement au nationalisme canadien du XXᵉ siècle dans lequel « des gens de plusieurs origines... partagent le même territoire et les mêmes principes, et essaient de tirer parti de plusieurs cultures et crédos, dans l'égalité et la tolérance mutuelle » (Murray Sayle, « The Vote in Quebec », *The New Yorker*, vol. LXXI, nº 36, le 13 novembre 1995, p. 8). Toutefois, ce nationalisme « du type fin de XXᵉ siècle », dont « l'ensemble du monde anglophone » accepte les principes, rend la définition d'une identité et d'une culture nationale difficile, sinon tout à fait inopportune.

Même sans le considérer dans sa perspective historique, on peut voir le référendum comme un point tournant plutôt que comme un renversement de situation. Il a permis d'élaborer un nouveau vocabulaire du nationalisme que le Parti libéral du Québec a fini par adopter. Immédiatement après le référendum, le premier ministre Trudeau a convoqué une conférence constitutionnelle. Pendant la campagne référendaire, Trudeau avait à plusieurs reprises promis « un fédéralisme renouvelé » en retour d'une victoire du NON. Selon Claude Morin, le ministre péquiste des Affaires intergouvernementales de l'époque, l'expression « fédéralisme renouvelé » avait été utilisée à plusieurs reprises au Québec pendant les deux décennies précédentes :

> Certains des éléments les plus évidents du « fédéralisme renouvelé », par exemple ceux concernant un nouveau partage fédéral-provincial des pouvoirs, furent cependant réclamés, pendant cette période, par tous les premiers ministres du Québec. À la longue, l'expression, qu'on retrouvait fréquemment dans les sondages, finit par véhiculer, auprès des Québécois, une notion assez identifiable[31].

Au Québec, l'expression faisait référence à des « transformations majeures et cohérentes du régime fédéral, se situant à mi-chemin, pourrait-on dire, entre la souveraineté-association et le fédéralisme courant, ou *statu quo*[32] ». Cette définition était contraire à la vision centralisatrice de Trudeau, mais il ne fait aucun doute, selon Morin, qu'en refusant la souveraineté-association les Québécois croyaient avoir obtenu « des réformes longtemps réclamées en vain d'Ottawa et fort avantageuses pour leur société[33] ».

Cependant, telle n'était pas la position de Trudeau. Bien que 40 % de tous les Québécois (et une possible majorité de francophones) venaient de voter OUI, le premier ministre canadien était déterminé à voir dans la victoire incontestable du NON la preuve que le séparatisme était mort et il planifiait la mise à jour de la Constitution selon sa vision d'un Canada uni et centralisé. La crise qui en a résulté a d'abord été provoquée par ce malentendu bien calculé quant à l'interprétation de la victoire du NON puis, en second lieu, par le malentendu tout aussi calculé sur la définition du fédéralisme renouvelé.

---

31. Claude Morin, *Lendemains piégés : du référendum à la nuit des longs couteaux*. Montréal, Éditions du Boréal express, 1989, p. 16.
32. *Ibid.*
33. *Ibid.*, p. 16-17.

Pour Claude Ryan, ancien directeur du *Devoir* et chef du Parti libéral du Québec, le résultat du référendum signifiait que le Parti québécois avait perdu sa légitimité et que, comme parti engagé à faire l'indépendance, il devait interpréter le NON comme une motion de censure et démissionner immédiatement. Pour sa part, Trudeau a choisi d'interpréter la victoire du NON comme un signe que la question était réglée sur tous les plans : la souveraineté avait été rejetée définitivement, par une marge de trois contre deux, et l'ennuyeux problème du séparatisme québécois avait été mis de côté. Pour une raison obscure, Trudeau a choisi d'écarter le 40 % de Québécois ayant voté OUI. L'association étroite qu'il a faite entre la souveraineté et le nationalisme est curieuse, parce qu'elle tend à négliger la longue histoire du nationalisme libéral. Cela reflète également une compréhension des relations intergouvernementales, donc du référendum lui-même, selon laquelle le peuple du Québec devait choisir soit une identité canadienne, soit une identité québécoise et agir en conséquence. En interprétant le vote comme un rejet définitif de la souveraineté, il pouvait ainsi prétendre que le peuple du Québec lui avait donné carte blanche afin de poursuivre son objectif d'unifier le Canada[34].

Pour Lévesque, la défaite du référendum n'était pas si définitive. « La balle est maintenant dans la cour des fédéralistes », a-t-il dit le soir du vote. Selon lui, le peuple du Québec avait choisi de donner au fédéralisme une autre chance, mais l'option souverainiste demeurerait possible. Ici encore, il y a un fossé entre le discours et la politique : dans l'année qui suivit, la stratégie du Parti québécois fut plus résolument « étapiste » que jamais, et son succès au scrutin de 1981 peut être attribué à sa promesse de ne pas tenir un autre référendum pendant un second mandat.

Lévesque a néanmoins choisi de négocier de bonne foi. Il exprimait ainsi l'ambiguïté de sa position à ses ministres et dans ses conversations privées : « Il nous faut assumer le résultat du référendum, non le bouder. Il importe surtout, le cas échéant, de démasquer le contenu éventuel du "fédéralisme renouvelé", de faire une fois de plus la preuve qu'il n'y a rien à espérer de ceux qui ne veulent rien offrir[35]. » Selon Morin, Lévesque estimait que le gouvernement du Parti québécois pouvait représenter la province aussi bien que n'importe quel autre

---

34. Il est également possible que Trudeau ait interprété le vote comme un indice de la faiblesse de l'opposition à ses objectifs constitutionnels, et en ait conclu qu'il était en bonne position pour aller de l'avant.

35. Morin, *op. cit.*, p. 18-19.

parti, bien que ni Lévesque ni Morin n'éprouvaient quelque enthousiasme pour cette entreprise. Pour Lévesque, les négociations constitutionnelles permettaient de stopper la chute de son parti et de son option. Si le Parti québécois avait refusé de négocier, il aurait nui à sa propre cause. S'il s'était montré incapable d'essayer de faire quelque gain que ce soit pour le Québec, sa position aurait paru dogmatique.

Le « deuxième chapitre » du nationalisme libéral commence dans le sillage du référendum de 1980. Un des premiers gestes de Trudeau fut de proposer un ensemble de réformes « pour le peuple[36] », destinées à modifier l'équilibre du pouvoir entre le fédéral et les provinces. Parmi les dispositions principales de ce groupe de réformes, on retrouvait le rapatriement de la Constitution, la définition d'une procédure d'amendement et l'élaboration d'une charte des droits. Cette dernière proposition était la plus inacceptable pour le Québec et a placé Ottawa et la province dans une situation de confrontation durant la plus grande partie de la décennie qui s'amorçait.

La Charte avait pour but de garantir certains droits fondamentaux aux citoyens en tant qu'individus. Parce que ces droits liaient les gouvernements fédéral et provinciaux, ils étaient vus par les représentants du Québec comme une menace au droit de cette province d'adopter les lois qu'elle considérait nécessaires pour sa survie nationale et culturelle, comme la loi 101, ou Charte de la langue française, destinée à protéger la langue française et à assurer la survie culturelle du Québec en favorisant l'usage d'une langue commune. Elle constituait depuis longtemps une épine au pied du gouvernement fédéral, et la classe politique du Québec voyait la Charte canadienne des droits et libertés comme une tentative de démanteler la loi 101 et toute autre loi que le fédéral désapprouverait dans l'avenir.

Morin cite d'autres exemples de clauses de la Charte des droits limitant l'application des lois provinciales : celles traitant de la mobilité, de la non-discrimination et de la liberté d'établissement. Pour Québec, l'enjeu se résumait à la question des droits collectifs qui, selon Morin, devaient avoir la primauté sur les droits individuels[37]. Son raisonnement reposait principalement sur l'argument de l'état de siège : comme collectivité, le Québec était menacé dans sa langue. « Toutefois, en se fondant sur la Charte, il deviendrait peut-être possible à un

---

36. Par opposition aux réformes « pour les gouvernements », qui étaient réclamées par le Québec et la majorité des provinces, et qui pouvaient attendre, selon lui.

37. Morin, *op. cit.*, p. 54.

anglophone, fort de son droit comme *individu*, de contester le droit *collectif* des Québécois francophones à se protéger linguistiquement[38].» La « menace » à la société justifiait de réclamer la primauté des droits collectifs. Elle en devenait le fondement.

On retrouve ici une arithmétique curieuse qu'Aristote approuverait sans doute. Tout se passe comme si le bien commun fondé sur les droits collectifs des francophones avait plus d'importance que celui fondé sur les droits individuels, parce qu'il bénéficie à plus de gens. Mais, dans ce cas, la collectivité est définie non pas comme un État-nation, mais comme une communauté linguistique, ce qui limite le bénéfice des droits collectifs aux membres d'un groupe dont les frontières sont relativement imperméables.

Dans les années qui ont suivi l'adoption des modifications à la Constitution, cette question des droits collectifs fut au cœur du discours nationaliste québécois. Elle a été la pierre d'assise de toutes les tentatives de corriger les relations entre Québec et Ottawa.

C'est à ce moment que la notion de société distincte est devenue primordiale, qu'elle a peu à peu remplacé, dans les discours des libéraux, la rhétorique du nationalisme. Mais quelles sont les caractéristiques d'une société distincte ? Une telle société doit-elle nécessairement être fermée ? La langue peut certainement marquer les contours d'une communauté bien définie et difficile à pénétrer. Mais la protection de la langue française peut aussi avoir pour effet d'étendre les frontières de la communauté francophone en y incluant tous ceux et celles qui vivent sur son territoire. Cependant, lorsqu'on distingue Québécois, Anglo-Québécois et Néo-Québécois, on cède à une attitude courante au Canada anglais, celle d'attribuer une identité ethnique aux populations minoritaires tout en considérant la majorité (ou la minorité dominante) comme neutre[39].

À la suite des échecs de l'Accord du lac Meech et de l'entente de Charlottetown, la confédération a été remise en question d'une manière plus directe que jamais. D'abord, on a éprouvé le sentiment d'avoir été trompés en découvrant avec consternation que, loin d'avoir joui de cette autonomie que l'on vénérait tant comme valeur politique, on en avait été privés depuis le début. Au moment du référendum de 1980, l'indépendance a pris le haut du pavé, mais c'est la question de la légi-

---

38. *Ibid.*, p. 55.
39. Cette attitude est décrite dans Michael Banton, *Racial and Ethnic Competition*, Cambridge (UK), Cambridge University Press, 1983.

timité, longtemps au cœur du nationalisme libéral, qui est ensuite devenue l'enjeu central des relations fédérales-provinciales.

Mais le nationalisme libéral s'est vu frustré dans ses efforts. Il n'a pu atteindre ses objectifs, ni par la souveraineté ni par la réforme du fédéralisme, comme en témoignent les échecs de Meech en 1990 et de Charlottetown en 1992. Et pourtant, les deux options — souveraineté-association et fédéralisme renouvelé — ont continué de recevoir un appui relativement stable pendant une décennie et demie. Qu'est-ce qui explique cette persistance ?

Dans une certaine mesure, les deux options ont été renforcées par les effets de la politique partisane et consolidées par la commission Bélanger-Campeau en 1991. Le joutes politiques des années 1980 n'ont pas empêché — elles ont peut-être même eu l'effet opposé — le référendum de 1980, sa campagne et ses suites, de s'inscrire dans la mémoire publique du Québec. L'intervention de Trudeau dans la campagne, les promesses d'un fédéralisme renouvelé, l'avènement d'un nouveau régime constitutionnel sans le consentement du Québec de même que les échecs de Meech et de Charlottetown, tout y est consigné.

Si on y regarde de plus près, le contenu de la mémoire publique du référendum de 1980 a, en définitive, été articulé par le camp que l'on a dit « perdant », davantage que par le camp du NON. La perception du référendum de 1980 comme un vote décisif en faveur du fédéralisme, comme une renonciation à la mésaventure entreprise quatre ans auparavant, a commencé à changer avec le retour au pouvoir du Parti québécois l'année suivante. Après les échecs constitutionnels de 1990 et 1992, cette interprétation a fini par se dissiper entièrement.

En parlant de « fédéralisme renouvelé », Trudeau n'ignorait pas que l'expression était d'usage courant depuis des décennies, que tous les premiers ministres du Québec avaient plaidé en sa faveur et qu'elle avait été utilisée dans les sondages d'opinion publique. En ce sens, selon Claude Morin, Trudeau avait sciemment créé un malentendu sur le sens du résultat référendaire. Comme quoi l'oubli collectif peut, dans certains cas, être aussi déterminant que le souvenir collectif.

Au début des années 1990, et en particulier après 1992, le nationalisme libéral s'est exprimé de deux manières : par le Parti libéral de Robert Bourassa et Daniel Johnson, qui ont poursuivi la quête d'un arrangement au sein du Canada, et par le Parti québécois, qui a fait la promotion de l'option souverainiste, mais au nom d'un espace nord-américain aux dimensions économiques et politiques.

Tout comme en 1980, l'option souverainiste devait présenter une justification. Mais cette fois-ci, en plus des questions qui étaient évoquées depuis longtemps, on a approfondi les arguments historiques et incorporé l'identification nationale dans le but de justifier la souveraineté du Québec.

> Voici venu le temps de la moisson dans les champs de l'histoire. Il est enfin venu le temps de récolter ce que semaient pour nous quatre cents ans de femmes et d'hommes de courage. [...] À l'aube du XVIIe siècle, les pionniers de ce qui allait devenir une nation, puis un peuple, se sont implantés en terre québécoise. Venus d'une grande civilisation, enrichis par celle des Première Nations, ils ont tissé des solidarités nouvelles et maintenu l'héritage français.

Dans le préambule de l'avant-projet de loi sur la souveraineté du Québec, on fait allusion à « la communauté anglaise qui s'est établie à leurs côtés, [aux] immigrants qui se sont joints à eux [et qui] ont contribué à former ce peuple qui, en 1867, est devenu l'un des deux peuples fondateurs de la fédération canadienne[40] ». La référence aux partenaires fondateurs est notable, car la population immigrante, qui s'est jointe à la partie francophone (la partie québécoise), est devenue partie intégrante de ce partenariat.

Le document fait aussi référence à la Confédération et à sa trahison par « l'État canadien [qui] a transgressé le pacte fédératif en envahissant de mille manières le domaine de notre autonomie et en nous signifiant que notre croyance séculaire dans l'égalité des partenaires était une illusion ». On y parle également de la « tromperie » des provinces anglophones et du gouvernement du Canada en 1982, et des échecs de Meech et de Charlottetown. Tous ces événements mènent à une conclusion : aucune réparation n'est possible.

Par contre, il est particulièrement difficile d'invoquer l'identité nationale dans une « société nouvelle » (au sens de Louis Hartz[41]) et à plus forte raison lorsqu'il s'agit du Québec où une minorité importante est faite d'immigrants ou est d'une origine ethnique différente de la majorité. En effet, le plus important marqueur d'une communauté distincte, mais en même temps la base d'identification la plus problématique, est une mémoire publique commune. La difficulté d'intégrer le passé mémoriel des nouveaux immigrants à celui de la population dont

---

40. Québec, *Projet de loi sur l'avenir du Québec, incluant la déclaration de souveraineté et l'entente du 12 juin 1995*, p. 7-8.
41. Voir *Les enfants de l'Europe*, Paris, Éditions du Seuil, 1968.

la mémoire collective remonte à plus de quatre cents ans en arrière apparaît comme une tâche quasi insurmontable. Le plus triste, c'est que le problème s'est peut-être aggravé le soir du référendum de 1995, lorsque Parizeau a allégué que « des votes ethniques » avaient pu faire la différence entre la victoire et la défaite.

La rhétorique de Parizeau contraste avec les observations de Bernard Landry durant la compilation et l'annonce des résultats, plus tôt ce soir-là, selon lesquels le camp du OUI n'avait pas réussi à rassurer les allophones sur leur place dans un Québec souverain. On se souviendra sans doute longtemps des paroles de Parizeau, et ce sera sans doute d'une manière différente selon que l'on est allophone ou francophone. Et si l'on doit tirer une leçon de cette mésaventure discursive, c'est que les politiciens auraient intérêt à éviter d'utiliser un langage chargé d'émotions à moins d'être certains de pouvoir composer avec les réactions de tous ceux qui les écoutent.

Il n'a pas été possible dans ce chapitre de rendre compte de toutes les sources de la mémoire collective québécoise. Par exemple, on ne s'est pas penché sur quelques-unes des sources plus autonomes de la mémoire collective : les apports de la littérature et des arts, des organisations sociales et de la tradition. On s'est plutôt attardé à décrire quelques-unes des façons par lesquelles ce phénomène très sélectif qu'est la mémoire collective du Québec a été influencé par ceux qui en assument le rôle de gardiens.

18

L'ÉCLIPSE DU NATIONAL DANS LA NOUVELLE HISTOIRE DU QUÉBEC[1]

Ronald Rudin

Durant l'été de 1989, j'ai quitté le Québec pour une année sabbatique à Paris, que je prévoyais passer à lire abondamment sur l'histoire de l'Irlande[2]. Je suis parti avec une impression de désillusion par rapport au domaine dans lequel j'ai été actif dans la majeure partie des deux dernières décennies. En termes simples, je constatais que les historiens ont perdu tout intérêt à débattre des aspects particuliers du passé québécois et, plus généralement, de la nature de l'écriture historique. Un certain consensus s'est installé dans la discipline, un consensus fondé sur le postulat que le cours de l'histoire du Québec a été exclusivement tracé par les mêmes forces matérielles qui ont frappé le monde occidental. Alors que l'histoire du Québec a longtemps été vue comme la saga d'un peuple mû par une mentalité les amenant sur une trajectoire

---

1. Le présent chapitre porte sur l'exclusion des rapports majorité-minorité dans l'historiographie québécoise contemporaine. Il est constitué d'extraits de deux articles traduits de l'anglais par Michel Sarra-Bournet et publiés dans le *Bulletin d'histoire politique* : « La quête d'une société normale : critique de la réinterprétation de l'histoire du Québec », (vol. 3, n° 1, 1995, p. 9-42) et « Au-delà du révisionnisme » (vol. 4, n° 2 , 1996, p. 57-74). Le premier de ces articles avait d'abord paru en anglais sous le titre « Revisionnism and the Search for a Normal Society : A Critique of Recent Quebec Historical Writing », *Canadian Historical Review*, n° 73, 1992, p. 30-61. L'auteur a ensuite poursuivi son travail de comparaison entre les historiographies du Québec et de l'Irlande dans « One Model, Two Responses : Quebec, Ireland and the Study of Rural Society », *Canadian Papers in Rural History*, n° 9, 1994, p. 259-289 et sa réflexion sur l'historiographie québécoise dans un ouvrage intitulé *Making History in Twentieth-Century Quebec* (Toronto : University of Toronto Press, 1997) dont la version française est parue sous le titre *Faire de l'histoire au Québec* (Sillery, Septentrion, 1998).

2. J'avais le choix entre Paris et Dublin. Peut-on me reprocher d'avoir choisi Paris ?

différente de celle d'une grande partie du monde extérieur, les historiens des années 1970 et 1980, que j'ai désignés par le vocable de « révisionnistes », donnent dans l'autre extrême. Ils insistent sur le fait que le Québec a vécu les processus d'urbanisation et de sécularisation, de même que l'arrivée d'immigrants d'origines diverses, pour affirmer que peu de choses distinguent l'histoire du Québec de celle d'autres sociétés occidentales. En d'autre termes, ils voient le passé du Québec comme « normal ».

En 1989, j'en étais venu à me lasser de lire, les uns après les autres, ces travaux qui parlaient le même langage. Seules quelques voix dissidentes venaient, à l'occasion, briser la monotonie. Au même moment, je m'étais intéressé à l'histoire de l'Irlande, une société qui comportait non pas tous, mais certains des traits du Québec, et j'ai entrepris de développer ma connaissance de cette autre expérience nationale avec l'espoir que cela raviverait mon intérêt pour le Québec. En effet, l'Irlande m'a inculqué une perspective nouvelle de l'écriture de l'histoire du Québec.

Bien qu'éloigné physiquement et psychologiquement du Québec, j'y fus bientôt ramené. Assis à la Bibliothèque nationale, alors que je lisais des œuvres qui me décrivaient l'Irlande comme une société « normale », je ne pouvais m'empêcher d'éprouver le sentiment de revoir un vieux film. D'après les historiens qui avaient travaillé surtout dans les années 1970 et 1980, l'Irlande n'avait pas été bouleversée par les conquérants britanniques, n'avait pas été maltraitée par les propriétaires absents, n'avait pas vécu une si terrible famine et n'avait pas eu un passé spécialement violent. Au contraire, le passé irlandais semblait s'être formé sous l'influence des même facteurs qui ont pesé sur les sociétés occidentales en général, notamment les forces du marché.

D'une certaine manière, les historiens de l'Irlande et du Québec ont participé au même mouvement qui a captivé les historiens occidentaux depuis les années 1960 au moins. Il s'agit de l'intégration de l'histoire dans les sciences sociales dans le but d'étudier la manière avec laquelle la plupart des sociétés se sont conformées à certains modèles déterminés par des facteurs matériels. On a examiné, par exemple, comment les sociétés rurales sont devenues urbaines, comment les distinctions de classes l'ont de plus en plus emporté sur les clivages ethniques ou linguistiques, ou comment les valeurs laïques ont supplanté les valeurs religieuses. Cependant, d'autres facteurs agissaient également, et les historiens irlandais en étaient davantage conscients que leurs collègues du Québec. Tandis que les historiens québécois étaient vaguement conscients d'être engagés dans un processus de « normalisation » de leur histoire, les historiens irlandais, qui écrivaient dans un contexte de violence politique dans le nord-est de leur île, étaient parfaitement conscients d'avoir tout intérêt à projeter l'image d'une Irlande plus « moderne » et « inclusive ». Comme si l'exemple d'une histoire irlandaise plus « civilisée » pouvait entraîner, à la fin du vingtième siècle, la création d'une Irlande civilisée.

En lisant davantage sur l'histoire de l'Irlande, je me suis rendu compte que ce qu'on était venu à appeler l'interprétation « révisionniste » du passé commençait à provoquer des réactions. Vers la fin des années 1980, une petit groupe d'universitaires a commencé à produire une interprétation « postrévisionniste », comme l'un d'entre eux l'a volontairement dénommée : il s'agissait de prendre en compte les aspects « normaux » et « particuliers » de l'histoire de l'Irlande. Je me rappelle très bien le moment où j'ai pris conscience du postrévisionnisme irlandais. J'ai immédiatement vu comment cette approche représentait une alternative à la façon dont l'historiographie québécoise a évolué au cours des vingt dernières années. Les historiens du Québec ne pourraient-ils pas admettre l'effet de certains aspects de leur passé qui ne suivent pas tout à fait la norme, sans régresser dans les interprétations traditionnelles du passé ? Si le postrévisionnisme était bon pour l'Irlande, il me semblait qu'il le serait également pour le Québec. […]

Au cours des trois dernières décennies, la plupart des initiatives politiques provenant du Québec ont eu l'effet d'accentuer le caractère distinct de cette province. Ces interventions ont surtout eu lieu dans les domaines linguistique et constitutionnel, de telle sorte que le Québec fut proclamé « province pas comme les autres[3] », ou plus récemment « société distincte ». Curieusement, au même moment où les politiciens québécois cherchaient la reconnaissance d'une forme de statut particulier, le travail des historiens indiquait que, sous plusieurs angles, leur société était « normale » et que le passé pouvait être compris à travers des processus propres au monde occidental tels que l'urbanisation et l'industrialisation. Dans l'esprit de ces historiens, les préoccupations linguistiques et culturelles étaient supplantées par l'adhésion du Québec à un modèle général de développement économique et social qui diffère peu de celui qu'ont suivi les autres sociétés occidentales. Bien

---

3. En français dans le texte.

qu'à prime abord ces deux visions puissent sembler contradictoires, elles ont été mises de l'avant par des Québécois partageant un même profil et une perspective semblable.

Les jeunes historiens qui ont accédé aux chaires créées par l'expansion du réseau universitaire québécois sont de la même étoffe que les nouveaux maîtres politiques de l'époque postduplessiste. Ces deux groupes sont composés de professionnels formés à l'extérieur du Québec ou encore mis en contact avec des approches inconnues de leurs prédécesseurs. Les technocrates qui ont tenu les rennes du gouvernement avaient fait leurs études dans l'esprit de l'État-providence. Ils se sont affairés à rendre le Québec semblable aux autres États occidentaux, en délogeant l'Église catholique et en procurant les services nécessaires à une société industrielle moderne. En pratique, cependant, cette « normalisation » du Québec ne pouvait pas être réalisée au sein du cadre constitutionnel canadien tel qu'il existait au début des années 1960. Ainsi, pour atteindre cet objectif de rapprochement avec le monde extérieur, les Québécois ont cherché à occuper une place particulière au sein de la fédération. Ce qu'ils voulaient pour le Québec, c'est ni plus ni moins que les institutions d'une société « normale », et les circonstances ont fait en sorte qu'ils ont dû jouer sur son caractère distinct pour atteindre leur but.

Les jeunes et talentueux Québécois qui ont choisi de devenir historiens dans les années 1960 ont été influencés par cette même mentalité, ce qui les a amenés à construire un Québec — cette fois-ci dans le passé — qui ressemblait fort, lui aussi, au reste du monde occidental. Tandis que les technocrates étudiaient Keynes, les historiens absorbaient les concepts du matérialisme et du structuralisme déjà élaborés par les sciences sociales modernes. Certains étaient marxistes, d'autres ont été influencés par l'École des Annales, et d'autres encore se sont lancés dans les méthodes quantitatives développées aux États-Unis. Toutefois, ils ont tous accepté comme prémisses que les sociétés passent par certaines étapes et que des facteurs matériels causent le changement social. Cette conception laissait peu d'espace aux forces comme le catholicisme, qui ne pouvaient servir qu'à faire détonner le Québec dans le contexte nord-américain. Comme l'affirmait Gérard Bouchard, il fallait montrer que le Québec fonctionnait à « l'heure américaine et occidentale. Le Québec est donc une société industrielle, capitaliste et libérale, aussi développée, aussi moderne que les autres[4] ».

---

4. Gérard Bouchard, « Sur les mutations de l'historiographie québécoise : les chemins de la maturité », in Fernand Dumont (dir.), *La société québécoise après 30 ans de changements*, Québec, IQRC, 1990, p. 262.

Cette recherche de la normalité a poussé les technocrates à jouer avec les notions de statut particulier. Mais libres de telles préoccupations politiques concrètes, les historiens se sont contentés de rejeter le modèle de l'histoire du Québec qui avait dominé depuis le milieu du XIXe siècle. Ce modèle, défendu par des historiens d'obédiences politiques diverses, comme François-Xavier Garneau au siècle dernier, l'abbé Lionel Groulx au début du 20e, ainsi que Michel Brunet et Fernand Ouellet dans les décennies qui ont suivi la Deuxième Guerre mondiale, affirmait le caractère distinct du Québec. Plus précisément, ces historiens mettaient l'accent sur la manière avec laquelle l'évolution du Québec avait été dominée par les valeurs distinctes de sa population, en particulier la langue française.

Les remarques de Lord Durham sur ce peuple « sans histoire » avaient motivé Garneau, le premier historien du Québec, à exhiber les caractéristiques qui distinguaient les francophones. Dans les premières éditions de son *Histoire du Canada*, Garneau soulignait les contributions de la classe moyenne, les laïcs québécois qui avaient dirigé les Rébellions de 1837-1838. Mais dans les éditions subséquentes, il donnait aussi crédit aux valeurs catholiques pour la survivance du peuple canadien-français. Groulx mettait l'accent non seulement sur l'importance des valeurs religieuses, mais aussi, face à l'urbanisation rapide de la société, au caractère essentiellement rural de ce peuple[5]. Brunet, qui regrettait la persistance du messianisme, de l'anti-étatisme et de l'agriculturisme, ne les voyait pas moins comme des facteurs déterminants de l'histoire du Québec[6]. Quant à Ouellet, bien qu'il cherchait à donner le premier rôle aux grandes forces économiques, son explication de la place des francophones dans l'économie n'a jamais été complètement exempte d'allusions à une mentalité particulière et démodée[7].

Ces historiens, de Garneau à Ouellet, ont capitalisé sur les valeurs des Québécois, écartant le rôle des facteurs structurels. À partir des années 1970, cependant, une nouvelle génération, absolument convaincue de la primauté des forces économiques, commençait à faire sa marque. Parmi ces historiens, auxquels nous donnerons le nom de « révisionnistes », notons des gens comme Paul-André Linteau, Jean-Claude Robert, Jacques Rouillard et Normand Séguin ; du côté des

---

5. Serge Gagnon, *Quebec and Its Historians, 1840 to 1920*, Montréal, Harvest House, 1982.
6. Michel Brunet, « Trois dominantes de la pensée canadienne-française », *in La présence anglaise et les Canadiens*, Montréal, 1958.
7. Voir en particulier, Fernand Ouellet, *Histoire économique et sociale du Québec*, Montréal, Fides, 1966 ; Serge Gagnon, *Quebec and Its Historians : The Twentieth Century*, Montréal, Harvest House, 1985.

anglophones, on pourrait aussi inclure Brian Young et Allan Greer, qui se sont facilement intégrés dans le milieu intellectuel des révisionnistes grâce à leur capacité de travailler en français (ce dont les historiens de langue anglaise du Québec n'ont pas toujours fait preuve) et leur propre prédisposition à se concentrer sur les facteurs structurels.

Ces historiens, francophones comme anglophones, sont pour la plupart nés à la fin des années 1940 et ont atteint l'université à la fin des années 1960, avant de joindre les rangs du corps professoral dans la décennie suivante[8]. Dans les grandes lignes, ils ont rejeté le rôle directeur de l'Église, l'importance du conflit ethnique et l'accent sur les valeurs rurales qui ont si longtemps dominé la littérature. Ils se sont même passés de la Conquête comme événement central de l'histoire du Québec, observant que la plupart des structures politiques, économiques et sociales n'étaient pas affectées par ce que les historiens avant eux interprétaient comme un cataclysme. Libérés du besoin qu'éprouvaient leurs prédécesseurs d'expliquer la signification de la Conquête, ces révisionnistes tendent à porter leur attention sur les 19ᵉ et 20ᵉ siècles. Ils y ont trouvé un Québec en voie d'urbanisation et profondément divisé par des conflits de classes, comme l'étaient la plupart des autres sociétés occidentales de l'époque. Comme l'affirmait Linteau, « Les gens de ma génération se sont beaucoup préoccupés d'étudier les structures ; leur histoire a fait une plus large place aux grands schémas d'interprétation et aux perspectives théoriques[9] ».

On ne doit pas pousser trop loin la critique de cette nouvelle approche, surtout lorsqu'on constate la pauvreté de celle qui avait dominé si longtemps et qui insistait sur le caractère unique de l'expérience québécoise. En effet, la plupart des revues récentes de l'historiographie du Québec (y compris deux écrites par l'auteur de ces lignes[10]) ont, en général, fait l'éloge de la tendance dans laquelle s'engageait le révisionnisme. Maintenir que le Québec était une société rétrograde et dirigée par les prêtres, dans laquelle l'État ne faisait rien, les hommes d'affaires francophones étaient presque inexistants et les conflits de classes s'effaçaient virtuellement au profit des batailles ethniques et linguistiques, était clairement une distorsion de la réalité. Néanmoins, il nous apparaît maintenant raisonnable de vérifier si le pendule a bas-

---

8. Paul-André Linteau, « La nouvelle histoire du Québec vue de l'intérieur », *Liberté*, vol. 35, 1983, p. 35.
9. *Ibid.*, p. 46.
10. Ronald Rudin, « History from Quebec, 1981 », *Canadian Historical Review*, vol. LXIII, 1982, p. 34-45 ; « Recent Trends in Quebec Historiography », *Queen's Quarterly*, vol. 92, 1985, p. 80-89.

culé trop loin dans l'autre direction. En cherchant à présenter le Québec comme semblable aux autres sociétés occidentales, est-ce que les révisionnistes n'ont pas trop porté attention aux facteurs structurels à l'exclusion des valeurs qui ne peuvent pas toujours être facilement reliées au contexte économique et social ? [...]

Les travaux historiques récents ont tenté de montrer au reste du monde que le Québec s'est développé de façon normale. Cela ne devrait pas nous empêcher de discuter des aspects du passé qui lui étaient, à bien des égards, particuliers. Le but de cet article est simplement de soulever des questions et de provoquer un débat nécessaire sur les implications de l'approche révisionniste. [...] Dans l'historiographie plus ancienne, les relations entre les anglophones et les différentes minorités se caractérisaient par le conflit, tandis que les nouveaux travaux tendent à souligner une certaine harmonie. [...]

La discussion qui suit se base sur un examen des études produites par quelques-uns des membres les plus importants de la génération qui a émergé des années 1970. Pour étayer mes propos, je ferai référence à un certain nombre de monographies et à deux récents ouvrages de synthèse qui s'en inspirent en grande partie[11]. Quand Paul-André Linteau, René Durocher et Jean-Claude Robert ont publié le premier tome de leur *Histoire du Québec contemporain* en 1979, il fut reçu, avec raison, comme une admirable synthèse des études considérées ici comme révisionnistes. La seconde édition, publiée dix ans plus tard, constitue maintenant un bon reflet des tendances dominantes de l'historiographie québécoise du début des années 1990[12]. *A Short History of Quebec : a Socio-Economic Perspective*, publié en 1988 par Brian Young et John Dickinson, joue le même rôle[13]. Ces deux synthèses sont le reflet de l'acceptation rapide du révisionnisme comme point de vue dominant dans les écrits historiques du Québec.

L'ouvrage de Young et Dickinson embrasse l'histoire du Québec tout entière, depuis le Régime français jusqu'à aujourd'hui, tandis que celui de Linteau et al. n'aborde que la période débutant au milieu du

---

11. Ce chapitre ne prétend pas couvrir la production récente d'une façon exhaustive, mon objectif est tout simplement d'attirer l'attention sur certaines tendances évidentes de la littérature, en particulier celle de passer le conflit ethnique sous silence. Par conséquent, j'ai essayé d'aborder un certain nombre de monographies importantes, mais j'ai omis un grand nombre d'articles de revues.

12. Paul-André Linteau, René Durocher et Jean-Claude Robert, *Histoire du Québec contemporain*, 2 tomes, Montréal, Boréal, 1989.

13. Les extraits cités ici ont été tirés de la première édition française, *Brève histoire socio-économique du Québec*, publiée par les Éditions du Septentrion (Sillery, 1992).

XIXᵉ siècle. Néanmoins, les deux se rejoignent par leur approche que l'on a décrite ici comme révisionniste, puisqu'ils sont axés sur les forces économiques et sociales. Ainsi, le travail de Linteau et de ses collègues était conçu de façon à examiner « les structures plutôt que les conjonctures »[14]. Embrassant le Québec du milieu du XIXᵉ siècle jusqu'à aujourd'hui, l'ouvrage est divisé en périodes chronologiques qui coïncident avec les étapes du développement économique à l'intérieur desquelles les questions politiques et culturelles étaient clairement subordonnées aux enjeux économiques et sociaux. De la même façon, Young et Dickinson ont décidé d'éviter une périodisation qui attirerait l'attention sur des événements tels que la Conquête ou la Confédération. Ils ont plutôt divisé leur histoire du Québec à partir d'une « trame socio-économique » dans laquelle « la prospérité et les autres manifestations du pouvoir économique... prédominent sur la politique, la culture et les idéologies, dont le nationalisme[15] ».

Étant donné l'effort déployé dans ces ouvrages pour faire entrer l'histoire du Québec dans un moule approprié à n'importe quelle société occidentale, certains aspects du passé québécois ont rapidement été pardonnés sans confession. Les révisionnistes ont mis en sourdine pratiquement chaque élément suggérant que l'histoire du Québec s'écarterait d'une norme occidentale favorisant l'urbanisation et la laïcisation. [...]

Une des caractéristiques de la vieille historiographie était de mettre l'accent sur les différences entre majorité de langue française et minorité largement mais pas exclusivement de langue anglaise. Les anglophones n'ont jamais été considérés comme importants en tant que tels dans ces études plus anciennes qui se concentraient sur le Canada français plutôt que sur le Québec. Néanmoins, l'expérience de la minorité y a toujours joué un rôle important, ne serait-ce que pour juger, par comparaison, de l'histoire du Québec francophone. Pour Brunet, par exemple, la présence des Anglais conquérants était l'élément formateur de l'histoire de la majorité francophone. En gros, l'histoire du Québec était devenue à ses yeux la lutte entre les anglophones qui avaient le pouvoir et les francophones qui n'avaient aucun espoir de succès. Dans la perspective de Ouellet, les Anglais n'étaient plus les conquérants, mais demeuraient les gagnants du fait de leur manière supérieure de répondre aux défis économiques et sociaux qu'ils avaient rencontrés. Tout en insistant sur le fait que les francophones n'avaient pas le monopole de la pauvreté et en soulignant la nature multi-ethnique

---

14. Linteau *et al.*, I, p. 7.
15. Young et Dickinson, p. 9-10.

de la classe ouvrière du Québec, il constatait néanmoins que les affaires étaient réservées aux Anglais à cause des défauts des Français[16]. En conséquence, dans les deux scénarios, le clivage social fondamental au niveau de la distribution du pouvoir était ethnique et linguistique. Les classes sociales émergeaient occasionnellement, mais leurs conflits étaient considérablement moins importants que les différences entre les deux groupes linguistiques.

Dans la préface de leur synthèse, Linteau, Durocher et Robert ont clairement exprimé que telle n'est pas la perspective des historiens révisionnistes. Pour eux, le mot Québécois désigne « tous les résidents du Québec, que leur ancêtre soit venu du nord-ouest, il y a quelques milliers d'années, qu'il soit arrivé de France à l'époque de Jean Talon, qu'il soit un Écossais ayant traversé l'Atlantique en 1780, un Irlandais fuyant la Grande Famine, un Juif tentant d'échapper aux persécutions de certains pays d'Europe de l'Est ou encore un Italien voulant sortir d'un Mezzogiorno qui a peu à lui offrir[17] ». En définissant sans ambiguïté leur sujet d'étude, les Québécois, comme tous ceux qui vivent au Québec, ils transmettent aux minorités, y compris celles dont la langue maternelle n'est ni le français ni l'anglais, une acceptation en tant que « vrais Québécois » qu'elles n'ont jamais eue auparavant. En acceptant les membres des groupes minoritaires comme de vrais Québécois, les révisionnistes ont jeté les bases d'une description de la société divisée en classes.

Ces historiens ont apporté une contribution importante en intégrant les non-francophones au courant dominant de l'histoire du Québec, mais du même souffle, ils semblent avoir perdu de vue le conflit réel qui existait entre la majorité et les différentes minorités. Alors que J.I. Little ne trouvait aucune animosité particulière entre les anglophones et les francophones des Cantons de l'Est au moment où les francophones assumaient une position majoritaire à la fin du XIXe siècle[18], ma propre recherche, qui portait sur un coin de la même région, a révélé une rancœur considérable entre les résidents parlant français et les Écossais[19].

---

16. Ouellet, *Economy, Class and Nation*, p. 243.

17. Linteau *et al.*, I, p. 7.

18. Voir, par exemple, J.I. Little, « Watching the Frontier Disappear : English-Speaking Reaction to French Canadian Colonization in the Eastern Townships, 1844-1890 », *Journal of Canadian Studies*, vol. 15, 1980-1981, p. 93-111. La même position est également évidente dans son ouvrage plus récent, *Ethno-Cultural Transition and Regional Identity in the Eastern Townships of Quebec*, Ottawa, Société historique du Canada, 1989.

19. « The Megantic Outlaw and His Times : Ethnic Tensions in Quebec in the 1880s », *Canadian Ethnic Studies*, vol. 18, 1986, p. 16-31.

De la même façon, il y a une tendance de la part des révisionnistes à peindre de façon idyllique la relation entre les francophones et les immigrants arrivés au Québec ne parlant ni le français ni l'anglais. Par exemple, Linteau et ses collègues ont plusieurs fois fait référence à la place des immigrants juifs dans la classe ouvrière, mais n'ont pas porté beaucoup d'attention au mauvais traitement qu'ils ont quelquefois reçu de la majorité linguistique. Même si les vitrines des boutiques des marchands juifs le long du boulevard Saint-Laurent étaient souvent cassées durant la Grande dépression, les auteurs de l'*Histoire du Québec contemporain* ont noté que l'hostilité envers les Juifs se manifestait rarement en termes de « haine ouverte ou l'invocation de mesures comme l'expulsion ou la discrimination systématique[20] ».

En ce qui concerne les relations sociales, les révisionnistes voulaient donner l'impression d'une société relativement pluraliste dans laquelle les divers groupes coexistent de façon plutôt harmonieuse. Après avoir établi cette prémisse, ils ont entrepris d'étudier les relations économiques entre la majorité et les minorités, mais uniquement dans le cadre des relations entre les classes. Ainsi, plutôt que de discuter des carences de la majorité francophone, les révisionnistes ont expliqué le plus grand pouvoir économique des anglophones par l'habileté de certaines classes à profiter plus que d'autres des facteurs structurels qui ne personne ne peut contrôler. Pour Young et Dickinson, les Anglais ont eu du succès après la Conquête grâce à « leur connaissance des marchés de l'empire ou des États-Unis [...] quelle que fût leur nationalité[21] ». Ils ont noté qu'au milieu du dix-neuvième siècle, « une grande partie du capital et des moyens de production était concentrée entre les mains des Québécois anglophones ». Ils ont attribué cette situation aux avantages que les hommes d'affaires de langue anglaise avaient sur les marchés, rejetant d'emblée toute explication pouvant être reliée à l'origine ethnique des deux groupes linguistiques[22]. Au tournant du siècle, les propriétaires d'entreprises moyennes, membres de la bourgeoisie moyenne de la province, ont été écartés à l'arrivée du capitalisme de monopole. Linteau et ses partenaires ont expliqué que c'était une question de classes, et non de langue, même si les propriétaires des plus petites entreprises étaient le plus souvent

---

20. Linteau *et al.*, II, p. 111. Plus loin dans cet article, la xénophobie est abordée en relation avec les valeurs disséminées par certaines institutions catholiques.
21. Young et Dickinson , p. 68.
22. *Ibid.*, p. 144. Je me suis servi d'un argument semblable dans *Banking en français : The French Canadian Banks of Quebec*, 1835-1925, Toronto, University of Toronto Press, 1985.

Français et ceux des plus grandes, Anglais. Ils ont souligné que cette marginalisation d'une strate particulière du monde des affaires était un phénomène universel, et non « propre au Québec[23] ».

Qu'il s'agisse de la bourgeoisie ou de la classe ouvrière, les révisionnistes ont présenté une conception qui met les clivages de classes au-dessus des divisions linguistiques. Les deux ouvrages de synthèse cités ici ont rejeté avec énergie toute identification des classes laborieuses avec la majorité francophone. Linteau et ses collègues ont affirmé que :

> l'idée de classe ethnique, c'est-à-dire l'identification d'un groupe ethnique à une classe sociale, a été battue en brèche. On reconnaît l'existence de plusieurs classes, dont la composition ethnique est variée […] On aurait tort d'associer trop étroitement prolétariat et Canadiens français[24].

La présence d'anglophones pauvres est un élément-clé de cette interprétation, ce qui explique l'attention portée par Young et Dickinson au fait qu'au début du dix-neuvième siècle :

> seule une poignée de ces immigrants anglophones appartenaient à la petite noblesse, ou […] étaient les descendants de marchands britanniques riches et en vue. La plupart des immigrants arrivaient dans les cales insalubres et surchagées des navires transporteurs de bois qui revenaient allégés de leur cargaison de bois vers les ports canadiens[25].

Des historiens comme Bettina Bradbury et Terry Copp ont aussi souligné la présence, plus tard dans le même siècle, d'anglophones parmi les pauvres de Montréal, se concentrant ainsi sur des questions de classes plutôt que sur des enjeux ethniques ou linguistiques[26].

Il n'est nullement question de revenir à la façon de faire de l'ancienne historiographie qui fondait son explication sur l'exploitation économique d'une majorité opprimée par une minorité. Il y a néanmoins matière à revoir la façon dont les révisionnistes ont abordé ce sujet. Par exemple, on doit se demander si l'accent mis sur la présence d'Anglais dans une classe ouvrière si largement définie n'a pas sous-estimé les avantages dont jouissaient les membres de ce groupe linguistique. Young et Dickinson ont relaté le rôle crucial des artisans du début du

---

23. Linteau *et al.*, II, p. 521.
24. *Ibid.*, I, p. 183, 197.
25. Young et Dickinson, p. 130.
26. Terry Copp, *Anatomy of Poverty*, Toronto, McClelland and Stewart, 1974 ; Bettina Bradbury, « The Family Economy and Work in an Industrializing City : Montreal in the 1870's », in Société historique du Canada, *Communications historiques*, 1979, p. 71-96.

XIXᵉ siècle sans faire référence au fait que certains métiers étaient en réalité monopolisés par des anglophones. Le statut d'apprenti n'était accordé qu'aux gens parlant la même langue si bien que les francophones étaient à toute fin pratique exclus, à cause des valeurs culturelles des Anglais. Dans le même ordre d'idées, les descriptions qu'ont faites ces auteurs de l'émergence des grandes entreprises et de l'industrie lourde au tournant du siècle négligent de faire mention des pratiques d'embauche qui ont rendu presque impossible l'emploi de francophones à la Banque de Montréal et au chantier maritime Vickers[27].

Young et Dickinson avaient raison d'accorder de l'importance à la façon dont la production artisanale était une caractéristique cruciale de la vie pré-industrielle et au fait que le capitalisme de monopole était essentiellement un phénomène du début du XXᵉ siècle. Néanmoins, ces auteurs n'ont pas raconté toute l'histoire, car ils ont omis de relater les différences entre les expériences des classes ouvrières française et anglaise. Dire qu'il y avait de la pauvreté dans tous les groupes n'enlève rien au fait que les anglophones avaient certains avantages que les effets structuraux de l'économie ne peuvent pas expliquer tout à fait. De la même façon, en ce qui concerne la bourgeoisie, on doit se demander si l'évolution de la structure économique ne jouait pas au détriment des francophones. On reparlera davantage du rôle de l'Église catholique plus loin. Mais disons tout de suite qu'il ne faudrait pas rejeter d'emblée l'impact de toute une série d'institutions reliées à l'Église qui ont fait la promotion de ce que Mgr Paquet appelait « la vocation de la race française » :

> Notre mission est moins de manier des capitaux que de remuer des idées ;
> elle consiste moins à allumer le feu des usines qu'à entretenir et à faire
> rayonner au loin le foyer lumineux de la religion et de la pensée[28].

De toute évidence, les ministres protestants ont également véhiculé des messages semblables à travers le Canada anglais, répliqueront avec raison les adeptes du modèle structuraliste. Mais ces ministres n'avaient pas à leur service l'infrastructure dont disposait l'Église catholique pour vendre leur message. Ils n'avaient pas non plus l'héritage de la Conquête qui pouvait leur permettre de dissuader les francophones d'envahir le monde des affaires. Une telle invasion n'aurait pu se faire au niveau supérieur de l'économie, à cause des sommes impor-

---

27. Voir mon ouvrage, *The Forgotten Quebecers*, Québec, IQRC, 1985, p. 82, 204-205.
28. « Sermon sur la vocation de la race française en Amérique », allocution prononcée le 23 juin 1902 à l'occasion du jubilé de diamant de la Société-Saint-Jean Baptiste de Québec, le 23 juin 1902, *Discours et allocutions*, Québec, Imprimerie franciscaine, 1915, p. 187.

tantes qui auraient été nécessaires, mais aucune recherche sérieuse n'a été faite sur les couches inférieures du monde des affaires pour savoir si l'entrepreneurship des Québécois francophones était comparable à celui de leurs vis-à-vis anglophones. Ils n'y a pas eu non plus de suite à la recherche de Norman Taylor, qui date maintenant de plus de trente ans et qui indiquait que des facteurs, tel l'excès d'individualisme, étaient au moins partiellement responsables du taux élevé d'insuccès des entreprises au Québec[29]. Bien que Gérard Bouchard ait récemment suggéré que la solidarité particulière entre les francophones d'une même communauté a peut-être nui à l'accumulation du capital, personne n'a vraiment repris cette idée et la plupart des études récentes ont misé sur le comportement économique « rationnel » des Québécois[30].

De nombreuses études ont été réalisées au cours des deux dernières décennies pour démontrer l'existence d'entreprises d'une certaine importance dirigées par des francophones. Mais elles n'indiquent pas si, dans des circonstances semblables, un groupe linguistique avait davantage d'aptitudes pour les affaires que l'autre[31]. Même si Young et Dickinson sont prêts à croire que les attitudes francophobes des entrepreneurs de langue anglaise les ont empêchés d'investir dans la province[32], il est dorénavant tabou d'affirmer que le comportement des francophones pouvaient également être influencé par leur appartenance culturelle. L'historiographie des Noirs aux États-Unis a traversé une période semblable dans les années 1970, quand il devint inacceptable de parler de tout aspect de l'expérience des Noirs qui résulterait d'une quelconque faiblesse de leur part, peu importe la cause. Toutefois, comme le rapportait Peter Novick au milieu des années 1980 : « Les nouveaux historiens de l'expérience noire ont poussé ce mouvement d'affirmation [...] si loin, que tout nouveau pas en avant ne pouvait aboutir qu'à une caricature[33] ».

Il n'y a aucun signe dans l'historiographie du Québec que les révisionnistes s'apprêtent à retraiter de la position selon laquelle on ne

---

29. Norman Taylor, « L'industriel canadien-français et son milieu », *Recherches sociographiques*, vol. II, n°2, avril-juin 1961, p. 123-150.
30. Gérard Bouchard, « La dynamique communautaire et l'évolution des sociétés rurales québécoises au XIXe et au XXe siècles », *Revue d'histoire de l'Amérique française* (RHAF), vol. 40, 1986, p. 63.
31. Voir Paul-André Linteau, *Maisonneuve*, Montréal, Boréal Express, 1981 ; Rudin, *Banking en français* ; Gerald Tulchinsky, *The River Barons*, Toronto, University of Toronto Press, 1977.
32. Young et Dickinson, p. 153.
33. Peter Novick, *That Noble Dream : The « Objectivity Question » and the American Historical Profession*, Cambridge, Cambridge University Press, 1988, p. 488.

peut distinguer les francophones des autres dans le monde des affaires. Il est néanmoins curieux que, placés devant la possibilité que des facteurs culturels aient pu avoir quelque importance, Young et Dickinson se soient contentés de répondre que « l'interprétation culturelle de ce phénomène pose un problème[34] ». Quant à Linteau, Durocher et Robert, même s'ils sont peu disposés à reconnaître une quelconque importance aux attitudes des francophones, ils ont, eux aussi, remarqué que la discrimination a contribué à reléguer les groupes non-anglophones au bas de l'échelle. Mais en bout de ligne, ils n'ont pas osé aborder de tels facteurs non structurels qu'ils voyaient comme « réels mais bien difficiles à mesurer[35] ».

Dans un cas comme dans l'autre, les auteurs n'ont pas offert une explication raisonnable de la non-pertinence des valeurs culturelles comme facteur distiguant les deux groupes linguistiques. Ils ont plutôt trouvé qu'il y avait certaines difficultés à travailler avec de telles variables. Mais on doit se demander si cela ne s'explique pas par le fait que ces historiens, habitués de travailler avec des variables structurelles « dures », sont maintenant confrontés à des variables plus « douces ». Il va sans dire que les difficultés qu'ils éprouvent devant ces facteurs apparemment non quantifiables que sont les valeurs culturelles ne les justifient pas de les ignorer. Bien qu'il soit peut-être plus simple de prétendre que tous les Québécois ayant les mêmes moyens ont eu une part égale dans l'économie, il vaut quand même la peine de dépasser les affirmations simplistes de la vieille historiographie pour explorer la panoplie de facteurs qui militent contre l'homme d'affaires de langue française.

Dans la même veine, les historiens révisionnistes ont trouvé plus facile d'atténuer les différences entre les anglophones et les francophones que de composer avec la tâche d'expliquer leurs véritables divisions. Par exemple, Young et Dickinson ont souligné le rôle des anglophones qui ont appuyé les Patriotes dans les années 1820 et 1830[36]. Après le milieu du XIXᵉ siècle, cependant, on parle peu du rôle politique de la minorité, ce qui amène le lecteur à croire que son attitude était analogue à celle de la majorité. Linteau et ses collègues maintiennent cette position jusqu'à un certain point lorsqu'ils notent

---

34. Young et Dickinson, p. 144.
35. Linteau *et al.*, II, P.294. Un point de vue semblable est soutenu par Gilles Paquet, « Entrepreneurship canadien-français : mythes et réalités », *Mémoires de la société royale du Canada*, 5ᵉ série, vol. I, 1986, p. 151-178.
36. Young et Dickinson, p. 181-183.

que « si la communauté anglophone présente des positions relativement homogènes en regard de la question nationale, elle se caractérise
elle aussi [comme les francophones] sur les autres questions par un
large pluralisme idéologique[37] ».

Évidemment, les deux groupes d'auteurs n'étaient pas prêts à
affirmer directement qu'il y avait des différences politiques constantes
entre les francophones et les anglophones. Bien qu'il soit devenu courant de brandir les noms de Robert et Wolfred Nelson pour suggérer
qu'il y avait un appui anglophone considérable aux rébellions de 1837,
le fait est que la minorité était grandement sous-représentée au sein des
Patriotes[38]. Et après la Confédération, chaque fois que la place du Québec dans la fédération a été remise en question, il y a eu une divergence
notable entre francophones et anglophones. Linteau, Durocher et Robert
reconnaissent de telles différences sur la « question nationale », mais le
fossé entre les deux groupes était encore plus profond que cela. Une
exemple significatif est la régularité avec laquelle, depuis la Deuxième
Guerre mondiale, les anglophones ont exprimé leur aliénation par rapport au système politique québécois en s'abstenant de voter dans une
plus grande proportion aux élections provinciales. Quant aux francophones, ils avaient tendance à se tenir davantage éloignés des bureaux
de scrutin des élections fédérales que les membres de la minorité[39].

Il apparaît maintenant nécessaire d'explorer les véritables différences sociales, économiques et politiques entre les groupes linguistiques et ethniques parce qu'une telle recherche n'a pas été effectuée au
cours des vingt dernières années. Cela est attribuable à la domination
d'un modèle structurel qui avait du mal à accorder à l'ethnicité
l'importance que la classe avait en tant que source principale de clivage dans la société québécoise. L'ancienne historiographie se fondait
sur les différences linguistiques à l'exclusion de toutes les autres. Il n'y
a aucune raison de tomber dans l'autre excès. Que les historiens québécois aient été tentés par une vision du passé où il y avait des conflits de
classes, mais pas entre les groupes linguistiques ou ethniques, s'explique
peut-être par le fait que les Québécois s'efforçaient au même moment
de bâtir une société moderne et pluraliste. Néanmoins, cela ne suffit
pas à justifier leur crainte de considérer l'incidence des conflits entre

---

37. Linteau *et al.*, II, p. 683.
38. Voir Jean-Paul Bernard, *Les Rébellions de 1837-1838*, Montréal, Boréal Express, 1983,
    p. 323.
39. André Bernard, « L'abstentionnisme des électeurs de langue anglaise au Québec », in Daniel
    Latouche et al. (dir.), *Le processus électoral au Québec*, Montréal, Hurtubise HMH, 1976.

les Québécois de différentes origines, les facteurs responsables du taux élevé de mortalité des entreprises canadiennes-françaises ou les différences politiques profondes entre les divers groupes ethniques et linguistiques du Québec.

L'objet de ce chapitre n'est pas de proposer que la conception du Québec des révisionnistes recèle des défauts irréparables, bien que certains seraient sans doute prêts à aller jusque-là. Par exemple, Fernand Ouellet exprime toujours une volonté de retourner à l'étude de facteurs internes dans le façonnement de l'histoire du Québec[40]. De la même façon, la publication récente, en anglais et en français, d'un recueil d'essais écrits il y a un certain temps par le sociologue Hubert Guindon laisse croire qu'il existe un regain d'intérêt pour une vision du Québec d'avant la Révolution tranquille qui met l'accent sur les éléments qui montrent que la province n'était pas au diapason des sociétés environnantes[41]. Comme l'a remarqué Gilles Paquet, la perspective historique de Guindon avait tendance à ignorer toutes les tendances à la modernisation qui se faisaient jour bien avant la Deuxième Guerre mondiale, et à présenter « les agents économiques canadiens-français comme programmés par une certaine mentalité conservatrice qui les amène à adopter des attitudes et un outillage mental d'ancien régime[42] ». Les Canadiens de langue anglaise ont souvent été conquis par les points de vue qui suggéraient que les difficultés du Québec résultaient de ses propres fautes, en quelque sorte. Comme Paquet en a fait l'observation, Ouellet et Guindon ont justement été populaires au Canada anglais parce que leurs interprétations contribuaient à renforcer ces idées préconçues[43].

Le raisonnement défendu ici se distingue de ceux de Ouellet et de Guindon par la reconnaissance qu'il était justifié de démontrer, comme l'ont fait les révisionnistes, que le Québec a évolué comme les autres sociétés occidentales. Néanmoins, le Québec se distingue de manière significative et de plus d'une façon. Et cela ne peut être complètement attribué à des causes structurelles. L'échec de l'ancienne historiographie est de ne pas avoir réussi à tenir compte des tendances communes entre le Québec et le monde. Par conséquent, des générations d'histo-

---

40. Voir les nouveaux essais qu'il a écrits pour *Economy, Class and Nation*.
41. Hubert Guindon, *Quebec Society : Tradition, Modernity and Nationhood*, Toronto, University of Toronto Press, 1988 ; *Tradition, modernité et aspiration nationale de la société québécoise*, Montréal, Saint-Martin, 1990.
42. Gilles Paquet, « Hubert Guindon : Hérisson », *Recherches sociographiques*, vol. 30, 1990, p. 275-276.
43. *Ibid.*, p. 281.

riens n'ont fait que de l'introspection, tentant constamment de découvrir le « caractère national » canadien-français. Cependant, comme David Stannard l'a dit de l'expérience américaine, de tels efforts se soldent généralement par des échecs et génèrent des stéréotypes[44]. En ce qui concerne les révisionnistes, ils vont à l'autre extrême en n'admettant pas ces aspects du passé qui différencient l'histoire du Québec de celle du monde anglophone qui l'entoure en Amérique du Nord. Tout comme certains historiens américains s'acharnent à incorporer les Noirs et les femmes américaines dans un modèle général de développement social et économique, tel que le faisait remarquer Peter Novick, une nouvelle génération d'historiens québécois ont essayé de nier ce qui distingue, ne serait-ce que de manière accessoire, le passé canadien-français[45].

Il existe nettement un besoin d'équilibre entre l'ancienne et la nouvelle orthodoxie. […] Les révisionnistes du Québec semblent craindre d'accepter les aspects singuliers de l'histoire du Québec, de peur que cela ne contredise la nouvelle image d'une société moderne, dynamique et pluraliste. Certes, il est vrai que depuis le début de la Révolution tranquille, l'Église catholique a été mise de côté, et l'État québécois est devenu une force avec laquelle il faut compter. Les entrepreneurs canadiens-français ont bâti des empires qui s'étendent bien au-delà des frontières canadiennes, et des efforts ont été faits pour intégrer les Québécois, sans égard à leur origine ethnique, leur langue maternelle ou leur confession religieuse, aux institutions publiques qui étaient autrefois la chasse-gardée des catholiques francophones. Ces différents développements situent le Québec au cœur de l'expérience occidentale. Dans un tel contexte, il n'était que naturel pour les historiens de mettre l'accent sur ces aspects du passé qui rapprochent le Québec du reste du monde. Par exemple, il aurait été illogique de se cramponner à un passé marqué par le pouvoir du clergé et la lenteur de l'urbanisation au moment où les Québécois eux-mêmes se voyaient vivre dans une société moderne et laïcisée. De la même façon, mettre l'accent sur le conflit entre la majorité francophone et les différentes minorités ethniques et linguistiques entrerait en contradiction avec la nouvelle image que les Québécois ont d'eux-mêmes : celle d'un peuple ouvert aux nouveaux arrivants.

---

44. David Stannard, « American Historians and the Idea of National Character », *American Quarterly*, vol. 23, 1971, p. 202-220.
45. Novick, *That Noble Dream*.

Les historiens du Québec doivent abandonner leur réticence à prendre en considération ces éléments du passé qui ne correspondent pas tout à fait à l'image contemporaine des francophones, et l'exemple irlandais permet d'espérer qu'un changement se prépare. Dans l'expérience irlandaise, le révisionnisme a coïncidé avec le souci des Irlandais de présenter, tant à eux-mêmes qu'aux autres, l'image d'un peuple capable de gérer ses propres affaires. Aujourd'hui, le postrévisionnisme émerge d'un sentiment de confiance en soi qui permet aux Irlandais d'explorer des questions qui étaient encore récemment considérées comme délicates. Le révisionnisme est apparu d'une façon analogue au Québec, soit en même temps que la Révolution tranquille et les efforts des historiens pour produire une image adéquate pour un peuple qui cherche à se convaincre et à convaincre les autres qu'il est capable de faire son chemin dans le monde.

Au début des années 1990, dans le contexte de l'après-Meech, les Québécois en général, et les historiens québécois en particulier, doivent se préparer à composer avec des aspects de leur passé qui ont été écartés jusqu'à maintenant. Le consensus en voie d'élaboration dans la province de Québec, selon lequel elle devrait décider sereinement de son propre avenir, indépendamment de ce que pourrait penser le Canada anglais, témoigne d'une certaine confiance en soi. Cette attitude pourrait encourager le développement d'une vision postrévisionniste du passé qui souscrirait à l'idée révisionniste d'un Québec qui s'insère dans le modèle général de développement des sociétés occidentales, sans nier les variations rendues nécessaires par les circonstances locales. Les historiens québécois devraient maintenant être capables de fouiller l'héritage de la Conquête, touchant au passage la question des relations pas toujours agréables entre majorité et minorité. D'une manière plus globale, sans faire passer le Québec pour bizarre, les postrévisionnistes pourraient en arriver à faire face à une histoire qui inclut des épisodes de xénophobie, l'avènement relativement lent d'une société moderne et urbaine, la présence d'un clergé considérablement influent, et une certaine réticence à consentir un pouvoir substantiel à l'État.

Six ans après avoir entrepris ma première critique du révisionnisme, en 1989, je conserve, d'une manière générale, l'impression qu'une forme dominante de discours historique a marginalisé certains aspects plus particuliers de l'histoire du Québec. On se serait préoccupé d'une manière presque exclusive de l'adhésion du Québec à un certain courant de développement social et économique commun au monde occidental depuis quatre siècles. Cette impression s'appuie en partie sur une suite ininterrompue de travaux qui postulent qu'on peut voir essentiellement l'histoire du Québec comme un exemple du passage obligé de toutes les sociétés du stade « traditionnel » au stade « moderne », à travers une série d'étapes comparables. Ce qui m'a surtout frappé, c'est la régularité avec laquelle on a utilisé le terme « moderne » dans l'historiographie récente. Au cours des dernière décennies, on a observé la publication de monographies ayant pour titre *Passage de la modernité* ; *L'entrée dans la modernité* ; ou *L'avènement de la modernité* [46].

En essayant de retracer l'apparition de la modernité, on a aussi insisté sur les manifestations de la longue domination des valeurs « libérales », vraisemblablement dans le but d'éliminer toute équivoque quant au rôle véritable du catholicisme dans la société québécoise. Dans cette veine, Gilles Bourque et ses collègues ont récemment parlé d'une « société libérale duplessiste », tandis que Fernande Roy, dans son *Histoire des idéologies au Québec aux XIXe et XXe siècles* prétend que « les idées libérales sont présentes dans la société québécoise depuis la fin du 18e siècle ; elles s'enracinent au fur et à mesure que l'on avance dans le siècle suivant et elles dominent au XXe siècle[47] ». Le rôle central du libéralisme dans l'expérience québécoise a également été souligné lors d'une conférence tenue à l'Université McGill à l'automne de 1994.

Dans les différents travaux portant sur l'analyse des changements économiques et sociaux dans la vallée du Saint-Laurent au cours du XIXe siècle, on a aussi insisté au cours des dernières années sur le caractère moderne du Québec. Dans *Entre ville et campagne*, par exemple, Serge Courville aborde la plupart des thèmes que j'associe au révisionnisme. Tout en essayant de s'inspirer d'ouvrages qui soulignent la nature urbaine de la société québécoise, il se concentre sur des

---

46. Andrée Fortin, *Passage de la modernité : les intellectuels québécois et leurs revues*, Québec, Presses de l'Université Laval, 1993 ; Marcel Fournier, *L'entrée du Québec dans la modernité*, Montréal, Éditions St-Martin, 1986 ; Yvan Lamonde et Esther Trépanier (dir.), *L'avènement de la modernité culturelle au Québec*, Québec, IQRC, 1991. On pourrait aussi ajouter à cette liste des ouvrages comme celui de Claude Couture, *Le mythe de la modernisation du Québec*, Montréal, Éditions du Méridien, 1991. J'ai aussi été étonné du titre français du livre de Kenneth McRoberts et Dale Postgate, *Quebec : Social Change and Political Crisis*, qui a été traduit par *Développement et modernisation du Québec* (Montréal, Boréal, 1983).

47. Gilles Bourque et al., *La société libérale duplessiste*, Montréal, Presses de l'Université de Montréal, 1994 ; Fernande Roy, *Histoire des idéologies au Québec aux XIXe et XXe siècles*, Montréal, Boréal, 1993, p. 115.

villages dont la vitalité économique était à cette époque importante et évidente. Sans fournir de données pour étayer sa thèse, Courville affirme que ces petits centres urbains attestent de la « normalité » du Québec parce qu'ils montrent que le Québec était « assez semblable [aux] contrées où s'affirme la montée d'une économie de marché[48] ».

De plus, Courville insiste sur la manière dont les facteurs ethniques avaient peu d'importance dans la vie de ces villages. On retrouve encore ici l'intention manifeste de montrer le caractère « normal » du Québec, une société pluraliste, traversée par des divisions de classes, mais généralement exempte de conflits ethniques. Cependant, les efforts de Courville semblent encore une fois dépréciés par une absence de preuves[49]. Cette négation du conflit ethnique se retrouve également dans le récent ouvrage d'Allan Greer, *Habitants et patriotes : la rébellion de 1837 dans les campagnes du Bas-Canada*. Bien que Greer y décrive des attaques de Patriotes contre des Québécois de langue anglaise — qui semblent s'expliquer, du moins en partie, par de l'animosité entre les groupes ethniques —, il prend bien soin d'expliquer que « les bases du conflit sont donc fondamentalement politiques et ne sont qu'accessoirement ethniques. Le message des [Patriotes était] : "Joignez-vous à nous ou vous en subirez les conséquences". Cette politique était sans doute coercitive, mais certainement pas raciste. »[50]. Greer, comme tous les révisionnistes, semble incapable de voir la pertinence particulière du conflit ethnique dans l'histoire du Québec.

Serge Courville a également pratiqué le révisionnisme en compagnie de Jean-Claude Robert et Normand Séguin au sein d'une entreprise plus vaste portant sur différents aspects de la vie dans la vallée du Saint-Laurent. Cependant, dans un article expliquant leur œuvre, les trois auteurs font foi d'un des problèmes que j'ai identifiés dans mon premier article : la propension des révisionnistes à utiliser sans ambages le mot « Québécois » comme substitut à « francophones ». J'ai déjà signalé que les historiens qui cherchaient à passer un message sur la situation des francophones — dont le taux d'urbanisation était autrefois beaucoup moins élevé que la moyenne provinciale — tout en citant des chiffres sur l'urbanisation du Québec en entier, introduisaient un certain biais dans leur analyse. Dans un article publié dans la revue *Interface*, Courville et ses collègues prétendent que « la popula-

---

48. Québec, Presses de l'Université Laval, 1990, p. 254.
49. Courville, p. 120-1.
50. Montréal, Boréal, 1997, p. 168.

tion *franco-québécoise* » (je souligne) n'est pas « une population pauvre, agricole, dévote et peu encline à la modernité ». Toutefois, les données sur l'urbanisation et l'activité commerciale qu'ils ont utilisées pour soutenir leur argument se rapportaient invariablement au Québec dans son ensemble[51].

Par contre, lorsqu'il s'agit d'aborder des sujets où les francophones pourraient être dépeints de manière négative, il devenait soudain possible de distinguer les différentes catégories de Québécois. Par exemple, Courville, Robert et Séguin s'empressent de démonter que le taux d'émigration de la vallée du Saint-Laurent n'était pas exceptionnel afin d'écarter toute suggestion à l'effet que l'économie québécoise était « sous-développée ». Ils constatent que les Québécois représentaient 47 % de tous les émigrants du Canada, affirmant que ce taux était alors « comparable à celui observé dans le reste du Canada ». Cependant, une telle allégation est étonnante quand on sait qu'en 1871, les Québécois ne constituaient que 32 % de la population canadienne. Courville et ses collègues, reconnaissant peut-être la faiblesse de leur position, se sont demandé si ce 47 % était bien représentatif de l'émigration des francophones, puisque leurs données « incluent sans doute une certaine part d'immigrants et d'anglophones établis[52] ». De voir les anglophones incorporés dans les chiffres quand il s'agit de décrire un phénomène « positif » (comme l'urbanisation), et exclus lorsque c'est quelque chose de « négatif » (comme l'émigration), est quelque peu gênant. Dans ce contexte, comme dans bien d'autres, les révisionnistes semblent faire des acrobaties pour arriver à leurs conclusions.

Ma principale critique du paradigme révisionniste est qu'il se fonde sur une insistance exagérée sur ce qui est « normal » par opposition à ce qui est particulier. Je n'ai jamais prétendu que nous devions revenir aux anciennes visions de l'histoire du Québec, celles qui accentuaient les particularités de la province au détriment de son insertion dans certains mouvements généraux de développement en Occident. Là où je vois un problème, c'est à partir du moment où les révisionnistes ont indiqué que le Québec a évolué au diapason des autres sociétés occidentales, en décrivant le rôle décisif de facteurs comme l'urbanisation, le pluralisme et la sécularisation au point de forcer la note. Ce faisant, ils ont évacué la plupart des types de comportement qui ne peuvent facilement s'expliquer par une analyse de forces sociales et

---

51. Courville, Robert et Séguin, « Un nouveau regard sur le XIXᵉ siècle québécois : l'axe laurentien comme l'espace central », *Interface*, vol. 14, 1993, p. 23.
52. Courville, Robert et Séguin, p. 30.

économiques plus globales. Il importait de montrer combien le Québécois « moderne » et « libéral » était un être « rationnel ». Je n'ai jamais enjoint qui que ce soit à décrire les Québécois comme « irrationnels », mais je me demande si nous, historiens québécois, n'avons pas poussé le rôle du rationalisme économique jusqu'à caricaturer la réalité.

Les répliques à mon article ont confirmé, à différents degrés, mes soupçons quant à la pérennité du paradigme révisionniste au Québec. J'ai été particulièrement étonné par la façon dont les commentateurs — c'est une tendance répandue chez eux — ont dénaturé ce que j'ai affirmé et en ont fait une caricature facile à réfuter. Plus précisément, j'ai été frappé en observant que, d'une manière ou d'une autre, leurs réponses ne se basaient non pas sur ce que *j'avais effectivement dit*, mais sur ce qu'*ils imaginaient* que j'avais affirmé. Ils semblaient croire que si quelqu'un contestait le rôle explicatif des seuls facteurs structurels en histoire du Québec, c'était nécessairement pour préconiser le retour à une historiographie ancienne qui n'insistait que sur ce qui distinguait les francophones, le plus souvent pour les dépeindre sous un jour des plus défavorables. Puisque j'ai demandé aux historiens de prendre en considération la xénophobie et le rôle de l'Église catholique pour accroître notre compréhension de l'histoire du Québec, Jean-Marie Fecteau en a conclu que j'ai milité en faveur d'une histoire se concentrant sur « la xénophobie et l'hyper-cléricalisme comme des tares pathologiques constitutives de notre spécificité ». Il a poursuivi en me classant dans la même catégorie que Donald Creighton et d'autres historiens canadiens-anglais qui voient « la différence historique du Québec en ces termes », alors que tout ce que j'ai demandé c'est si nous ne pouvions pas trouver des façons d'explorer à la fois ce qui est « normal » et ce qui est « particulier »[53]. […]

À ma proposition selon laquelle les différents groupes ethniques qui ont peuplé le Québec auraient eu des expériences différentes, Paul-André Linteau a répondu que je demandais « une interprétation centrée sur l'ethnie ». De plus, Linteau a réagi de façon négative lorsque j'ai suggéré qu'on devait prendre en compte que l'histoire du Québec contenait « des épisodes de xénophobie », particulièrement du point de vue francophone[54]. Dans mon article, je relatais mon malaise face à la tendance qu'avaient Linteau et ses collègues, dans leur *Histoire du Québec contemporain*, à insister sur les liens qui unissaient les différents

---

53. Toutes les références aux répliques à mon article sur le révisionnisme portent sur des textes qu'on trouvera dans le *Bulletin d'histoire politique* vol. 4, n°2, hiver 1996.
54. *Ibid.*

groupes ethniques et linguistiques dans la province, et à décrire le Québec comme une société pluraliste « normale ». Malgré cela, je me demandais pourquoi on ne faisait aucune place à certains incidents, comme les vitrines des magasins juifs qui ont été fracassées durant la Grande Dépression. Dans sa réplique, Linteau n'avait pas tout à fait tort d'arguer que « la démonstration de l'existence de pratiques ou de comportements discriminatoires n'est pas facile à faire[55] ». Ces difficultés ne l'ont néanmoins pas empêché de faire référence (en se fondant sur mes propres travaux) à des manifestations de discrimination émanant de la majorité anglophone. Je cherche encore à comprendre pourquoi il serait plus difficile de discuter de cette même discrimination lorsque pratiquée par un groupe majoritaire francophone. À moins que Linteau ne puisse faire autrement que de décrire la société québécoise, et surtout sa majorité linguistique, comme « normale », c'est-à-dire, dans ce cas précis, de montrer son ouverture envers « l'autre ».

En ce qui concerne l'ethnicité, John Dickinson et Brian Young sont allés encore plus loin en insistant qu'il n'y avait essentiellement aucune place pour les distinctions ethniques dans l'histoire du Québec. Dans ce même ordre d'idées, le premier a affirmé que les anglophones et les francophones provenant des mêmes classes sociales « partageaient les mêmes expériences ». Il est évident que les travailleurs québécois partagent des expériences semblables, sans égard à leur langue, leur religion et leur ethnicité. Mais je ne comprends pas pourquoi Dickinson se sent obligé de rejeter la possibilité même de différences qui ne pourraient aisément s'expliquer à l'aide de facteurs structurels. Pour sa part, Brian Young a attribué l'ensemble de mes propos à « un tenant de l'histoire ethnique dans l'historiographie du Québec ». Puis, en analysant mes autres travaux, il a entrepris une curieuse opération de déformation de mes propos. Par exemple, se référant à mon livre sur l'histoire des banques, il a cité hors contexte un passage sur le rôle de l'ethnicité, passant sous silence mon insistance sur la nécessité de considérer *à la fois* les facteurs structurels et les autres influences, comme la discrimination dans le marché, qui ne peuvent s'expliquer par une

---

55. Montréal, Boréal, 1989, 2ᵉ vol.

simple analyse des relations de classes[56]. Il est certain qu'en dépit des déclarations contraires de Young, considérer les deux types de facteurs ne revient pas à douter de « l'utilité interprétative de la classe sociale ». [...]

À la suite de ces réponses à ma critique de l'historiographie révisionniste au Québec, je me suis senti comme mes collègues irlandais qui ont critiqué le révisionnisme en Irlande, et qui ont été injustement dépeints comme des nostalgiques d'une vision plus ancienne et moins scientifique du passé. La remarque de John Dickinson au sujet de l'inutilité du débat historiographique a accentué ce sentiment. Selon lui, « l'historiographie québécoise a déjà trop perdu de temps avec des débats qui tournaient en rond comme ceux sur la bourgeoisie et la Conquête ou sur la crise agricole ». Bien qu'il soit facile de démontrer que ces discussions se soient prolongées indûment, il demeure qu'on ne peut faire l'économie d'un débat lorsqu'on écrit l'histoire. Par exemple, il est difficile d'imaginer comment Allan Greer aurait pu réussir son remarquable portrait de la vie rurale au Québec à la fin du XVIIIe et au début du XIXe siècles si le débat sur la crise agricole ne lui avait pas inspiré quelques idées sur la marche à suivre[57]. Mais Dickinson n'a pas l'air intéressé à développer de nouvelles perspectives, croyant sans doute que nous avions découvert la seule approche acceptable pour appréhender l'histoire du Québec. Par conséquent, les historiens n'ont plus qu'à combler les vides « dans nos connaissances ».

Je n'ai jamais prétendu qu'il n'y avait qu'un seul chemin valable à suivre pour les historiens du Québec. J'ai écrit ma critique du révisionnisme uniquement pour provoquer un débat. Si certains historiens révisionnistes ne paraissent pas intéressés à s'engager dans un débat, d'autres semblent partager l'impression qu'il serait temps de prendre

---

56. *Banking en français : les banques canadiennes-françaises*, Montréal, Boréal, 1988, p. 12. Dans ses commentaires, Young a aussi visé mon livre sur l'histoire des caisses populaires, citant un passage dans lequel je déclarais que mon étude n'était pas simplement « limitée à évaluer l'impact des relations de classes ». Je n'excluais pas l'étude des relations de classes ; en fait, comme Young le sait très bien, le livre était structuré selon le rôle de deux classes spécifiques dans l'administration des caisses. En même temps, toutefois, je m'intéressais à d'autres facteurs. Par exemple, je notais que « l'établissement des caisses par les membres de la petite bourgeoisie était en grande partie inspiré par un désir de reprendre leur ancienne position dans la société québécoise, [mais] ils étaient aussi motivés par un véritable sentiment humanitaire ». Voir *In Whose Interest : The Caisses Populaires of Quebec, 1900-45*, Montréal, McGill-Queen's University Press, 1990, vol. XIV.

57. *Peasants, Lord and Merchant*, Toronto, University of Toronto Press, 1985.

en considération une vision de l'histoire qui transcende les limites étroites qui sont imposées par l'interprétation structurelle. Même si le paradigme révisionniste apparaît aussi dominant en 1995 qu'il l'était en 1989, j'ai été réconforté lorsque j'ai constaté que d'autres que moi remettent en question les fondements de cette approche. Par exemple, un certain nombre de nouvelles revues dédiées à l'histoire du Québec ouvrent de nouveaux horizons à la réflexion. Depuis la fin des années 1940 jusqu'au début de la présente décennie, une seule revue professionnelle s'était exclusivement dédiée à l'histoire du Québec, soit la *Revue d'histoire de l'Amérique française*. Bien que fondée par l'abbé Groulx, elle était devenue au cours des vingt dernières années le véhicule des historiens décrits comme « révisionnistes ». En 1992, dans le but d'offrir une alternative au modèle révisionniste, on a fondé le *Bulletin d'histoire politique*, qui avait entre autres pour objectif le désir de redécouvrir « la spécificité de l'expérience historique, de l'influence de l'être humain, de ses institutions et de ses idées[58] ». À partir d'une perspective politique différente, mais également en dissidence par rapport à l'orthodoxie révisionniste, les *Cahiers d'histoire du Québec au XXe siècle* sont parus en 1994 sous les auspices du Centre de recherche Lionel-Groulx[59].

Par ailleurs, un certain nombre d'historiens ont récemment suggéré leur alternative à l'approche révisionniste. Parmi eux, on retrouve Gérard Bouchard qui, dans un certain nombre d'articles, a soutenu qu'il était temps de redresser l'équilibre entre une représentation des Québécois comme « normaux » et l'attention que méritent certaines caractéristiques de l'histoire du Québec. En 1990, Bouchard a critiqué des spécialistes québécois des sciences sociales pour leur façon univoque de représenter le Québec comme une société qui fonctionne « sur l'heure américaine et occidentale ». Il a mis en garde ses collègues contre le danger d'être tellement absorbé par la description des traits communs entre leur société et les autres au point de perdre toute notion « de la différence ou de la spécificité québécoise ». Dans le but de cerner ces différences, Bouchard a réclamé qu'on compare sérieusement le Québec et les autres sociétés. Il déplorait le fait que les études historiques

---

58. Michel Sarra-Bournet, « Pour une histoire politique », *Bulletin d'histoire politique*, vol. 3, 1995, p. 7.

59. On pourrait se moquer de cette légitimation d'une revue qui ne se cache pas pour célébrer la mémoire de l'abbé Groulx. Toutefois, quiconque l'a lue a constaté qu'elle contient des articles rédigés d'une façon professionnelle, sur des questions intéressantes. En marginalisant cette publication en raison des opinions de certains de ses instigateurs, on s'enfonce encore plus loin dans le piège de la promotion d'une seule vision acceptable de l'histoire du Québec. Malheureusement, elle a cessé de paraître après dix numéros.

des vingt dernières années « ont été si massivement centrées sur le Québec... qu'elles ont fait tomber en défaveur, sinon en désuétude, la recherche sur des périodes plus anciennes ou sur d'autres espaces[60] ». Les critiques de Bouchard ont été confirmées par l'incapacité totale des commentateurs de mon article de faire référence au contexte irlandais qu'on y retrouvait. Comme si on pouvait faire valoir le contexte international pour que le Québec paraisse « normal », sans qu'il ne soit nécessaire d'examiner dans le détail une autre société si cela pouvait permettre de comprendre à la fois les différences et les similitudes.

Gérard Bouchard ne s'est pas contenté de critiquer les autres. Il a le mérite de s'être engagé dans une recherche comparative d'envergure qui pourrait élargir les horizons de la production historique québécoise. À l'automne de 1993, Bouchard et Yvan Lamonde ont organisé une conférence consacrée à l'étude attentive de l'expérience québécoise dans le contexte du développement de l'Amérique du Nord. Dans sa propre contribution à cette conférence, il a dénoncé cette tendance qu'il avait souvent observée à être « trop soucieux de marquer les caractères distinctifs... s'empêchant ainsi de percevoir les similitudes issues d'une même expérience continentale ». Bouchard réagissait de manière favorable au désir qu'éprouvaient les révisionnistes de témoigner des expériences comparables entre le Québec et d'autres points du continent. Mais il croyait aussi qu'une « reconnaissance des ressemblances peut ouvrir la voie à une réflexion plus éclairée sur les différences[61] ».

On retrouve actuellement différentes critiques de l'historiographie du Québec. Parmi celles qui se rapprochent le plus de la mienne, notons celle de Jocelyn Létourneau. Au cours des dernières années, Létourneau a publié un certain nombre d'articles sur la façon dont les révisionnistes ont créé un récit de l'histoire du Québec qui leur conve-

---

60. Gérard Bouchard, « Sur les mutations de l'historiographie québécoise : les chemins de la maturité », in Fernand Dumont (dir.), *La société québécoise après 30 ans de changements*, Québec, IQRC, 1990, p. 262. Bouchard a également discuté la production historique québécoise dans « L'historiographie du Québec rural et la problématique nord-américaine avant la Révolution tranquille : Étude d'un refus », *Revue d'histoire de l'Amérique française*, vol. 44, 1990, p. 199-222.

61. Bouchard, « Le Québec comme collectivité neuve », in Bouchard et Lamonde (dir.), *Québécois et américains*, Montréal, Fides, 1995, p. 16. Bouchard est lui-même engagé dans un programme d'analyse comparée de la société québécoise d'une grande envergure. Il a mis sur pied et dirige toujours l'Institut interuniversitaire de recherches sur la population (IREP), un groupe qui cherche à comprendre le Québec du XIXᵉ et du XXᵉ siècles dans une perspective comparative. Ce groupe, dont je fais partie, a organisé une conférence internationale qui s'est tenue à la fin de 1996.

nait, étant donné leur expérience et leur formation. Létourneau a insisté sur le fait que ces historiens s'inscrivaient dans un processus plus large de redéfinition de l'identité des Québécois, de manière à présenter « la conception de la personne comme étant un sujet rationnel ». Tout comme Fecteau, Létourneau a critiqué la tendance des révisionnistes à refuser d'admettre qu'il pourrait exister « une réalité au-delà de la réalité matérialiste et rationnelle[62] ». Létourneau au piqué les révisionnistes au vif en démontrant que le discours historique était une construction sociale du passé. Ce faisant, il a pavé la voie à l'élaboration d'autres récits historiques.

Je suis plus optimiste quant à l'avenir de la production historique québécoise que je l'étais en 1989. L'émergence de nouvelles revues et la volonté de certains historiens de remettre en question les perspectives dominantes de l'histoire du Québec constituent une évolution encourageante. Et il y a des raisons d'être optimiste quand on songe que ceux qui défient l'orthodoxie révisionniste sont relativement jeunes. Comme Jocelyn Létourneau l'a fait remarquer, les révisionnistes ont tendance à partager les valeurs des autres Québécois instruits qui ont atteint l'âge adulte durant la Révolution tranquille : ceux-ci ne voyaient la réalité qu'en termes « rationnels » et croyaient que le Québec était engagé dans une inéluctable marche vers la « modernité ». Létourneau croit qu'au contraire, la jeune génération de chercheurs, qui n'a pas été marquée par les bouleversements des années 1960 et qui n'a pas bénéficié de la croissance de l'État en raison de l'épuisement des offres d'emploi dans la dernière décennie, aura davantage tendance à voir l'histoire du Québec autrement que comme l'inévitable triomphe de la raison. En ce qui concerne les perspectives de changements historiographiques, Létourneau note que « ce chantier appartient décidément à

---

62. « Critique de la raison technocratique : définir une avenue à la jeune recherche », in Dumont (dir.), *La société québécoise après 30 ans de changements*, p. 343, 347. Il vaut également la peine d'examiner les autres articles de Létourneau : « L'imaginaire historique des jeunes québécoise, *Revue d'histoire de l'Amérique française,* vol. 41, 1988, p. 553-574 ; « La nouvelle figure identitaire du Québécois : essai sur la dimension symbolique d'un consensus en voie d'émergence », *British Journal of Canadian Studies*, vol. 6, 1990, p. 17-38 ; « Québec d'après-guerre et mémoire collective de la technocratie », *Cahiers internationaux de sociologie*, vol. 90, 1991, p. 67-87 ; « La saga du Québec moderne en images », *Genèses*, vol. 4, 1991, p. 44-47.

la jeune recherche[63] ». J'imagine que Létourneau ne ferme pas la porte à de vieux léopards comme moi, qui pourraient être prêts à changer de pelage. Il demeure toutefois que ses observations sur les aspects générationnels de la production historique sont des raisons supplémentaires d'espérer.

Toutefois, cet optimisme doit être tempéré. La plus grande partie de la recherche historique sert à amasser de l'information pour nourrir l'approche révisionniste, et relativement peu d'efforts ont été consacrés à dépasser la simple critique de ce qu'ont fait les révisionnistes. Tout comme mes collègues Gérard Bouchard et Jocelyn Létourneau, je me suis plaint de ce qui m'ennuyait, mais nous n'avons pas considérablement avancé sur la route d'une nouvelle synthèse de l'histoire du Québec. Je dois admettre qu'en 1989, lorsque j'écrivais ma critique de l'historiographie du Québec, j'étais davantage intéressé à trouver les lacunes de l'approche révisionniste qu'à proposer une alternative.

Quelques années plus tard, je crois que je peux décrire avec plus d'assurance ce qu'une histoire postrévisionniste pourrait représenter. Contrairement à ce que pourraient croire mes critiques, elle ne s'appuierait pas que sur les facteurs structurels qui ont façonné l'expérience québécoise au cours des quatre derniers siècles. En même temps, elle se pencherait sur la façon dont les valeurs, les antipathies et les passions des Québécois ont joué leur rôle dans la vie de la société. Cette réalité ne peut pas toujours s'expliquer. L'expérience des autochtones et celle des hommes et des femmes qui sont arrivés après eux, qu'ils parlent anglais ou français, a été modelée par des contraintes matérielles. Pourtant, de temps à autre, ils ont tous agi sur la base de valeurs qui s'accommodent mal de la logique du marché. Il est des moments où le comportement humain ne peut s'expliquer par une analyse des structures économiques et de la dynamique des relations de classes. Certains spécialistes des sciences sociales réagissent pourtant avec horreur à la pensée que des êtres humains aient pu, dans le passé, avoir été motivés par des forces irrationnelles comme l'amour et la haine. [...]

---

63. Jocelyn Létourneau, « Critique de la raison technocratique : définir une avenue à la jeune recherche », p. 354. L'accent qu'il met sur les aspects générationnels de la production historique risque de déplaire à Yves Gingras. Dans son commentaire au sujet de ma critique du révisionnisme, ce dernier a rejeté cette analyse, car il croit que depuis les années 1960 au moins, les historiens sont devenus des spécialistes des sciences sociales, tout à fait détachés, isolés des forces sociales qui forment leur environnement. Comme je le mentionnais plus haut, je ne partage pas sa conviction selon laquelle les historiens se sont libérés des passions de leurs prédécesseurs, comme l'abbé Groulx.

En résumé, ma vision postrévisionniste de l'histoire du Québec serait une tentative de trouver l'équilibre entre le rôle des facteurs structurels et « irrationnels ». En dernière analyse, cependant, je ne tiens pas tant à ce qu'on adopte ma vision de l'histoire du Québec. J'espère plutôt que mon premier article sur le révisionnisme et le débat qui a suivi suscitera d'autres discussions entre les historiens du Québec sur la nature de leur production historique. En définitive, nous faisons bien peu de choses si notre tâche se limite à colliger un peu plus d'informations pour combler les vides d'un paradigme. L'histoire ne devient utile que lorsqu'elle prépare les étudiants à réfléchir, offre des choix à la société et qu'elle est prête à considérer la pertinence et les implications des différents points de vue. Que le débat continue !

19

Ouvrir le cercle de la nation. Activer la cohésion sociale.
Réflexion sur le Québec et la diversité[1]

Gérard Bouchard

Introduction

Dans un texte publié il y a quelques années, nous avons essayé de montrer comment les francophones québécois avaient vraiment pris conscience de la diversité de leur société (et de leur culture) à partir des décennies 1940-1950, et comment, au cours du siècle précédent, ils s'étaient employés à se percevoir comme homogènes : la fragilité de la culture en péril et les impératifs des luttes nationales commandaient des représentations rassembleuses et militantes où les divisions, conflits et clivages trouvaient mal leur place (G. Bouchard, 1990). Mais, durant le dernier demi-siècle, la prise de conscience et l'apprentissage de la diversité n'ont cessé de progresser. Cela dit, on voit bien à divers signes que ce travail collectif n'est pas au bout de sa course, ni non plus la redéfinition des représentations de la nation. Par ailleurs, de nombreuses divergences sont apparues quant aux conceptions de rechange à préconiser. Sur ces deux plans, la réflexion doit donc se poursuivre. C'est l'esprit du présent essai qui propose d'abord un rappel des importants changements déjà survenus *dans le rapport à l'autre* (en l'occurrence, le *non-francophone, l'immigrant*) et qui aborde ensuite quelques-unes des grandes questions de l'heure au Québec : comment concilier la nation avec la diversité ethnique, sans porter atteinte au projet d'une véritable francophonie québécoise ? Dans certaines conditions, l'État peut-il être autorisé à intervenir pour protéger ou promouvoir la culture nationale ? Celle-ci peut-elle être

---

1. Ce texte fut d'abord publié dans *L'Action nationale* (vol. LXXXVII, nº 4) en avril 1997 et reçut une mention du jury du prix André-Laurendeau.

conçue autrement qu'entièrement vidée de tous ses contenus dits ethniques ? Quelle est la place de l'héritage ou de la composante ethnique canadienne-française dans la nouvelle culture québécoise ?

Enfin, ce texte veut attirer l'attention sur trois autres points, à savoir : a) la part importante d'incertitude, d'hétérogénéité et d'ambiguïté qui caractérise présentement le nationalisme au Québec ; b) la nécessité de mieux actualiser les nouvelles conceptions de la nation, ce qui appelle divers réaménagements symboliques ; c) la priorité qu'il faudrait accorder à l'idée d'intégrer au nouveau nationalisme un projet social original.

L'ANCIEN NATIONALISME : UN RAPPORT D'EXCLUSION

Au Québec, jusque dans les années 1930-1940, seuls les Canadiens français faisaient vraiment partie de la nation. Les autres groupes ethniques appartenaient aux facteurs qui menaçaient sa survie. L'équation du nombre au Canada et sur le continent jouait en effet contre la langue française, la religion catholique, les coutumes ancestrales. Parmi les autres facteurs qui ont soutenu cette définition de la nation, il convient de mentionner la mémoire très vive des luttes qui ont dû être menées depuis la seconde moitié du XVIIIᵉ siècle pour contrer les volontés d'assimilation, les stratégies constitutionnelles et politiques du régime britannique ou du Canada anglophone ayant eu pour effet soit de marginaliser le fait français, soit d'entretenir la crainte de son déclin. Le sentiment de fragilité et de péril qui en a résulté est un paramètre central à considérer pour comprendre la culture politique de cette époque[2]. Il faut rappeler aussi que la nation canadienne-française était alors projetée à l'échelle de l'ensemble du territoire canadien ; elle en débordait même parfois les frontières pour inclure les francophones de la Nouvelle-Angleterre. L'affaire Riel, les conflits reliés à la question des écoles françaises de même que les conscriptions de 1917 et de 1942 ont compromis cette vision pancanadienne et finalement provoqué le repli politique du fait francophone sur le Québec, en tant que nouveau territoire national de la francophonie. Par ailleurs, à l'échelle canadienne, on sait que la notion des deux nations fondatrices est disparue officiellement sous l'action du gouvernement Trudeau, plus précisément avec

---

2. Un autre facteur mériterait d'être examiné de près : l'exclusion n'a-t-elle pas été également le fait de choix individuels ou collectifs de la part de certains non-francophones ? Pensons aux Anglo-Québécois, ou encore aux Italiens qui, avant la loi 101, ont choisi d'adopter la langue anglaise (dans ce dernier cas, l'école catholique ne faisait pas obstacle à la francisation).

la Constitution de 1982 qui faisait du Canada une société bilingue composée d'un éventail de groupes ethniques — les Canadiens français étant l'un de ceux-là.

L'inscription de la nationalité dans ce nouvel environnement modifia le statut des Anglo-Québécois et des autres non-francophones. Ces derniers étaient toujours des exclus de la nation mais ils habitaient et partageaient le nouveau territoire national ; ils menaçaient désormais de l'intérieur, ce qui, pour certains, les rendait encore plus redoutables. Quoi qu'il en soit, il fallait désormais composer avec cette cohabitation et trouver à l'aménager, au moins symboliquement. Le nouveau modèle de référence allait se mettre en place durant la décennie 1960 et surtout 1970 : on tenterait d'intégrer l'autre, dans sa diversité ; on allait l'amener, au travail comme à l'école, à apprendre le français et, peut-être, à partager la culture canadienne-française. Un peu paradoxalement, on peut dire que cette francisation de l'autre, en le rapprochant, a contribué à le rendre encore plus visible dans son altérité, à cause de ses accents, de ses références, de sa différence, qui trouvaient maintenant à se communiquer plus directement.

Il y a un deuxième concours de circonstances qui a également contribué à changer le regard porté sur l'autre. L'immigrant contemporain ne se laisse plus assimiler ; il veut garder son identité, cultiver ses appartenances, et il en trouve désormais la possibilité. En plus de trouver dans sa nouvelle société d'accueil des proches, des alliés qui composent un milieu solidaire, il dispose des moyens modernes de communication lui permettant de maintenir aisément le contact avec sa culture d'origine. Tout cela, il est important de le souligner, est survenu à un moment où la fécondité des francophones venait de connaître un déclin brutal ; pour plusieurs, cette circonstance rendait encore plus incertain l'avenir de la francophonie québécoise.

Ces données ne sont pas nouvelles ; il importe néanmoins de les rappeler pour bien faire voir que la conjoncture créée par les transformations des années 1960-1970 était théoriquement porteuse d'égarements collectifs de la part des Canadiens français. Or, à part le bref épisode du FLQ, demeuré sans suite, ces égarements *ont pu être évités*. Ceux et celles qui condamnent le nationalisme québécois parce qu'ils s'inquiètent des orientations dangereuses qu'il pourrait prendre devraient trouver ici de quoi réviser leurs positions alarmistes.

Par ailleurs, l'évolution de la statistique de l'immigration au cours des dernières décennies montre qu'elle a assez peu à voir avec les mutations récentes de ce que nous avons appelé le rapport à l'autre. En effet, et contrairement à une impression assez répandue, l'effectif des immigrants accueillis au Québec depuis 1950-1960 a relativement peu varié. Le nombre annuel des entrées a oscillé plutôt régulièrement entre 20 000 et 35 000, il a légèrement décliné entre 1980 et 1991 et il s'est haussé à 35 000 à 40 000 depuis trois ou quatre ans. En fait, il s'avère même que la décennie 1980, au cours de laquelle les non-francophones et les néo-Québécois ont fait l'objet d'une vive prise de conscience parmi les francophones, a coïncidé avec un minimum dans les effectifs immigrants. Sur le même sujet, notons au passage que, depuis la Seconde Guerre mondiale, le Québec a été, dans l'ensemble des sociétés industrialisées de l'Occident, parmi les dix ayant admis le plus grand nombre d'immigrants, compte tenu de sa taille. Les accusations de xénophobie dont le néo-nationalisme québécois est souvent la cible doivent être réévaluées à la lumière de cette donnée.

Il n'en reste pas moins que les francophones québécois étaient assez peu préparés collectivement à l'intégration symbolique de l'autre[3]. L'ancien nationalisme canadien-français, nous l'avons dit, diffusait une représentation homogène de la nation qui reléguait au second rang les différences de classes, d'habitats, de régions, de religions, de parlers, etc. En outre, la majorité des travaux des historiens et des folkloristes (comme on les appelait à l'époque) postulaient vaguement que la culture nationale était entièrement française dans ses origines et que, par conséquent, elle devait peu à l'environnement pluriethnique du Nouveau Monde. Ainsi, la nation, étanche, se définissait par référence à la langue française, à la religion catholique, à la filiation généalogique, à la mémoire lancinante des injustices et des traumatismes[4], aux institutions juridiques et scolaires, aux symboles nationaux (parmi lesquels figuraient en bonne place saint Jean-Baptiste et Dollard Des Ormeaux), aux coutumes et aux rituels de la vie quotidienne. Ainsi conçue, la nation était de texture essentiellement culturelle, elle se méfiait de l'État et lui tournait le dos (on a même dit qu'elle était apolitique); elle entretenait des rapports assez lâches avec le territoire, débordant volontiers la frontière canadienne, comme nous l'avons dit,

---

3. Ceci en dépit du fait que, dans le passé, leur culture a su intégrer de nombreux emprunts. Il faut distinguer ici acculturation et intégration. Ainsi, les Canadiens français ont beaucoup emprunté à la culture matérielle amérindienne ; mais ils n'ont jamais intégré les Amérindiens.
4. La déportation des Acadiens, la défaite de 1760, le rapport Durham et l'acte d'Union, les tentatives d'assimilation, la pendaison de Riel en 1885, l'abolition du système scolaire catholique au Manitoba en 1890, la crise des écoles de l'Ontario, les conscriptions de 1917 et de 1942, etc.

pour s'annexer les Franco-Américains de la Nouvelle-Angleterre ; elle était un peu asociale, dans la mesure où elle intégrait mal la réalité des classes ; elle était principalement axée sur la survivance, sur la défense des traits ethniques et des institutions ; elle se méfiait de l'américanité en général et plus particulièrement de la civilisation étatsunienne ; elle voulait être la reproduction culturelle d'une certaine France (celle qui se proclamait Fille de l'Église et de saint Louis) ; enfin, elle pouvait se montrer carrément xénophobe lorsqu'il lui semblait que le poids (réel ou anticipé) de l'étranger allait compromettre ses intérêts supérieurs.

Tous ces faits sont maintenant bien connus. Leur rappel s'avérait néanmoins nécessaire pour mieux situer la conjoncture présente et les diverses avenues qu'elle ouvre.

Le nouveau nationalisme : un rapport d'inclusion

Au cours du dernier demi-siècle, cette conception de la nation, inspirée du paradigme de la survivance, est entrée en transformation rapide. Avec la décennie 1940 s'est amorcée une période de transition qui a consisté, notamment, au passage d'un rapport d'exclusion à un rapport d'inclusion. Avec le nouveau nationalisme qui a pris forme politiquement au cours des années 1960, la nation a jeté beaucoup de lest du côté de l'ethnicité et s'est redéfinie en donnant désormais une priorité aux références territoriales et juridiques. Après deux ou trois décennies de discussions collectives à partir de ces nouvelles prémisses, il existe des hésitations sur la part respective qu'il convient d'octroyer à l'ethnie et au droit dans l'appartenance nationale et dans la définition de l'identité collective. Ainsi, une grande majorité de francophones s'accordent pour en retrancher la composante rituelle et coutumière, l'affiliation généalogique et la religion catholique. Mais les commissions scolaires et les écoles publiques n'en sont pas moins demeurées confessionnelles (aussi bien d'ailleurs chez les anglophones que chez les francophones — il est utile de le rappeler), jusqu'en 1998. Pour certains, la langue française, comme commun dénominateur, ne suffit pas ; il faudrait y greffer la culture francophone : mais quels contenus cette notion doit-elle recouvrir ? Quant au « nous » national, il demeure ambigu ; il est tantôt canadien-français et tantôt québécois (au sens inclusif du mot). À cet égard, il est remarquable que les souverainistes sont loin de tenir tous le même discours, alors même que le gouvernement actuel adhère aux orientations caractéristiques du nouveau nationalisme selon lequel tous les habitants du Québec appartiennent à la nation et l'identité québécoise se définit par référence à une *culture publique commune* (G. Caldwell, 1988)[5]. À ce sujet encore, relevons la position un peu paradoxale des francophones partisans du fédéralisme canadien, qui récusent la notion de nation québécoise et proposent de s'en tenir au modèle de la nation canadienne-française, conçue strictement en termes ethniques au sein de l'ensemble politique canadien : cette fois, ce sont les nationalistes qui veulent réduire la place de l'ethnicité et les partisans de la nation (civique) canadienne qui entendent la perpétuer[6].

C'est l'une des caractéristiques du nationalisme québécois actuel de faire place à une grande diversité et aussi, il faut le dire, à certains éléments de confusion. Il est clair que les changements en cours empruntent plusieurs directions et n'épousent pas les mêmes rythmes. Au-delà de la quasi-unanimité qui s'affirme sur l'opportunité d'une affirmation collective, au-delà aussi des ralliements tactiques que suscitent les échéances électorales, on peut craindre que la transition amorcée au milieu du siècle ne soit en train de se fragmenter. Il se pose présentement des questions essentielles auxquelles plusieurs francophones québécois ne savent guère répondre : est-ce que les valeurs judéo-chrétiennes doivent demeurer à l'école publique ? Est-ce que la culture *commune* peut incorporer certains particularismes dits ethniques ? Comment désormais penser le passé collectif si la francophonie québécoise est érigée en culture nationale ? Jusqu'où l'État peut-il aller dans ses efforts pour maintenir ou étendre l'usage de la langue française ? Dans quelle mesure cette culture nationale, à caractère officiel, peut-elle admettre des contenus de la culture canadienne-française ?

Ces questions peuvent sembler théoriques ; elles sont pourtant au cœur de la vie quotidienne. On me permettra ici de prendre à témoin certains débats passionnés qui, au cours des dernières années, ont agité les pages sportives de quelques quotidiens québécois. On s'est demandé, entre autres, s'il était légitime de réclamer du gouvernement fédéral la formation d'une équipe de hockey entièrement francophone

---

5. Cela dit, si on relit la dernière version du programme du Parti québécois *(Des idées pour mon pays,* 1994, 251 pages), on y relèvera diverses ambiguïtés sur le sens des expressions *peuple, pays* et *nation québécoise.* Divers passages donnent à penser, par exemple, que la nation québécoise ne concerne en réalité que les Canadiens français (certains énoncés, entre autres, consacrent pratiquement l'exclusivisme de la souche française). De même, les Amérindiens feraient partie du *pays du Québec,* mais non de la nation québécoise, etc.

6. Rappelons, par exemple, que pour Daniel Johnson, chef du Parti libéral du Québec, le 24 juin est la fête des Canadiens français du Québec. Pour le premier ministre Jean Chrétien, il demeure la fête des Canadiens français du Canada.

pour les Jeux olympiques, ou si le Canadien de Montréal devait s'efforcer de recruter davantage de joueurs francophones[7].

Comme ceux qui précèdent, ces exemples — qui peuvent faire sourire — n'en illustrent pas moins l'état d'incertitude où se trouvent de nombreux francophones quant à leur identité et quant à ce que devrait être cette nation québécoise affirmée par le nouveau nationalisme.

On ressent ici le besoin d'y voir plus clair. Partons de ce qui paraît assuré, d'après les définitions du nouveau nationalisme, et qui semble également partagé par une bonne majorité de la population. La nouvelle nation s'est dissociée de la diaspora canadienne-française nord-américaine et elle est maintenant identifiée au territoire du Québec. Elle s'est réconciliée avec l'État, qui est devenu l'un de ses principaux leviers, et elle manifeste des préoccupations sociales sans précédent. En ce qui concerne la définition de la nation et de la citoyenneté, on reconnaît le poids prépondérant de critères d'appartenance comme la résidence (ou la référence territoriale), l'apprentissage du français comme langue officielle et l'observance de certaines règles civiques fondamentales (respect de la vie, non-violence, égalité, démocratie, libertés, etc.). Cet énoncé de critères est minimal par rapport aux exigences de l'ancien nationalisme et il est conséquent avec le choix qui a été fait par le Québec, à savoir une politique d'immigration favorisant l'entrée d'effectifs immigrants relativement considérables, sans égard aux provenances ou aux profils ethniques. Cependant, aux non-francophones ou aux néo-Québécois, il est demandé de faire l'apprentissage du français comme langue première ou comme langue seconde, sans exclusion d'autres langues — bien au contraire, le Québec a intérêt à préserver le capital culturel représenté par cette diversité linguistique. Dans cet esprit, la langue française crée un moyen de communication nécessaire entre les composantes de la nation ; elle dessine un lieu d'échange ouvert, où peut s'exprimer et s'imprimer toute la diversité culturelle, selon des processus d'intégration par interaction. L'objectif ici n'est pas d'en arriver un jour à supprimer la diversité mais de créer une dynamique de participation (au sens que la sociologie donne à ce mot) et d'appartenance ; il y aurait donc une manière italienne d'être et de devenir Québécois, une manière grecque, et le reste.

---

7. Le quotidien *The Gazette* s'est mis lui aussi de la partie, dénonçant ces ambitions olympiques, teintées de racisme, et accusant la direction du Canadien d'afficher une préférence xénophobe pour les joueurs francophones. La direction du club montréalais s'en est vivement défendue en démontrant qu'au contraire elle s'était appliquée ces dernières années à recruter principalement des joueurs anglophones et qu'elle se gardait bien d'avantager de quelque façon les francophones (voir par exemple *La Presse* du 7 septembre 1996, p. S7).

Tout ce qui précède est en accord avec une conception dynamique de la culture nationale, qui entend se nourrir — mais en français — de divers apports. Il est sous-entendu que les citoyens qui récuseraient cette règle du jeu linguistique et culturel ou qui contesteraient la légitimité d'un espace public ainsi constitué se mettraient eux-mêmes en marge de la nation puisqu'ils s'excluraient d'une partie importante de la vie collective québécoise (ce semble être le choix fait par divers groupes amérindiens, c'est une option qui paraît aussi tenter certains anglophones[8]).

Il est à noter que ce modèle national (qu'on voudra bien ranger avec le nationalisme libéral, selon la définition qu'en donne Y. Tamir, 1993) ne fait pas du français un simple moyen de communication, une courroie strictement utilitaire. Puisqu'il s'agit de la langue de la culture *commune,* elle continue d'être investie de tout l'héritage culturel canadien-français. En outre, au gré des interactions avec les non-francophones de naissance et avec les néo-Québécois, elle devient porteuse de tous les apports symboliques originaux qui alimentent la culture québécoise et qui font du français une véritable langue nationale.

Des réaménagements symboliques

Certains francophones ne sont pas prêts à embrasser d'emblée ces conceptions. Celles-ci invitent, par exemple, à remodeler les mailles de la mémoire collective, tout en la reproduisant comme composante (indispensable) de l'identité nationale. Dans cette direction, deux voies sont à éviter. La première consiste en la promotion d'une mémoire acrimonieuse, des traumatismes, dans le rappel courroucé et agressif des anciennes blessures collectives, sans perspective dynamique, sans horizon pour l'actuel. Il est pratiquement assuré qu'à la longue les francophones n'y trouveraient aucun intérêt ; il serait encore plus illusoire de penser que les non-francophones et les néo-Québécois pourraient se glisser aisément dans une telle mémoire. La deuxième voie à éviter est celle de l'amnésie, ou celle d'une mémoire aseptisée qui finirait par ne plus indisposer personne parce qu'elle aurait perdu toute

---

8. En vertu des droits historiques qui leur sont reconnus, les Amérindiens et les Anglo-Québécois pourraient, si *tel était leur choix,* se constituer en minorités nationales. Dans la perspective de la souveraineté du Québec, un tel statut devrait être prévu et faire l'objet de protections constitutionnelles.

signification pour tout le monde[9]. La voie que nous préconisons consiste à ouvrir la mémoire collective pour insérer les luttes nationales canadiennes-françaises dans des trames universelles, dans une histoire collective comparée qui livrerait des horizons positifs pour le présent et pour l'avenir. Car on peut tirer de ces luttes et du matériau historiographique qu'elles offrent bien autre chose qu'une obsessive récrimination anti-anglaise ou une lamentation obsessive de l'ethnie ; on peut y trouver des résonances très riches qui sont celles de tous les passés coloniaux (anciens et récents) du Nouveau Monde et de tous les peuples minoritaires qui ont lutté pour assurer leur survie culturelle et pour s'établir comme collectivité. Il y a là assurément de quoi nourrir objectivement tous les esprits, indépendamment des appartenances ethniques — on pourrait même dire : à travers les appartenances ethniques. En effet, de nombreux immigrants proviennent de pays qui ont vécu des expériences collectives analogues à celles des Canadiens français ; plusieurs autres sont natifs de pays qui ont également expérimenté le lien colonial mais du point de vue métropolitain. Tout cela s'inscrit dans l'idée (raisonnable et généralement admise) que le passé est un patrimoine à perpétuer, à condition de le reprogrammer sans cesse pour que la nation s'y reconnaisse d'une manière ou d'une autre et y trouve matière à réflexion. Il s'agit donc ici, non pas de banaliser ou de renoncer à quoi que ce soit, mais de maintenir une mémoire vivante qui puisse nourrir véritablement la nouvelle identité québécoise et non pas seulement l'identité canadienne-française.

Sur un autre plan, les conceptions mises de l'avant par le nouveau nationalisme mènent logiquement à une déconfessionnalisation du système scolaire public. L'école confessionnelle publique installe en effet une contradiction au cœur de la nation québécoise et contredit sa volonté d'inclusion. Il faut prévoir aussi qu'une nouvelle génération de Québécois voudra éventuellement jeter un nouveau regard sur la devise du Québec. Le projet national actuel n'invite-t-il pas à oser, à inventer, à surmonter les vieilles peurs et les vieilles inhibitions collectives, à déborder les replis défensifs, les visées renfrognées, à passer de la survivance à l'émergence ? En conséquence, *Je me souviens*, tout en maintenant ses amarres originelles, devra sans doute rafraîchir certaines de ses résonances. Dans le même esprit, il faudrait voir bien vite à remplacer la fête de Dollard, qui a perdu à peu près toute signification

---

9. Nous sommes assez portés à endosser les principales critiques qui ont été adressées, de ce point de vue, précisément au rapport déposé récemment par le groupe de travail sur l'enseignement de l'histoire, mis sur pied en 1995 par le ministère de l'Éducation et présidé par M. Jacques Lacoursière (*Se souvenir* et *devenir,* gouvernement du Québec, 1996, 80 pages).

aux yeux mêmes des francophones. Il presse également de soustraire le défilé du 24 juin aux fâcheuses controverses qu'il suscite annuellement, en l'ouvrant à toutes les expressions, à toutes les particularités culturelles de la nation — s'il est bien vrai que cet événement doit revêtir un caractère *national*. N'est-il pas possible de concevoir une formule qui, autour d'une thématique commune, donnerait à voir et à entendre toutes les tonalités, les couleurs et les manières d'une culture québécoise qui se dit ouverte et diverse, sur fond d'intégration collective ?

Ces exemples n'épuisent pas l'éventail des réaménagements ou de réorientations symboliques auxquels il serait utile de procéder. Ainsi, il conviendrait de considérer d'une façon plus positive les réticences (exprimées surtout, jusqu'ici, par les milieux juifs) au sujet du marquage symbolique qui célèbre présentement la mémoire du chanoine Lionel Groulx. On parle ici d'un intellectuel qui a mené de longues luttes pour la défense des droits des francophones dans les provinces canadiennes-anglaises, qui a eu le grand mérite de réactiver la conscience historique québécoise, de réveiller et de soutenir la fierté collective à une époque où elle en avait bien besoin, qui s'y est employé avec une ardeur et une ténacité remarquable et dont l'itinéraire, de ce point de vue, peut être donné comme exemplaire. En toute justice, ces mérites doivent lui être reconnus et ils justifient que sa mémoire soit perpétuée. Mais, en même temps, d'autres aspects de son œuvre suscitent un profond malaise et le disqualifient comme figure emblématique du nationalisme actuel. On parle en effet d'un homme qui a proposé de la nation une définition quasi ethniciste, qui est l'auteur d'énoncés antisémites, qui a manifesté des sympathies fascisantes, qui démontrait très peu d'enthousiasme pour la démocratie et qui, par souci de la pureté nationale, est venu bien près de donner à ses idées des racines carrément biologiques[10]. Pourquoi s'employer aujourd'hui à passer ces faits sous silence ou à les nier, ou encore à les légitimer ? Groulx était en outre cet ardent nationaliste qui, dans les années 1960, au moment où la cause qu'il avait toujours défendue trouvait enfin des vents favorables et s'incarnait dans un parti politique, a choisi de s'en distancer en récusant des contenus essentiels du nouveau nationalisme. Il a tourné le dos aussi à la Révolution tranquille, dont il aimait l'affirmation nationale mais non les contenus sociaux, économiques et culturels (toute la laïcisation, en fait). On a peine à imaginer qu'une telle figure

---

10. Nous nous référons ici surtout à ses propos sur le non-mélange des « sangs » qui aurait assuré la pureté de la race française en Amérique. On sait que Groulx se dressait à l'idée qu'il ait pu y avoir en Nouvelle-France des unions entre Canadiens français et Amérindiens ou Noirs.

puisse coiffer la réalité présente, servir de guide pour les décennies qui viennent, donner le goût de la nation aux jeunes Québécois et fournir des lumières, des clés pour mieux franchir les obstacles auxquels le Québec doit maintenant faire face.

Il est aisé de comprendre que la présence symbolique considérable accordée à cet intellectuel sur la place publique puisse susciter un malaise au sein des nationalistes et heurter des sensibilités écorchées par des traumatismes qui ont à voir précisément avec certaines idées qu'il lui est arrivé d'exprimer. Il faut certes déplorer que le débat sur ce sujet ait été bien mal engagé. Le livre publié par E. Delisle (1992) est une mauvaise thèse, dépourvue de nuances, qui visait plus à régler des comptes qu'à faire comprendre un personnage complexe dont la pensée révèle des ambiguïtés. Avec raison aussi, on a pu reprocher à cette auteure de s'être montrée sélective dans le traitement des textes et d'avoir commenté des extraits hors contexte. Il n'en reste pas moins que plusieurs écrits de Groulx véhiculent aujourd'hui de très fâcheuses évocations.

Certains font valoir que l'homme était de son temps, que toute l'époque était plus ou moins contaminée par l'antisémitisme et le fascisme, que Groulx ne l'était pas plus que la majorité de ses contemporains. Il n'empêche qu'à cause de la gravité des enjeux et de la nature des valeurs mises en cause, c'est précisément avec cette époque et toutes ses contaminations qu'il faut marquer nettement la rupture. D'autres plaident que la pensée de l'essayiste a marqué bien des hésitations, des allers et retours, que ses énoncés antisémites sont relativement peu nombreux (il a beaucoup écrit), que certains extraits doivent être tenus pour secondaires, qu'ils ne reflètent pas vraiment sa pensée, et le reste. À tout prendre, ces circonstances atténuantes ne modifient pas beaucoup les données du problème évoqué ici et le profil reste — dans le meilleur des cas — embrouillé.

L'un des principaux problèmes de notre temps consiste en la conciliation collective dans la lutte contre la discrimination et le racisme. On ne doit pas se surprendre de ce que plusieurs éprouvent de la gêne à ce que soit sans cesse réaffirmée au Québec la place d'un intellectuel dont le profil est douteux à cet égard précisément. À compter de maintenant, ne serait-il pas opportun de mettre fortement en valeur les nouvelles figures emblématiques de la nation québécoise ? Des figures exemptes d'ambiguïtés, représentatives des nouvelles valeurs que le nationalisme actuel s'emploie à promouvoir. Il existe un besoin de marquer une rupture, de signifier clairement tout ce qui sépare le nationalisme d'aujourd'hui de celui que pratiquaient des intellectuels comme Lionel Groulx[11].

Vers l'ethnicité-zéro ?

Si l'on va au bout de la logique néolibérale qui invite à définir la collectivité québécoise sur le modèle de la nation civique, on peut en venir à préconiser une dissociation complète de la nation et de l'ethnicité. Selon cette perspective, la première relève de la sphère civique qui est régie par le droit. L'autre se voit alors reléguée à la vie privée et à ses particularismes ; elle relève de la liberté des individus et des groupes, son destin est modelé par leurs initiatives, au gré des événements, de l'évolution de la scène nationale et internationale. En tout état de cause, elle doit demeurer hors de portée de l'État. À première vue, ces propositions semblent découler en toute logique de certaines prémisses qui ont guidé les transformations de l'ancien nationalisme. Mais les corollaires qu'on peut en tirer sont-ils tous viables et souhaitables ?

La logique de la nation civique, telle qu'elle a été définie par des auteurs comme L. Greenfield (1992), A. Smith (1991), J. Habermas (1990, 1994) et telle qu'elle a été reprise récemment par C. Bariteau (1996), appelle l'institution d'une telle dichotomie entre l'État et le droit d'une part, la culture et l'ethnicité d'autre part. C'est le fondement de la distinction devenue familière entre la nation civique et la nation ethnique. On sait que la première fait référence aux sociétés où la nation repose sur un contrat, donc une adhésion et une appartenance volontaires des individus à la nation. Le droit y établit les règles de base, à caractère universel ; l'État les fait respecter ; les tribunaux tranchent les contentieux en se référant en priorité à la Constitution et/ou à la Charte des droits ou à ce qui en tient lieu. La seconde désigne les collectivités où l'État et le territoire national coïncident avec un groupe ethnique. Dans ce cas, l'État légifère au nom de l'ethnie, dont il s'emploie à protéger et à promouvoir les intérêts ; l'ethnicité relève ici pleinement du domaine public. Cette dernière conception de la nation (ou du nationalisme) est sévèrement critiquée en Occident où elle est devenue un objet à peu près unanime de réprobation au nom de la pro-

---

11. Dans une autre direction qu'on aurait bien tort de négliger, l'ambiguïté qui règne présentement comporte un autre coût. Lorsque les nationalistes prennent la défense de Groulx (sur le terrain de l'ethnicité et du rapport à l'autre), ils compromettent l'ensemble du nationalisme québécois et fournissent du carburant à une machine à stéréotypes (dont les voies et les moyens sont bien connus) qui est en train de valoir au Québec une réputation de xénophobie et de racisme au sein de la communauté internationale.

tection des droits fondamentaux. La nation civique s'autorise de la supériorité qu'elle détient de ce point de vue, en offrant une pleine protection à tous ses citoyens, en évitant toute forme de discrimination reliée à la race, à la langue, au genre, à la religion, à tout ce qui relève en définitive de la liberté individuelle, c'est-à-dire de la vie privée. Il y a unanimité au sein des néonationalistes québécois quant à la préséance qu'il convient d'accorder à des idéaux aussi fondamentaux. Cela dit, que recouvre exactement cette règle de l'ethnicité-zéro qui vient en corollaire d'une conception stricte, absolue, de la nation civique ?

Il y a ici d'abord une ambiguïté, ensuite un problème sociologique. L'imprécision qui règne en effet autour de la notion d'ethnicité jette une ombre sur la dichotomie proposée. Implicitement, l'ethnicité y est conçue d'une manière très large qui inclut pratiquement toute la culture. Dans ce cas, il est nécessaire (dans la présente discussion) de traiter ces deux notions comme si elles étaient interchangeables et il faut, logiquement, définir l'ethnicité d'une façon très large, comme l'ensemble des traits, objets et productions symboliques dans lesquels une collectivité se reconnaît et par lesquels elle se fait reconnaître. On pourrait dire tout aussi bien : toutes les caractéristiques culturelles ou symboliques partagées par l'ensemble des membres d'une collectivité et qui ont pour effet, sinon pour fonction, de la singulariser. L'ethnicité, c'est donc tout ce qui nourrit un sentiment d'identité, d'appartenance, et les expressions qui en résultent. En ce sens, elle inclut :

- la langue ;
- la religion ;
- l'identification à un territoire ;
- un sentiment de solidarité et d'identité collective ;
- des représentations du passé ;
- des symboles dits nationaux (drapeaux, hymnes, etc.) ;
- des coutumes, des traditions, des rituels, des contes, des fêtes, etc. ;
- des valeurs, des idéaux, des croyances, des visions du monde ;
- des façons de voir, des styles ;
- des éléments de culture matérielle...

On ne trouvera sans doute rien de péjoratif ni de condamnable *a priori* dans ces éléments. À long terme, toutes les collectivités sont créatrices d'ethnicité. On y relève du reste des composantes auxquelles on peut objectivement reconnaître une valeur très positive parce qu'elles sont au cœur de toute civilisation ; c'est le cas des solidarités, des valeurs, des idéaux, des visions du monde. L'ethnie n'a-t-elle pas toujours été ce lieu collectif où l'on naît à une culture, à une appropriation de l'univers, à une manière particulière d'être au monde ? On peut demeurer captif de l'ethnicité, ce qui est fréquent. Il arrive aussi qu'elle s'emballe et entraîne les tragédies que l'on sait. Mais elle est aussi la voie de passage habituelle, sinon obligée, vers la civilisation et l'universel[12].

Là où l'ethnicité devient toutefois condamnable, c'est lorsqu'elle cède à la tentation de s'ériger elle-même en universel, ou qu'elle se donne comme supérieure à une autre. C'est ce qui survient lorsqu'une collectivité veut inculquer à une voisine, d'une manière autoritaire, ses particularismes. La nation ethnique est alors abusive parce que l'État se sert de son pouvoir pour consacrer la préséance intrinsèque d'une culture sur une autre. On parlera alors *d'ethnicisme* pour qualifier cette violation des droits fondamentaux au nom de valeurs qui sont faussement données comme universelles et supérieures. Mais est-ce que toute l'ethnicité, telle que nous venons de la définir, tombe sous le coup de cette règle ? Il semble bien que non. On peut en soustraire des valeurs fondamentales comme le respect dû à la vie, le droit à la liberté, l'idéal de l'égalité (par exemple entre hommes et femmes), les principes qui fondent la démocratie, l'obligation au travail, la solidarité, etc. Il convient d'en exempter aussi, et tout particulièrement lorsqu'elle est menacée, la langue, en tant qu'elle est un véhicule de communication nécessaire à la vie collective, à l'instauration de solidarités, à la promotion d'idéaux et de symboles communs — ce qui inclut, encore une fois, la diffusion de valeurs de civilisation. Enfin, on mettra à part également les symboles nationaux qui représentent les institutions chargées soit de promouvoir ces valeurs communes, soit de faire respecter les règles fondamentales de la vie collective. On s'accordera aussi sans doute pour reconnaître à l'État le pouvoir légitime d'intervenir dans ces domaines. Or, nous sommes pourtant bel et bien ici dans l'ordre de la culture, dans l'ethnicité au sens large du terme, celui-là même que

---

12. Cette idée a déjà reçu d'innombrables formulations. Celle du sculpteur québécois Robert Roussi (musclée, comme on s'y attend) en vaut bien d'autres : « Vers l'universalité, le cul par terre » (1977).

lui donnent les critiques de la nation québécoise[13]. En quoi une culture nationale ainsi constituée devrait-elle être *a priori* entourée de suspicion ?

Il y a plus. Divers pays, tenants de la nation civique, interviennent volontiers par voie législative pour protéger leur culture *nationale* lorsqu'ils estiment qu'elle est menacée dans ce qu'elle a de spécifique ou de distinctif par rapport à une autre. C'est le cas, on le sait, des mesures adoptées il y a plusieurs années par le gouvernement canadien pour restreindre la diffusion et l'influence des publications ainsi que des chaînes de radio et de télévision américaines, de mesures tarifaires ou fiscales — par exemple, la loi C-103 adoptée en décembre 1995 —, de quotas de contenus américains, etc. Néanmoins, dans le débat en cours depuis quelques mois sur ce sujet au Canada anglais, personne ne semble voir de contradiction entre les principes de la nation civique et ces politiques culturelles qui visent à sauvegarder les valeurs, l'identité, la spécificité (l'ethnicité ?) de la nation canadienne.

Ceci pour l'ambiguïté. Quant au problème, il pourrait être formulé comme suit : est-il souhaitable et réaliste du point de vue sociologique de vouloir réduire toute la vie collective (« publique ») au domaine du droit, c'est-à-dire à une addition de volontés contractuelles régissant l'adhésion à des règles jugées fondamentales ? Comme nous l'avons noté, la nation civique et l'ethnicité (qu'on voudra bien ne pas assimiler à *l'ethnicisme*) ne sont pas des catégories parfaitement étanches. En outre, ce que cette conception néolibérale de la vie collective compromet, en définitive, c'est un idéal de la société et de l'espace public comme lieu de solidarité, de développement, de mobilisation nourrie de finalités partagées. Selon cette perspective, où trouverait-on les principes justifiant les politiques sociales de l'État ? On voit bien aussi que cette conception de la société qui met l'État au service exclusif de l'autonomie individuelle sous-tend un conservatisme social et sert d'abord les élites.

---

13. Nous aurions pu conduire notre raisonnement en définissant les concepts autrement. Ainsi, G. Bourque et J. Duchastel (1996) font une distinction entre l'ethnicité, d'une part, la langue et la culture, d'autre part. Ces deux dernières sont dites compatibles avec la nation civique, alors que tout ce qui est ethnique lui est incompatible. Nous avons préféré recourir à une acception plus étendue de l'ethnicité, parce qu'il semble difficile de la distinguer clairement de la notion de culture. D. Lamoureux (1995) propose aussi de dissocier la langue et l'ethnie — alors même que la langue est généralement donnée comme le trait le plus distinctif de l'ethnie. On voit bien qu'il y a là un important problème de définition.

Évitons tout malentendu ; il ne s'agit pas de revenir à la nation ethnique qui donnait forme à l'ancien nationalisme canadien-français. Nos remarques plaident simplement la reconnaissance d'une certaine flexibilité dans les catégories juridiques, au nom de considérations sociologiques qui paraissent assez élémentaires. C'est pourquoi, tout en adhérant au grand principe de la nation civique, il ne nous apparaît pas contradictoire de préconiser l'intervention législative de l'État pour protéger la langue française au Québec et pour aménager les conditions minimales qui permettent à la science, aux arts et aux lettres québécoises de prospérer en français (sans égard à l'origine ethnique des acteurs).

Pour les mêmes raisons, il ne nous semble pas que le Parti québécois déroge d'une manière déraisonnable ou abusive au modèle de la nation civique lorsqu'il s'engage à prendre des dispositions pour défendre ou promouvoir la culture québécoise, comme le fait déjà le gouvernement canadien.

Mais cette culture québécoise (en tant que culture nationale), comment la définir ? Il serait illusoire et mal inspiré de prétendre en répertorier le contenu. On peut toutefois se reporter aux remarques formulées plus haut : il faut éviter de donner comme universels (ou à portée universelle) des traits qui ne le sont pas et de décréter quelque préséance en faveur de particularismes (la langue faisant ici exception, pour les raisons mentionnées). Par ailleurs, il est utile de distinguer ce qui, dans la culture québécoise, relève directement du droit et de la citoyenneté (par exemple, les valeurs fondamentales) et ce qui relève de la *culture publique commune*, c'est-à-dire celle qui s'élabore en principe au-delà des appartenances ethniques, au fil des ans, au gré des interactions de la vie collective.

Cette dernière distinction permet d'établir une donnée importante. Il est irréaliste de penser que la culture *commune,* ainsi définie, puisse se construire entièrement à nouveaux frais. L'espace culturel québécois n'est pas vierge, il est fortement structuré en vertu d'une dynamique collective vieille de près de quatre siècles, au sein de laquelle la composante francophone a toujours pesé d'un poids prépondérant en raison à la fois de son nombre, de son ancienneté et de son action vigoureuse. Il est impossible, sociologiquement, que cette composante massive retraite tout à coup des lieux symboliques qu'elle a aménagés au cours de l'histoire (langue, coutumes, symboles, et le reste) et renonce en quelque sorte à ce qu'elle est. Il est par conséquent inévitable que la culture *commune* soit très fortement imprégnée de la vieille culture canadienne-française et celle-ci n'a pas à s'en excuser.

LA NATION QUÉBÉCOISE DEVANT LE DROIT

En quoi, sous le rapport du droit, une telle conception de la nation, qui fait entrer certains éléments culturels (ou même « ethniques », selon notre définition) dans la sphère civique, diffère-t-elle fondamentalement de la conception du modèle canadien ? En d'autres mots, qu'est-ce qui peut justifier le clivage (devenu courant au Canada anglais) associant le Québec actuel à une nation ethnique et le Canada à une nation civique ? S'agissant d'abord de la protection des droits de la personne, on peut s'en remettre sans doute à la conclusion à laquelle est arrivé un groupe d'intellectuels canadiens-anglais, qui a relevé peu de différence entre les deux collectivités politiques, l'une et l'autre pratiquant un même type de libéralisme (J.H. Carens, 1995)[14]. C'est également l'opinion formulée par le philosophe C. Taylor (1994). Par ailleurs, le multiculturalisme canadien, dans sa conception intégrale, témoigne d'un très grand respect à l'endroit de la pluralité ethnique. En réalité, il va bien au-delà puisqu'il préconise la promotion de cette pluralité et la croissance de chacune de ses composantes. Ce dernier point suscite des réticences légitimes, sinon des inquiétudes parmi un certain nombre de Canadiens (anglophones aussi bien que francophones) : jusqu'à quel point en effet une société démocratique peut-elle se permettre de cultiver la fragmentation et le cloisonnement ? Les néonationalistes québécois entendent, eux aussi, respecter la diversité mais tout en préservant les conditions d'une intégration à la société francophone que veut être le Québec. Ici, la différence relève non pas du droit mais d'un choix sociopolitique tout à fait légitime. Sur un autre plan, pour tout ce qui concerne le traitement réservé à la minorité linguistique (anglophone dans un cas, francophone dans l'autre), le Québec n'est pas en reste sur le Canada, c'est le moins qu'on puisse dire.

Le statut juridique dont bénéficie la langue française au Québec paraît de prime abord entacher le dossier de la nation civique et donner corps aux accusations d'ethnicisme. L'objectif qui consiste à faire du français la langue officielle de cette société et à en faire une enceinte ouverte à toutes les expressions culturelles (tout en respectant les droits

---

14. À lire en particulier, dans ce collectif, les textes signées par J.H. Carens, H. Alderman et R. Whitaker.

de la minorité anglophone) a conduit à imposer certaines règles[15]. À première vue, cet aspect du nationalisme québécois n'est pas le plus aisé à justifier en regard du *libéralisme le plus strict*. Mais, en fait, la politique linguistique du Québec n'en est pas moins défendable sur le plan juridique dès lors qu'on fait intervenir des éléments plus sociologiques et historiques. À cet égard, le Canada semble faire preuve d'un plus grand respect du droit ; mais qui voudrait mettre sur le même pied la position de la langue française au Québec et celle de la langue anglaise au Canada et en Amérique du Nord ? Et à en juger par l'ardeur que met le gouvernement fédéral à intervenir pour défendre la culture canadienne contre l'influence des médias étatsuniens, on peut entrevoir quelle serait son attitude si la langue anglaise elle-même se trouvait un jour menacée[16]. Le cas des États-Unis, où l'essor de la population hispanophone suscite de plus en plus d'inquiétude, fournit un autre repère : à ce jour, 23 États y ont promulgué des lois visant à protéger la langue anglaise. L'exemple de la France plaide lui aussi dans le même sens : l'immigration en provenance du Maghreb y suscite une grande nervosité collective et inspire des mesures législatives « protectionnistes ». Les grandes nations qui sont proposées en modèles au Québec ne seraient-elles authentiquement civiques qu'en raison de ce que leur culture nationale est parfaitement assurée ?

UN PROJET SOCIAL

Comme la majorité des sociétés occidentales depuis un demi-siècle, le Québec a fait place à la diversité. Cette ouverture du cercle de la nation a exigé des déplacements identitaires, des réaménagements symboliques qui se traduisent en instabilité et en indécision à la fois chez les anciens et chez les nouveaux Québécois. Les premiers vivent encore les secousses de la transition qui est en train de remodeler leur appartenance ethnique ; les autres ont du mal à distinguer les contours

---

15. Fréquentation obligatoire des écoles françaises (à l'échelon primaire et secondaire) pour les enfants d'immigrés, sauf ceux dont les parents ont fait leurs études en anglais au Canada ; usage du français comme langue principale dans les entreprises de plus de 50 employés ; restrictions dans l'affichage commercial.

16. Au chapitre des interférences avec le droit que s'autorise d'ores et déjà ou que voudrait s'autoriser le gouvernement canadien, on peut évoquer aussi sa volonté — exprimée à quelques reprises depuis vingt-cinq ans — d'assigner à la radio et à la télévision publiques une fonction prioritaire de promotion de l'unité canadienne. La politique adoptée en février 1997 par le ministère des Affaires étrangères en matière de subvention aux artistes canadiens en tournée à l'étranger est du même ordre : les subventions ne sont plus attribuées d'abord au mérite mais en fonction de ce que les artistes sont désireux ou non de promouvoir l'unité canadienne.

de cette culture nationale à laquelle ils sont invités à s'intégrer. Nul ne saurait dire combien de temps cette conjoncture flottante va se prolonger. Par ailleurs, le projet de francophonie québécoise, assorti d'un État souverain, risque de demeurer un peu gratuit s'il ne s'accompagne pas de valeurs de civilisation et d'actions de développement. Sur ces deux plans, on voit poindre la nécessité d'un véritable projet social, d'une utopie qui donne corps à la nation.

À la différence de nombreuses collectivités neuves comme les États-Unis, les pays d'Amérique latine ou l'Australie, le Québec a très peu rêvé au cours de son histoire — ou disons plus exactement depuis 1840. Ce n'est qu'au cours des dernières décennies que le rêve souverainiste s'est réveillé, suscitant une volonté de redéfinition qui projette désormais le Québec comme une société américaine lestée d'un héritage européen, parvenue à une croisée de chemins et désireuse de se tracer une voie originale dans le Nouveau Monde. Le projet de souveraineté précise les coordonnées politiques de cette opération, la francophonie en trace la direction linguistique, les règles de la citoyenneté établissent certaines valeurs fondamentales, l'héritage canadien-français met en place une importante composante culturelle. Il reste, pour ainsi dire, à mettre tout cela en marche dans un projet social mobilisateur qui créerait une communauté non pas dans une homogénéité qui n'existe pas mais dans une action, dans des engagements partagés. Dans tout cela, il ne s'agirait pas de fondre les différences ; bien au contraire, tous les héritages ethniques trouveraient à investir dans cette entreprise les valeurs, les manières dont ils sont porteurs.

Ce projet n'existe pas pour l'instant et il ne sera pas aisé à concevoir d'une façon réaliste, compte tenu des étroites marges de manœuvre dont dispose le Québec sur le continent. Mais n'est-ce pas en définitive le propre des valeurs, et plus généralement de la culture, que d'être d'abord un horizon fondateur qui institue une tension créatrice entre le rêve et la réalité ? Ouvrir le cercle de la nation et activer la solidarité collective : nos sociétés autorisent-elles encore ce genre de mobilisation ?

Conclusion

Compte tenu de toute les coordonnées qui viennent d'être évoquées, il est clair que la voie du Québec, comme collectivité nationale francophone en Amérique, demeure étroite. Entre les impératifs juridiques, les données sociologiques et les écueils politiques, une ligne peut être tracée mais son parcours demeure incertain, car il suppose un fort consensus autour de notions et d'objectifs dont quelques-uns sont encore ambigus, tandis que d'autres font l'objet de dissensions. Dans ces conditions, la présente réflexion voulait simplement situer quelques repères :

– Il règne présentement une grande imprécision autour de la notion d'ethnicité, que l'on charge *a priori* des connotations les plus péjoratives sans faire les distinctions nécessaires, et même souvent sans la définir. Ainsi, si la langue appartient à l'ethnicité (ce qui paraît difficile à contester, quelle que soit la définition à laquelle on se réfère), il n'existe guère aujourd'hui de nations qui ne soient pas un peu ethniques. Il en va ainsi de quelques autres traits ou contenus déjà mentionnés.

– Pour cette raison, il faut éviter d'opposer trop radicalement nation civique et nation ethnique. À certaines conditions, il y a une part de culturel et d'ethnique qui peut légitimement entrer dans la société civile. On connaît des modèles de nations dites civiques où l'État ne se prive pas d'intervenir soit pour sauvegarder certains particularismes culturels, soit pour en réprimer d'autres. Entre la nation civique pure du néolibéralisme et la nation ethnique au sens courant, il y a un espace sociologique à aménager, où le Québec a déjà jeté des fondations.

– L'incorporation de la pluralité culturelle dans la structure de l'État-nation est une tâche à laquelle font face toutes les sociétés modernes. À tout considérer, le Québec y est assez bien engagé, lui qui partait de loin. Sur ce plan, un travail considérable a été effectué depuis le milieu du siècle. Un modèle original, fait d'équilibres délicats, est en voie de s'implanter, qui consiste à ouvrir la nation tout en préservant les conditions de cohésion de la vie collective. Mais, comme le montre depuis quelques décennies l'expérience de pays comme l'Australie et le Canada, l'ouverture du cercle national s'accompagne à court terme de réajustements qui sont perçus par plusieurs comme cause d'un déficit identitaire. Ce phénomène fait mieux voir la pertinence d'un projet social qui soit une source de mobilisation et qui déplace les enjeux nationaux vers des sphères plus concrètes et plus universelles.

– Dans diverses directions (nous en avons indiqué quelques-unes), il reste du chemin à parcourir au Québec pour actualiser la nation telle qu'elle est préconisée par le nouveau nationalisme. La transition entre la culture canadienne-française et la culture québécoise, comme culture nationale, fait l'objet de certaines réticences et de désaccords. Qui pourrait s'en surprendre ? Les longues luttes pour la survie du fait français au Canada et au Québec ont inspiré des réflexes de prudence, des resserrements, des solidarités, et elles ont durci des attitudes. Ces luttes étaient menées au nom de la langue, de la culture, de l'identité, mais aussi pour la fierté, le sens de l'honneur, le respect de soi. On comprendra que ce genre d'héritage culturel ne se laisse pas aisément réinvestir.

– L'élaboration d'un véritable projet de développement collectif, assorti d'une forte composante sociale, est toujours à l'état d'ébauche. Un tel projet est pourtant indispensable pour une nation qui entend intégrer et mobiliser ses citoyens autour de valeurs communes. S'il ne va pas au-delà de la défense de la langue et de la culture francophone, le projet national se prive d'une grande richesse.

Il convient que cette réflexion se termine par une question. Présentement, le nouveau nationalisme, tel qu'il est représenté par le Parti québécois, propose un modèle relativement clair et cohérent de ce que devrait être la réalité culturelle au Québec (sous réserve des ambiguïtés déjà signalées). Ce modèle refoule au maximum l'ethnicité dans la vie privée, ou à tout le moins hors de portée de l'État, de manière à ce que la nation intègre toute la diversité possible et s'abstienne de discrimination envers les individus. Il engage à affranchir la nation du statut ethnique que lui confère officiellement le multiculturalisme canadien. Il crée à partir de l'ethnie canadienne-française une francophonie nourrie d'un projet social qui dispose des moyens politiques de ses ambitions. Or, on voit bien que son cadre de référence nécessaire est un Québec souverain. Toutes les conceptions qui viennent d'être commentées supposent en effet que le Québec devienne une entité collective politiquement autonome. On sait que, pour l'instant, cette option ne fait pas l'objet d'un large consensus au Québec. Mais en l'absence de la souveraineté, quels sont donc les modèles de rechange qui permettraient d'éviter un retour en force de l'ethnicité, un nouveau repli sur la survivance, une relance des revendications stériles auprès du gouvernement canadien, la renonciation au rêve d'ouverture et d'émancipation d'une francophonie originale en territoire québécois ?

BIBLIOGRAPHIE

BARITEAU, Claude, « Pour une conception civique du Québec », *L'Action nationale,* LXXXVI, n° 7, septembre 1996, p. 105-168.

BOUCHARD, Gérard, « Représentations de la population et de la société québécoises : l'apprentissage de la diversité », *Cahiers québécois de démographie,* vol. 19, n° 1, printemps 1990, p. 7-28.

BOURQUE, G., et J. DUCHASTEL, *L'identité fragmentée.* Montréal, Fides, 1996.

CALDWELL, Gary, « L'immigration et la nécessité d'une culture publique commune », *L'Action nationale,* vol. LXXIX, 1988, p. 705-711.

CARENS, Joseph H. (dir.), *Is Quebec Nationalism Just ?,* Montréal/Kingston, McGill/Queen's University Press, 1995, 225 pages.

DELISLE, Esther, *Le Devoir et le délire du nationalisme d'extrême droite dans la province de Québec, 1929-1939,* Montréal, L'Étincelle, 1992, 284 pages.

GREENFIELD, Liah, *Nationalism : Five Roads to Modernity,* Cambridge (Mass.), Harvard University Press, 1992, 581 pages.

HABERMAS, Jurgen, *Écrits politiques : culture, droit, histoire,* Paris, Éditions du Cerf, 1990, 263 pages.

HABERMAS, Jurgen, « Struggles for recognition in the democratic constitutional state », dans A. Gutmann, *Multiculturalism.* Princeton, Princeton University Press, 1994, p. 107-148.

LAMOUREUX, Diane, « L'autodétermination comme condition du multiculturalisme québécois », *Politique et société,* n° 28, 14e année, automne 1995, p. 53-69.

ROUSSIL, Robert et Michel GAUDET, *Vers l'universalité le cul par terre,* Montréal, [s.n.]., 1977.

SMITH, Anthony D., *National Identity,* Reno (Nevada), University of Nevada Press, 1991, 226 pages.

TAMIR, Yael, *Liberal Nationalism,* Princeton (New Jersey), Princeton University Press, 1993, 194 pages.

TAYLOR, Charles, « Le pluralisme et le dualisme », dans Alain-G. Gagnon (dir.), *Québec : État et société,* Montréal, Éditions Québec Amérique, 1994, p. 61-84.

20

NATIONALISME ET QUESTION NATIONALE AU QUÉBEC[1]

MICHEL SARRA-BOURNET

Au centre-ville de la capitale nationale du Canada, sur un terrain de stationnement municipal, on peut observer depuis quelques années un énorme graffiti qui se lit comme suit : *Canada Day ? Nationalism = fascism* (La fête du Canada ? Nationalisme = fascisme). La plupart des Canadiens qui s'arrêtent quelques instants devant ce tableau le trouvent impertinent et s'étonnent que l'on traite avec injustice une des nations les plus tolérantes du monde. En effet, le 1er juillet est aujourd'hui célébré par des Canadiens de toutes origines. Et les Canadiens nés à l'extérieur du Canada sont parfois ceux qui participent le plus aux festivités entourant cette fête nationale.

Il est plutôt rare qu'on associe le nationalisme canadien à l'exclusion. Les Canadiens ont donc de bonnes raisons d'être choqués lorsqu'on associe leur nationalisme à l'ethnicisme ou au racisme. C'est pourtant le traitement que de nombreux commentateurs politiques, universitaires, diplomates et politiciens du Canada ont fait subir au mouvement nationaliste du Québec au cours des dernières années (voir, par exemple, Fontaine, 1996).

Comme dans bien des nations qui n'ont pas d'État souverain, le nationalisme québécois souffre d'un problème d'image et de perception.

---

1. Ce texte est inspiré des conférences suivantes : « The Changing Boundaries of the Nation in Quebec History », colloque « Boundaries » du Centre d'études canadiennes, Université d'Édimbourg, le 5 mai 1996, et « Nationalisme et projet national au Québec », colloque « La démocratie — fin de siècle » de la Société québécoise de science politique, Université McGill, le 15 mai 1996.

Il est vrai que le nationalisme a généralement mauvaise presse en Europe actuellement. Mais le point de vue du Québec est également victime d'une pauvre diffusion à l'étranger. Sur ce plan, le Canada est servi par un réseau bien établi d'ambassades, de hauts-commissariats et de consulats, souvent alimentés par les propos de fédéralistes radicaux qui opposent le « bon nationalisme civique canadien » au « nationalisme québécois ethnoculturel et fascisant ». L'un d'entre eux parle ouvertement d'un *ethnic state building* (construction d'un État ethnique) (Johnson, 1994). Un autre encore écrit dans une revue universitaire américaine :

> Le cas du Québec illustre combien l'ethnicité, par de puissants appels symboliques à la survivance culturelle, peut être politisée de manière à menacer sérieusement l'existence même d'une fédération prospère et stable, jusque-là (Max Nemni 1994 : 171)[2].

Lorsque la question québécoise est posée en termes politiques, le nationalisme canadien devient anti-québécois. Au lendemain du référendum du 30 octobre 1995, par exemple, les journaux canadiens-anglais étaient parsemés d'accusations de racisme à l'endroit des leaders souverainistes québécois (voir Lesage, 1995).

Pourtant, le nationalisme canadien n'a lui-même pas toujours été fort tolérant envers les différences culturelles, puisqu'il a connu des stades d'impérialisme et d'*anglo-conformity*. Le nationalisme québécois a lui aussi subi des transformations à travers son histoire, qui l'ont graduellement éloigné du clérico-nationalisme qui l'a dominé durant près d'un siècle, si bien que l'on peut aujourd'hui parler de convergence entre les nationalismes québécois et canadien. L'erreur des critiques du nationalisme québécois est de croire que, parce que le nationalisme canadien est essentiellement civique aujourd'hui, qu'il en a toujours été ainsi ; et parce que le nationalisme québécois a déjà été essentiellement ethnique, qu'il en sera toujours ainsi. Pourtant, dans les deux cas, une nation ethnique s'est servi d'un appareil d'État pour façonner une nation civique.

Toutefois, cette convergence entre les nationalismes canadien et québécois se limite à la façon dont les nationalistes définissent les critères d'adhésion à la nation dans leur projet national respectif. Dans les deux cas, on peut adhérer à la nation en s'engageant à résider sur le territoire national et à respecter les lois qui y sont en vigueur. Le Canada a l'avantage de sanctionner cet engagement en délivrant un passeport

---

2. Traduction libre.

et en octroyant la nationalité canadienne, de puissants symboles nationaux qui favorisent la loyauté des nouveaux arrivants envers le pays.

Là où les deux nationalismes s'opposent, et sont incompatibles,
c'est dans leur définition des frontières de la nation : le nationalisme
canadien n'a jamais toléré l'existence d'une nation québécoise au sein
du territoire canadien. Toute amorce de reconnaissance d'un statut
national pour le Québec — ou pour les peuples autochtones — a reçu
une fin de non-recevoir (voir Guay et Rocher, 1992).

À mon avis, les attaques de certains nationalistes canadiens
envers les nationalistes québécois[3] sont principalement dues au fait
que ces derniers représentent une menace au projet national pancanadien (Bashevkin, 1991 : 161). En d'autres termes, tant que les nationalistes du Québec se sont contentés de revendiquer la préservation des
caractéristiques ethnoculturelles des Canadiens français, les nationalistes canadiens s'en sont plutôt bien accommodés. Mais, à partir du
moment où ils ont insisté sur l'autonomie du territoire québécois, ils
sont devenus dangereux : ils portaient atteinte à l'intégrité de la nation
canadienne. Aux yeux des nationalistes canadiens, il ne saurait y avoir
qu'une seule nation politique au Canada. Tout autre phénomène identitaire relève nécessairement du multiculturalisme.

Ainsi, les accusations de racisme n'ont-elles rien à voir avec la
nature du nationalisme québécois. Elles sont plutôt motivées par la
volonté de préserver l'intégrité territoriale du Canada. Ces propos
« anti-nationalistes québécois », qui comprennent généralement un
message pro-canadien plus ou moins explicite, se transmettent par
osmose à l'extérieur du Canada. Prenez, par exemple, cette analyse
préréférendaire rédigée par un Américain spécialiste des études
canadiennes :

> Les amis d'un Canada uni […] se doivent d'espérer que les tragédies triba-
> les qui se sont déroulées en Europe de l'Est, en Afrique centrale et au
> Moyen-Orient feront réfléchir les Québécois avant qu'ils ne votent — qu'ils

---

3. Ici, le terme « nationaliste canadien » fait référence aux partisans actuels d'un Canada politiquement uniforme et centralisé. Il ne correspond pas à la notion de « Canadien anglais »,
qu'il soit pris dans le sens de Canadien de langue anglaise ou de Canadien vivant à l'extérieur du Québec, car il y a de nombreux nationalistes canadiens chez les francophones du
Québec. Par ailleurs, l'expression « nationalistes québécois » ne renvoie pas, dans ce texte,
qu'aux souverainistes, mais aussi à ceux et celles qui voudraient qu'on reconnaisse le Québec comme une nation au sein ou à l'extérieur de la fédération canadienne. On les retrouve
évidemment chez les Québécois, surtout francophones, mais leur projet national est également acceptable aux yeux de nombreux Canadiens de l'extérieur du Québec (voir Sarra-
Bournet, 1995b : 155).

se méfieront des révolutionnaires armés de doléances ethniques et de drapeaux nationalistes (Sherman, 1995 :9).

De tels exemples montrent très bien à quel point le nationalisme soulève des craintes en cette fin de siècle. « Le nationalisme, c'est la guerre », disait François Mitterrand. Pourtant, on semble craindre moins des nationalismes des États déjà reconnus que des mouvements identitaires qui n'ont pas encore atteint leurs objectifs politiques. Pourquoi les premiers reçoivent-ils ainsi le bénéfice du doute ? Est-ce en raison de leur nature intrinsèquement « libérale » ? Pourquoi les mouvements de libération des nouvelles nations dérangent-ils l'ordre établi ? Leur nationalisme mène-t-il vraiment à la violence et à la répression, ou n'est-ce pas plutôt parce qu'ils menacent l'intégrité des États existants ?

Le lien entre le nationalisme ethnique et les mouvements nationalistes est aussi simpliste que celui qu'on fait entre le nationalisme libéral et les pays déjà souverains. Poser ainsi le problème, c'est faire fi de nombreux contre-exemples. D'une part, parce que tous les mouvements sécessionnistes ne sont pas composés de « révolutionnaires armés de doléances ethniques et de drapeaux nationalistes ». D'autre part, parce les pays établis, libéraux, démocrates et pacifiques comme le Canada, ne sont pas exempts d'accrocs aux libertés civiles. On n'a qu'à penser à l'invocation de la Loi des mesures de guerre en 1970. En fait, il n'existe pas de définition universelle du nationalisme. Le nationalisme est un phénomène historique qui se déploie de différentes façons dans le temps et l'espace.

UN NATIONALISME EN VAUT-IL UN AUTRE ?

Le nationalisme est un phénomène historique. Chaque cas est particulier. Il n'est pas possible d'en donner une définition unique. Les catégories sont des concepts, des vues de l'esprit qui nous aident à appréhender la réalité. Mais pour bâtir des catégories signifiantes, sans fausser la réalité des éléments qui en font partie, il faut faire un usage rigoureux de la méthode comparative. Faire des comparaisons uniquement dans le but de rassembler des cas semblables, c'est risquer de tomber dans le piège de l'amalgame. Pour éviter les généralisations hâtives et les définitions du nationalisme qui gomment des pans entiers de la réalité historique, il convient de porter une attention égale aux différences et aux similitudes.

Par exemple, Pierre Elliott Trudeau, ancien premier ministre du Canada, voyait une contradiction entre le nationalisme et le libéralisme. La motivation avouée de sa carrière politique était sa lutte contre le nationalisme, qu'il considérait comme un sentiment nécessairement étroit et exclusif, comme un obstacle au progrès de l'humanité : « L'histoire de la civilisation, écrivait-il en 1962, c'est l'histoire de la subordination du "nationalisme" tribal à des appartenances plus larges » (Trudeau, 1967a :165).

Aujourd'hui pourtant, de nombreux penseurs avancent que cette contradiction n'est qu'apparente. Dans *Liberal Nationalism*, Yael Tamir écrit que, « contrairement à la croyance populaire, les communautés nationales peuvent, sous certains angles, être plus ouvertes et pluralistes que des communautés dans lesquelles le lien social est fondé sur un ensemble de valeurs communes » (1993 : 90). Par ailleurs, le philosophe québécois Charles Taylor ajoute :

> Une société ayant de grands objectifs collectifs peut être libérale, à cet égard, à condition de respecter la diversité, en particulier en ce qui a trait aux personnes qui ne partagent pas ses objectifs, à condition d'offrir une protection adéquate des droits fondamentaux (Taylor, 1992 : 206[4]).

Si le nationalisme est compatible avec le libéralisme, il l'est également avec l'universalisme, une autre valeur chère à Trudeau. De passage à Montréal, le secrétaire général des Nations unies, Boutros Boutros-Ghali (1992), n'a-t-il pas déclaré qu'« un monde en ordre est un monde de nations indépendantes, ouvertes les unes aux autres dans le respect de leurs différences et de leurs similitudes » ?

Par conséquent, il est faux de croire que tous les nationalismes sont semblables. On doit donc faire montre de prudence et de mesure pour comprendre chaque manifestation du phénomène. Il est également faux de penser que tous les nationalismes se situent à droite ou qu'ils mènent à l'exclusion ou à une forme de totalitarisme. Ce serait comme avancer que tout libéralisme mène à l'atomisation de la société ou à l'anarchie.

Pour en revenir au cas qui nous intéresse, ce n'est pas contre le concept de nationalisme que Trudeau en avait réellement, mais contre le nationalisme québécois, celui-ci pouvant mener à la sécession du Québec. « Un des moyens de contrebalancer l'attrait du séparatisme, écrivait-il en 1964, c'est d'employer un temps, une énergie et des

---

4. Sur le même sujet, voir Carens, 1995 et Blais *et al.*, 1995.

sommes énormes au service du nationalisme *fédéral*» (1967b : 204.) Bref, la propagande contre le nationalisme québécois ne se fait pas tant au nom des droits et libertés qu'au service d'un nationalisme canadien.

Les études comparatives sont un terrain fertile pour notre connaissance des nationalismes. Pour peu qu'on en fasse un bon usage, qu'on tienne compte des variations géographiques et temporelles, la comparaison permet d'en apprendre beaucoup sur différents phénomènes historiques.

Dans une conférence qu'elle a prononcée à Mexico en 1995, Lise Bissonnette a présenté une typologie des nationalismes dans le monde contemporain. À un extrême, elle a placé le «nationalisme tribal», une forme de nationalisme ethnique qui existe toujours dans certaines régions d'Afrique. Le «nationalisme de reconquête», lui, se fonde sur les identités traditionnelles — c'est-à-dire sur l'ethnie — et a deux visages. L'un est agressif, parce qu'il vise la conquête d'autres peuples et d'autres territoires. L'autre est défensif, parce qu'il résiste à de telles attaques. L'ex-Yougoslavie en serait un bon exemple, selon Lise Bissonnette. Et puis, il y a le «modèle de l'europe de l'Ouest», une forme de nationalisme qui s'exprime aujourd'hui par les hésitations de quelques pays à intégrer rapidement l'Union européenne, ou encore par les hésitations du Canada anglais face au libre-échange avec les États-Unis. Enfin, Lise Bissonnette conclut, au sujet du Québec :

> Il ne fait aucun doute, à mon avis, que son nationalisme est devenu un «patriotisme» semblable à celui qu'on retrouve chez les nations d'Europe de l'Ouest, et que son désir de souveraineté est le même que celui du Canada qui veut préserver la sienne devant la puissance américaine (Bissonnette, 1995 : 3).

Il est à noter qu'ici la défense de l'identité canadienne est associée au nationalisme canadien et que le nationalisme québécois est en convergence avec celui des nations occidentales, y compris le Canada. Tous ne sont pas d'accord avec cette classification. Par exemple, le journaliste anglais Michael Ignatieff visait notamment le nationalisme québécois lorsqu'il écrivait qu'il y a «de nombreux exemples — l'Irlande du Nord, l'Inde et le Canada — où éclôt le nationalisme ethnique au sein d'États formellement engagés en faveur de la démocratie civique» (1993 : 5).

Toutefois, bien qu'elles soient utiles pour comprendre les mouvements nationalistes, de telles généralisations ne rendent pas compte des fondements propres à chacun. Pour comprendre la source d'un mouvement nationaliste, il faut une excellente connaissance de l'histoire d'une région ou d'un peuple, car il y a plusieurs facteurs en cause : les classes sociales, le contexte international, les individus, les origines de la population, etc. Dans l'ouvrage où il compare le Québec à la Catalogne et à l'Écosse, le politologue Michael Keating écrit que chaque mouvement nationaliste est enraciné dans une expérience historique distincte et doit adapter ses stratégies en fonction de la réalité contemporaine (1996 : 217).

Les nombreuses comparaisons qui ont été faites entre différents pays nous montrent bien que toute tentative de trouver une définition universelle du nationalisme est futile. Mais ce n'est pas tout. Le nationalisme étant un phénomène historique, il évolue également dans le temps. Parce que, comme l'écrivait Boyd Shafer « le nationalisme est ce que les nationalistes l'ont fait) » (1964 :13), un nationalisme peut changer de forme selon les générations et les époques sur un territoire donné. Ainsi, comme l'expliquent trois éminents historiens canadiens, « le nationalisme est une force au Québec, au moins depuis le début du dix-neuvième siècle. Bien qu'il ait changé dans le temps, ce n'est pas un phénomène apparu dans les années soixante. » (Francis *et al.* 1996 : 406.) Ces auteurs d'un récent manuel d'histoire du Canada réclament des études sur le nationalisme québécois dans une perspective historique.

L'ÉVOLUTION DU NATIONALISME QUÉBÉCOIS

L'identité nationale québécoise est née avant la Conquête. En Nouvelle-France, les *Canadiens* se sentaient différents des métropolitains français. C'est alors qu'a commencé la longue quête de l'égalité nationale (voir Rocher et Sarra-Bournet, 1995). Le changement de métropole n'a fait qu'ajouter une dimension à cette conscience de la différence. En fait, l'époque de l'appartenance à l'Empire britannique nous en dit autant sur le comportement des *Anglais* au moment des rébellions de 1836-1837 que sur celui des *Canadiens*. Si la revendication de l'indépendance politique n'a existé qu'au Bas-Canada, c'est parce que les patriotes du Haut-Canada ne désiraient pas rompre le lien impérial avec leur mère-patrie. Pour la même raison, les marchands britanniques de Montréal préféraient encore vivre dans un régime non démocratique que de faire partie d'une république dominée par une majorité d'origine française.

N'ayant pu trouver d'expression politique, le nationalisme *canadien* s'est muté en nationalisme *canadien-français*, un nationalisme de survivance culturelle dont on a longtemps dit qu'il était de nature raciste et antisémite. C'est sans compter qu'à la même époque le Canada anglais vivait à l'heure de l'*anglo-conformity*, un nationalisme impérialiste, nativiste et assimilateur, qui n'a vraiment cessé qu'après la Deuxième Guerre mondiale, soit quelques années à peine avant la Révolution tranquille québécoise.

Les années 1960 on vu se ressouder le mariage du nationalisme et du libéralisme au Québec. L'arrivée au pouvoir du Parti libéral de Jean Lesage a inauguré une période de transition entre le nationalisme canadien-français et le nationalisme québécois, entre les pôles « ethnique » et « territorial » :

> Il faut que notre nationalisme fasse remarquer que si la crise de la Confédération est ethnique au point de vue culture, elle est *territoriale* au point de vue économique. J'emploie ici l'adjectif « territoriale » avec l'intention bien manifeste de prouver aux anglophones que nous avons partie liée (cité dans Arsenault, 1983 :128-129).

Pour Daniel Johnson père, les objectifs « égalité ou indépendance » visaient aussi à faire du Québec le « foyer principal » des Canadiens français[5]. Si cette idée n'a plus cours aujourd'hui[6], c'est que la Révolution tranquille a progressivement sorti le nationalisme québécois du piège ethnique.

Pensées en fonction de la promotion des Canadiens français, les politiques économiques des années 1960 ont modifié les frontières de la nation en mettant l'accent sur l'État québécois. Certes, la mise sur pied des grandes institutions étatiques avait initialement pour but de favoriser la mobilité sociale des Canadiens français du Québec, mais au fur et à mesure que ce rattrapage fut complété, les institutions et les politiques nationalistes du gouvernement du Québec ont profité à tous les Québécois. Le même phénomène s'est produit du côté de la langue. La promotion de l'usage du français a certes aidé les francophones à se libérer de la discrimination au sein même du Québec. Mais, par la même occasion, elle a incité beaucoup de non-francophones à apprendre la langue de la majorité, si bien qu'elle est en voie de devenir la langue commune, et non plus la langue des Canadiens français. Cette évolution est aussi due aux effets des dispositions de la Charte de la langue française en matière d'éducation qui, en favorisant l'intégration en

---

5. À ce sujet, on lira avec profit la contribution de François Rocher au présent ouvrage.
6. L'idée de désigner le Québec comme « foyer principal de la langue, de la culture et de la tradition juridique française en Amérique », qui a refait surface en 1997, mais au sein du Parti libéral du Canada, est très révélatrice de la conception qu'ont les nationalistes canadiens de la nature de la nation québécoise. Voir Giroux, 1996.

français des enfants d'immigrants à la société québécoise, ont entraîné le métissage de la majorité. Aujourd'hui, lorsqu'on désigne les Québécois francophones, on ne parle plus des Canadiens français du Québec. Par conséquent, le discours du mouvement nationaliste et en particulier le projet national des souverainistes québécois ont dû tenir compte du pluralisme culturel de ce qu'il était maintenant convenu d'appeler la nation québécoise et tenter d'élargir la base de son appui (voir Sarra-Bournet, 1994).

IDENTITÉ NATIONALE ET PROJET NATIONAL

C'est ici qu'intervient une distinction importante, celle qui existe entre le nationalisme en tant qu'identité collective et le nationalisme comme projet politique. Le nationalisme est donc un phénomène complexe. Il est composé à la fois de l'identité nationale (le sentiment de loyauté qui lie l'individu à un groupe et/ou un territoire) et du projet national (une définition des frontières de la nation et des moyens de la défendre à laquelle se greffe une idéologie sociale et/ou politique).

Le problème actuel du nationalisme québécois, c'est que ceux et celles qui s'identifient à la nation « québécoise » sont encore dans une grande proportion des francophones bien que le projet national inclut maintenant l'ensemble de la population du Québec. Cette tension entre l'identité nationale et le projet national est exploitée par les nationalistes canadiens contre les nationalistes québécois. Étant donné que ces derniers sont majoritairement francophones, les adversaires du nationalisme québécois en concluent que le projet national exclut les non-francophones, voire les non-Canadiens français.

Parfois même, ce sont des nationalistes québécois fédéralistes qui utilisent cet argument contre des nationalistes québécois souverainistes[7]. Cela est étonnant à première vue puisque leurs projets nationaux sont essentiellement les mêmes : ils désirent construire une nation québécoise. Les uns ambitionnent de le faire à l'intérieur du Canada, avec la reconnaissance du caractère national du Québec et l'acceptation du fait que le français en est la langue officielle, alors que les autres visent le même objectif à l'extérieur de la fédération, par la souveraineté politique assortie d'un partenariat économique avec le reste

---

7. Pour demeurer cohérent avec les remarques de la note 3, rappelons qu'on comprend mieux la question nationale lorsqu'on divise l'électorat québécois en nationalistes canadiens d'une part, et nationalistes québécois d'autre part. Parmi ces derniers, on retrouve des fédéralistes et des souverainistes.

du Canada. On sent là un certain opportunisme électoral : en plus des nationalistes québécois fédéralistes, le Parti libéral du Québec veut séduire une clientèle électorale qui s'identifie davantage au projet national canadien. Daniel Johnson ne s'est-il pas écrié, dans la pure tradition du multiculturalisme canadien, « Nous sommes tous immigrants au Canada », durant la dernière campagne référendaire ? (Richer, 1995)

De telles stratégies électorales entretiennent la confusion sur la nature du nationalisme québécois. Mais les libéraux ne sont pas les seuls en cause, bien au contraire. En 1993, alors qu'il n'était pas encore premier ministre, le chef péquiste Jacques Parizeau s'était adressé à ses militants en ces termes : « Il faut être conscient que les Québécois peuvent atteindre l'objectif qu'ils se sont fixé, même si c'est presque exclusivement les Québécois de souche qui votent pour. Il faut tirer cette conclusion, car cela a des conséquences considérables pour notre action politique » (Venne, 1993). La consigne était claire : il ne fallait pas perdre trop de temps avec les non-francophones et « faire sortir » le vote francophone lors d'un référendum. Tout s'est passé comme si les souverainistes avaient abandonné les non-francophones aux fédéralistes, leur laissant tout l'espace politique nécessaire pour noircir la réputation du mouvement souverainiste aux yeux de ces derniers.

Même si la machine électorale fédéraliste a elle aussi contribué au clivage politique entre francophones et non-francophones pour influencer le vote de ces derniers, il reste que l'aveu public d'une telle stratégie sorti de la bouche d'un chef souverainiste a eu un effet symbolique important. Parce qu'on ne comptait plus sur leur appui, beaucoup de non-francophones se sont sentis exclus de la version souverainiste du projet national québécois.

Mais les stratégies des partis politiques ne sont pas les seules en cause. Lorsque les Congrès juif, hellénique et italo-canadien du Québec se sont rangés dans le camp du NON au référendum, ils ont fait appel au sentiment ethnique de leurs membres contre le projet souverainiste. Ainsi, tant ces trois groupes que Jacques Parizeau et les machines électorales sont tous responsables des « votes ethniques » que ce dernier a tenu partiellement responsables de la défaite du camp du OUI en 1995[8].

---

8. Pour mémoire, rappelons les paroles exactes du premier ministre d'alors : « C'est vrai qu'on a été battus, au fond, par quoi ? Par l'argent puis des votes ethniques, essentiellement » (1995).

En réalité, si les souverainistes avaient travaillé davantage et plus efficacement avec la clientèle électorale non francophone depuis 1980, non seulement leur projet ne souffrirait pas d'un problème de légitimité chez les non-francophones (les projets de « partition », c'est-à-dire de démembrement d'un Québec souverain selon des lignes ethniques, en sont le signe le plus évident), mais le OUI aurait peut-être recueilli en 1995 les 50 000 votes qui lui ont manqué pour dépasser le seuil minimum des 50 % + 1 requis !

Mais il y a pire encore. Prenant acte de la polarisation référendaire, Jacques Parizeau a ajouté, le soir du 30 octobre : « N'oubliez jamais, les trois cinquièmes de ce que nous sommes ont voté OUI » (1995 : 1). Ce sont ces paroles, plus que la simple constatation de « votes ethniques », qui auraient dû faire la manchette des journaux. La lecture de Jacques Parizeau du résultat référendaire pointe vers une redéfinition du « nous » en quelque chose de plus exclusif : « On va cesser de parler des francophones du Québec voulez-vous ? On va parler de nous. On a voté pour. On s'est bien battus, et nous, on a quand même réussi à indiquer ce qu'on voulait » (Parizeau, 1995). Dès le lendemain, les critiques qu'il a essuyées de la part des ténors du mouvement souverainiste indiquent que sa réaction n'était qu'un des derniers sursauts du nationalisme de décolonisation qui avait cours dans les années 1960, au moment où il s'est engagé dans le mouvement souverainiste. Le premier ministre, qui avait déjà en tête de démissionner si le NON l'emportait, annonça illico sa décision.

Les tactiques électorales ne peuvent toutefois pas, à elles seules, expliquer pourquoi l'appui au projet national québécois, tant dans sa version fédéraliste que souverainiste, est concentré chez les francophones, qu'ils soient d'origine canadienne-française ou autre. Le déplacement de l'identité nationale canadienne vers une identité nationale québécoise qu'on a observé au cours des vingt dernières années a surtout été le fait des francophones (Pinard, 1992). Que dire des immigrants qui s'identifient davantage au Canada qu'au Québec ? Puisque c'est l'État canadien qui leur a procuré la citoyenneté et les droits qui s'y rattachent et que, dans leur pays d'origine, on ne connaît le Québec que comme une subdivision territoriale de ce pays à majorité anglophone qu'est le Canada, ils ont tendance à s'identifier à l'ensemble canadien et au projet national qui y correspond. C'est le Canada qui est le territoire de référence pour la plupart des immigrants et des allophones. Ils ne voient pas d'avantage évident à faire partie d'une minorité au sein du Québec, souverain ou pas, alors qu'ils sont forts satisfaits de leur condition de minoritaires au sein du Canada. Quant aux anglophones, ils ne sont pas attirés par le projet national québécois tout simplement parce qu'ils ne veulent pas troquer leur position de majorité au sein de la nation canadienne pour un statut de minorité dans une « société distincte » ou un Québec souverain. En d'autres termes, la grande majorité des non-francophones du Québec ne voient aucun avantage à adhérer au projet national québécois[9].

La compréhension de l'histoire est un autre facteur de différenciation. La mémoire collective des Québécois francophones, telle qu'elle est entretenue par le discours de leurs élites politique, artistique et intellectuelle, renforce l'identification au territoire québécois (Griffin, 1995). Comme l'affirme le cinéaste et écrivain Jacques Godbout, « l'histoire est la dimension imaginaire d'un peuple. L'histoire n'est pas une science exacte. C'est un récit nécessaire pour donner du sens à ce qui arrive à une société » (cité par Devienne, 1996). L'histoire enseignée dans les écoles québécoises — cela est décrié par les nationalistes canadiens (voir Monique Nemni, 1994 et Khouri, 1995) — serait un important creuset de la nouvelle identité nationale. En retour, le renforcement de l'identité québécoise favorise l'appui au projet national québécois.

À leur arrivée au Québec, les immigrants font face à deux visions antagonistes de l'histoire : celle des nationalistes canadiens (qui domine dans les écoles anglaises) et celle des nationalistes québécois (qui est véhiculée dans les écoles françaises). Ils se retrouvent dans la position inconfortable « de choisir entre deux mémoires » qu'ils ne reconnaissent pas (Fall et Simeoni, 1995). Il s'ensuit que l'intégration en français des immigrants à la société francophone est très importante.

En ce sens, il est erroné de définir le clivage du vote référendaire comme « ethnique ». Il est davantage linguistique. Après leur intégration à la communauté francophone, les immigrants et leurs descendants tendent à s'identifier au Québec et à être « positivement prédisposés à l'endroit de la souveraineté » (Serré, 1996 : 24. Voir aussi Paillé, 1996). Aussi, l'objectif de faire du français la langue commune de tous les Québécois (dans leurs activités publiques et commerciales) n'est pas un réflexe de protection des « Québécois de souche », comme le prétendent les nationalistes canadiens. Le projet national québécois actuel n'est plus fondé sur ce réflexe ethnique de protection de la langue des Canadiens français. La lutte pour le français au Québec vise à renforcer l'identité nationale québécoise dans tous les segments de la population du Québec. Toute tentative de reléguer l'usage du français aux seuls

---

9. Là-dessus, je me trouve en accord avec Stéphane Dion (1995 : 3).

Canadiens français — l'intention originale de la politique fédérale des langues officielle étant que chaque citoyen puisse recevoir les services gouvernementaux dans sa langue — ethnicise à nouveau la question nationale.

L'idée de faire du Québec un État français vise donc l'adhésion du plus grand nombre de Québécois de toutes origines au projet national québécois contemporain. Cela vaut autant pour les souverainistes que les fédéralistes. La langue, qui véhicule une culture et une histoire, devient un instrument d'unification nationale. Elle est dorénavant liée au territoire plutôt qu'à l'origine ethnique[10].

Bien que la polarisation linguistique qui existe au chapitre de l'identité nationale se répercute sur le vote aux élections et aux référendums, le projet national québécois contemporain demeure territorial et inclusif, non pas ethnique et exclusif.

Lorsque Lucien Bouchard (1995 et 1996) a proposé d'associer davantage les non-francophones à l'avenir du Québec — sinon à la démarche souverainiste —, il a fait le pari qu'un nationalisme encore plus inclusif saurait rallier le consentement et même l'appui de Québécois de toutes origines au projet souverainiste.

L'AVENIR DU NATIONALISME AU QUÉBEC

Dans les démocraties stables, le nationalisme est synonyme de patriotisme, c'est-à-dire de sentiment de loyauté et d'attachement des citoyens à l'entité politique dans laquelle ils exercent leurs droits individuels et collectifs. Quel est l'avenir du nationalisme au Québec ? Quelles projections peut-on faire à partir des derniers événements politiques et à la lumière de l'histoire ? À mon avis, l'absence d'une résolution rapide de la question nationale est essentielle à la poursuite du nationalisme libéral au Québec.

La reconnaissance du Québec comme une entité politique distincte du reste du Canada ou comme une nation au sein d'un Canada multinational, accompagnée d'une dévolution du pouvoir central au gouvernement national du Québec, aurait pu permettre d'atteindre cet objectif. Cela a été tenté en vain de différentes façons depuis les

---

10. Cela étant dit, j'ai déjà émis l'opinion que cette intégration par la langue demeurera difficile tant que le Québec ne contrôlera pas l'octroi de la citoyenneté, ce qui nécessite la souveraineté. Voir Sarra-Bournet, 1995a : 5.

années 1960 et demeure l'objectif de ce qui reste de nationalistes fédéralistes.

Il ne reste désormais qu'une solution : la transition démocratique et pacifique vers un nouveau partenariat politique et économique entre un Québec souverain et un Canada anglais souverain, selon le modèle évoqué en juin 1995 par les trois partis souverainistes du Québec : le Bloc Québécois, l'Action démocratique du Québec et le Parti québécois.

Les frontières de la nation ont changé à plusieurs reprises au cours de l'histoire du Québec. Pouvons-nous être absolument certains que nous sommes sur le point d'assister au triomphe du projet national libéral contemporain ? Pas nécessairement. La non-résolution de la question nationale au Québec comporte le danger d'un retour au nationalisme ethnique. Comme le disait Guy Rocher : « Peut-être que ce qui est dangereux, en ce moment, c'est qu'on retourne au nationalisme canadien-français à l'intérieur du Québec » (Keable, 1996 : 16).

Si le *statu quo* constitutionnel — c'est-à-dire que le Québec conserve son statut et ses pouvoirs actuels — perdure, formellement ou à défaut d'une entente, il est possible que les Québécois se tournent vers une définition de la nation qui ne coïncidera plus avec le territoire du Québec mais, au mieux, avec le groupe francophone. Contraints de choisir entre un nationalisme territorial pancanadien et un nationalisme « franco-québécois », digne héritier du nationalisme canadien-français, les francophones pourraient préférer ce dernier : malgré toutes les formes de propagande fédérale, la plupart refusent de se désigner comme « Canadiens d'abord ».

C'est lorsqu'il n'a pu trouver d'expression politique que le nationalisme s'est réfugié dans ses bastions culturel et linguistique. Il s'ensuit que, si le projet national québécois subissait une défaite politique humiliante et sans appel, comme celui des Patriotes en 1837-1838, l'identité québécoise qui prévaut actuellement chez les francophones pourrait trouver un nouveau souffle dans son expression culturelle. L'histoire nous enseigne aussi que c'est dans de telles circonstances que le nationalisme est devenu exclusif et intolérant.

On ne peut non plus exclure la possibilité, à l'aube du XXᵉ siècle, dans un monde d'économies ouvertes, à la population de plus en plus mobile, que ce petit peuple original et dynamique disparaisse, que ses membres choisissent individuellement de mettre fin à cette « prétention à la nationalité », comme l'écrivait Durham en 1839.

Le meilleur moyen d'éviter ces écueils est, d'abord, de faire en sorte que tous les Québécois se sentent membres à part entière de la société québécoise. Ensuite, de les convaincre qu'ils doivent prendre leur destinée en mains. Ce n'est qu'à cette condition que se réaliseront les promesses du nationalisme québécois contemporain.

BIBLIOGRAPHIE

ARSENAULT, Bona (1983), *Souvernirs et confidences*, Montréal, Leméac.

BASHEVKIN, Sylvia B. (1991), « Solitudes in Collision ? Pan-Canadian and Quebec Nationalisms in Perspective », in *True Patriot Love. The Politics of Canadian Nationalism*, Toronto, Oxford University Press, p. 154-177.

BISSONNETTE, Lise (1995), « Le Québec, ou la fausse contradiction », *Occasional Paper* (Center for the Study of Canada, SUNY, Plattsburgh) 4 (July) 1-6.

BLAIS, François, Guy LAFOREST and Diane LAMOUREUX (1995), *Libéralismes et nationalismes. Philosophie et politique*, Québec, Presses de l'Université Laval.

BOUCHARD, Lucien (1995), « La balle est dans le camp d'Ottawa ! », *La Presse*, le 22 novembre, p. B-3.

BOUCHARD, Lucien (1996), *Vivre ensemble avant, pendant et après le référendum*, notes pour un discours du premier ministre devant la communauté anglophone du Québec, Montréal, le 11 mars.

BOUTROS-GHALI, Boutros (1992), « Unies mais souveraines », *Le Devoir*, le 27 mai, p. B-8.

CARENS, Joseph H. (dir.) (1995), *Is Quebec Nationalism Just ?*, Montreal & Kingston, McGill-Queen's University Press.

DEVIENNE, Émilie (1996), « Ce moment où l'Amérique a cessé de parler français », *Actionfilm,* 4, 2 (automne) 3.

DION, Stéphane (1995), *Antinationalisme et obsession constitutionnelle dans le débat référendaire*, texte présenté lors d'un dîner Cité libre à Montréal, le 12 janvier et à Ottawa, le 18 janvier.

FALL, Khadiyatoulah et Daniel SIMEONI (1995), « Frayer dans une histoire commune. Pourquoi les allophones ont-ils rejeté le projet souverainiste au dernier référendum ? », *Le Devoir*, le 29 novembre, p. A-7.

FONTAINE, Mario (1996), « Dick Pound craint que le racisme ne soit ancré au gouvernement québécois », *La Presse*, le 16 janvier, p. B1.

FRANCIS, R. Douglas *et al.* (1996), *Destinies. Canadian History since Confederation*, Third Edition, Toronto, Harcourt Brace Canada.

GIROUX, Raymond (1996), « Le Québec, un machin pas pareil ! La résolution libérale ramène le nationalisme ethnique », *Le Soleil*, le 16 avril, p. B6.

GRIFFIN, Anne (1995), « The Forge of Memory and Discourse of Independence in Québec », paper presented at the bienneal conference of the Association for Canadian Studies in the United States, Seattle, November 15-19, texte traduit en français et inclus dans le présent ouvrage.

GUAY, Jean-H. et François ROCHER (1992), « De la difficile reconnaissance de la spécificité québécoise », in *Bilan québécois du fédéralisme canadien*, Montréal, VLB éditeur, p. 58-78.

IGNATIEFF, Michael (1993), *Blood and Belonging*, 1993, p. 5.

JOHNSON, William (1994), *A Canadian Myth : Quebec, between Canada and the Illusion of Utopia*, Montreal, Robert Davies Publishing.

KEABLE, Jacques (1996), « Le Québec en quatre actes », *Interface* (janvier-février 1996), 8-16.

KEATING, Michael (1996), *Nations against the State. The New Politics of Nationalism in Quebec, Catalonia and Scotland*, London/New York, Macmillan/St.Martin's Press.

KHOURI, Nadia (1995), *Qui a peur de Mordecai Richler ?*, Montréal, Édition Balzac.

LESAGE, Gilles (1995), « Parizeau et Bouchard mis au pilori », *Le Devoir* (11 et 12 novembre).

NEMNI, Max (1994), « The Case against Quebec Nationalism », *American Review of Canadian Studies,* 24, 2 (Summer), 171-195.

NEMNI, Monique (1994), « "Comment on abrutit nos enfants", nouvelle version, revue et augmentée », *Cité libre,* XXII, 6 (novembre-décembre), 21-29.

PAILLÉ, Michel (1996), « Des Franco-Québécois pas aussi "pure laine" qu'on le pense », *La Presse*, le 9 janvier, p. B-4.

PARIZEAU, Jacques (1995), « Mes amis, on se crache dans les mains et on recommence », *Le Soleil*, le 31 octobre 1995, p. A14.

PINARD, Maurice (1992), « The Quebec Independence Movement : A Dramatic Reemergence », *Working Papers in Social Behaviour,* 92-06 (Revised Spring), 46 p.

RICHER, Jocelyne (1995), « Tous les Québécois sont des immigrants, soutient Johnson », *Le Devoir*, le 26 septembre, p. A6.

ROCHER, François et Michel SARRA-BOURNET (1995), « La longue quête de l'égalité », in Michel SARRA-BOURNET (dir.), *Manifeste des intellectuels pour la souveraineté suivi de Douze essais sur l'avenir du Québec*, Montréal, Fides, p. 43-57.

SARRA-BOURNET, Michel (1995a), *La citoyenneté, ciment de la nation québécoise*, Mémoire devant la commission régionale de Laval sur l'avenir du Québec, le 25 février.

SARRA-BOURNET, Michel (1995b), *Le Canada anglais et la souveraineté du Québec. Deux cents leaders d'opinion se prononcent*, Montréal, VLB éditeur.

SARRA-BOURNET, Michel (1994), « La fin du nationalisme ethnique au Québec », *Bulletin de l'Association québécoise d'histoire politique*, 2, 3 (hiver 1994), 10-14.

SERRÉ, Pierre (1996), « La souveraineté, le PQ et les immigrants : du rejet total à la progression soutenue ? », *L'Action nationale*, LXXXVI, 1 (janvier), 18-25.

SHAFER, Boyd (1964) [1955], *Le nationalisme. Mythe et réalité*, Paris, Payot.

SHERMAN, George (1995), « Reflections on the Independence Movement in Quebec », *Teaching Canada* (Center for the Study of Canada, SUNY, Plattsburgh), 14, 1 (spring), 1-9.

TAMIR, Yael, *Liberal Nationalism*, Princeton, N.J., Princeton University Press, 1993.

TAYLOR, Charles (1992) [1991], « Convergences et divergences à propos des valeurs entre le Québec et le Canada, in *Rapprocher les solitudes*, Sainte-Foy, Presses de l'Université Laval.

TRUDEAU, Pierre Elliott (1967a) [1962], « La nouvelle trahison des clercs », in *Le fédéralisme et la société canadienne-française*, Montréal, éditions HMH, p. 159-190.

TRUDEAU, Pierre Elliott (1967b) [1964], « Fédéralisme, nationalisme et raison », in *Le fédéralisme et la société canadienne-française*, Montréal, éditions HMH, p.191-215.

VENNE, Michel (1993), « Parizeau crée un malaise au PQ », *Le Devoir*, le 25 janvier, p. 1.

ANNEXE

QU'EST-CE QU'UNE NATION ?

ERNEST RENAN

Écrivain français et philologue né à Tréguier (Côtes-du-Nord) le 28 février 1823 et décédé à Paris le 2 octobre 1892, Ernest Renan, qui s'était destiné à la prêtrise, connut une crise religieuse pendant ses études au séminaire. Ses œuvres ont démontré que, tout en continuant d'admirer l'histoire judéo-chrétienne, il rejetait les dogmes du catholicisme. Après la parution de *Vie de Jésus* (1863), il a été l'objet des plus grands honneurs. Il était considéré comme un maître du style et il a joui d'un grand prestige auprès des jeunes Maurras, Bourget et Barrès.

En présentant *Qu'est-ce qu'une nation ?* au directeur de l'Association scientifique de France, Renan écrit « Qu'est-ce qui constitue une unité nationale ? Est-ce la langue ? Est-ce la géographie ? Est-ce l'histoire ? Sont-ce les intérêts ? C'est tout cela à la fois et par-dessus tout c'est le consentement des peuples, c'est la volonté de vivre ensemble. » Le fait que cette conférence faite en Sorbonne le 11 mars 1882 soit encore abondamment citée aujourd'hui démontre que la pensée de Renan est restée très actuelle après plus d'un siècle. La version présentée ici provient de la collection électronique de la Bibliothèque de Lisieux.

Je me propose d'analyser avec vous une idée, claire en apparence, mais qui prête aux plus dangereux malentendus. Les formes de la société humaine sont des plus variées. Les grandes agglomérations d'hommes à la façon de la Chine, de l'Égypte, de la plus ancienne Babylonie ; — la tribu à la façon des Hébreux, des Arabes ; — la cité à la façon d'Athènes et de Sparte ; — les réunions de pays divers à la manière de l'Empire carlovingien ; — les communautés sans patrie, maintenues par le lien religieux, comme sont celles des israélites, des parsis ; — les nations comme la France, l'Angleterre et la plupart des modernes autonomies européennes ; — les confédérations à la façon de la Suisse, de l'Amérique ; — des parentés comme celles que la race, ou plutôt la langue, établit entre les différentes branches de Germains, les différentes branches de Slaves ; — voilà des modes de groupements qui tous existent, ou bien ont existé, et qu'on ne saurait confondre les uns avec les autres sans les plus sérieux inconvénients. À l'époque de la Révolution française, on croyait que les institutions de petites villes indépendantes, telles que Sparte et Rome, pouvaient s'appliquer à nos grandes nations de trente à quarante millions d'âmes. De nos jours, on commet une erreur plus grave : on confond la race avec la nation, et l'on attribue à des groupes ethnographiques ou plutôt linguistiques une souveraineté analogue à celle des peuples réellement existants. Tâchons d'arriver à quelque précision en ces questions difficiles, où la moindre confusion sur le sens des mots, à l'origine du raisonnement, peut produire à la fin les plus funestes erreurs. Ce que nous allons faire est délicat ; c'est presque de la vivisection ; nous allons traîter les vivants comme d'ordinaire on traite les morts. Nous y mettrons la froideur, l'impartialité la plus absolue.

Depuis la fin de l'Empire romain, ou, mieux, depuis la dislocation de l'Empire de Charlemagne, l'Europe occidentale nous apparaît divisée en nations, dont quelques-unes, à certaines époques, ont cherché à exercer une hégémonie sur les autres, sans jamais y réussir d'une manière durable. Ce que n'ont pu réussir Charles-Quint, Louis XIV, Napoléon Ier, personne probablement ne le pourra dans l'avenir. L'établissement d'un nouvel Empire romain ou d'un nouvel Empire de Charlemagne est devenu une impossibilité. La division de l'Europe est trop grande pour qu'une tentative de domination universelle ne provoque pas très vite une coalition qui fasse rentrer la nation ambitieuse dans ses bornes naturelles. Une sorte d'équilibre est établi pour longtemps. La France, l'Angleterre, l'Allemagne, la Russie seront encore, dans des centaines d'années, et malgré les aventures qu'elles auront courues, des individualités historiques, les pièces essentielles d'un damier, dont les cases varient sans cesse d'importance et de grandeur, mais ne se confondent jamais tout à fait.

Les nations, entendues de cette manière, sont quelque chose d'assez nouveau dans l'histoire. L'antiquité ne les connut pas ; l'Égypte, la Chine, l'antique Chaldée ne furent à aucun degré des nations. C'étaient des troupeaux menés par un fils du Soleil, ou un fils du Ciel. Il n'y eut pas de citoyens égyptiens, pas plus qu'il n'y a de citoyens chinois. L'antiquité classique eut des républiques et des royautés municipales, des confédérations de républiques locales, des empires ; elle n'eut guère la nation au sens où nous la comprenons.

Athènes, Sparte, Sidon, Tyr sont de petits centres d'admirable patriotisme ; mais ce sont des cités avec un territoire relativement restreint. La Gaule, l'Espagne, l'Italie, avant leur absorption dans l'Empire romain, étaient des ensembles de peuplades, souvent liguées entre elles, mais sans institutions centrales, sans dynasties. L'Empire assyrien, l'Empire persan, l'Empire d'Alexandre ne furent pas non plus des patries. Il n'y eut jamais de patriotes assyriens ; l'Empire persan fut une vaste féodalité. Pas une nation ne rattache ses origines à la colossale aventure d'Alexandre, qui fut cependant si riche en conséquences pour l'histoire générale de la civilisation.

L'Empire romain fut bien plus près d'être une patrie. En retour de l'immense bienfait de la cessation des guerres, la domination romaine, d'abord si dure, fut bien vite aimée. Ce fut une grande association, synonyme d'ordre, de paix et de civilisation. Dans les derniers temps de l'Empire, il y eut, chez les âmes élevées, chez les évêques éclairés, chez les lettrés, un vrai sentiment de « la paix romaine », opposée au chaos menaçant de la barbarie. Mais un empire, douze fois grand comme la France actuelle, ne saurait former un État dans l'acception moderne. La scission de l'Orient et de l'Occident était inévitable. Les essais d'un empire gaulois, au IIIe siècle, ne réussirent pas. C'est l'invasion germanique qui introduisit dans le monde le principe qui, plus tard, a servi de base à l'existence des nationalités.

Que firent les peuples germaniques, en effet, depuis leurs grandes invasions du Ve siècle jusqu'aux dernières conquêtes normandes au Xe ? Ils changèrent peu le fond des races ; mais ils imposèrent des dynasties et une aristocratie militaire à des parties plus ou moins considérables de l'ancien Empire d'Occident, lesquelles prirent le nom de leurs envahisseurs. De là une France, une Burgondie, une Lombardie ; plus tard, une Normandie. La rapide prépondérance que prit l'empire franc refait un moment l'unité de l'Occident ; mais cet empire se brise irrémédiablement vers le milieu du IXe siècle ; le traité de Verdun trace des divisions immuables en principe, et dès lors la France, l'Allemagne, l'Angleterre, l'Italie, l'Espagne s'acheminent, par des voies souvent détournées et à travers mille aventures, à leur pleine existence nationale, telle que nous la voyons s'épanouir aujourd'hui.

Qu'est-ce qui caractérise, en effet, ces différents États ? C'est la fusion des populations qui les composent. Dans les pays que nous venons d'énumérer, rien d'analogue à ce que vous trouverez en Turquie, où le Turc, le Slave, le Grec, l'Arménien, l'Arabe, le Syrien, le Kurde sont aussi distincts aujourd'hui qu'au jour de la conquête. Deux circonstances essentielles contribuèrent à ce résultat. D'abord le fait que les peuples germaniques adoptèrent le christianisme dès qu'ils eurent des contacts un peu suivis avec les peuples grecs et latins. Quand le vainqueur et le vaincu sont de la même religion, ou plutôt, quand le vainqueur adopte la religion du vaincu, le système turc, la distinction absolue des hommes d'après la religion, ne peut plus se produire. La seconde circonstance fut, de la part des conquérants, l'oubli de leur propre langue. Les petits-fils de Clovis, d'Alaric, de Gondebaud, d'Alboïn, de Rollon, parlaient déjà roman. Ce fait était lui-même la conséquence d'une autre particularité importante ; c'est que les Francs, les Burgondes, les Goths, les Lombards, les Normands avaient très peu de femmes de leur race avec eux. Pendant plusieurs générations, les chefs ne se marient qu'avec des femmes germaines ; mais leurs concubines sont latines, les nourrices des enfants sont latines ; toute la tribu épouse des femmes latines ; ce qui fit que la *lingua francica*, la *lingua gothica* n'eurent, depuis l'établissement des Francs et des Goths en terres romaines, que de très courtes destinées. Il n'en fut pas ainsi en Angleterre ; car l'invasion anglo-saxonne avait sans doute des femmes avec elle ; la population bretonne s'enfuit, et, d'ailleurs, le latin n'était plus, ou même ne fut jamais dominant dans la Bretagne. Si on eût généralement parlé gaulois dans la Gaule, au Vᵉ siècle, Clovis et les siens n'eussent pas abandonné le germanique pour le gaulois.

De là ce résultat capital que, malgré l'extrême violence des mœurs des envahisseurs germains, le moule qu'ils imposèrent devint, avec les siècles, le moule même de la nation. France devint très légitimement le nom d'un pays où il n'était entrée qu'une imperceptible minorité de Francs. Au Xᵉ siècle, dans les premières chansons de geste, qui sont un miroir si parfait de l'esprit du temps, tous les habitants de la France sont des Français. L'idée d'une différence de races dans la population de la France, si évidente chez Grégoire de Tours, ne se présente à aucun degré chez les écrivains et les poètes français postérieurs à Hugues Capet. La différence du noble et du vilain est aussi accentuée que possible ; mais la différence de l'un à l'autre n'est en rien une différence ethnique ; c'est une différence de courage, d'habitudes et d'éducation transmise héréditairement ; l'idée que l'origine de tout cela soit une conquête ne vient à personne. Le faux système d'après lequel la noblesse dut son origine à un privilège conféré par le roi pour de grands services rendus à la nation, si bien que tout noble est un anobli, ce système est établi comme un dogme dès le XIIIᵉ siècle. La même chose se passa à la suite de presque toutes les conquêtes normandes. Au bout d'une ou deux générations, les envahisseurs normands ne se distinguaient plus du reste de la population ; leur influence n'en avait pas moins été profonde ; ils avaient donné au pays conquis une noblesse, des habitudes militaires, un patriotisme qu'il n'avait pas auparavant.

L'oubli, et je dirai même l'erreur historique sont un facteur essentiel de la création d'une nation, et c'est ainsi que le progrès des études historiques est souvent pour la nationalité un danger. L'investigation historique, en effet, remet en lumière les faits de violence qui se sont passés à l'origine de toutes les formations politiques, même de celles dont les conséquences ont été le plus bienfaisantes. L'unité se fait toujours brutalement ; la réunion de la France du Nord et de la France du Midi a été le résultat d'une extermination et d'une terreur continuée pendant près d'un siècle. Le roi de France, qui est, si j'ose le dire, le type idéal d'un cristallisateur séculaire ; le roi de France, qui a fait la plus parfaite unité nationale qu'il y ait ; le roi de France, vu de trop près, a perdu son prestige ; la nation qu'il avait formée l'a maudit, et, aujourd'hui, il n'y a que les esprits cultivés qui sachent ce qu'il valait et ce qu'il a fait.

C'est par le contraste que ces grandes lois de l'histoire de l'Europe occidentale deviennent sensibles. Dans l'entreprise que le roi de France, en partie par sa tyrannie, en partie par sa justice, a si admirablement menée à terme, beaucoup de pays ont échoué. Sous la couronne de saint Étienne, les Magyars et les Slaves sont restés aussi distincts qu'ils l'étaient il y a huit cents ans. Loin de fondre les éléments divers de ses domaines, la maison de Habsbourg les a tenus distincts et souvent opposés les uns aux autres. En Bohême, l'élément tchèque et l'élément allemand sont superposés comme l'huile et l'eau dans un verre. La politique turque de la séparation des nationalités d'après la religion a eu de bien plus graves conséquences : elle a causé la ruine de l'Orient. Prenez une ville comme Salonique ou Smyrne, vous y trouverez cinq ou six communautés dont chacune a ses souvenirs et qui n'ont entre elles presque rien en commun. Or l'essence d'une nation est que tous les individus aient beaucoup de choses en commun, et aussi que tous aient oublié bien des choses. Aucun citoyen français ne sait s'il est burgonde, alain, taïfale, visigoth ; tout citoyen français doit avoir oublié la Saint-Barthélemy, les massacres du Midi au XIIIe siècle. Il n'y a pas en France dix familles qui puissent fournir la preuve d'une origine franque, et encore une telle preuve serait-elle essentiellement défectueuse, par suite de mille croisements inconnus qui peuvent déranger tous les systèmes des généalogistes.

La nation moderne est donc un résultat historique amené par une série de faits convergeant dans le même sens. Tantôt l'unité a été réalisée par une dynastie, comme c'est le cas pour la France ; tantôt elle l'a été par la volonté directe des provinces, comme c'est le cas pour la Hollande, la Suisse, la Belgique ; tantôt par un esprit général, tardivement vainqueur des caprices de la féodalité, comme c'est le cas pour l'Italie et l'Allemagne. Toujours une profonde raison d'être a présidé à ces formations. Les principes, en pareils cas, se font jour par les surprises les plus inattendues. Nous avons vu, de nos jours, l'Italie unifiée par ses défaites, et la Turquie démolie par ses victoires. Chaque défaite avançait les affaires de l'Italie ; chaque victoire perdait la Turquie ; car l'Italie est une nation, et la Turquie, hors de l'Asie mineure, n'en est pas une. C'est la gloire de la France d'avoir, par la Révolution française, proclamé qu'une nation existe par elle-même. Nous ne devons pas trouver mauvais qu'on nous imite. Le principe des nations est le nôtre. Mais qu'est-ce donc qu'une nation ? Pourquoi la Hollande est-elle une nation, tandis que le Hanovre ou le grand-duché de Parme n'en sont pas une ? Comment la France persiste-t-elle à être une nation, quand le principe qui l'a créée a disparu ? Comment la Suisse, qui a trois langues, deux religions, trois ou quatre races, est-elle une nation, quand la Toscane, par exemple, qui est si homogène, n'en est pas une ?

Pourquoi l'Autriche est-elle un État et non pas une nation ? En quoi le principe des nationalités diffère-t-il du principe des races ? Voilà des points sur lesquels un esprit réfléchi tient à être fixé, pour se mettre d'accord avec lui-même. Les affaires du monde ne se règlent guère par ces sortes de raisonnements ; mais les hommes appliqués veulent porter en ces matières quelque raison et démêler les confusions où s'embrouillent les esprits superficiels.

À entendre certains théoriciens politiques, une nation est avant tout une dynastie, représentant une ancienne conquête, conquête acceptée d'abord, puis oubliée par la masse du peuple. Selon les politiques dont je parle, le groupement de provinces effectué par une dynastie, par ses guerres, par ses mariages, par ses traités, finit avec la dynastie qui l'a formé. Il est très vrai que la plupart des nations modernes ont été faites par une famille d'origine féodale, qui a contracté mariage avec le sol et qui a été en quelque sorte un noyau de centralisation. Les limites de la France en 1789 n'avaient rien de naturel ni de nécessaire. La large zone que la maison capétienne avait ajoutée à l'étroite lisière du traité de Verdun fut bien l'acquisition personnelle de cette maison. À l'époque où furent faites les annexions, on n'avait l'idée ni des limites naturelles, ni du droit des nations, ni de la volonté des provinces. La réunion de l'Angleterre, de l'Irlande et de l'Écosse fut de même un fait dynastique. L'Italie n'a tardé si longtemps à être une nation que parce que, parmi ses nombreuses maisons régnantes, aucune, avant notre siècle, ne se fit le centre de l'unité. Chose étrange, c'est à l'obscure île de Sardaigne, terre à peine italienne, qu'elle a pris un titre royal. La Hollande, qui s'est créée elle-même, par un acte d'héroïque résolution, a néanmoins contracté un mariage intime avec la maison d'Orange, et elle courrait de vrais dangers le jour où cette union serait compromise.

Une telle loi, cependant, est-elle absolue ? Non, sans doute. La Suisse et les États-Unis, qui se sont formés comme des conglomérats d'additions successives, n'ont aucune base dynastique. Je ne discuterai pas la question en ce qui concerne la France. Il faudrait avoir le secret de l'avenir. Disons seulement que cette grande royauté française avait été si hautement nationale, que, le lendemain de sa chute, la nation a pu tenir sans elle. Et puis le XVIIIe siècle avait changé toute chose. L'homme était revenu, après des siècles d'abaissement, à l'esprit antique, au respect de lui-même, à l'idée de ses droits. Les mots de patrie et de citoyen avaient repris leur sens. Ainsi a pu s'accomplir l'opération la plus hardie qui ait été pratiquée dans l'histoire, opération que l'on peut comparer à ce que serait, en physiologie, la tentative de faire vivre en son identité première un corps à qui l'on aurait enlevé le cerveau et le cœur.

Il faut donc admettre qu'une nation peut exister sans principe dynastique, et même que des nations qui ont été formées par des dynasties peuvent se séparer de cette dynastie sans pour cela cesser d'exister. Le vieux principe qui ne tient compte que du droit des princes ne saurait plus être maintenu ; outre le droit dynastique, il y a le droit national. Ce droit national, sur quel critérium le fonder ? À quel signe le connaître ? De quel fait tangible le faire dériver ?

i. – *De la race, disent plusieurs avec assurance.*

Les divisions artificielles, résultant de la féodalité, des mariages princiers, des congrès de diplomates, sont caduques. Ce qui reste ferme et fixe, c'est la race des populations. Voilà ce qui constitue un droit, une légitimité. La famille germanique, par exemple, selon la théorie que j'expose, a le droit de reprendre les membres épars du germanisme, même quand ces membres ne demandent pas à se rejoindre. Le droit du germanisme sur telle province est plus fort que le droit des habitants de cette province sur eux-mêmes. On crée ainsi une sorte de droit primordial analogue à celui des rois de droit divin ; au principe des nations on substitue celui de l'ethnographie. C'est là une très grande erreur, qui, si elle devenait dominante, perdrait la civilisation européenne. Autant le principe des nations est juste et légitime, autant celui du droit primordial des races est étroit et plein de danger pour le véritable progrès.

Dans la tribu et la cité antiques, le fait de la race avait, nous le reconnaissons, une importance de premier ordre. La tribu et la cité antiques n'étaient qu'une extension de la famille. À Sparte, à Athènes, tous les citoyens étaient parents à des degrés plus ou moins rapprochés. Il en était de même chez les Beni-Israël ; il en est encore ainsi dans les tribus arabes. D'Athènes, de Sparte, de la tribu israélite, transportons-nous dans l'Empire romain. La situation est tout autre. Formée d'abord par la violence, puis maintenue par l'intérêt, cette grande agglomération de villes, de provinces absolument différentes, porte à l'idée de race le coup le plus grave. Le christianisme, avec son caractère universel et absolu, travaille plus efficacement encore dans le même sens. Il contracte avec l'Empire romain une alliance intime, et, par l'effet de ces deux incomparables agents d'unification, la raison ethnographique est écartée du gouvernement des choses humaines pour des siècles.

L'invasion des barbares fut, malgré les apparences, un pas de plus dans cette voie. Les découpures de royaumes barbares n'ont rien d'ethnographique ; elles sont réglées par la force ou le caprice des envahisseurs. La race des populations qu'ils subordonnaient était pour eux la chose la plus indifférente. Charlemagne refit à sa manière ce que Rome avait déjà fait : un empire unique composé des races les plus diverses ; les auteurs du traité de Verdun, en traçant imperturbablement leurs deux grandes lignes du nord au sud, n'eurent pas le moindre souci de la race des gens qui se trouvaient à droite ou à gauche. Les mouvements de frontière qui s'opérèrent dans la suite du Moyen Âge furent aussi en dehors de toute tendance ethnographique. Si la politique suivie de la maison capétienne est arrivée à grouper à peu près, sous le nom de France, les territoires de l'ancienne Gaule, ce n'est pas là un effet de la tendance qu'auraient eue ces pays à se rejoindre à leurs congénères. Le Dauphiné, la Bresse, la Provence, la Franche-Comté ne se souvenaient plus d'une origine commune. Toute conscience gauloise avait péri dès le IIe siècle de notre ère, et ce n'est que par une vue d'érudition que, de nos jours, on a retrouvé rétrospectivement l'individualité du caractère gaulois.

La considération ethnographique n'a donc été pour rien dans la constitution des nations modernes. La France est celtique, ibérique, germanique. L'Allemagne est germanique, celtique et slave. L'Italie est le pays où l'ethnographie est la plus embarrassée. Gaulois, Étrusques, Pélasges, Grecs, sans parler de bien d'autres éléments, s'y croisent dans un indéchiffrable mélange. Les îles Britanniques, dans leur ensemble, offrent un mélange de sang celtique et germain dont les proportions sont singulièrement difficiles à définir.

La vérité est qu'il n'y a pas de race pure et que faire reposer la politique sur l'analyse ethnographique, c'est la faire porter sur une chimère. Les plus nobles pays, l'Angleterre, la France, l'Italie, sont ceux où le sang est le plus mêlé. L'Allemagne fait-elle à cet égard une exception ? Est-elle un pays germanique pur ? Quelle illusion ! Tout le Sud a été gaulois. Tout l'Est, à partir d'Elbe, est slave. Et les parties que l'on prétend réellement pures le sont-elles en effet ? Nous touchons ici à un des problèmes sur lesquels il importe le plus de se faire des idées claires et de prévenir les malentendus.

Les discussions sur les races sont interminables, parce que le mot race est pris par les historiens philologues et par les anthropologistes physiologistes dans deux sens tout à fait différents. Pour les anthropologistes, la race a le même sens qu'en zoologie ; elle indique une descendance réelle, une parenté par le sang. Or l'étude des langues et de l'histoire ne conduit pas aux mêmes divisions que la physiologie. Les mots des brachycéphales, de dolichocéphales n'ont pas de place en histoire ni en philologie. Dans le groupe humain qui créa les langues et la discipline aryennes, il y avait déjà des brachycéphales et des dolichocéphales. Il en faut dire autant du groupe primitif qui créa les langues et l'institution dites sémitiques. En d'autres termes, les origines zoologiques de l'humanité sont énormément antérieures aux origines de la culture, de la civilisation, du langage. Les groupes aryen primitif, sémitique primitif, touranien primitif n'avaient aucune unité physiologique. Ces groupements sont des faits historiques qui ont eu lieu à une certaine époque, mettons il y a quinze ou vingt mille ans, tandis que l'origine zoologique de l'humanité se perd dans des ténèbres incalculables. Ce qu'on appelle philologiquement et historiquement la race germanique est sûrement une famille bien distincte dans l'espèce humaine. Mais est-ce là une famille au sens anthropologique ? Non, assurément L'apparition de l'individualité germanique dans l'histoire ne se fait que très peu de siècles avant Jésus-Christ. Apparemment les Germains ne sont pas sortis de terre à cette époque. Avant cela, fondus avec les Slaves dans la grande masse indistincte des Scythes, ils n'avaient pas leur individualité à part. Un Anglais est bien un type dans l'ensemble de l'humanité. Or le type de ce qu'on appelle très improprement la race anglo-saxonne n'est ni le Breton du temps de César, ni l'Anglo-Saxon de Hengist, ni le Danois de Knut, ni le Normand de Guillaume le Conquérant; c'est la résultante de tout cela. Le Français n'est ni un Gaulois, ni un Franc, ni un Burgonde. Il est ce qui est sorti de la grande chaudière où, sous la présidence du roi de France, ont fermenté ensemble les éléments les plus divers. Un habitant de Jersey ou de Guernesey ne diffère en rien, pour les origines, de la population normande de la côte voisine. Au XIe siècle, l'œil le plus pénétrant n'eût pas saisi des deux côtés du canal la plus légère différence. D'insignifiantes circonstances font que Philippe-Auguste ne prend pas ces îles avec le reste de la Normandie. Séparées les unes des autres depuis près de sept cents ans, les deux populations sont devenues non seulement étrangères les unes aux autres, mais tout à fait dissemblables. La race, comme nous l'entendons, nous autres, historiens, est donc quelque chose qui se fait et se défait. L'étude de la race est capitale pour le savant qui s'occupe de l'histoire de l'humanité. Elle n'a pas d'application en politique. La conscience instinctive qui a présidé à la confection de la carte d'Europe n'a tenu aucun compte de la race, et les premières nations de l'Europe sont des nations de sang essentiellement mélangé.

Le fait de la race, capital à l'origine, va donc toujours perdant de son importance. L'histoire humaine diffère essentiellement de la zoologie. La race n'y est pas tout, comme chez les rongeurs ou les félins, et on n'a pas le droit d'aller par le monde tâter le crâne des gens, puis les prendre à la gorge en leur disant: «Tu es notre sang; tu nous appartiens!» En dehors des caractères anthropologiques, il y a la raison, la justice, le vrai, le beau, qui sont les mêmes pour tous. Tenez, cette politique ethnographique n'est pas sûre. Vous l'exploitez aujourd'hui contre les autres; puis vous la voyez se tourner contre vous-mêmes. Est-il certain que les Allemands, qui ont élevé si haut le drapeau de l'ethnographie, ne verront pas les Slaves venir analyser, à leur tour, les noms des villages de la Saxe et de la Lusace, rechercher les traces des Wiltzes ou des Obotrites, et demander compte des massacres et des ventes en masse que les Othons firent de leurs aïeux? Pour tous il est bon de savoir oublier.

J'aime beaucoup l'ethnographie; c'est une science d'un rare intérêt; mais, comme je la veux libre, je la veux sans application politique. En ethnographie, comme dans toutes les études, les systèmes changent; c'est la condition du progrès. Les limites des États suivraient les fluctuations de la science. Le patriotisme dépendrait d'une dissertation plus ou moins paradoxale. On viendrait dire au patriote: «Vous vous trompiez; vous versiez votre sang pour telle cause; vous croyiez être celte ; non, vous êtes germain ». Puis, dix ans après, on viendra vous dire que vous êtes slave. Pour ne pas fausser la science, dispensons-la de donner un avis dans ces problèmes, où sont engagés tant d'intérêts. Soyez sûrs que, si on la charge de fournir des éléments à la diplomatie, on la surprendra bien des fois en flagrant délit de complaisance. Elle a mieux à faire : demandons-lui tout simplement la vérité.

ii. – *Ce que nous venons de dire de la race, il faut le dire de la langue.*

La langue invite à se réunir ; elle n'y force pas. Les États-Unis et l'Angleterre, l'Amérique espagnole et l'Espagne parlent la même langue et ne forment pas une seule nation. Au contraire, la Suisse, si bien faite, puisqu'elle a été faite par l'assentiment de ses différentes parties, compte trois ou quatre langues. Il y a dans l'homme quelque chose de supérieur à la langue : c'est la volonté. La volonté de la Suisse d'être unie, malgré la variété de ses idiomes, est un fait bien plus important qu'une similitude souvent obtenue par des vexations.

Un fait honorable pour la France, c'est qu'elle n'a jamais cherché à obtenir l'unité de la langue par des mesures de coercition. Ne peut-on pas avoir les mêmes sentiments et les mêmes pensées, aimer les mêmes choses en des langages différents ? Nous parlions tout à l'heure de l'inconvénient qu'il y aurait à faire dépendre la politique internationale de l'ethnographie. Il n'y en aurait pas moins à la faire dépendre de la philologie comparée. Laissons à ces intéressantes études l'entière liberté de leurs discussions ; ne les mêlons pas à ce qui en altérerait la sérénité. L'importance politique qu'on attache aux langues vient de ce qu'on les regarde comme des signes de race. Rien de plus faux. La Prusse, où l'on ne parle plus qu'allemand, parlait slave il y a quelques siècles ; le pays de Galles parle anglais ; la Gaule et l'Espagne parlent l'idiome primitif d'Albe la Longue ; l'Égypte parle arabe ; les exemples sont innombrables. Même aux origines, la similitude de langue n'entraînait pas la similitude de race. Prenons la tribu proto-aryenne ou proto-sémite ; il s'y trouvait des esclaves, qui parlaient la même langue que leurs maîtres ; or l'esclave était alors bien souvent d'une race différente de celle de son maître. Répétons-le : ces divisions de langues indo-européennes, sémitiques et autres, créées avec une si admirable sagacité par la philologie comparée, ne coïncident pas avec les divisions de l'anthropologie. Les langues sont des formations historiques, qui indiquent peu de choses sur le sang de ceux qui les parlent, et qui, en tout cas, ne sauraient enchaîner la liberté humaine quand il s'agit de déterminer la famille avec laquelle on s'unit pour la vie et pour la mort.

Cette considération exclusive de la langue a, comme l'attention trop forte donnée à la race, ses dangers, ses inconvénients. Quand on y met de l'exagération, on se renferme dans une culture déterminée, tenue pour nationale ; on se limite, on se claquemure. On quitte le grand air qu'on respire dans le vaste champ de l'humanité pour s'enfermer dans des conventicules de compatriotes. Rien de plus mauvais pour l'esprit ; rien de plus fâcheux pour la civilisation. N'abandonnons pas ce principe fondamental, que l'homme est un être raisonnable et moral, avant d'être parqué dans telle ou telle langue, avant d'être un membre de telle ou telle race, un adhérent de telle ou telle culture. Avant la culture française, la culture allemande, la culture italienne, il y a la culture humaine. Voyez les grands hommes de la Renaissance ; ils n'étaient ni français, ni italiens, ni allemands. Ils avaient retrouvé, par leur commerce avec l'antiquité, le secret de l'éducation véritable de l'esprit humain, et ils s'y dévouaient corps et âme. Comme ils firent bien !

iii. – *La religion ne saurait non plus offrir une base suffisante à l'établissement d'une nationalité moderne.*

À l'origine, la religion tenait à l'existence même du groupe social. Le groupe social était une extension de la famille. La religion, les rites étaient des rites de famille. La religion d'Athènes, c'était le culte d'Athènes même, de ses fondateurs mythiques, de ses lois, de ses usages. Elle n'impliquait aucune théologie dogmatique. Cette religion était, dans toute la force du terme, une religion d'État. On n'était pas athénien si on refusait de la pratiquer. C'était au fond le culte de l'Acropole personnifiée. Jurer sur l'autel d'Aglaure, c'était prêter le serment de mourir pour la patrie. Cette religion était l'équivalent de ce qu'est chez nous l'acte de tirer au sort, ou le culte du drapeau. Refuser de participer à un tel culte était comme serait dans nos sociétés modernes refuser le service militaire. C'était déclarer qu'on n'était pas athénien. D'un autre côté, il est clair qu'un tel culte n'avait pas de sens pour celui qui n'était pas d'Athènes ; aussi n'exerçait-on aucun prosélytisme pour forcer des étrangers à l'accepter ; les esclaves d'Athènes ne le pratiquaient pas. Il en fut de même dans quelques petites républiques du Moyen Âge. On n'était pas bon vénitien si l'on ne jurait point par saint Marc ; on n'était pas bon amalfitain si l'on ne mettait pas saint André au-dessus de tous les autres saints du paradis. Dans ces petites sociétés, ce qui a été plus tard persécution, tyrannie, était légitime et tirait aussi peu à conséquence que le fait chez nous de souhaiter la fête au père de famille et de lui adresser des vœux au premier jour de l'an.

Ce qui était vrai à Sparte, à Athènes, ne l'était déjà plus dans les royaumes sortis de la conquête d'Alexandre, ne l'était surtout plus dans l'Empire romain. Les persécutions d'Antiochus Épiphane pour amener l'Orient au culte de Jupiter Olympien, celles de l'Empire romain pour maintenir une prétendue religion d'État furent une faute, un crime, une véritable absurdité. De nos jours, la situation est parfaitement claire. Il n'y a plus de masses croyant d'une manière uniforme. Chacun croit et pratique à sa guise, ce qu'il peut, comme il veut. Il n'y a plus de religion d'État ; on peut être français, anglais, allemand, en étant catholique, protestant, israélite, en ne pratiquant aucun culte. La religion est devenue chose individuelle ; elle regarde la conscience de chacun. La division des nations en catholiques, protestantes, n'existe plus. La religion, qui, il y a cinquante-deux ans, était un élément si considérable dans la formation de la Belgique, garde toute son importance dans le for intérieur de chacun ; mais elle est sortie presque entièrement des raisons qui tracent les limites des peuples.

iv. – *La communauté des intérêts est
assurément un lien puissant entre les hommes.*

Les intérêts, cependant, suffisent-ils à faire une nation ? Je ne le crois pas. La communauté des intérêts fait les traités de commerce. Il y a dans la nationalité un côté de sentiment ; elle est âme et corps à la fois ; un Zollverein n'est pas une patrie.

v. – *La géographie, ce qu'on appelle les frontières naturelles, a
certainement une part considérable dans la division des nations.*

La géographie est un des facteurs essentiels de l'histoire. Les rivières ont conduit les races ; les montagnes les ont arrêtées. Les premières ont favorisé, les secondes ont limité les mouvements historiques. Peut-on dire cependant, comme le croient certains partis, que les limites d'une nation sont écrites sur la carte et que cette nation a le droit de s'adjuger ce qui est nécessaire pour arrondir certains contours, pour atteindre telle montagne, telle rivière, à laquelle on prête une sorte de faculté limitante *a priori* ? Je ne connais pas de doctrine plus arbitraire ni plus funeste. Avec cela, on justifie toutes les violences. Et, d'abord, sont-ce les montagnes ou bien sont-ce les rivières qui forment ces prétendues frontières naturelles ? Il est incontestable que les montagnes séparent ; mais les fleuves réunissent plutôt. Et puis toutes les montagnes ne sauraient découper des États. Quelles sont celles qui séparent et celles qui ne séparent pas ? De Biarritz à Tornea, il n'y a pas une embouchure de fleuve qui ait plus qu'une autre un caractère bornal. Si l'histoire l'avait voulu, la Loire, la Seine, la Meuse, l'Elbe, l'Oder auraient, autant que le Rhin, ce caractère de frontière naturelle qui a fait commettre tant d'infractions au droit fondamental, qui est la volonté des hommes. On parle de raisons stratégiques. Rien n'est absolu ; il est clair que bien des concessions doivent être faites à la nécessité. Mais il ne faut pas que ces concessions aillent trop loin. Autrement, tout le monde réclamera ses convenances militaires, et ce sera la guerre sans fin. Non, ce n'est pas la terre plus que la race qui fait une nation. La terre fournit le substratum, le champ de la lutte et du travail ; l'homme fournit l'âme. L'homme est tout dans la formation de cette chose sacrée qu'on appelle un peuple. Rien de matériel n'y suffit. Une nation est un principe spirituel, résultant des complications profondes de l'histoire, une famille spirituelle, non un groupe déterminé par la configuration du sol.

Nous venons de voir ce qui ne suffit pas à créer un tel principe spirituel : la race, la langue, les intérêts, l'affinité religieuse, la géographie, les nécessités militaires. Que faut-il donc en plus ? Par suite de ce qui a été dit antérieurement, je n'aurai pas désormais à retenir bien longtemps votre attention.

Une nation est une âme, un principe spirituel. Deux choses qui, à vrai dire, n'en font qu'une, constituent cette âme, ce principe spirituel. L'une est dans le passé, l'autre dans le présent. L'une est la possession en commun d'un riche legs de souvenirs ; l'autre est le consentement actuel, le désir de vivre ensemble, la volonté de continuer à faire valoir l'héritage qu'on a reçu indivis. L'homme, Messieurs, ne s'improvise pas. La nation, comme l'individu, est l'aboutissant d'un long passé d'efforts, de sacrifices et de dévouements. Le culte des ancêtres est de tous le plus légitime ; les ancêtres nous ont faits ce que nous sommes. Un passé héroïque, des grands hommes, de la gloire (j'entends de la véritable), voilà le capital social sur lequel on assied une idée nationale. Avoir des gloires communes dans le passé, une volonté commune dans le présent ; avoir fait de grandes choses ensemble, vouloir en faire encore, voilà les conditions essentielles pour être un peuple. On aime en proportion des sacrifices qu'on a consentis, des maux qu'on a soufferts. On aime la maison qu'on a bâtie et qu'on transmet. Le chant spartiate : « Nous sommes ce que vous fûtes ; nous serons ce que vous êtes » est dans sa simplicité l'hymne abrégé de toute patrie.

Dans le passé, un héritage de gloire et de regrets à partager, dans l'avenir un même programme à réaliser ; avoir souffert, joui, espéré ensemble, voilà ce qui vaut mieux que des douanes communes et des frontières conformes aux idées stratégiques ; voilà ce que l'on comprend malgré les diversités de race et de langue. Je disais tout à l'heure : « avoir souffert ensemble » ; oui, la souffrance en commun unit plus que la joie. En fait de souvenirs nationaux, les deuils valent mieux que les triomphes, car ils imposent des devoirs, ils commandent l'effort en commun.

Une nation est donc une grande solidarité, constituée par le sentiment des sacrifices qu'on a faits et de ceux qu'on est disposé à faire encore. Elle suppose un passé ; elle se résume pourtant dans le présent par un fait tangible : le consentement, le désir clairement exprimé de continuer la vie commune. L'existence d'une nation est (pardonnez-moi cette métaphore) un plébiscite de tous les jours, comme l'existence de l'individu est une affirmation perpétuelle de vie. Oh ! je le sais, cela est moins métaphysique que le droit divin, moins brutal que le droit prétendu historique. Dans l'ordre d'idées que je vous soumets, une nation n'a pas plus qu'un roi le droit de dire à une province : « Tu m'appartiens, je te prends ». Une province, pour nous, ce sont ses habitants ; si quelqu'un en cette affaire a droit d'être consulté, c'est l'habitant. Une nation n'a jamais un véritable intérêt à s'annexer ou à retenir un pays malgré lui. Le vœu des nations est, en définitive, le seul critérium légitime, celui auquel il faut toujours en revenir.

Nous avons chassé de la politique les abstractions métaphysiques et théologiques. Que reste-t-il, après cela ? Il reste l'homme, ses désirs, ses besoins. La sécession, me direz-vous, et, à la longue, l'émiettement des nations sont la conséquence d'un système qui met ces vieux organismes à la merci de volontés souvent peu éclairées. Il est clair qu'en pareille matière aucun principe ne doit être poussé à l'excès. Les vérités de cet ordre ne sont applicables que dans leur ensemble et d'une façon très générale. Les volontés humaines changent ; mais qu'est-ce qui ne change pas ici-bas ? Les nations ne sont pas quelque chose d'éternel. Elles ont commencé, elles finiront. La confédération européenne, probablement, les remplacera. Mais telle n'est pas la loi du siècle où nous vivons. À l'heure présente, l'existence des nations est bonne, nécessaire même. Leur existence est la garantie de la liberté, qui serait perdue si le monde n'avait qu'une loi et qu'un maître.

Par leurs facultés diverses, souvent opposées, les nations servent à l'œuvre commune de la civilisation ; toutes apportent une note à ce grand concert de l'humanité, qui, en somme, est la plus haute réalité idéale que nous atteignions. Isolées, elles ont leurs parties faibles. Je me dis souvent qu'un individu qui aurait les défauts tenus chez les nations pour des qualités, qui se nourrirait de vaine gloire ; qui serait à ce point jaloux, égoïste, querelleur ; qui ne pourrait rien supporter sans dégainer, serait le plus insupportable des hommes. Mais toutes ces dissonances de détail disparaissent dans l'ensemble. Pauvre humanité, que tu as souffert ! que d'épreuves t'attendent encore ! Puisse l'esprit de sagesse te guider pour te préserver des innombrables dangers dont ta route est semée !

Je me résume, Messieurs. L'homme n'est esclave ni de sa race, ni de sa langue, ni de sa religion, ni du cours des fleuves, ni de la direction des chaînes de montagnes. Une grande agrégation d'hommes, saine d'esprit et chaude de cœur, crée une conscience morale qui s'appelle une nation. Tant que cette conscience morale prouve sa force par les sacrifices qu'exige l'abdication de l'individu au profit d'une communauté, elle est légitime, elle a le droit d'exister. Si des doutes s'élèvent sur ses frontières, consultez les populations disputées. Elles ont bien le droit d'avoir un avis dans la question. Voilà qui fera sourire les transcendants de la politique, ces infaillibles qui passent leur vie à se tromper et qui, du haut de leurs principes supérieurs, prennent en pitié notre terre à terre. « Consulter les populations, fi donc ! quelle naïveté ! Voilà bien ces chétives idées françaises qui prétendent remplacer la diplomatie et la guerre par des moyens d'une simplicité enfantine ». — Attendons, Messieurs ; laissons passer le règne des transcendants ; sachons subir le dédain des forts. Peut-être, après bien des tâtonnements infructueux, reviendra-t-on à nos modestes solutions empiriques. Le moyen d'avoir raison dans l'avenir est, à certaines heures, de savoir se résigner à être démodé.

NOTES SUR LES AUTEURS

Louis BALTHAZAR est professeur au département de science politique de l'Université Laval (Québec).

Jacques BEAUCHEMIN est professeur au département de sociologie à l'Université du Québec à Montréal.

Gérald BERNIER est professeur au département de science politique à l'Université de Montréal.

Gérard BOUCHARD est professeur au département de sciences humaines de l'Université du Québec à Chicoutimi.

Jocelyne COUTURE est professeure au département de philosophie de l'Université du Québec à Montréal.

Jean-Claude DUPUIS, historien, est étudiant au doctorat en histoire à l'Université Laval (Québec).

Anne GRIFFIN est professeure au Cooper Union for the Advancement of Science & Art (New York)

Ralph P. GÜNTZEL est directeur du Centre d'études canadiennes au Franklin College of Indiana.

Louis-Georges HARVEY est professeur au département d'histoire de l'Université Bishop (Lennoxville).

Gilles JANSON est bibliothécaire à la Bibliothèque centrale de l'Université du Québec à Montréal.

Chantal MAILLÉ, politologue, est professeure au programme de Women's Studies à l'Université Concordia (Montréal).

Nelson MICHAUD est professeur à l'École nationale d'administration publique à Québec.

Jean-François NADEAU est étudiant au doctorat en histoire à l'Université du Québec à Montréal.

Kai NIELSEN est professeur émérite au département de sociologie de l'Université de Calgary et chargé de cours à l'Université Concordia.

Max NEMNI est professeur au département de science politique de l'Université Laval (Québec).

François ROCHER est professeur de science politique à Carleton University (Ottawa).

Ronald RUDIN est professeur d'histoire à l'Université Concordia (Montréal).

Jocelyn SAINT-PIERRE, historien, détient un doctorat en histoire de l'Université Laval, est responsable du service de la reconstitution des débats à la bibliothèque de l'Assemblée nationale du Québec.

Daniel SALÉE, politologue, est professeur à l'École des affaires publiques et communautaires à l'Université Concordia (Montréal).

Michel SARRA-BOURNET a complété un doctorat en histoire à l'Université d'Ottawa. Il est présentement chargé de cours à l'Université du Québec à Montréal.

J.-Yvon THÉRIAULT est professeur de sociologie à l'Université d'Ottawa.

Pierre TRUDEL est professeur d'anthropologie au Cégep du Vieux-Montréal.

MEMBRE DU GROUPE SCABRINI
Québec, Canada
2001